OLD PEKING IMAGES FROM
THE WESTERN RARE BOOKS
IN PEKING
UNIVERSITY LIBRARY

北大馆藏西文珍本中的老北京图像

张红扬 邹新明 编

北京出版集团
北京出版社

巍峨的城门

依旧

但城门下

却聚集着

衣衫褴褛的百姓

昔日的城楼

风姿犹在

但把守的却是

手执洋枪的外国士兵

古老的京城

饱经风霜

但春风下

也绽出新绿

长出新芽

……

观察这些

栩栩如生的图像

释读

图像与史实之间的

复杂关系

北大馆藏西文珍本中的老北京图像

本书主要以19世纪中期至20世纪初期西文文献中的北京图像为研究对象。这些图像包括照片及纪实性绘画，反映的时代主要为晚清，清初中期和民国初期也有涉及。由于文献中的图像多为书籍中穿插的照片或绘画，它们散落在文献海洋里，需要发掘、整理和研究，才能有较为系统的揭示。在这些图文并茂的书籍中，有的书籍作者与书中图像的创建者同为一人，有的又各有其人；书中文本和图像之间的关系有的简单明了，有的则较为复杂，需要深入研究才能有所理解和发现。因此，我们在收集整理图像的同时，也揭示书籍作者和图像创建者的其人其事，研究图像和文本载体之间的丰富关系。诸如此类的拓展研究使得本书更为丰富和深入，也更有价值和意义。

一、图像来源、种类和内容

本书图像主要来源于北京大学图书馆西文东方学特藏中的汉学专藏。基于这个较为完备的学术特藏，对以晚清为主的老北京图像进行了较为系统的发掘、整理和研究。北大图书馆的前身是京师大学堂藏书楼，自1898年成立之日起就注意广为搜集西文书籍。其后，经历了辛亥革命、五四新文化运动洗礼的北大图书馆更是注意收藏西学图书。北大图书馆在其历史发展过程中，还融入了燕京大学、中法大学和中德学会等机构的藏书，接受过周慕西、毛子水、方志彤等名人学者的西文藏书捐赠。百廿六年的搜寻，几代学人之求索，形成了如今约80万种150万册西文图书的藏书规模。在这个巨大的宝库中，燕京大学图书馆的西文东方学特藏是最重要的收藏之一。1933年编订的《燕京大学图书馆概况》中指出，这个收藏是"关于研究中国及东方文化的西文书籍"，至1933年，共有4279册，且"多为孤刻珍本，为燕大特藏之始源"。1952年，燕大归并于北大。新北大组成后,将老北大相关专题的藏书与燕大此特藏归并一处,又加以发展。及至20世纪中期,北大图书馆有关中国的西文书约有8000余种2万余册。呈现在本书中的1041幅老北京图像,即是来自这个专藏中的145种302册珍本,分别由英、法、德、拉丁4种文字写成。在北大馆藏之外,本书还择入了杜克大学图书馆藏甘博摄照片11幅,秦风老照片馆藏奥尔末摄照片12幅。杜克大学图书馆及秦风老照片馆已授权本书使用,在此谨致谢忱。

老照片和纪实性绘画是历史研究的重要资料。1840年鸦片战争打开中国大门以后,中西方的交流联系及冲突对抗,在北京这一清代都城有着最集中、最激烈和最典型的体现。来京的西方各色人等较之此前,不仅在人数上大为增加,而且职业范围也更为扩展。他们中间不仅有传教士、外交官和商人,还有汉学家、艺术家、记者、探险家、旅行家、考古学家、教师和学生以及上述人员的家属等。这些来华人员中,不少善于观察并勤于记录,用文字写下了在京的所见所感,用画笔、相机为北京的历史瞬间留下了永恒的图像。这些文字、绘画和照片,不仅对于清代中国及北京相关主题历史资料的拓展具有重要意义,而且可为相关研究者提供重要参考,为研究界提供新的课题和新的角度。

本书在有限的篇幅中选择尽量多的类别,在同一类别中选择尽量多的样式,以便为读者提供尽可能丰富的参考资料。按照图像内容,本书共分如下10个大类:1. 北京附近的长城;2.城门、城楼和城墙;3.宫城、皇城、坛庙、陵寝;4.颐和园、圆明园;5.名人图录;6.女性和儿童形象;7.教育和外交;8. 庚子事变; 9. 京城即景;10. 交通及运输工具。其中具体类别图像较为丰富的又有细分,例如:京城即景中又分塔、牌楼牌坊、街道和商铺、银行、教堂、民俗器物、京剧人物形象等7小类;交通及运输工具又分船、独轮车及其他木轮车运输工具、火车、轿车、轿子、骆驼马帮、骑马骑驴、人力车和汽车等9小类。

在类别多样、内容丰富的图像中,重点突出了表达建筑、人物、事件的图像。建筑图像在本书中约占50%的比例。这些建筑有的是清代建筑,有的是前朝古迹,也有少数清末民初建筑。物是景非,建筑无言但场景有情,建筑图片的意义常超出建筑之外。展现在此的建筑不仅是静态的图像，而且有生动的故事。巍峨的城门依旧，但城门下却聚集着衣衫褴褛的百姓；昔日的城楼风姿犹在，但把守的却是手执洋枪的外国士兵；古老的京城饱经风霜，但春风下也绽出新绿，长出新芽。我们从中读出了晚清外患内忧、国之不幸、民生多艰，同时，我们从新式的学校、火车站、银行等图景也感受到变革图强的新气象、新风貌。本书中揭示的同一建筑不同时期的图像，或同一时期的不同角度和形式的图像，也是一个亮点。长城是世界公认的中古七奇建筑之一，早在1584年，葡萄牙耶稣会士、杰出的地理学家巴布达（Luiz Jorge de Barbuda）就绘制了西方世界第一幅单张的中国分省地图，并首次在地图上标注并粗略地绘出了长城。明末清初以来，西方人在著述中插入北京附近长城图像的为数众多，到了晚清，对于长城的重点地段和重点关隘，更有着多样化的描绘。例如南口关这一军事和交通要塞，本书择入了7幅图像以体现其不同风貌。书中还汇集了圆明园多幢建筑不同时期的照片和纪实性绘画，展现了这些建筑渐进性损毁情况。

本书择入了清代及清末民初人物图像共244幅，体现在第五和第六分类中。第五类中的人物有清朝皇帝、皇亲国戚、军政要人及各界名人、来华外国人等等，十分丰富。由于19世纪中后期的西文汉学文献对于中国妇女和儿童表达了前所未有的关注，本书将女性和儿童形象辟专章单独揭示。女性图像中，既有慈禧太后、皇亲妇孺、官员女眷，也有民间富裕人家的夫人小姐、市井人家的家庭妇女；既有满族妇女，也有汉族妇女及其他少数民族妇女；有缠足的小脚妇女，也有天足的劳动妇女；有在家塾里念书识字的闺阁小姐，也有接受西式学校教育以及留洋归国的新女性，还有来华的外国女性……这些图像拼成了一幅清末民初女性历史形象的综合画卷。此阶段女性图像之所以如此丰富，除了照相机的应用这一技术缘由外，与清末民初的社会环境密切相关。此一阶段新旧社会交替，中西文化碰撞，中国社会的动荡和变化在女性生活中有着深切而鲜活的反映，丰富的图像是不同出身、不同阶层、不同个性的女性各自生活状态的写照。本书呈现的人物图像中，半数以上是人物肖像。这些肖像清晰地显示了史书中以文字形式存在的历史人物样貌。观察这些栩栩如生的人物图像，有走进历史的感觉。这些肖像经过数字化加工或可成为人脸识别的资料库的原始图像数据。

事件类图像中，突出地展现了庚子事变这一重大历史事件。本书选取的图片共159幅，为便于阅读，大致分为"围攻使馆区和西什库教堂""八国联军进军和攻占北京""八国联军占领北京之后"三部分，全面地反映了下列事件：1900年6月16日傍晚义和团开始围攻西什库教堂；6月20日清军加入围攻；8月4日，八国联军集结两万余人向北京进发；8月12日攻陷通州；8月14日攻陷北京；解使馆区和西什库教堂之围；八国联军攻占北京之后，屠杀义和团团民，大肆掳掠；8月28日在紫禁城举行阅兵仪式。金碧辉煌、威仪万千的紫禁城成了八国联军跃马扬威的阅兵场；1901年9月7日，清廷被迫与列国签订屈辱的《辛丑条约》。这些国耻图像，令人唏嘘感慨，也为相关研究提供了重要的史实资料和历史见证。

1839年照相术发明后，文献中的图像大大增加了。照片成为较为精准地反映史实的一个重要载体。除了老照片，文献中的绘画（或称插图）也值得重视，一是由于1839年前的图像完全是靠绘画记录的；二是照相术发明后绘画仍然是图像记录的一个方式；三是较之照相术，绘画在记录事实时更多地融进了作者的理解，因此有与照片不同的研究意义。汇集在此的西洋铜版画虽然有的与真实有差距，但这些画作不仅是制作精细的艺术品，而且反映了西方对中国及北京的认识过程。另外，据撰写《中国摄影史》（*A History of Photography in China*）的贝内特（Terry Bennett）所述，照片印刷的技术直到1880年左右才发明，初期印刷出来的照片质量较为粗糙。到了19世纪90年代，照片印刷技术才较为成熟，印刷出来的照片才比较逼真。此前的照片传播，尤其是19世纪40年代至60年代，都是先根据照片绘图，然后制成版画，再印刷在书刊上发表的。因此，本书中大多数版画图像之所以绘制精准，是因为临摹照片的原因；一些照片质量较差，是因为早期照片印刷技术较为粗糙的原因。

本书在收集图像的基础上，也开展了图像的研究工作。不仅制定图像著录标准并一一描述、命名图像，以规范化图像整理工作，而且借助参考文献，对原书书名、原书著者及图像创建者的中文译名、国籍及生卒年做了揭示，对图像中的人物、地名、建筑物名等做了考证，对图像内容及意义等做了初步的研究，这些工作成果体现在编者说明中。

二、图像是一种独立的历史载体

国内历史研究中，较早将图像作为一种独立的历史载体列入历史纂修内容的，当数2004年全面启动的国家清史纂修工程。时任编委会主任戴逸在广泛征求海内外学者意见的基础上，提出："新修清史采用由通纪、典志、传记、史表、图录五大部分组成新的综合体裁体例，图录作为一个创新的部分将纳入新修的大清史。"（朱诚如：总序，北京大学图书馆编《烟雨楼台：北京大学图书馆藏西籍中的清代建筑图像》，中国人民大学出版社2008年版，第1页）为此，清史编委会广泛搜集纪实性绘画、老照片、舆图、历代器物、文书契约档案图片、古籍善本以及西文文献中有关中国图像等，并遴选一部分编辑成"图录丛刊"出版。

图像自古以来就是人类反映世界的最直接方式之一。近现代以来，由于摄影、摄像、多媒体及信息技术的飞速发展，图像的概念大大拓展了。广义而言，图像包括纸介质上的，底片或照片上的，电视、投影仪、计算机屏幕、手机及移动终端上的所有具有视觉效果的画面。读图已经成为一种风尚，图像社会或视觉文化时代已经来临。为了强调"图像"一词的内涵中不仅包括静态的图像，而且包括动态的图像，不少研究者目前更倾向于用"影像"一词来概括所有类型的图像。

自20世纪80年代开始，利用影像提供的信息开展历史研究，成为国际史学研究的一个方向。1988年，美国历史哲学家海登·怀特（Hayden White,1928—2018）在《美国历史评论》上发表的《书写史学与影像史学》一文中，首先提出了影像史学（historiophoty）的概念，经台湾学者周梁楷的译介，在国内学界引发较大关注和共鸣，加深了当代中国史学界对于影像重要性的认识。此后，国内影像史学的研究成果不断涌现，内容甚丰。

史学界对于影像研究的肯定，促进了各级各类影像史学研究项目的繁荣。仅就笔者而言，自2003年以来，承担了国家清史纂修工程的子项目——"北京大学图书馆馆藏西文古籍中清代图像数字化整理"，该项目成果《烟雨楼台：北京大学图书馆藏西籍中的清代建筑图像》获北京大学第十一届人文社科研究优秀成果二等奖，该成果的英文版由圣智学习公司（Cengage Learning Asia Pte Ltd.）于2010年出版，并获得北京市第十二届哲学社会科学优秀成

Tombeaux des Ming aux environs de Pékin.

果二等奖。2012年，承担了北京市社科基金项目"西文古籍中清代北京老照片及图片的整理及研究"，2019年，又参与了国家社科重大项目"当代中国公众历史记录理论与实践研究"（19ZAD194）的子项目"影像史学理论与实践研究"。

千百年来，影像史料的积累形成了一个巨大的宝库，有待于我们挖掘、揭示和利用。在上述项目中，除了前文所述的图像收集和整理工作，我们还借鉴现代图像研究理论，开展了初步的图像阐释和研究工作。

美国德裔犹太学者、著名艺术史家潘诺夫斯基（Erwin Panofsky, 1892—1968）的理论常被应用于具体图像的分析。潘氏在其1939年出版的《图像学研究》一书中，将图像的意义分为三个层次来解释。第一个层次为前图像志描述，其对象为自然的题材，了解的是图像内的事物。第二个层次是图像志分析，其对象是约定俗成的题材，这些题材组成了图像、故事和寓意的世界。第三个层次是深层次的图像志分析，又称为图像学分析，其对象是图像内在的含义或内容，表达了一个民族、一个时代、一个阶级、一种宗教和一种哲学学说的基本原则。1878年，巴黎E.普隆公司（E. Plon et Cie）出版的法国公使馆参赞罗淑亚所著《北京和中国内地》（*Pekin et L'interieur de la Chine*）一书中，有插图"北京附近的明十三陵"（Tombeaux des Ming aux environ de Pékin）。以潘氏理论解释，可见该插图的多层意义：在第一层意义上，可见明十三陵石像生及其周边的景色；在第二层意义上，可见一留辫清人与一便装西人两位游客，两人模仿石像生，西人并将雨伞作刀剑道具拄"剑"而立，颇有几分戏谑；在第三层意义上，联系天津教案时代背景，以及罗淑亚参与处理天津教案的史实，再看这幅插图，竟有了剑拔弩张的意味。

賜塾來象

BRINGING TRIBUTE ELEPHANTS TO PEKING

三、图像的阐释和分析

英国历史学家彼得·伯克（Peter Burke, 1937— ）在其2000年出版的《以图证史》中，回答了"如何把图像作为历史证据"的问题，他认为：其一，图像可以提供文本中被忽视的历史证据；其二，即使是写实图像，也可能与史实不符；其三，历史学家可以研究图像与史实的关系，为作者的心态、意识形态和个性等提供证据。仍举一图例说明。美国汉学家卜德（Derk Bodde, 1909—2003）曾将清富察敦崇（1855—1926）的北京风俗杂记《燕京岁时记》译成英文出版。原著中有"洗象"一节，曰："同治末年、光绪初年，越南国贡象二次，共六七只，极其肥壮。都人观者喜有太平之征，欣欣载道。"卜德译本中借清麟庆《鸿雪因缘图记》中《赐莑来象》一图为插图，并重新命名为"贡象来京"。麟庆的祖坟在安定门外黄寺羊店的西边，祖莑来了两头大象，麟庆认为是吉兆，以图记之。这两个故事的共同点在于大象来京，但是此象非彼象，《燕京岁时记》中越南贡象一事应发生于1874—1875年间，麟庆所见赐莑来象发生在1791—1846年之间，是不同时代的不同故事。卜德插图在此，其意或在用典，但极易造成一般读者误读。其图像与史实之间的复杂关系需要释读才能厘清。（详见张红扬：《外译汉籍中图文关系的分析和启示——以〈燕京岁时记〉卜德英译本为例》，《中华读书报》，2018年7月9日。）

西文汉学文献中，图像和文本之间的相互作用关系即互文性非常丰富，这一点在外译汉籍中尤为显著。由于中外文字在意义表达上的不完全对应，即便竭尽描绘之能事，也有意犹未尽之感，因此插入图像可以帮助异域读者更好地理解原籍的意义。这些图像依附于文本而生，但又不仅是文本的辅助和点缀，也有文本意义深度开掘的功能。卜德《燕京岁时记》英译本中插入的一些图像显示了图文关系中最复杂也是最有意趣的情形，插图与文本时而意义趋同，时而衍生出不同的典故，这种互文性值得我们进行更为深入的思考和研究。

四、开展综合分析以提高研究信度

本书在研究中，除了开展基本的图文互证的工作外，也探索图像产生的社会文化背景、图像作者的意图、人物图像中人物对图像的影响、技术因素等，以呈现图像证史在历史研究中的内容和方法的独特性。彼得·伯克在其著作《图像证史》中，既鼓励和倡导研究者将图像作为历史证据，并肯定其重要意义，同时，也谨慎地提请研究者必须小心图像也有可能给使用者带来的诸多陷阱。由于社会背景、摄制者和被摄制者、绘制者和被绘制者等的主客观原因，产生的图像并非直接地，而是曲折地反映了历史，甚至可能与历史真实相左。那么，在图像研究中如何反映历史的真实性？正如本书中的编者说明，多角度、多层次的综合分析是臻于历史真实的途径之一。

本书分工

北京附近的长城；城门、城楼和城墙；宫城、皇城、坛庙、陵寝；颐和园、圆明园；女性和儿童形象；京城即景类图像说明由张红扬编写。

名人图录；庚子事变；教育和外交；交通及运输工具类图像说明由邹新明编写。

序言、凡例、目录由张红扬编写。

图像扫描由吴政同、韩昕岐、邰俊琴分工完成。

凡例

一、分类及排序

1. 北京附近的长城

2. 城门、城楼和城墙

3. 宫城、皇城、坛庙、陵寝

4. 颐和园、圆明园

5. 名人图录

6. 女性和儿童形象

7. 教育和外交

8. 庚子事变

9. 京城即景

10. 交通及运输工具

（注：各类子目及排序详见目录）

二、正文著录项说明

1. 图像名称及创建时间。图像名称由本书编者撰写。以中外文人名、地名工具书等为参考，核实原外文图像名称，并纠正了其中存在的谬误。图像名称下的年份数字为图像创建时间，即拍摄或绘制时间。图像创建时间不详的，则标注图像来源书籍的出版年。

2. 出处。图像来源书籍的题名，并附中译。如有已出版中译本，则照录题名；如无，则由编者译出。

3. 作者。来源书籍出版时标注的作者名，另附作者国籍、中译名和生卒年。国籍按照《世界人名翻译大辞典》（新华通讯社译名室编，中国对外翻译公司1993年版）中国家的简称注明。中译作者名参照《在华耶稣会士列传及书目》（费赖之著、冯承钧译，中华书局1995年版）、《在华耶稣会士列传及书目补编》（荣振华著、耿昇译，中华书局1995年版）、《近代来华人名辞典》（中国社会科学院近代史研究所翻译室编，中国社会科学出版社1981年版）、《国家图书馆西文善本书目》（顾犇主编，北京图书馆出版社2001年版）等书译出，无现成中译名者，则参照《世界人名翻译大辞典》采用音译。作者生卒年有据可查时则必备。

4. 出版时间。图像来源书籍出版年。

5. 出版者。按照来源书籍上标注的出版地及出版社名称照录。

6. 摄影者或绘图者。照片的拍摄者或图画的绘制者，有则必备。

7. 拍摄时间或绘制时间。有则必备。

8. 编者说明。在上述著录项之外编者认为具有重要性的附加内容。

凡
例

目录

01　北京附近的长城

城门和城楼

城墙

03　宫城、皇城、坛庙、陵寝

05　名人图录

清朝皇帝

06　女性和儿童形象

慈禧太后

08　庚子事变

围攻使馆区和西什库教堂

八国联军进军和攻占北京

09　京城即景

塔

牌楼牌坊

街道和商铺

10　交通及运输工具

船

1898　圆明园湖中的大小船只（1812）

1900　通州运河中的船只（1817）

1902　北京西城门外的船只（1843）

1904　颐和园绣漪桥边的小木船（1865）

1906　金鳌玉蝀桥边的小船（1910）

1908　颐和园昆明湖边的大船（1901）

1910　颐和园昆明湖中的带篷大船（1901）

独轮车及其他木轮车运输工具

1914　皇宫运水木轮车（1812）

1916　挑担和推独轮车的小贩（1865）

1918　运送大理石的大型木轮车（1865）

1920　北京瓮城内的独轮车（1876）

1922　乘坐独轮车出行的北京人（1876）

1924　带帆的独轮车（1884）

1926　北京茶叶店前的独轮车（1887）

1928　载了8位女客和1位幼儿的独轮车（1900）

1930　美国公理会北京驻地附近的独轮车（1901）

1932　北京鼓楼前推独轮车的小商贩（1910）

1934　北京东岳庙东西牌楼处的独轮车（1909）

1936　西便门瓮城内的木轮车（1921—1923）

1938　永定门护城河桥上木轮车队（1921—1923）

1940　永定门瓮城内的木轮马车（1921—1923）

火车

1944　大沽到北京铁路上的火车（1900）

1946　北京某火车站（1900）

1948　永定门火车站（1901）

1950　北京正阳门火车站附近的铁路和火车（1907）

1952　正阳门东车站货场（1909）

1954　北京城墙外的快速火车（1909）

1956　北京城墙外的铁路（1912）

轿车

1960　装有凉篷的北京轿车（1865）

1962　轿车的各种形态（1865）

1964　北京前门瓮城内的轿车（1876）

1966　前门瓮城内等活儿的轿车（1883）

1968　轿车行驶在北京一条大街上（1887）

1970　张家口到北京山路上行进的骡驮轿（1892）

1972　骡驮轿（1895）

1974　官员府第前的轿车（1895）

1976　北京城门外的轿车（1898?）

1978　北京轿车图（1900）

1980　北京郊区张家湾旅店院内的轿车（1900）

1982　北京前门大街上的轿车（1900）

1984　北京前门大街上的轿车（1900）

1986　北京前门大街上的轿车（1901）

1988　北京前门大街上的轿车（1903）

1990　北京前门大街上的轿车（1909）

1992　北京前门大街上的轿车（1909）

1994　东交民巷西口"敷文"牌楼下的轿车（1900）

1996　美国公使康格的轿车（1900）

1998　天安门前的轿车（1900）

2000　北京轿车和印度雇佣兵（1900）

2002　3头骡子牵引的轿车（1900）

2004　北京城门瓮城内轿车（1901）

01

北京附近的
长城

THE GREAT WALL
NEAR BEIJING

晚清以来，长城作为中国特有的军事文化产物，逐渐由军事防御体系变为历史遗迹。北京附近，可以登临八达岭长城、居庸关长城、黄花城水长城、慕田峪长城、箭扣长城、司马台长城……有了长城作为背景，北京地区的文化底蕴更加丰厚。

长城是世界公认的中古七奇建筑之一。早在 1584 年，葡萄牙耶稣会士、杰出的地理学家巴布达（Luiz Jorge de Barbuda）就绘制了西方世界第一幅单张的中国分省地图，并首次在地图上标注并粗略地绘出了长城。明末清初以来，西方人在著述中插入北京附近长城图像的为数众多，对于长城的重点关隘更为关注，其中描绘最多的当数八达岭长城和南口关，本章精选了不同时期的八达岭长城图像12幅、南口关图像 7 幅，以一斑窥全豹。

1-1

长城概观

（1842）

THE GREAT WALL
NEAR BEIJING

出　　处：*Ten Thousand Things Relating to China and the Chinese*

（《中国和中国人的万事万物》）

作　　者：William B. Langdon

（ [英] 兰登）

出版时间：1842 年

出 版 者：To be had only at the collection, Hydb Park Corner (London)

编者说明：兰登为"万唐人物"（Ten Thousand Things）展览的策展人，该展览是19世纪中期在欧美最为著名的中国工艺品展览。展品的所有人邓恩（Nathan Dunn），为美国来华商人，在中国的12年间，收集了大量的中国工艺品、乐器、服饰、人物造像和生产工具等，并运回美国。1838年底，展览首次在美国费城举办，1842年又在英国伦敦海德公园举办。兰登是展览手册（*Ten Thousand Chinese Things:A Descriptive Catalogue of the Collection*, Philadelphia:Printed for the Proprietor,1839) 的编撰者，该手册很受欢迎，曾多次再版。

在《中国和中国人的万事万物》一书中，兰登拓展了展览手册中的中国知识，较为广泛地介绍了政府、历史、文学、农业、艺术、贸易、礼仪、习俗和社会生活的基本情况。书中附有"万唐人物"展览的简介。插图原题名为"长城"，绘制虽粗略，但很有辨识度。

北京
附近的
长城

Drawn by T. Allom.

Engraved by J. Sands.

The Great Wall of China.

La Grande Muraille de la Chine.

Die große Mauer in China.

FISHER, SON & Cº LONDON & PARIS.

1-2

长城概观

（1843）

THE GREAT WALL
NEAR BEIJING

出　　处：*China, in a Series of Views, Displaying the Scenery, Architecture, and Social Habits, of that Ancient Empire*

（《中国：那个古代帝国的风景、建筑和社会习俗》）

作　　者：Thomas Allom

（［英］托马斯·阿勒姆，1804—1872）

G. N. Wright

（［英］赖特，1790—1877）

出版时间：1843 年

出 版 者：Fisher, Son, & Co.（London）

绘 图 者：Thomas Allom

雕 版 者：J.S.Sand

（［英］桑德）

北京
附近的
长城

编者说明：1793年，英国马戛尔尼（George Macartney，1737—1806）使团来华访问。到北京后，又去承德拜谒乾隆皇帝。旅途中见到心仪已久的长城，留下了极为深刻的印象。后来，英国著名画家托马斯·阿勒姆借鉴了马戛尔尼随团画师威廉·亚历山大（William Alexander，1767—1816）的画稿，也参考了其他画家关于中国素材的画作，并加以润色、修改及再创作，绘制了这幅名为《中国长城》的作品，在展现长城雄伟壮观的同时，也再现了马戛尔尼使团承德之行的旅途情景。阿勒姆这一作品被公认为类似画作中的精品，后被制成铜版画，雕版者为桑德（J.S.Sand）。

1-3

长城概观

（1853）

THE GREAT WALL
NEAR BEIJING

出　　处：*China Pictorial, Descriptive, and*

Historical

（《中国图录史》）

作　　者：Julia Corner

（[英] 茱莉亚·科纳，1798—1875）

出版时间：1853 年

出 版 者：Henry.G. Bohn (London)

编者说明：原书作者科纳为英国儿童教育作家，写作了一系列介绍欧洲和亚洲国家历史的儿童读物，《中国图录史》即是其中之一。她还创建了以自己名字命名的科纳小姐历史图书馆（Miss Corner's Library）。此插图与前面两图的构图及景物相似。所不同的是，此图在左侧敌楼添加了旌旗和士兵等，右侧人马车轿等较为简化。

北京
附近的
长城

A PORTION OF THE GREAT CHINESE WALL.

1-4

长城概观

（1894）

THE GREAT WALL
NEAR BEIJING

出　　处：*Chinese Characteristics*

（《中国人的性格》）

作　　者：Arthur H. Smith

（[美] 明恩溥，1845—1932）

出版时间：1894 年

出 版 者：Fleming H. Revell Company（New York）

编者说明：从这张不甚清晰的照片中，仍能看出这段未标明具体地段的长城保存相当完好。城墙上两侧的墙砖横平竖直，非常齐整。原书作者明恩溥为美国来华传教士，1872年始在天津传教，1878年又赴山东传教。1905年辞去教职后专注于有关中国专题的写作。《中国人的性格》是其最为著名的作品之一。曾兼任上海《字林西报》通讯员。

北京
附近的
长城

THE GREAT WALL OF CHINA.

1-5

长城概观

（1900）

THE GREAT WALL
NEAR BEIJING

出　　处：*China, The Orient and the Yellow Man*

（《中国：东方国度与黄种民族》）

作　　者：Henry Davenport Northrop

（[美] 亨利·达文波特·诺斯洛普，

1836—1909）

出版时间：1900 年

出 版 者：George W. Bertron (Washington, D.C.)

编者说明：此图与前面阿勒姆的画作相似度较高。可见在近代西文有关中国的著述中，这种相互模仿的情形较为常见。原书作者诺斯洛普为美国来华传教士，书中介绍了中国历史和现状，记录了庚子事变中所见所闻。

北京
附近的
长城

GREAT WALL.

1-6

长城览胜

（1906）

THE GREAT WALL
NEAR BEIJING

出　　处：*China and Her People*

（《大清国及其子民》）

作　　者：Charles Denby

（[美] 田贝，1830—1904）

出版时间：1906 年

出 版 者：L.C.Page & Company (Boston)

编者说明：该照片为20世纪初长城摄影的经典之作。照片视野宽阔，景深具层次感。近处的城墙和敌楼清晰可辨；远处的长城如同飘逸在山岭上的缎带；更远处层峦叠嶂，与天际一色。眼前最近处的长城残垣，更显沧桑。原书作者田贝，又名田夏礼，1885—1898年为美国驻华公使。

北京
附近的
长城

The Great Wall of China — Photo by Harrison Sackett Elliot

View of the Great Wall north of Peking, where the tourists go to see the most wonderful wonder in the world. Notice width, excellent workmanship, and different style of brick work arising from the terreplain

1-7

长城景点

（1905—1908）

THE GREAT WALL NEAR BEIJING

出　　处：*The Great Wall of China*

　　　　（《长城》）

作　　者：William Edgar Geil

　　　　（［美］盖洛，1865—1925）

出版时间：1909 年

出 版 者：Sturgis & Walton (New York)

摄 影 者：Harrison Sackett Elliot

　　　　（［美］艾略特，1882—1951）

拍摄时间：1905—1908 年

编者说明：盖洛是20世纪初美国著名旅行家、英国皇家地理学会会员。1907—1908年，他完成了对长城的考察，并于1909年出版了《长城》一书，该书是西方世界较早出版的关于长城的专书。图上两位旅游者来到北京附近的长城观光。盖洛在说明文字中提请读者关注长城的宽度和高超的工艺，以及铺道垒墙的不同风格。摄影者艾略特于1905—1908年间曾居留中国。

北京
附近的
长城

The Great Wall of China   Photo by Dr. Geil

Notice the construction of the Wall. This fashion is seen in lofty mountain regions near the Eastern Y   16

1-8

从残长城看墙体建筑材料

（1907—1908）

THE GREAT WALL
NEAR BEIJING

出　　处：*The Great Wall of China*

　　　　　（《长城》）

作　　者：William Edgar Geil

　　　　　（ [美] 盖洛，1865—1925）

出版时间：1909 年

出 版 者：Sturgis & Walton (New York)

摄 影 者：William Edgar Geil

拍摄时间：1907—1908 年

编者说明：原图说明中，盖洛提请读者注意残长城上裸露的建筑材料。他在书中感慨道，将岩石、砖头和灰泥等运送到高山峻岭以修建长城，此中耗费的人力令人叹为观止。

北京
附近的
长城

THE GREAT WALL OF CHINA : BUILT 247 B.C.

1-9

长城弯道

（1914）

编者说明：照片仅取长城之一段，展现长城流畅的曲线美。宝复礼为英国来华传教士，早年在天津传教，1900年随联军到北京。

THE GREAT WALL
NEAR BEIJING

出　　处：*China's Dayspring after Thirty Years*

　　　　（《三十年后中国之觉醒》）

作　　者：Frederick Brown

　　　　（［英］宝复礼，b.1860）

出版时间：1914 年

出 版 者：Murray and Evenden Ltd. (London)

北京
附近的
长城

THE GREAT WALL OF CHINA. FROM A PHOTOGRAPH.

1-10

八达岭长城

（1865）

THE GREAT WALL
NEAR BEIJING

出　　处：*Peking and the Pekingese, During the First*
Year of the British Embassy at Peking
（《北京和北京人：在北京英国公使馆
的第一年》）

作　　者：D. F. Rennie
（[英] 芮尼，d. 1868）

出版时间：1865 年

出 版 者：John Murray (London)

编者说明：八达岭长城位于延庆军都山关沟古道北口，建于明弘治十八年（1505），是明代重要的军事关隘。该段长城是万里长城雄伟壮丽风貌的缩影，因此也成为中外旅行者和游人涉足最多的长城地段。近代以来，八达岭长城的绘图和照片在有关中国的西文文献中反复出现，这些不同年代的图像从不同的角度反映了八达岭长城的样貌，也揭示了百余年以来的变化。原图说明注明该图是临摹照片的版画图像。此图更像一幅航拍照片，以居高临下的便利，较为准确完整地体现了八达岭长城的概貌，堪称经典。原书作者芮尼为医师，1860年随英法联军入华。

北京
附近的
长城

La Grande Muraille.

1-11

八达岭长城

（1887）

THE GREAT WALL
NEAR BEIJING

出　　处：*L'Extreme Orient*

　　　　（《远东》）

作　　者：Paul Bonnetain

　　　　（ [法] 保罗·博纳坦，1858—1899 ）

出版时间：1887 年

出 版 者：Maison Quantin (Paris)

编者说明：图上左侧的山峦描画粗略，右侧的长城则绘制精细，应是根据照片绘出的版画图像。长城为八达岭增添了壮观的气象。原书作者博纳坦为法国来华记者、作家。

北京
附近的
长城

THE GREAT WALL.

1-12

八达岭长城

（1895）

编者说明：该照片展现了八达岭北山长城的局部。敌楼、瓮城清晰可辨。该段长城既蜿蜒曲折，又顺山势而上，直至最高处。原书作者何天爵为美国来华传教士、外交官。

THE GREAT WALL
NEAR BEIJING

出　　处：*The Real Chinaman*

　　　　　（《真正的中国佬》，又名《华游志略》）

作　　者：Chester Holcombe

　　　　　（[美] 何天爵，1844—1912）

出版时间：1895 年

出 版 者 ：Hodder and Stoughton (London)

北京
附近的
长城

GREAT WALL OF CHINA   26

1-13

八达岭长城

（1896）

THE GREAT WALL
NEAR BEIJING

出　　处：*Problems of the Far East: Japan-Korea-China*

（《远东问题：日本、朝鲜、中国》）

作　　者：George N. Curzon

（［英］寇仁，1859—1925）

出版时间：1896 年

出 版 者：Archbald Constable and Co. (Westminster)

编者说明：照片上游人10人，登临八达岭长城期间休憩并合影留念。其中前排左边一坐者及后排4人中两侧站立者似本地向导。游人中似有两位孩童。后排左二俯卧在城墙上并头足抬起嬉戏。摄影者将登临处的平台与顺山势所建的4座敌楼一并纳入镜头，捕捉到了八达岭长城最精彩之处。另外，瓮城内的两棵树和一座简易的小屋也引人注目。原书作者寇仁为英国政治家，1887—1895年间到亚洲旅行，1899—1905年任印度总督。

北京
附近的
长城

Die Große chinesische Mauer.

1-14

八达岭长城

（1900）

THE GREAT WALL
NEAR BEIJING

出　　处：*China und Japan*

　　　　（《中国和日本通览》）

作　　者：Ernst von Hesse-Wartegg

　　　　（[美]海司，1851—1918）

出版时间：1900 年

出 版 者：J.J. Weber (Leipzig)

编者说明：该版画图像描绘了在长城外观赏八达岭北山长城之所见。重点展现了该段长城大致保存完整的状况和蜿蜒曲折的特点，取景角度稀见而独特。原书作者海司为奥地利裔美国作家、旅行家。

北京
附近的
长城

THE PA-TA-LING GATE.

1-15

八达岭关

（1900）

THE GREAT WALL
NEAR BEIJING

出　　处：*China, the Long-Lived Empire*

　　　　　（《中国，悠久帝国》）

作　　者：Eliza Ruhamah Scidmore

　　　　　（[美] 西德莫尔，1856—1928）

出版时间：1900 年

出 版 者：The Century Co. (New York)

编者说明：该版画图像描绘了即将穿过关城券门，走出八达岭关时所见。左边敌楼保存状况良好，前方拱形门洞上面的墙体损毁较为严重。细观门洞右边有两匹马和三个人，其中两位似持枪的西方军人，这一细节提示着庚子事变的时代背景。原书作者西德莫尔为美国新闻记者和旅行家作家。

北京
附近的
长城

THE GREAT WALL.

1-16

八达岭长城敌楼

（1900）

THE GREAT WALL
NEAR BEIJING

出　　处：*China, the Long-Lived Empire*

（《中国，悠久帝国》）

作　　者：Eliza Ruhamah Scidmore

（[美] 西德莫尔，1856—1928 ）

出版时间：1900 年

出 版 者：The Century Co. (New York)

编者说明：此版画图像之逼真，几与照片相媲美。与图1–13相较，瓮城的两棵树犹在，但小屋现仅残存半堵墙面。长城从右边最高处敌楼又折向左，再折向右，在山峰之间蜿蜒，此画面堪称经典。

北京
附近的
长城

The Great Wall

1-17

八达岭长城

（1901）

THE GREAT WALL
NEAR BEIJING

出　　处：*China in Convulsion*

　　　　（《动乱中的中国》）

作　　者：Arthur H. Smith

　　　　（[美] 明恩溥，1845—1932）

出版时间：1901 年

出 版 者：Fleming H. Revell Company (New York)

编者说明：该照片除展现登临八达岭北山长城的平台及4个敌楼之外，瓮城景象也是主要内容之一。与前面图像相比，图上瓮城城墙和券门保存完好，瓮城内的两棵树仍在，但小屋已经消失，地面的残砖碎石应是损毁后的遗迹。

北京
附近的
长城

THE GREAT WALL OF CHINA, NEAR PEKIN.

1-18

八达岭长城

（1908）

THE GREAT WALL
NEAR BEIJING

出　　处：*From Pekin to Sikkim*

　　　　　（《从北京到锡金》）

作　　者：Count de Lesdain

　　　　　（［法］莱斯丹，1880—1975）

出版时间：1908 年

出 版 者：John Murray (London)

编者说明：该照片以近处的敌楼、残存垛口和射口为重点，稍远处是向山顶排开的3座敌楼，更远处可见起伏绵延的山峦。原书作者莱斯丹为法国外交官、旅行家。

北京
附近的
长城

Südseite der grossen Mauer. Vom Nankau-Pass aus gesehen.

1-19

八达岭长城内外侧墙体

（1900）

THE GREAT WALL
NEAR BEIJING

出　　处：*China und die Chinesen*

　　　　　（《中国和中国人》）

作　　者：Bruno Navarra

　　　　　（ [德] 布鲁诺·纳瓦拉，1850—1911 ）

出版时间：1901 年

出 版 者：M. Nössler (Bremen)

拍摄时间：1900 年

编者说明：照片显示了八达岭长城内外墙体的不同，图上的游人为内外侧城墙的高度做了参照。外侧叫"垛口墙"，用于攻防，上面垛口可供观察，下面的方形小口为射口；内侧叫"女儿墙"，较为低矮，据说是为了防止守城官兵意外失足跌落城下而设置的。图上游人似西方军人。原书作者纳瓦拉为德国汉学家。

北京
附近的
长城

The Great Wall of China

Side view of the "Tourists Great Wall" north of Peking

1-20

八达岭长城内侧墙体

（1905—1908）

THE GREAT WALL
NEAR BEIJING

出　　处：*The Great Wall of China*

　　　　（《长城》）

作　　者：William Edgar Geil

　　　　（［美］盖洛，1865—1925）

出版时间：1909 年

出 版 者：Sturgis & Walton (New York)

摄 影 者：Harrison Sackett Elliot

　　　　（［美］艾略特，1882—1951）

拍摄时间：1905—1908 年

北京
附近的
长城

Grosse Mauer, Blick nach Osten, Nankau-Pass.

1-21

八达岭长城瓮城

（1901）

THE GREAT WALL
NEAR BEIJING

出　　处：*China und die Chinesen*

　　　　　（《中国和中国人》）

作　　者：Bruno Navarra

　　　　　（［德］布鲁诺·纳瓦拉，1850—1911）

出版时间：1901 年

出 版 者 ：M. Nössler (Bremen)

编者说明：此张八达岭长城及瓮城的照片中，可见两棵树下的牧人和羊群。

北京
附近的
长城

The Great Wall of China   Photo by Dr. Geil

The Great Wall west of the Eastern Y. Altitude over 3,500 feet above the Pacific Ocean

1-22

长城岔道

（1907—1908）

THE GREAT WALL
NEAR BEIJING

出　　处：*The Great Wall of China*

　　　　（《长城》）

作　　者：William Edgar Geil

　　　　（［美］盖洛，1865—1925）

出版时间：1909 年

出 版 者：Sturgis & Walton (New York)

摄 影 者：William Edgar Geil

拍摄时间：1907—1908 年

编者说明：该照片说明文字中称，这是东岔道以西的景观，但由于盖洛在书中自述未能找到东岔道，因此原图说明中所说的东岔道可能有误。岔道顾名思义，道从此分，即长城在此分为两岔道。据《北京百科全书·怀柔卷》，北京地区长城总走向主要分为东西、北西两个体系，这两个体系在怀柔八道河乡西栅子村旧水坑西南的分水岭上会合，这个会合点在1985年被命名为"北京结"。盖洛书中所说的东岔道，应为现"北京结"的长城岔道。

北京

附近的

长城

45

KOO-PEE-KOO, OR THE ANCIENT PASS-GATE THROUGH THE GREAT WALL OF CHINA, LEADING INTO MONGOLIA.

Page 204, Vol. II.

1-23

古北口

（1865）

THE GREAT WALL
NEAR BEIJING

出　　处：*Peking and the Pekingese, Duing the First*
　　　　　Year of the British Embassy at Peking

　　　　　（《北京和北京人：在北京英国公使馆
　　　　　的第一年》）

作　　者：D. F. Rennie

　　　　　（［英］芮尼，d. 1868）

出版时间：1865 年

出 版 者：John Murray, Albemarle Street (London)

绘 图 者：Geo. Hugh Wyndham, Esq.

　　　　　（［英］乔治·休·温德姆，1836—1916）

编者说明：古北口位于北京密云区古北口镇东南，是山海关、居庸关两关之间的要塞，为辽东平原和内蒙古高原通往中原地区的咽喉。图像描绘了起伏的山峦、陡峭的长城、密集的城堡和骑马荷枪的将士，尽显古北口的险要和雄奇。

北京
附近的
长城

Grosse Mauer bei Kupeiku.

1-24

古北口

（1902）

**THE GREAT WALL
NEAR BEIJING**

出　　处：*Kämpfe in China*

　　　　（《1900—1901 年奥匈帝国在中国的战争》）

作　　者：Theodor Ritter von Winterhalder

　　　　（[奥] 特奥多尔·里特·冯·温特哈尔德，

　　　　1861—1941）

出版时间：1902 年

出 版 者：A. Hartleben's Verlag (Wien ; Budapest)

编者说明：在古北口长城外拍摄的敌楼以及长城下长方形的门洞。原书作者温特哈尔德为奥地利海军上将，曾作为八国联军将领之一入侵中国。

北京
附近的
长城

La Grande Muraille à travers la porte Gouan-Goou.

1-25

关沟附近长城

（1883）

THE GREAT WALL
NEAR BEIJING

出　　处：*Voyage à travers La Mongolie et la Chine*

　　　　（《从蒙古穿越中国的旅行》）

作　　者：P. IA. Piassetskii

　　　　（［俄］皮亚塞特斯基，1843—1919）

出版时间：1883 年

出 版 者：Hachette et Cie. (Paris)

编者说明：关沟跨昌平和延庆两区，长约18公里，西北起于八达岭长城，东南止于南口。八达岭长城位于关沟西北山梁，居庸关长城横跨关沟。该图构图巧妙，透过敌楼券门展现长城景色，别具一格。原书作者皮亚塞特斯基为俄国探险家，1874—1875年间来华探险。

北京
附近的
长城

Grande Muraille, à Tcha-tao (voy. p. 252). — Dessin de H. Clerget, d'après une photographie de M. Thomson.

1-26

居庸关云台

（1876）

THE GREAT WALL
NEAR BEIJING

出　　处：*Le Tour du Monde, Nouveau Journal des*

Voyages

（《周游世界之新航海日志》）

作　　者：Édouard Charton

（［法］爱德华·沙尔东，1807—1890）

出版时间：1876 年

出 版 者：Hachette (Paris)

绘 图 者：H. Clerget

（［法］H. 克莱热）

编者说明：居庸关云台，又名"云台石阁"，位于昌平区南口镇北的居庸关关城内，始建于元代，是过街塔的基座。券门及门洞内有石刻，刻有大小佛像，以及汉、藏、蒙古、梵、西夏5种文字的经典，在佛教史和艺术史上有很高的价值。 原图说明注明该图是克莱热根据汤姆森（M. Thomson）所拍摄照片绘制的版画。汤姆森1871—1872年间曾来北京旅行。惜图中券门右侧石雕为一堵墙所遮挡。原书作者沙尔东为法国著名文学家，曾做环球之旅。

北京
附近的
长城

BUDDHIST ARCHWAY BY NAN KOU.

1-27

居庸关云台

（1877 年前后）

THE GREAT WALL NEAR BEIJING

出　　处：*Through Unknown Tibet*

　　　　（《穿越未知的西藏》）

作　　者：M. S. Wellby

　　　　（ [英] 韦尔比，1866—1900 ）

出版时间：1898 年

出 版 者：T. Fisher Unwin (London)

摄 影 者：Tomas Child

　　　　（ [英] 托马斯·查尔德，1841—1898 ）

拍摄时间：1877 年前后

编者说明：与上图相比，券门上方的石雕掉了一小块。原书作者韦尔比为英国旅行家，1896年穿越西藏。照片为英国摄影家查尔德所摄。查尔德为英国燃气工程师，1870—1889年间在清朝海关总税务司任职。在京期间，共拍摄了200余张京城及京郊的照片；1877年前后，拍摄了不少长城图像。

北京
附近的
长城

5 Buddhas

Tablets

The Great Wall of China   Photo by F. E. Dilly, M.A., M.D.

The celebrated "Language Arch," or Hexagonal Gateway at the Nankow
Pass. The North Face is here shown (the South Face is the same
design). The Arch, the crown and haunches of which form the sides of
a hexagon, is 20 feet across at the base, 30 feet through, and has 5 Bud-
dhas on each side of the flat haunches. In the perpendicular wall on
either side are large tablets of granite with inscriptions in divers
languages

1-28

居庸关云台

（1909）

编者说明：此图由1909年盖洛书中析出，但从云台券门上的雕刻尚且清晰的状况看来，照片拍摄时间应该早于前面两图。

THE GREAT WALL
NEAR BEIJING

出　　处：*The Great Wall of China*

　　　　（《长城》）

作　　者：William Edgar Geil

　　　　（[美] 盖洛，1865—1925）

出版时间：1909 年

出 版 者：Sturgis & Walton (New York)

摄 影 者：F. E. Dilly

　　　　（迪利）

北京

附近的

长城

The Great Wall of China   Photo by Dr. Geil

The famous Lienhwachih Pass in the Great Wall. Near the Eastern Y

1-29

莲花池关

（1907—1908）

THE GREAT WALL
NEAR BEIJING

出　　处：*The Great Wall of China*

　　　　　（《长城》）

作　　者：William Edgar Geil

　　　　　（[美] 盖洛，1865—1925）

出版时间：1909 年

出 版 者：Sturgis & Walton (New York)

摄 影 者：William Edgar Geil

拍摄时间：1907—1908 年

编者说明：怀柔雁栖镇莲花池长城，因附近有村名莲花池，故名。照片上方的长城墙体状态较好，中部一段非常陡峭，损毁严重。下方可见山涧溪流。

北京
附近的
长城

The Great Wall of China   Photo by Dr. Geil

1-30

莲花池长城仰视

（1907—1908）

THE GREAT WALL
NEAR BEIJING

出　　处：*The Great Wall of China*

　　　　（《长城》）

作　　者：William Edgar Geil

　　　　（[美] 盖洛，1865—1925）

出版时间：1909 年

出 版 者：Sturgis & Walton (New York)

摄 影 者：William Edgar Geil

拍摄时间：1907—1908 年

编者说明：原图说明注明莲花池长城约在海拔4000英尺（约1200米）处。图为莲花池长城较为完整的样貌。

北京
附近的
长城

The Great Wall of China   Photo by Dr. Geil

Mark the line of the Tower Wall at the left. Near Lienhwachih

1-31

莲花池长城的墙砖

（1907—1908）

THE GREAT WALL
NEAR BEIJING

出　　处：*The Great Wall of China*

　　　　（《长城》）

作　　者：William Edgar Geil

　　　　（[美] 盖洛，1865—1925）

出版时间：1909 年

出 版 者：Sturgis & Walton (New York)

摄 影 者：William Edgar Geil

拍摄时间：1907—1908 年

编者说明：盖洛在这张莲花池长城的照片中提请读者注意，照片左侧墙砖码得整齐优美。

北京
附近的
长城

Passe de Nankou.

1-32

南口关

（1887）

THE GREAT WALL
NEAR BEIJING

出　　处：*L'Extreme Orient*

　　　　（《远东》）

作　　者：Paul Bonnetain

　　　　（［法］保罗·博纳坦，1858—1899）

出版时间：1887 年

出 版 者：Maison Quantin (Paris)

编者说明：南口因位于关沟的南端而得名。元代初年在此重新筑城，始称南口城，即今南口镇北1公里处的南口村。图为南口关附近景色。

北京
附近的
长城

[To face p. 348.

THE GREAT WALL OF CHINA AT THE ENTRANCE TO NANKAOU PASS.

1-33

南口关

（1892）

编者说明：崇山峻岭中，长城像一道天然屏障，骑骆驼的旅人已出南口关。原书作者普赖斯为英国艺术家、战地记者和旅行家。

THE GREAT WALL
NEAR BEIJING

出　　处：*From the Arctic Ocean to the Yellow Sea*
　　　　（《从北冰洋到黄海》）

作　　者：Julius Mendes Price
　　　　（[英] 尤利乌斯·门德斯·普赖斯，
　　　　1857—1924 ）

出版时间：1892 年

出 版 者：Sampson Low, Marston & Company (London)

北京
附近的
长城

IN THE NANKOU PASS.

1-34

编者说明：从南口关出关后所见关外景色。

南口关

（1900）

THE GREAT WALL
NEAR BEIJING

出　　处：*China, the Long-Lived Empire*

　　　　　（《中国，悠久帝国》）

作　　者：Eliza Ruhamah Scidmore

　　　　　（[美] 西德莫尔，1856—1928）

出版时间：1900 年

出 版 者：The Century Co. (New York)

北京
附近的
长城

Blick in den Nankau-Pass.

1-35

编者说明：在长城南口关外高处取景，拍摄南口关城通道以及远处的山峦。

南口关城

（1900 年前后）

THE GREAT WALL
NEAR BEIJING

出　　处：*Kämpfe in China*

　　　　（《1900—1901 年奥匈帝国在中国的战争》）

作　　者：Theodor Ritter von Winterhalder

　　　　（[奥] 特奥多尔·里特·冯·温特哈尔德，

　　　　1861—1941）

出版时间：1902 年

出 版 者：A. Hartleben's Verlag (Wien ; Budapest)

拍摄时间：1900 年前后

北京
附近的
长城

GREAT WALL NEAR NAN-KAU PASS.

1-36

南口关附近

（1900 年前后）

THE GREAT WALL
NEAR BEIJING

编者说明：在南口关内所摄附近风景，可见墙体上有一券门。伯奇于1899—1900年间来华旅行，《中国北部和中部之旅》是根据旅行日记整理而成。

出　　处：*Travels in North and Central China*

　　　　　（《中国北部和中部之旅》）

作　　者：John Grant Birch

　　　　　（［英］伯奇，1846 或 1847—1900）

出版时间：1902 年

出 版 者：Hurst and Blackett, Limited (London)

拍摄时间：1900 年前后

北京
附近的
长城

The Great Wall of China

Photo by H. G. Ponting

The Great Wall as seen at the Nankow Pass, showing the Pa-ta-ling Gate

1-37

从南口关看八达岭长城

（1900—1906）

THE GREAT WALL
NEAR BEIJING

出　　处：*The Great Wall of China*

　　　　（《长城》）

作　　者：William Edgar Geil

　　　　（［美］盖洛，1865—1925）

出版时间：1909 年

出 版 者：Sturgis & Walton (New York)

摄 影 者：H.G. Ponting

　　　　（［英］庞廷，1870—1935）

拍摄时间：1900—1906 年

编者说明：拍摄者在南口关眺望八达岭长城以及波浪起伏的山峦，3位清人在城墙上或倚或站或骑，也被揽入镜头。摄影师庞廷，1900—1906年间在亚洲工作，到访北京时拍摄了不少自然景观和生活场景的照片。这张堪称经典的照片，不仅当时为盖洛借用，半个世纪后，亦作为李约瑟《中国的科学与文明》第一卷的插图。

北京
附近的
长城

Great Wall near the Nankow Pass

1-38

南口关附近

（1909）

THE GREAT WALL
NEAR BEIJING

出　　处：*Guide to Peking and Neighborhood*

　　　　　（《北京及周边地理指南》）

作　　者：Hans Bahlke, General Merchat

　　　　　（德胜洋行）

出版时间：1909 年

出 版 者：Tageblatt Für Nord-China, G.m.b.H

　　　　　(Tientsin)

编者说明：原图说明标注此景为南口关附近景色，图上该段长城攀上山巅，又折向图上左侧山谷，再攀上山峰。山体上可见裸露的岩石。该书为面向外国人的旅游手册，由北京德胜洋行编写。

北京
附近的
长城

The Great Wall of China

Photo by Dr. Geil

Northeast of the Thirteen Tombs. Showing double parapets for reversible defense

1-39

牛角边长城

（1907—1908）

编者说明：牛角边长城位于慕田峪长城的西边，明十三陵的东北方，因形似牛角而得名。该段长城内外两侧墙均有垛口，具有对外对内双重防护之功能。

THE GREAT WALL
NEAR BEIJING

出　　处：*The Great Wall of China*

　　　　（《长城》）

作　　者：William Edgar Geil

　　　　（ [美] 盖洛，1865—1925 ）

出版时间：1909 年

出 版 者 ：Sturgis & Walton (New York)

摄 影 者 ：William Edgar Geil

拍摄时间：1907—1908 年

北京
附近的
长城

The Great Wall of China

Overlooking Lienhwachih. Within one hundred miles of Peking

1-40

"3"字形长城

（1907—1908）

THE GREAT WALL
NEAR BEIJING

出　　处：*The Great Wall of China*

　　　　　（《长城》）

作　　者：William Edgar Geil

　　　　　（ [美] 盖洛，1865—1925 ）

出版时间：1909 年

出 版 者：Sturgis & Walton (New York)

摄 影 者：William Edgar Geil

拍摄时间：1907—1908 年

编者说明：这是怀柔慕田峪长城的一段，曲折蜿蜒，极具特色。由于像阿拉伯数字的"3"，故名。

北京
附近的
长城

The Great Wall of China

Photo by Dr. Geil

Strongly fortified Pass of the Great Wall at the Rocky Gorge of Taokwankow

1-41

石峡关

（1907—1908）

THE GREAT WALL
NEAR BEIJING

出　　处：*The Great Wall of China*

　　　　（《长城》）

作　　者：William Edgar Geil

　　　　（[美] 盖洛，1865—1925）

出版时间：1909 年

出 版 者：Sturgis & Walton (New York)

摄 影 者：William Edgar Geil

拍摄时间：1907—1908 年

编者说明：该段长城在崇山峻岭、深沟险隘之间起伏绵延，敌楼在两峰相望。可能为八达岭长城西南方的石峡关。

北京
附近的
长城

02

城门、
城楼和城墙

GATES

TOWERS AND WALLS

北京的城门、城楼和城墙，和长城一样，原来是防御工事，现在成为历史遗迹。1921 年，斯德哥尔摩国家博物馆的学者喜龙仁（Osvald Sirén, 1879—1966）来到北京，在清逊帝溥仪的陪同下，考察了北京的城墙和城门，在其后所著的《北京的城墙和城门》一书中，喜龙仁写道："每天拂晓，厚重的城门缓缓打开时，其声音就像是一位巨人刚刚被唤醒时所发出的呻吟。随后，整个城市慢慢地苏醒过来，进城农民挑着担子，推着小车，或赶着骡车，熙熙攘攘的人群在正午时分达到了高潮，人力车、畜力车中还夹杂着不断按着喇叭的汽车，有时还会因为对流的交通过于拥挤而陷于短暂的停滞。随着夕阳西下，暮色苍茫，城门处的交通也渐渐变得稀疏起来。当夜幕降临，城门关闭之时，城市这个巨人也开始逐渐进入梦乡。"喜龙仁的描写为他拍摄的静态图像做了最生动的说明，他的著述也为北京的城墙和城门做了一份较为系统的历史记录。喜龙仁的照片多摄于 1921—1923 年左右，已是民国时期，但此时的城门、城楼和城墙基本保留了清代遗留下来的样貌。发黄的图片上的城门、城楼和城墙，正如梁思成先生所说，"无论是它壮硕的品质，或它轩昂的外像，或它那样年年历经风雨的甘辛"，"总都要引起后人复杂的情感"。

观象台是明、清两代的国家天文台，原为明正统年间所建的观星台，位于元大都城墙东南角楼旧址上，后在城墙下增建紫微殿、晷影堂等附属建筑群。1644 年清政权建立之后，改观星台为观象台。观象台台体高约 14 米，台顶南北长 20.4 米，东西长 23.9 米。上设 8 架清制天文仪器。从明正统初年到 1929 年止，观象台从事天文观测近 500 年，是仍存的古观象台中保持连续观测时间最悠久的。清制 8 架天文仪除了造型、花饰、工艺等方面具有中国传统制作的特色外，在刻度、游表、结构等方面，还反映了西欧文艺复兴后大型天文仪器的进展和成就。另外，观象台台底还有两件明朝建造的大型仪器——浑天仪和简仪，它们也是中华文明极其珍贵的遗产。八国联军侵华战争中，德军劫掠了天体仪、纪限仪、玑衡抚辰仪、地平经仪、仿宋元浑仪，法军劫掠了地平经纬仪、象限仪、黄道经纬仪、赤道经纬仪、仿元简仪。在国际社会和中国政府的强烈呼吁下，1904 年，法国归还了掠走的仪器，1921 年，德国将掠走的仪器归还。呈现在此的图像从不同时期、不同距离和角度，反映了清观象台和天文仪器的历史样貌。

From a Photograph by Signor Beato   Published by Smith Elder & C? 65 Cornhill, London 1861

AN-TING GATE OF PEKIN.
Occupied by the Allied Forces

2-1-1

安定门城楼、箭楼和闸楼

（1861）

GATES
TOWERS AND WALLS

出　　处：*Narrative of the North China Campaign*
　　　　　of 1860
　　　　　（《1860 年华北战役纪要》）

作　　者：Robert Swinhoe
　　　　　（[英] 郇和，1836—1877）

出版时间：1861 年

出 版 者：Smith, Elder and Co. (London)

编者说明：安定门位于明清北京城内城北垣东段。据说，古时军队班师回朝时，大多从安定门进京，以取安邦定国之意。图上安定门城楼、箭楼、闸楼及城墙绘制精美，但安定门外手执洋枪的联军官兵点明了该图的历史背景，第二次鸦片战争中，英法联军正是从安定门攻入北京城的。 原图说明注明，该图根据意大利摄影师比托（Signor Beato，又名Felice Beato，1832—1909）的照片绘制。比托于1860年随英法联军入华，是拍摄第二次鸦片战争末期照片的著名摄影家。他拍摄的英法联军攻打天津塘沽炮台的照片，以及北京城墙、城门和清漪园等的照片，均流传广泛。原书作者郇和为英国外交官与博物学家，1854—1875年间驻华。

城门、

城楼和城墙

／

城门和

城楼

Page 90, Vol. II.

THE ANTING GATE OF PEKING.

Sketched by Geo. Hugh Wyndham, Esq.

2-1-2

安定门印象

（1865）

GATES
TOWERS AND WALLS

出　　处：*Peking and the Pekingese, During the First Year of the British Embassy at Peking*

（《北京和北京人：在北京英国公使馆的第一年》）

作　　者：D. F. Rennie

（［英］芮尼，d. 1868）

出版时间：1865 年

出　版　者：John Murray, Albemarle Street (London)

绘　图　者：Geo. Hugh Wyndham

（［英］乔治·休·温德姆，1836—1916）

编者说明：图上可见安定门城墙、城楼和护城河，护城河中似在捞鱼的两人给静谧的画面增添了生气。

城门、
城楼和城墙
／
城门和
城楼

THE AN-TING GATE, WALL OF PEKING.

2-1-3

安定门城楼

（1883）

GATES
TOWERS AND WALLS

出　　处：*The Middle Kingdom*

　　　　（《中国总论》）

作　　者：S. Wells Williams

　　　　（［美］卫三畏，1812—1884）

出版时间：1883 年

出 版 者 ：W. H. Allen & Co. (London)

编者说明：细腻精美的安定门城楼及城门内景，应为根据照片绘制的版画图像。临时搭建的商铺、等待客人的轿乘、三三两两的行人，透出清末北京浓郁的生活气息。原书作者卫三畏1833年即来华，是美国最早来华的新教传教士，也是美国汉学研究的先驱，在中国生活了43年。《中国总论》是其代表性著作。

城门、
城楼和城墙

／

城门和
城楼

2-1-4

安定门城墙、城楼、城门及护城河

（1886）

GATES
TOWERS AND WALLS

出　　处：*Wanderings in China*

　　　　　（《中国游记》）

作　　者：C. F. Gordon Cumming

　　　　　（[英]高登·卡明，1837—1924）

出版时间：1886 年

出 版 者：William Blackwood and Sons (Edinburgh)

绘 图 者：C. F. Gordon Cumming

编者说明：春夏季节的安定门外，树木枝叶浓密，护城河河水灵动，行人、车轿及驼队正欲进城，画面构图设计完美。原书作者为苏格兰女旅行家和画家，曾来华旅行。她的全名为康斯坦斯·弗雷德里卡·高登·卡明（Counstance Frederica Gorden Cumming）。

PEKING'S OUTER WALL.

2-1-5

安定门外

（1909）

编者说明：在安定门外摄箭楼及城墙，城墙优美的曲线是摄影者聚焦之处。原书作者博雷尔为荷兰作家、新闻记者和翻译家，19世纪末来华，1909年赴京，拍摄了不少京城照片。

GATES

TOWERS AND WALLS

出　　处：*The New China: A Traveller's Impressions*

（《晚清游记》）

作　　者：Henri Borel

（[荷] 亨利·博雷尔，1869—1933）

出版时间：1912 年

出 版 者：Dodd Mead and Co. (New York)

摄 影 者：Henri Borel

拍摄时间：1909 年

An Ting Men
The outer tower and the temple in the gateyard

2-1-6

安定门箭楼及瓮城内的真武庙

（1921—1923）

GATES
TOWERS AND WALLS

出　　处：*Walls and Gates of Peking*

　　　　　（《北京的城墙和城门》）

作　　者：Osvald Sirén

　　　　　（［瑞典］喜龙仁，1879—1966）

出版时间：1924 年

出 版 者 ：John Lane The Bodley Head Limited

　　　　　（London）

摄 影 者 ：Osvald Sirén

拍摄时间：1921—1923 年

编者说明：京城9座城门中，有7座城门瓮城内建有关帝庙，唯安定门和德胜门内建真武庙。图为在安定门城楼上所摄箭楼及瓮城内的真武庙院落。原书作者喜龙仁是瑞典汉学家、艺术史家，1921 年来到北京，在清逊帝溥仪的陪同下，考察了北京的城墙和城门。《北京的城墙和城门》是其最著名的著作之一。

城门、

城楼和城墙

　/

城门和

城楼

EASTERN GATE, FROM WITHIN, THROUGH WHICH THE JAPANESE ENTERED PEKIN.

2-1-7

朝阳门城门

（1900）

GATES
TOWERS AND WALLS

出　　处：*The War of the Civilisations*

　　　　　（《文明的交锋》）

作　　者：George Lynch

　　　　　（［英］乔治·林奇，1868—1928）

出版时间：1901 年

出 版 者：Longmans, Green, and Co. (London; New

　　　　　York; Bombay)

拍摄时间：1900 年

编者说明：朝阳门位于北京内城东垣南侧，原为元大都东垣之南门"齐化门"。1900年8月14日朝阳门箭楼被八国联军炮火毁坏，清光绪二十九年（1903）后由工部施工修复。图为朝阳门城门内。作者在原图说明中标注，正是从这个城门，日军攻入了北京。原书作者林奇为爱尔兰战地记者和作家，1900年随英国军队入华。

城门、

城楼和城墙

／

城门和

城楼

EASTERN GATE AFTER BOMBARDMENT AND CAPTURE BY JAPANESE.

2-1-8

朝阳门箭楼

（1900）

编者说明：图为1900年8月14日被日军炮轰后几近全毁的朝阳门箭楼，顶部已不存，墙体上弹孔明晰可辨。

GATES
TOWERS AND WALLS

出　　处：*The War of the Civilisations*

　　　　　（《文明的交锋》）

作　　者：George Lynch

　　　　　（ [英] 乔治·林奇，1868—1928 ）

出版时间：1901 年

出 版 者：Longmans, Green, and Co. (London; New

　　　　　York; Bombay)

拍摄时间：1900 年

城门、

城楼和城墙

／

城门和

城楼

Chih Hua Men
Sideview of the inner tower and adjoining buildings

2-1-9

朝阳门城楼侧面及附近建筑物

（1921—1923）

GATES
TOWERS AND WALLS

编者说明：20世纪20年代初所摄朝阳门城楼及附设建筑物之样貌，看起来明显缺乏妥善维护。

出　　处：*Walls and Gates of Peking*

（《北京的城墙和城门》）

作　　者：Osvald Sirén

（［瑞典］喜龙仁，1879—1966）

出版时间：1924 年

出 版 者：John Lane The Bodley Head Limited

（London）

摄 影 者：Osvald Sirén

拍摄时间：1921—1923 年

城门、

城楼和城墙

/

城门和

城楼

Abb. 145. Hatamön-Tor, Peking.

2-1-10

崇文门

（1901—1909）

GATES
TOWERS AND WALLS

出　　处：*Rund um Asien*

　　　　（《环亚游记》）

作　　者：Philipp Bockenheimer

　　　　（［德］菲利普·博肯海默，1875—1933）

出版时间：1909 年

出版者：Verlag von Klinkhardt & Biermann

　　　　(Leipzig)

编者说明：崇文门，位于内城南垣东段。崇文门原为元大都的11个城门之一，当时名为文明门。明朝改建北京城，文明门改名为崇文门。元朝的文明门，在当时又叫哈达门。"哈达门"又讹传谐音为"哈大门""哈德门"，也写作"海岱门"。庚子事变中，英军炮击崇文门箭楼，使其顶部被毁。1901年，因铺设铁轨以通火车故，瓮城和残存的箭楼被拆除。图上的崇文门城楼下可见东西向的铁轨，大街上洋溢着浓郁的生活气息，人马车轿熙熙攘攘。原书作者博肯海默为德国外科医生、旅行家。

城门、

城楼和城墙

／

城门和

城楼

Hata Men
The inner tower from the street

2-1-11

崇文门城楼

（1921—1923）

编者说明：20世纪20年代初期的崇文门已被修缮一新，城楼上的雕梁画栋清晰可辨，通往城门的路面重新铺过，路上两侧已安装电线杆，透露出现代生活之气息。

GATES
TOWERS AND WALLS

出　　处：*Walls and Gates of Peking*

　　　　　（《北京的城墙和城门》）

作　　者：Osvald Sirén

　　　　　（［瑞典］喜龙仁，1879—1966）

出版时间：1924 年

出 版 者：John Lane The Bodley Head Limited

　　　　　（London）

摄 影 者：Osvald Sirén

拍摄时间：1921—1923 年

城门、

城楼和城墙

/

城门和

城楼

Hata Men
The inner tower and the gateyard with people waiting for the train to pass

2-1-12

编者说明：图上可见崇文门内等待火车通过的
车马人群，闸口处安装了格栅门。

崇文门城楼

（1921—1923）

GATES
TOWERS AND WALLS

出　　处：*Walls and Gates of Peking*

　　　　（《北京的城墙和城门》）

作　　者：Osvald Sirén

　　　　（［瑞典］喜龙仁，1879—1966）

出版时间：1924 年

出 版 者：John Lane The Bodley Head Limited

　　　　（London）

摄 影 者：Osvald Sirén

拍摄时间：1921—1923 年

Te Sheng Men
The remaining bit of the barbican and the outer tower

2-1-13

德胜门

（1921—1923）

GATES
TOWERS AND WALLS

出　　处：*Walls and Gates of Peking*

　　　　（《北京的城墙和城门》）

作　　者：Osvald Sirén

　　　　（ [瑞典] 喜龙仁，1879—1966）

出版时间：1924 年

出 版 者 ：John Lane The Bodley Head Limited

　　　　（London）

摄 影 者 ：Osvald Sirén

拍摄时间：1921—1923 年

编者说明：德胜门，位于内城北垣西侧，为明清北京城内城九门之一。据传为征战官兵出行之门，故而以"德胜"（得胜）命名。1915年德胜门瓮城和闸楼被拆除，1921年德胜门城楼被拆除。此为德胜门瓮城残垣及箭楼。

[*Page* 101.

TUNG-PIEN GATE, PEKING.

2-1-14

东便门

（1900年前）

编者说明：东便门位于外城北垣东段。东便门外，为大运河大通桥码头，骡马行人，来来往往，由此门进出京城。图为东便门箭楼。原书作者汤姆森为英国来华传教士，庚子事变前后居留天津和北京。

GATES
TOWERS AND WALLS

出　　处：*China and the Powers*

　　　　（《庚子事变与八国联军》）

作　　者：H. C. Thomson

　　　　（[英] H. C. 汤姆森）

出版时间：1902 年

出 版 者：Longmans, Green, and Co. (London)

拍摄时间：1900 年前

城门、
城楼和城墙
／
城门和
城楼

Tung Pien Men
View of the inner tower

2-1-15

编者说明：在东便门内所摄东便门城楼，可见箭楼的券门。

东便门

（1921—1923）

GATES
TOWERS AND WALLS

出　　处：*Walls and Gates of Peking*

　　　　　（《北京的城墙和城门》）

作　　者：Osvald Sirén

　　　　　（［瑞典］喜龙仁，1879—1966）

出版时间：1924 年

出 版 者：John Lane The Bodley Head Limited

　　　　　（London）

摄 影 者：Osvald Sirén

拍摄时间：1921—1923 年

View of Tung Chih Men from the south

2-1-16

东直门南侧全景

（1921—1923）

GATES
TOWERS AND WALLS

出　　处：*Walls and Gates of Peking*

　　　　　（《北京的城墙和城门》）

作　　者：Osvald Sirén

　　　　　（[瑞典] 喜龙仁，1879—1966）

出版时间：1924 年

出 版 者：John Lane The Bodley Head Limited

　　　　　（London）

摄 影 者：Osvald Sirén

拍摄时间：1921—1923 年

编者说明：东直门原为元大都东垣崇仁门，明永乐时改称东直门至今。清朝时南方的木材常常储存在东直门外，并由此门运进北京城，因此东直门俗称"木门"。又因砖窑大多在东直门外，拉砖运瓦车也走东直门进城。图为在东直门南侧所摄箭楼、瓮城和城楼。

東直門

Tung Chih Men
View through the inner gate

2-1-17

东直门城门

（1921—1923）

GATES

TOWERS AND WALLS

出　　处：*Walls and Gates of Peking*

　　　　　（《北京的城墙和城门》）

作　　者：Osvald Sirén

　　　　　（［瑞典］喜龙仁，1879—1966）

出版时间：1924 年

出 版 者：John Lane The Bodley Head Limited

　　　　　（London）

摄 影 者：Osvald Sirén

拍摄时间：1921—1923 年

编者说明：图为从城门内所摄城门及其上石额。"东直门"三字由近代书法家邵伯炯所题。

城门、
城楼和城墙
／
城门和
城楼

Peking — Ping tsö Gate

2-1-18

阜成门

（1909）

GATES
TOWERS AND WALLS

出　　处：*Guide to Peking and Neighborhood*

　　　　（《北京及周边地理指南》）

作　　者：Hans Bahlke, General Merchat

　　　　（德胜洋行）

出版时间：1909 年

出 版 者：Tageblatt Für Nord-China, G.m.b.H

　　　　（Tientsin）

编者说明：阜成门位于北京内城西垣以南，建于元代，当时名为平则门，明代正统四年（1439）重修时改名为阜成门，明清时期北京所需煤炭，都由脚夫赶着骆驼驮子由此门运进京城，因此，阜成门俗称"煤门"。图为清末阜成门箭楼远景。土道上可见骑驴的行人，留着长长的辫子。

城门、
城楼和城墙
／
城门和
城楼

Ping Tzu Men
The two gate towers and part of the barbican

2-1-19

阜成门城楼、箭楼和部分瓮城

（1921—1923）

GATES
TOWERS AND WALLS

出　　处：*Walls and Gates of Peking*

　　　　　（《北京的城墙和城门》）

作　　者：Osvald Sirén

　　　　　（［瑞典］喜龙仁，1879—1966）

出版时间：1924 年

出 版 者：John Lane The Bodley Head Limited

　　　　　（London）

摄 影 者：Osvald Sirén

拍摄时间：1921—1923 年

编者说明：阜成门的箭楼、城楼和城墙。护城河中及河边，可见10余只水禽，为古老的阜成门增添了生气。

Chang I Men
Side view of the towers and the barbican

2-1-20

广安门城楼、箭楼、瓮城侧影

（1921—1923）

GATES
TOWERS AND WALLS

出　　处：*Walls and Gates of Peking*

　　　　　（《北京的城墙和城门》）

作　　者：Osvald Sirén

　　　　　（［瑞典］喜龙仁，1879—1966）

出版时间：1924 年

出 版 者：John Lane The Bodley Head Limited

　　　　　（London）

摄 影 者：Osvald Sirén

拍摄时间：1921—1923 年

编者说明：广安门为北京外城唯一向西开的门，与广渠门相对。广安门明代称广宁门，又名彰义门，清朝道光年间改为现名。广安门为陆路进京的必经之路，明清时期比较繁华。图上广安门城楼几乎只剩下框架，箭楼顶部也有损毁，应是清末以来的样貌。

Sha Wu Men
Side view of the barbican and the two towers

2-1-21

广渠门瓮城、城楼和箭楼侧影

（1921—1923）

GATES
TOWERS AND WALLS

出　　处：*Walls and Gates of Peking*

　　　　　（《北京的城墙和城门》）

作　　者：Osvald Sirén

　　　　　（［瑞典］喜龙仁，1879—1966）

出版时间：1924 年

出 版 者：John Lane The Bodley Head Limited

　　　　　（London）

摄 影 者：Osvald Sirén

拍摄时间：1921—1923 年

编者说明：广渠门是北京外城唯一向东开的门，为老北京城门中比较简朴的一个，建于明嘉靖三十二年（1553）。由于广渠门外乱葬岗子里有众多的沙窝子，广渠门也就因此得了"沙窝门"的别称。

城门、

城楼和城墙

／

城门和

城楼

THE FIRST SIGHT OF PEKING.

2-1-22

内城东北角楼下的车马

（1900年前后）

GATES
TOWERS AND WALLS

出　　处：*The Peoples and Politics of the Far East*

　　　　（《远东的人民和政治》）

作　　者：Henry Norman

　　　　（[英] 亨利·诺尔曼，1858—1939）

出版时间：1901 年

出 版 者：T. Fisher Unwin (London)

拍摄时间：1900 年前后

编者说明：北京城的内外城垣四角都建有角楼。角楼全称应为城垣角箭楼，内城角楼每座有箭孔144个。图为北京内城东北角楼，城外可见马车经过护城河、箭楼，沿着城墙正向远处城门行进。原书作者诺尔曼为英国记者，19世纪末曾到中国旅行。

[*Face p.* 37.

TARTAR CITY WALL, PEKING.

2-1-23

内城东北角楼

（1900）

GATES
TOWERS AND WALLS

出　　处：*A Year in China, 1899—1900*

　　　　（《在华一年记》）

作　　者：Charles Clive Bigham

　　　　（［英］璧阁衔，1872—1956）

出版时间：1901 年

出 版 者：Macmillan and Co., Ltd. (New York)

拍摄时间：1900 年

编者说明：城外护城河边似可见三两位西方军人装扮的人，站在一门火炮旁，点明了照片庚子事变的历史背景。原书作者璧阁衔随八国联军来华。该张照片亦为同年出版的明恩溥（Arthur H. Smith）所著《动乱中的中国》（*China in Convulsion*，New York: Fleming H. Revell Company）一书中引用，1906年又被田贝（Charles Denby）所著《大清国及其子民》（*China and Her People,* Boston: L.C.Page & Company）一书引用。

WATCH-TOWER ON WALL OF CHINESE CITY, PEKING.

2-1-24

内城东南角楼

（1900）

GATES
TOWERS AND WALLS

出　　处：*China and the Powers*

　　　　　（《庚子事变与八国联军》）

作　　者：H. C. Thomson

　　　　　（[英] H. C. 汤姆森）

出版时间：1902 年

出 版 者：Longmans, Green, and Co. (London)

拍摄时间：1900 年

编者说明：内城东南角楼之西侧图景，宽阔的城墙上杂草丛生，凌乱破败，左侧有一人在行走。照片应为庚子事变之后不久拍摄。

WATCH-TOWER ON THE SOUTH-EAST WALL.

2-1-25

内城东南角楼

（1909）

GATES
TOWERS AND WALLS

出　　处：*The New China: A Traveller's Impressions*

（《晚清游记》）

作　　者：Henri Borel

（[荷]亨利·博雷尔，1869—1933）

出版时间：1912 年

出 版 者：Dodd Mead and Co. (New York)

摄 影 者：Henri Borel

拍摄时间：1909 年

编者说明：内城东南角楼是位于明清北京内城东南的一座城垣转角楼。建于明正统四年（1439），明清时期曾多次修缮。照片摄于清末，角楼历经沧桑，破败颓唐，左边楼角已缺损。城墙上砖缝中生出丛丛杂草，碎砖瓦砾散落一地。

OLD BRIDGE OUTSIDE PEKING.

136

2-1-26

内城东南角楼及城外三孔拱桥

（1909）

GATES
TOWERS AND WALLS

编者说明：图为在护城河边摄内城东南角楼及三孔拱桥。护城河几近干涸，破败古桥上的围栏大半尽毁。清末的北京百废待兴。

出　　处：*The New China: A Traveller's Impressions*

（《晚清游记》）

作　　者：Henri Borel

（[荷]亨利·博雷尔，1869—1933）

出版时间：1912 年

出 版 者：Dodd Mead and Co. (New York)

摄 影 者：Henri Borel

拍摄时间：1909 年

城门、
城楼和城墙
/
城门和
城楼

The south east corner tower

2-1-27

内城东南角楼

（1921—1923）

GATES
TOWERS AND WALLS

出　　处：*Walls and Gates of Peking*

　　　　　（《北京的城墙和城门》）

作　　者：Osvald Sirén

　　　　　（［瑞典］喜龙仁，1879—1966）

出版时间：1924 年

出 版 者：John Lane The Bodley Head Limited

　　　　　（London）

摄 影 者：Osvald Sirén

拍摄时间：1921—1923 年

编者说明：与前面照片对比，从这幅摄于1921—1923年间的照片可以看出，庚子事变后，清政府已对内城东南角楼做了一些修缮。

The south west corner tower

2-1-28

内城西南角楼

（1921—1923）

GATES
TOWERS AND WALLS

出　　处：*Walls and Gates of Peking*

（《北京的城墙和城门》）

作　　者：Osvald Sirén

（［瑞典］喜龙仁，1879—1966）

出版时间：1924 年

出 版 者： John Lane The Bodley Head Limited

(London)

摄 影 者：Osvald Sirén

拍摄时间：1921—1923 年

编者说明：图为北京内城西南角楼之外侧面，箭孔整齐方正，应经过修缮；楼顶仍破损失修，有待维护改善。

城门、
城楼和城墙
／
城门和
城楼

Porte Tciène-mène, à Pékin. — Dessin de Taylor, d'après une photographie du docteur Morache.

2-1-29

前门

（1876）

GATES
TOWERS AND WALLS

出　　处：*Le Tour du Monde, Nouveau Journal des Voyages*

（《周游世界之新航海日志》）

作　　者：Édouard Charton

（［法］爱德华·沙尔东，1807—1890）

出 版 者：Hachette (Paris)

出版时间：1876 年

绘 图 者：Taylor

（［法］泰勒）

编者说明：前门的正式名称叫正阳门，位于内城南垣中段，为内城的正门。正阳门自建成后曾遭4次焚毁，又经4次重建。最后一次是1900年被八国联军焚毁，1906年重建。前门地区是明清北京城最繁华的商贸区之一。前门是北京城门中被描绘较多的一个城门，是北京景物的典型代表之一。原图说明表明，绘画者泰勒是根据莫拉克医生（docteur Morache）的照片绘制。制成的版画可见雕工细腻精美。莫拉克医生1862—1866年间在法国公使馆任职。

Pékin. — Chen-Men. Porte principale.

2-1-30

前门

（1887）

GATES
TOWERS AND WALLS

出　　处：*L'Extreme Orient*

　　　　（《远东》）

作　　者：Paul Bonnetain

　　　　（[法]保罗·博纳坦，1858—1899）

出版时间：1887 年

出 版 者：Maison Quantin (Paris)

编者说明：清末前门是北京的交通枢纽，图上左侧为前门城楼，右侧为闸楼，中间拐角处为观音庙。瓮城内轿乘、驴车、马车及赶骆驼的熙熙攘攘。图片绘制及版画雕工均精美细腻，形象逼真。

城门、
城楼和城墙
/
城门和
城楼

Das nördliche Stadtthor in Peking.

2-1-31

前门

（1900年前）

GATES
TOWERS AND WALLS

出　　处：*China und Japan*

　　　　（《中国和日本通览》）

作　　者：Ernst von Hesse-Wartegg

　　　　（[美] 海司，1851—1918）

出版时间：1900 年

出 版 者 ：J.J. Weber (Leipzig)

绘制时间：1900 年前

编者说明：绘制精美的前门城楼及瓮城版画图像，左侧可见关帝庙，右侧是观音庙，瓮城内车水马龙，南来北往。该图在1908年出版的卢国祥著《中华苗蔓花：华夏纵览》（*Neue Bündel, Unkraut, Knospen und Blüten aus dem blumigne Reiche der Mitt*）一书中也被引用。

城门、
城楼和城墙
／
城门和
城楼

MAIN GATE TO PEKING, DESTROYED BY BOXERS SEPT. 16, 1900

This is one of Peking's main and most imposing gates. Notice the massive building above the wall; note the solidity of the wall itself; an idea of its great height can be formed by noticing how small a proportion is occupied by the arch and yet how small a proportion of the arch is actually required for the passing vehicles.

2-1-32

前门瓮城

（1900年前）

GATES
TOWERS AND WALLS

出　　处：*Beleaguered in Peking*

　　　　（《北京被围记》）

作　　者：Robert Coltman

　　　　（[美] 满乐道，1862—1931）

出版时间：1901 年

出 版 者：F. A. Davis Company, Publishers

　　　　（Philadelphia）

拍摄时间：1900 年前

编者说明：1900年，前门在八国联军侵华战争中被烧毁。此图为烧毁前的瓮城内样貌，左侧可见关帝庙。较之其他前门图像，这幅图中呈现的市井生活场景尤为热闹和繁忙。原书作者满乐道为美国来华传教士，1885年到济南传教行医，1896年任京师同文馆教习，1898年任京师大学堂教习。

城门、

城楼和城墙

／

城门和

城楼

CHEN-MUN GATE TO PEKIN

2-1-33

前门

（1900年前）

GATES

TOWERS AND WALLS

出　　处：*The Last Days of Peking*

　　　　（《北京末日》）

作　　者：Pierre Loti

　　　　（[法] 皮埃尔·洛蒂，1850—1923）

出版时间：1902 年

出 版 者 ：Little, Brown, and Company (Boston)

绘制时间：1900 年前

编者说明：简洁、传神的前门写意画。原书作者洛蒂为法国海军军官、小说家，1900年随法国舰队来华。庚子事变中在北京经历了这一历史事件。

Das mittlere Südthor — Tschien-men — der Mauer der Tartarenstadt.

2-1-34

前门箭楼

（1900年前）

编者说明：1900年以前前门的热闹情景，这条正对着前门箭楼的大街就是京城最著名的商业街——前门大街，此时看来还较狭窄，后来不断拓宽，成为名副其实的大街。

GATES
TOWERS AND WALLS

出　　处：*Kämpfe in China*

（《1900—1901 年奥匈帝国在中国的战争》）

作　　者：Theodor Ritter von Winterhalder

（[奥] 特奥多尔·里特·冯·温特哈尔德，

1861—1941）

出版时间：1902 年

出 版 者：A. Hartleben's Verlag (Wien ; Budapest)

拍摄时间：1900 年前

城门、

城楼和城墙

/

城门和

城楼

CH'IEN MEN GATE

2-1-35

前门

（1900年前）

GATES
TOWERS AND WALLS

出　　处：*Behind the Scenes in Peking*

　　　　　（《北京围困内幕》）

作　　者：Mary Hooker

　　　　　（[美] 玛丽·胡克，1876—1918）

出版时间：1911 年

出 版 者：John Murray (London)

拍摄时间：1900 年前

编者说明：照片应在1900年庚子事变前拍摄。前门瓮城内的搭建显得凌乱。引人注目的是，一列驼队正从西向东行进。《北京围困内幕》一书著者署名为玛丽·胡克，她的真实姓名为波莉·康迪特·史密斯（Polly Condit Smith）。该书取材于她 1900年中两个月的日记和未寄出的信件，背景是义和团运动期间的北京和所谓公使馆围困时期。

城门、
城楼和城墙

/

城门和
城楼

Peking as a watch tower : outside the walls of the Manchu city, the Chinese town stretching into the distance, ruts made by small Peking carts rather plainly visible.

2-1-36

前门

（1906年前）

GATES
TOWERS AND WALLS

出　　处：*Gleanings from Fifty Years in China*

（《中国五十年见闻录》）

作　　者：Archibald John Little

（[英] 立德，1838—1908）

出版时间：1910 年

出 版 者 ：Sampson Low, Marston & Co., Ltd.

(London)

摄 影 者 ：Archibald John Little

拍摄时间：1906 年前

编者说明：图右为正阳门，左为正阳门箭楼，中间为正阳门东闸楼。道路上可见车轱辘轧出的轨迹。原书作者立德为英国来华商人，写作多部中国见闻录，其夫人亦以中国见闻录作家著名。立德于1859年来华，立德夫人于1887年来华，夫妇二人于1906年回国。

城门、

城楼和城墙

／

城门和

城楼

PAVILION ON THE CH'IEN MÊN GATE.

2-1-37

前门

（1909）

GATES
TOWERS AND WALLS

出　　处：*The New China: A Traveller's Impressions*

（《晚清游记》）

作　　者：Henri Borel

（[荷]亨利·博雷尔，1869—1933）

出版时间：1912 年

出 版 者：Dodd Mead and Co. (New York)

摄 影 者：Henri Borel

拍摄时间：1909 年

编者说明：前门城楼侧面，从其形制看，应是庚子事变后重建的新城楼。又从右下方遗留的泥土砖石看来，似前门重建工程已近尾声。参考工程时间表，此照片应拍摄于1906年底之后。参考摄影者来京时间，应拍摄于1909年。

城门、

城楼和城墙

／

城门和

城楼

Peking — Chien-men gate

2-1-38

前门

（1909）

GATES
TOWERS AND WALLS

出　　处：*Guide to Peking and Neighborhood*

　　　　（《北京及周边地理指南》）

作　　者：Hans Bahlke, General Merchat

　　　　（德胜洋行）

出版时间：1909 年

出 版 者：Tageblatt Für Nord-China, G.m.b.H

　　　　（Tientsin）

编者说明：庚子事变中被毁的前门城楼，于1906年重建。重建后的前门城楼较之前有诸多不同。例如，高度更高，檐柱加抱柱加固，檐角更为飞翘，等等。照片上雕梁画栋的花纹明晰，顶檐下可见满汉双语的正阳门匾额，应是在重建后不久拍摄的。

城门、
城楼和城墙
/
城门和
城楼

The north west corner of the Chinese city wall

2-1-39

外城西北角楼

（1921—1923）

GATES
TOWERS AND WALLS

编者说明：北京城外城角楼形体较内城要小，共有箭孔12个。图为外城西北角楼之外侧面。护城河边沿城墙一字排开的应是电线杆子。

出　　处：*Walls and Gates of Peking*

（《北京的城墙和城门》）

作　　者：Osvald Sirén

（[瑞典] 喜龙仁，1879—1966）

出版时间：1924 年

出 版 者：John Lane The Bodley Head Limited

(London)

摄 影 者：Osvald Sirén

拍摄时间：1921—1923 年

Tower on the south west corner of the Chinese city wall

2-1-40

外城西南角楼

（1921—1923）

GATES
TOWERS AND WALLS

出　　处：*Walls and Gates of Peking*

　　　　　（《北京的城墙和城门》）

作　　者：Osvald Sirén

　　　　　（［瑞典］喜龙仁，1879—1966）

出版时间：1924 年

出 版 者：John Lane The Bodley Head Limited

　　　　　(London)

摄 影 者：Osvald Sirén

拍摄时间：1921—1923 年

编者说明：图为北京城外城西南角楼之外侧面，角楼下可见护城河，角楼的倒影也映在水中。

城门、

城楼和城墙

／

城门和

城楼

WALLS AND GATES OF PEKING

2-1-41

西直门

（1896）

GATES
TOWERS AND WALLS

出　　处：*Problems of the Far East: Japan-Korea-China*

（《远东问题：日本、朝鲜、中国》）

作　　者：George N. Curzon

（[英] 寇仁，1859—1925）

出版时间：1896 年

出 版 者：Archbald Constable and Co. (Westminster)

编者说明：西直门是位于北京内城西垣北侧的一座城门，始建于元至元四年（1267），元代称为"和义门"，明英宗正统年间改名西直门。在北京内城九门中，西直门的规模仅次于正阳门。西直门在北京城门中离玉泉山最近，每日供应皇宫的水车出入此门，因此俗称水门。西直门城楼、箭楼形制与东直门相似。图为清末西直门城楼、箭楼、瓮城和护城河之景象，瓮城外城墙下可见破旧民居。

城门、

城楼和城墙

／

城门和

城楼

Stadtmauer in Peking.

2-1-42

西直门

（1900年前）

GATES

TOWERS AND WALLS

出　　处：*China und Japan*

　　　　　（《中国和日本通览》）

作　　者：Ernst von Hesse-Wartegg

　　　　　（[美] 海司，1851—1918 ）

出版时间：1900 年

出 版 者：J.J. Weber (Leipzig)

绘制时间：1900 年前

编者说明：图为1900年以前西直门城楼、箭楼、闸楼全景，似是从西直门外的南面向北望去的景色。

城门、

城楼和城墙

／

城门和

城楼

VIEW OF PEKING FROM OUTSIDE.

2-1-43

西直门

（1909）

编者说明：图为清末的西直门外南侧景色，似是春秋时节，护城河中已泛舟，岸边有人担桶汲水。

GATES
TOWERS AND WALLS

出　　处：*The New China: A Traveller's Impressions*

　　　　（《晚清游记》）

作　　者：Henri Borel

　　　　（[荷] 亨利·博雷尔，1869—1933）

出版时间：1912 年

出 版 者：Dodd Mead and Co. (New York)

摄 影 者：Henri Borel

拍摄时间：1909 年

Hsi Chih Men
The complete gate from the south

2-1-44

西直门

（1921—1923）

编者说明：图为西直门外南侧全景，可见城楼、闸楼、箭楼和护城河，城墙下建有平房，也有两层楼房。河水中现出城墙和闸楼的倒影。

GATES
TOWERS AND WALLS

出　　处：*Walls and Gates of Peking*

　　　　（《北京的城墙和城门》）

作　　者：Osvald Sirén

　　　　（［瑞典］喜龙仁，1879—1966）

出版时间：1924 年

出 版 者：John Lane The Bodley Head Limited

　　　　（London）

摄 影 者：Osvald Sirén

拍摄时间：1921—1923 年

城门、

城楼和城墙

／

城门和

城楼

Shun Chih Men
The inner tower and the central portion of the gateyard

2-1-45

宣武门城楼及瓮城中心

（1921—1923）

GATES
TOWERS AND WALLS

出　　处：*Walls and Gates of Peking*

　　　　　（《北京的城墙和城门》）

作　　者：Osvald Sirén

　　　　　（ [瑞典] 喜龙仁，1879—1966）

出版时间：1924 年

出 版 者：John Lane The Bodley Head Limited

　　　　　（London）

摄 影 者：Osvald Sirén

拍摄时间：1921—1923 年

编者说明：宣武门，原名顺承门，也称顺治门，位于北京内城南垣西侧，　明永乐十七年（1419）修建，后改称"宣武门"，有"武烈宣扬"之义。照片上可见瓮城内已成为堆放陶瓷容器等的场所。1927年瓮城被拆除。1965年城楼及城墙均被拆除。

城门、
城楼和城墙
／
城门和
城楼

THE GREAT SOUTH GATE, PEKING

2-1-46

永定门

（1900年前）

GATES
TOWERS AND WALLS

出　　处：*The Crisis in China*

　　　　（《中国危机》）

作　　者：George B.Smyth

　　　　（［美］施美志，1854—1911）

出版时间：1900 年

出 版 者 ：Harper & Brothers Publishers (New York;

　　　　London)

拍摄时间：1900 年前

编者说明：永定门位于北京外城南垣中轴线上，与正阳门遥遥相对，是明、清两朝皇室前往南苑团河围猎的主要通道。图为晚清时期永定门箭楼外侧样貌。原书作者施美志，为美国来华传教士，1878年来华，在福州任鹤龄英华书院校长。

城门、

城楼和城墙

／

城门和

城楼

Yung Ting Men
Side view of the whole gate and the moat

2-1-47

永定门城楼及护城河侧影

（1921—1923）

GATES
TOWERS AND WALLS

出　　处：*Walls and Gates of Peking*

　　　　（《北京的城墙和城门》）

作　　者：Osvald Sirén

　　　　（［瑞典］喜龙仁，1879—1966）

出版时间：1924 年

出 版 者：John Lane The Bodley Head Limited

　　　　（London）

摄 影 者：Osvald Sirén

拍摄时间：1921—1923 年

Yu An Men
View through the gateyard and the inner tower

2-1-48

右安门瓮城及城楼

（1921—1923）

编者说明：右安门原是北京外城的七门之一，又名"南西门"，明嘉靖三十二年（1553）建成，现已不存。图为民国初期在箭楼券门内所摄右安门城楼。

GATES
TOWERS AND WALLS

出　　处：*Walls and Gates of Peking*

（《北京的城墙和城门》）

作　　者：Osvald Sirén

（［瑞典］喜龙仁，1879—1966）

出版时间：1924 年

出 版 者：John Lane The Bodley Head Limited

(London)

摄 影 者：Osvald Sirén

拍摄时间：1921—1923 年

Tso An Men
The outer tower and the moat

2-1-49

左安门箭楼及护城河

（1921—1923）

GATES
TOWERS AND WALLS

出　　处：*Walls and Gates of Peking*

　　　　（《北京的城墙和城门》）

作　　者：Osvald Sirén

　　　　（［瑞典］喜龙仁，1879—1966）

出版时间：1924 年

出 版 者：John Lane The Bodley Head Limited

　　　　（London）

摄 影 者：Osvald Sirén

拍摄时间：1921—1923 年

编者说明：左安门是北京外城南侧三个城门之一，位于永定门东面。图为民国初期左安门箭楼侧影，护城河中可见白鹅。

城门、
城楼和城墙

/

城门和
城楼

Vue générale des fortifications de Pékin. — Dessin de Taylor, d'après une photographie du docteur Morache.

2-2-1

城墙下的民居

（1876）

GATES
TOWERS AND WALLS

出　　处：*Le Tour du Monde, Nouveau Journal des Voyages*

（《周游世界之新航海日志》）

作　　者：Édouard Charton

（ [法] 爱德华·沙尔东，1807—1890 ）

出版时间：1876 年

出 版 者：Hachette (Paris)

绘 制 者：Taylor

（ [法] 泰勒 ）

编者说明：该图的左侧远处，隐约可见城楼及箭楼，近处可见坚固厚重的城墙及城墙下的民居，还有街上的行人、肩荷货担的小贩、商户支出的幌子，也在图像上细致地呈现出来。图中右下方一家在院子里支起的架子——用来晾晒或遮阳——也清晰可辨。该图由泰勒根据莫拉克医生的照片绘制而成，图上北京城在厚重城墙护佑下显现出一片静谧安然的生活氛围。诺斯洛普（Henry Davenport Northrop）所著《中国：东方国度与黄种民族》（*China, The Orient and the Yellow Man*. 1900年版）中，也引用了该图。

Les Remparts de Pékin.

2-2-2

城墙概观

（1887）

GATES
TOWERS AND WALLS

出　　处：*L'Extreme Orient*

　　　　　（《远东》）

作　　者：Paul Bonnetain

　　　　　（[法] 保罗·博纳坦，1858—1899）

出版时间：1887 年

出 版 者 ：Maison Quantin (Paris)

绘 图 者 ：Henri-Camille Danger

　　　　　（[法] 亨利·卡米耶·当热，

　　　　　1857 — 1939）

编者说明：该图聚焦北京城墙的马面。城墙每隔一定的距离就突出矩形墩台，以消除城下视线死角，这一设计被称为马面。

WALLS OF PEKING, WITH CONTINUOUS
STREAM OF CAMELS.

WALLS OF PEKING, AND MOAT IN WINTER

2-2-3

编者说明：两幅绘画展现了城墙及马面的样貌；城墙下的驼队，结了冰的护城河上的滑冰车，是城墙下的场景。

城墙外

（1900年前）

GATES
TOWERS AND WALLS

出　　处：*China, the Long-Lived Empire*

（《中国，悠久帝国》）

作　　者：Eliza Ruhamah Scidmore

（[美] 西德莫尔，1856—1928 ）

出版时间：1900 年

出 版 者：The Century Co. (New York)

绘制时间：1900 年前

城门、
城楼和城墙

/

城墙

ON THE TOP OF CHINA'S GREAT WALL

Wall destroyed by the Russians after the Boxers got it. This picture gives a good idea of the width of the Great Wall, and looks almost like a field with vegetation growing, and the block-house or fort erected upon it. The method of reaching the top of the wall is shown by the driveway up the side, which it will be observed, is completely commanded by the block-house. This wall extends several thousand miles, and is said to represent the sacrifice of millions of lives, and labor beyond comprehension.

2-2-4

城墙上看城楼

（1900年前）

GATES
TOWERS AND WALLS

出　　处：*Beleaguered in Peking*

　　　　　（《北京被围记》）

作　　者：Robert Coltman

　　　　　（[美]满乐道，1862—1931）

出版时间：1901 年

出 版 者：F. A. Davis Company,

　　　　　Publishers (Philadelphia)

拍摄时间：1900 年前

编者说明：该图显示了城墙的宽度，以及建在城墙之上的城楼。

城门、
城楼和城墙
/
城墙

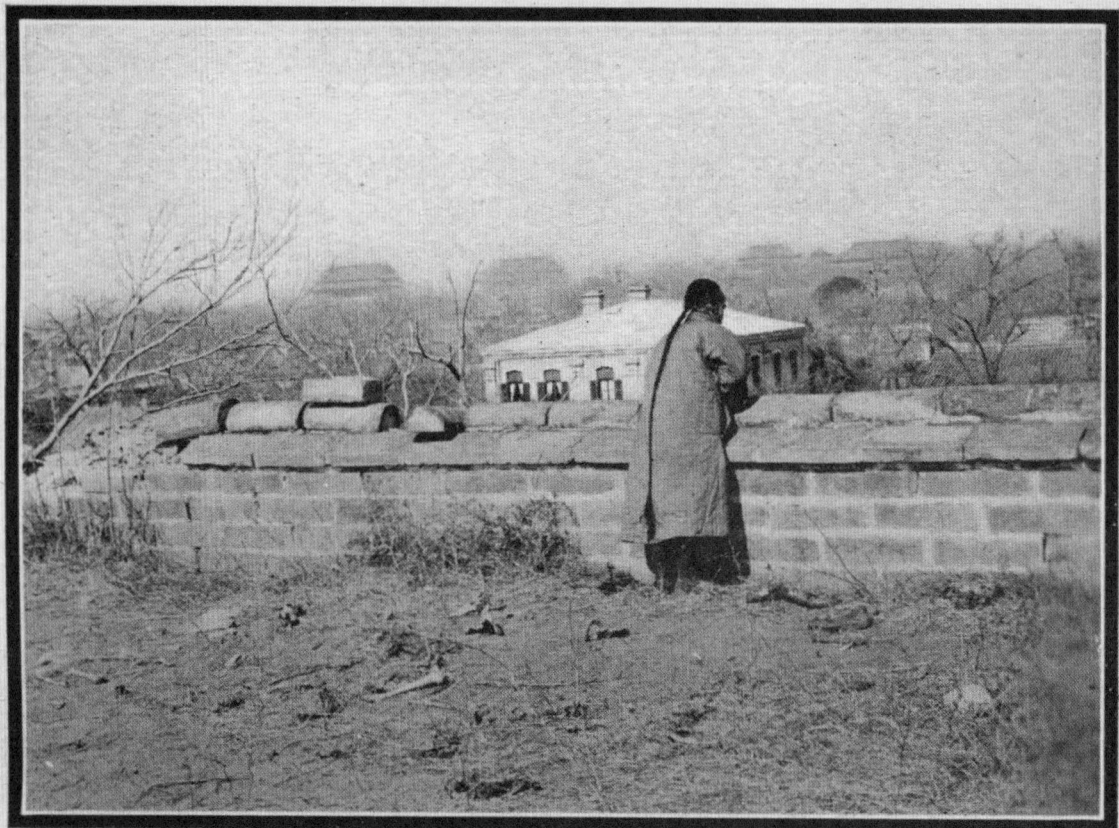

2-2-5

城墙上

（1900）

编者说明：庚子事变期间，一位留辫清人正从城墙察看美国公使馆内情形，中间白色建筑为当时的美国公使馆。

GATES
TOWERS AND WALLS

出　　处：*China in Convulsion*

（《动乱中的中国》）

作　　者：Arthur H. Smith

（[美] 明恩溥，1845—1932）

出版时间：1901 年

出 版 者：Fleming H. Revell Company (New York)

拍摄时间：1900 年

TARTAR WALL WITH BARRICADE

2-2-6

城墙上的路障

（1900）

编者说明：城墙上可见砖头等构筑的路障，应是庚子事变留下的遗迹。

GATES
TOWERS AND WALLS

出　　处：*China in Convulsion*

（《动乱中的中国》）

作　　者：Arthur H. Smith

（[美] 明恩溥，1845—1932）

出版时间：1901 年

出 版 者：Fleming H. Revell Company (New York)

拍摄时间：1900 年

THE TARTAR WALL, SHOWING AMERICAN POSITION SOUTH OF
THEIR LEGATION

2-2-7

城墙上的旗帜

（1900）

编者说明：庚子事变中，美军在城墙上插上了国旗，标注了墙内美国公使馆的位置。原书作者兰多尔为英国画家、探险家。

GATES
TOWERS AND WALLS

出　　处：*China and the Allies*

　　　　（《中国与八国联军》）

作　　者：A. Henry Savage Landor

　　　　（［英］阿诺尔德·亨利·萨维奇·兰多尔，

　　　　1865—1924）

出版时间：1901 年

出 版 者：William Heinemann (London)

摄 影 者：A. Henry Savage Landor

拍摄时间：1900 年

RAILWAYS AND TELEGRAPH LINES ACROSS PEKING'S OLD WALLS.

2-2-8

城墙和铁轨

（1909）

编者说明：清末北京的城墙下，不仅铺设了铁轨，而且延接了电报线。古老的北京已迈开了近代化的脚步。

GATES
TOWERS AND WALLS

出　　处：*The New China: A Traveller's Impressions*

　　　　　（《晚清游记》）

作　　者：Henri Borel

　　　　　（[荷] 亨利·博雷尔，1869—1933）

出版时间：1912 年

出 版 者 ：Dodd Mead and Co. (New York)

摄 影 者 ：Henri Borel

拍摄时间：1909 年

城门、
城楼和城墙
/
城墙

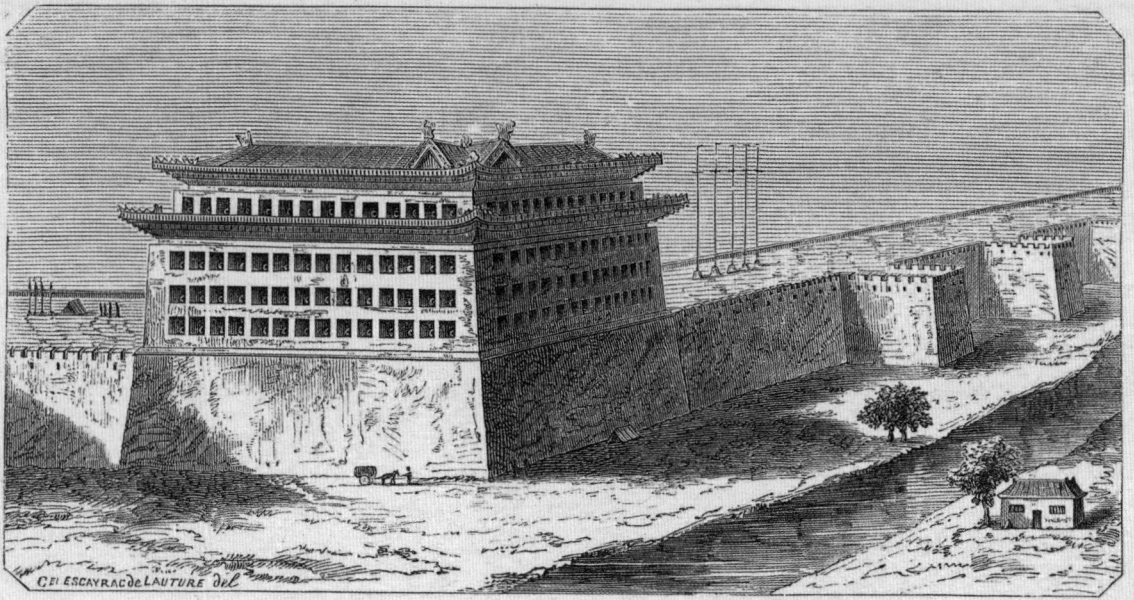

LES MURS DE PÉKIN.

D'après la photographie.

2-3-1

内城角楼

（1865）

编者说明：根据照片绘制的北京内城角楼外侧面版画图像。原书作者洛图尔为法国探险家、地理学家，1860年随英法联军入华。

GATES
TOWERS AND WALLS

出　　处：*Mémoires sur la Chine*

　　　　（《中国记忆》）

作　　者：Pierre Henri Stanislas D'Escayrac de

　　　　Lauture

　　　　（[法]埃斯凯拉克·洛图尔，1826—1868）

出版时间：1865 年

出 版 者：Librairie du Magazin Pittoresque (Paris)

城门、
城楼和城墙
/
城门、
城楼和城墙
概观

PART OF THE WALL OF PEKING.

2-3-2

城墙、城楼、城外民居和驼队

（1867）

GATES
TOWERS AND WALLS

出　　处：*Social Life of the Chinese*

　　　　（《中国人的社会生活》）

作　　者：Rev. Justus Doolittle

　　　　（［美］卢公明，1824—1880）

出版时间：1867 年

出 版 者：Harper & Brothers Publishers (New York)

编者说明：图片展现了清后期北京的城墙、城楼和箭楼，低矮的民居、行进的骆驼队，还有护城河小水闸等等细节，也清晰可辨。整个画面简练、朴素。原书作者卢公明为美国公理会来华传教士，1850年入华，多在福州传教，1878年返回美国。

城门、
城楼和城墙
／
城门、
城楼和城墙
概观

Intérieur d'un bastion. — Dessin de Taylor, d'après une photographie du docteur Morache.

2-3-3

城门内景

（1876）

GATES
TOWERS AND WALLS

出　　处：*Le Tour du Monde, Nouveau Journal des*

　　　　　　Voyages

　　　　　（《周游世界之新航海日志》）

作　　者：Édouard Charton

　　　　　（[法]爱德华·沙尔东，1807—1890）

出版时间：1876 年

出 版 者：Hachette (Paris)

绘 图 者：Taylor

　　　　　（[法]泰勒）

编者说明：该图取景城墙拐角处，将城楼和闸楼揽入景中。瓮城内景为描画重点：城墙拐角处有一院落应为观音庙，院墙外搭建简易商棚，道路及两侧有贩卖蔬菜水果的小贩，以及推着独轮车的、担着水桶的、驾着马车的、拉着人力车的各种路人。画面逼真，描画细腻。原图说明中注明该图是泰勒根据莫拉克医生的照片绘制的。

Un des bastions des remparts de Pékin.

2-3-4

箭楼

（1887）

GATES
TOWERS AND WALLS

出　　处：*L'Extreme Orient*

（《远东》）

作　　者：Paul Bonnetain

（[法] 保罗·博纳坦，1858—1899）

出版时间：1887 年

出 版 者：Maison Quantin (Paris)

编者说明：箭楼位于城楼前方，建在砖砌的城台上，为城楼的防御性建筑，上有用于瞭望和射箭的孔。该图为箭楼近景，高大的箭楼下，还有依建于此的附属建筑或民居，空地上闲坐一人或是小贩。

城门、
城楼和城墙
／
城门、
城楼和城墙
概观

Aeußere Mauer und Thor von Peking

2-3-5

箭楼与闸楼

（1898?）

GATES
TOWERS AND WALLS

出　　处：*Kiautschou*

　　　　　（《胶州》）

作　　者：Georg Franzius

　　　　　（[德] 格奥尔格·弗兰齐乌斯，

　　　　　1842—1914）

出版时间：1898 年?

出 版 者：Schall & Grund (Berlin)

编者说明：北京城门影像常聚焦城楼和箭楼，闸楼一般很少作为重点。该图描绘了闸楼和闸门的正面，箭楼的侧面。闸楼就是建在闸门上的一座小小的城楼，样式极为简单。正面辟箭窗两排，每排6孔，闸楼侧面不开箭窗，全闸楼共开箭窗12孔。闸门就是瓮城的城门洞，位于瓮城侧面。原书作者弗兰齐乌斯，是德国建筑师，河海工程专家，1897年到中国考察沿海地区，重点对胶州进行考察。

城门、
城楼和城墙
／
城门、
城楼和城墙
概观

Süd-Thore Pekings.

2-3-6

瓮城内景

（1900年前）

编者说明：两张照片从不同角度展现瓮城内景。上图应为城楼和闸楼之间拐角处的观音庙及周边搭建；下图城楼下左侧应为关帝庙及周边搭建，瓮城中间可见码放了一些瓦罐。

GATES
TOWERS AND WALLS

出　　处：*China und die Chinesen*

（《中国和中国人》）

作　　者：Bruno Navarra

（ [德] 布鲁诺·纳瓦拉，1850—1911 ）

出版时间：1901 年

出 版 者：M. Nössler (Bremen)

拍摄时间：1900 年前

城门、
城楼和城墙
／
城门、
城楼和城墙
概观

A Ramp to the City Wall
The Great Wall of China

2-3-7

城楼和长城

（1900年前）

GATES
TOWERS AND WALLS

出　　处：*Letters from China*

　　　　（《中国来信》）

作　　者：Sarah Pike Conger

　　　　（[美] 莎拉·康格，1843—1932）

出版时间：1909 年

出 版 者：Hodder and Stoughton (London)

拍摄时间：1900 年前

编者说明：上图主要显示登临城楼的台阶；下图为长城概观。原书作者为美国驻华公使康格（Edwin H. Conger, 1843—1907）夫人。康格于1898年任驻华公使。1900年庚子事变后奉召回美，《辛丑条约》签订后返华复职，1905年辞职归国。1898年，莎拉·康格随丈夫来华，在北京住了7年。

CHINESE BARRICADES ON THE TARTAR WALL   214

2-3-8

城墙上的工事

（1900）

编者说明：原图说明注明，图为庚子事变中中方在城墙上搭建的工事。

GATES
TOWERS AND WALLS

出　　处：*China and the Allies*

　　　　（《中国与八国联军》）

作　　者：A. Henry Savage Landor

　　　　（ [英] 阿诺尔德·亨利·萨维奇·兰多尔，

　　　　1865—1924）

出版时间：1901 年

出 版 者：William Heinemann (London)

摄 影 者：A. Henry Savage Landor

拍摄时间：1900 年

THE APPROACH TO PEKIN FROM THE SUMMER PALACE

2-3-9

外城角楼

（1900）

编者说明：原图说明中注明，图上的队伍是从颐和园向北京城行进，这支队伍即1900年入侵北京的八国联军。

GATES
TOWERS AND WALLS

出　　处：*China and the Allies*

　　　　（《中国与八国联军》）

作　　者：A. Henry Savage Landor

　　　　（［英］阿诺尔德·亨利·萨维奇·兰多尔，

　　　　1865—1924）

出版时间：1901 年

出 版 者：William Heinemann (London)

摄 影 者：A. Henry Savage Landor

拍摄时间：1900 年

1ST BENGAL LANCERS LEAVING PEKING.

2-3-10

编者说明：1900年，八国联军中的英军印度雇佣军骑兵离开北京城时的照片。

英军印度雇佣军骑兵离开北京城

（1900）

GATES
TOWERS AND WALLS

出　　处：*China and the Powers*

　　　　　（《庚子事变与八国联军》）

作　　者：H. C. Thomson

　　　　　（[英] H. C. 汤姆森）

出版时间：1902 年

出 版 者：Longmans, Green, and Co. (London)

拍摄时间：1900 年

Glockenturm in Peking.

2-3-11

钟楼

（1908）

编者说明：钟鼓楼位于北京城南北中轴线北端，鼓楼和钟楼南北向前后纵置，是元、明、清三代都城的报时装置，也是北京标志性建筑之一。图上钟楼建于清代。原书作者卢国祥为德国来华传教士。

GATES
TOWERS AND WALLS

出　　处：*Neue Bündel, Unkraut, Knospen und Blüten*

　　　　　aus dem blumigne Reiche der Mitt

　　　　　（《中华苗蔓花：华夏纵览》）

作　　者：Rudolph Pieper

　　　　　（[德] 卢国祥，1860—1909）

出版时间：1908 年

出 版 者：Druck und Verlag der Katholischen

　　　　　Mission (Jentschoufu)

CITY WALL OF PEKING

2-3-12

城楼和箭楼

（1909）

编者说明：该图为水粉画。蓝灰的天空，土灰的城墙和箭楼。赭色外墙、绿色楼檐的城楼给北京增加了一抹亮色。原书作者肯普为英国女探险家、艺术家和作家。

GATES
TOWERS AND WALLS

出　　处：*The Face of China*

　　　　（《中国的面貌》）

作　　者：E. G. Kemp

　　　　（［英］埃米莉·G. 肯普，1860—1939）

出版时间：1909 年

出 版 者：Chatto & Windus (London)

THE DRUM TOWER, KU LOU.

2-3-13

编者说明：图为在庚子事变中劫后余生的鼓楼。

鼓楼

（1909）

GATES
TOWERS AND WALLS

出　　处：*The New China: A Traveller's Impressions*

　　　　（《晚清游记》）

作　　者：Henri Borel

　　　　（[荷] 亨利·博雷尔，1869—1933）

出版时间：1912 年

出 版 者：Dodd Mead and Co. (New York)

摄 影 者：Henri Borel

拍摄时间：1909 年

城门、
城楼和城墙
／
城门、
城楼和城墙
概观

WATER GATE, PEKING, THROUGH WHICH ALLIES
ENTERED

2-3-14

水关

（1909）

GATES
TOWERS AND WALLS

出　　处：*The New China: A Traveller's Impressions*

　　　　　（《晚清游记》）

作　　者：Henri Borel

　　　　　（[荷] 亨利·博雷尔，1869—1933）

出版时间：1912 年

出 版 者：Dodd Mead and Co. (New York)

摄 影 者：Henri Borel

拍摄时间：1909 年

编者说明：水关，顾名思义，为通水之门，为北京城墙底部开启的微型拱形门洞，便于水道的通行。据原书作者称，庚子事变中，有八国联军士兵从图上城墙下的水关进入北京。

THE SMALL WATER-GATE, HSIAO-SHUI-MÊN.

228

2-3-15

编者说明：清末北京的一处小水门。

小水关

（1909）

GATES
TOWERS AND WALLS

出　　处：*The New China: A Traveller's Impressions*

　　　　　（《晚清游记》）

作　　者：Henri Borel

　　　　　（[荷]亨利·博雷尔，1869—1933）

出版时间：1912 年

出 版 者 ：Dodd Mead and Co. (New York)

摄 影 者 ：Henri Borel

拍摄时间：1909 年

Drawn by T. Allom.

Engraved by E. Turnbull.

Pavilion of the Star of Hope, Tong Chow.

Pavillon de l'étoile de l'espérance, Tong Chow.   Pavilion des Sterns der Hoffnung, Tong Chow.

FISHER, SON & Co LONDON & PARIS.

2-4-1

观象台

（1843）

GATES
TOWERS AND WALLS

出　　处：*China, in a Series of Views, Displaying the*
Scenery, Architecture, and Social Habits, of
that Ancient Empire

（《中国：那个古代帝国的风景、建筑和
社会习俗》）

作　　者：Thomas Allom

（［英］托马斯·阿勒姆，1804—1872），

G. N. Wright

（［英］赖特，1790—1877）

出版时间：1843 年

出 版 者：Fisher, Son, & Co. (London)

绘 图 者：Thomas Allom

雕 版 者：T. Turnbull

（［英］特恩布尔）

编者说明：这张观象台的铜板画并未直接表现城台上的天文仪器，而是描绘观象台里官员的日常迎来送往的场景。另外原图说明文字注明地点是通州。据李天纲在《大清帝国城市印象》一书中解释："从地理方位看，观象台在北京城东南外一华里，观念上属于北京，但是出了北京城，就是通州地，所以说观象台在通州，或许更准确。"

城门、
城楼和城墙
／
古观象台

A PORTION OF OBSERVATORY TOWER, SHOWING INSTRUMENTS.

2-4-2

观象台天文仪

（1865）

GATES
TOWERS AND WALLS

出　　处：*Peking and the Pekingese*，*During the*
　　　　　First Year of the British Embassy at Peking
　　　　　（《北京和北京人：在北京英国公使馆的
　　　　　第一年》）

作　　者：D. F. Rennie
　　　　　（［英］芮尼，d. 1868）

出版时间：1865 年

出 版 者：John Murray (London)

编者说明：1669—1674年，康熙皇帝授命比利时来华传教士南怀仁（Ferdinand Verbiest，1623—1688)设计和监造了6架新的天文仪器，即赤道经纬仪、黄道经纬仪、地平经仪、象限仪、纪限仪和天体仪。1715年，德国来华传教士纪理安（Killian Stumpf, 1655—1720）设计制造了地平经纬仪。1744年，乾隆皇帝又敕令造玑衡抚辰仪。此外，观象台台底还有两件明朝建造的大型仪器：浑天仪和简仪。图为地平经纬仪（右）和地平经仪（左）。

城门、
城楼和城墙
／
古观象台

Instruments de bronze de l'Observatoire de Pékin (Voy. p. 362). — Gravure tirée du *Voyage en Chine* de M. Thomson.

2-4-3

观象台天文仪

（1876）

**GATES
TOWERS AND WALLS**

出　　处：*Le Tour du Monde, Nouveau Journal des
Voyages*

（《周游世界之新航海日志》）

作　　者：Édouard Charton

（［法］爱德华·沙尔东，1807—1890）

出版时间：1876 年

出 版 者：Hachette (Paris)

编者说明：图片取景角度独特，从左往右呈现了三种天文仪器的侧面——赤道经纬仪、纪限仪、黄道经纬仪。该图是汤姆森（M.Thomson）《中国之旅》一书中的版画插图。

城门、
城楼和城墙
／
古观象台

Instruments de bronze de l'Observatoire de Pékin (Voy. p. 362). — Gravure tirée du *Voyage en Chine* de M. Thomson.

2-4-4

编者说明：在紫微殿院里的明代浑仪。该图是
汤姆森《中国之旅》一书中的版画插图。

观象台天文仪特写

（1876）

GATES
TOWERS AND WALLS

出　　处：*Le Tour du Monde, Nouveau Journal des*

　　　　　Voyages

　　　　　（《周游世界之新航海日志》）

作　　者：Édouard Charton

　　　　　（［法］爱德华·沙尔东，1807—1890）

出版时间：1876 年

出 版 者：Hachette (Paris)

城门、

城楼和城墙

／

古观象台

OBSERVATOIRE DE PÉKIN.

2-4-5

观象台天文仪

（1887）

GATES
TOWERS AND WALLS

出　　处：*L'Extreme Orient*

　　　　（《远东》）

作　　者：Paul Bonnetain

　　　　（[法] 保罗·博纳坦，1858—1899）

出版时间：1887 年

出 版 者：Maison Quantin (Paris)

编者说明：明代浑仪，图像呈现细致入微，逼真程度堪比照片。

城门、
城楼和城墙

／

古观象台

Das Observatorium in Peking.

2-4-6

观象台天文仪

（1900年前）

GATES

TOWERS AND WALLS

出　　处：*China und Japan*

　　　　　（《中国和日本通览》）

作　　者：Ernst von Hesse-Wartegg

　　　　　（[美] 海司，1851—1918）

出版时间：1900 年

出 版 者：J. J. Weber (Leipzig)

绘制时间：1900 年前

编者说明：前面的是天体仪，后面左边的是象
限仪，右边的是玑衡抚辰仪。图像之精细，尤
以天体仪为最。庚子事变中，德军拆走了天体
仪、玑衡抚辰仪，法军拆走了象限仪。

城门、

城楼和城墙

／

古观象台

SAINSBURY

THE OBSERVATORY

2-4-7

观象台天文仪

（1900年前）

GATES
TOWERS AND WALLS

出　　处：*China and the Allies*

　　　　（《中国与八国联军》）

作　　者：A. Henry Savage Landor

　　　　（[英]阿诺尔德·亨利·萨维奇·兰多尔，

　　　　1865—1924）

出版时间：1901 年

出 版 者：William Heinemann (London)

拍摄时间：1900 年前

编者说明：观象台的象限仪（左）和玑衡抚辰仪（右）。

城门、

城楼和城墙

／

古观象台

A GRAND PERSPECTIVE!

These magnificent bronze instruments, the quadrant 15 feet in height, stand no longer on the walls of Peking, for centuries their observatory. Transported to some museum of Germany, how much of their dignity and grace will be lost for ever!

2-4-8

观象台天文仪

（1900年前）

GATES
TOWERS AND WALLS

出　　处：*The Land of the Blue Gown*

（《穿蓝色长衫的国度》）

作　　者：Mrs. Archibald Little

（[英] 立德夫人，1845—1926）

出版时间：1902 年

出 版 者：T. Fisher Unwin (London)

摄 影 者：Mrs. Archibald Little

拍摄时间：1900 年前

编者说明：法、德两国侵略者劫走天文仪器后，法国将仪器运至法国驻华大使馆，后在1902年归还。德国居然将仪器运至波茨坦离宫展出。第一次世界大战后，根据《凡尔赛和约》规定，德国于1921年归还劫走的仪器。据原书作者，图上右一地平经仪、右二地平经纬仪即为德国军队掠去的天文仪中的两件。原书作者立德夫人婚前名为艾丽西亚·北尤伊克（Alicia Bewicke）。

WATER CLOCK
ASTRONOMICAL OBSERVATORY, PEKING

北大图书馆西文珍本中的老北京图象 OLD PEKING IMAGES FROM THE WESTERN RARE BOOKS IN PEKING UNIVERSITY LIBRARY

2-4-9

铜壶滴漏和观象台

（1900年前）

GATES
TOWERS AND WALLS

出　　处：*Letters from China*

　　　　　（《中国来信》）

作　　者：Sarah Pike Conger

　　　　　（[美] 莎拉·康格，1843—1932）

出版时间：1909 年

出 版 者 ： Hodder and Stoughton (London)

拍摄时间：1900 年前

编者说明：上图为观象台的铜壶滴漏，下图为
观象台所在城台及其上的天文仪。

城门、

城楼和城墙

／

古观象台

03

宫城、皇城、
坛庙、陵寝

FORBIDDEN CITY, IMPERIAL CITY

ALTAR TEMPLE

AND MAUSOLEUM

北京有 800 多年建都史，先后历经了辽之陪都、金之中都、元
之大都，直至明、清之京城，历五朝都城，形成了深厚的皇家
文化。其中，最具有代表性的莫过于皇家宫殿、园林、坛庙、
陵寝等，它们是封建王朝兴盛与衰落的历史见证，也体现了古
代皇家建筑的历史、艺术等价值。

北京城的主体是在元大都城基础上改造而成，最终
形成了由宫城、皇城、内城、外城组成的四重方
城。内城和外城城门如前所述，不再赘言。宫城，
即紫禁城，是明、清两代皇帝居住的地方，现称为
故宫，是当今世界上现存规模最大、保存最完整的
古代宫殿和古建筑群之一。紫禁城这座长方形城
池，南北长961米，东西宽753米，四面围有高10米
的城墙，城外有宽52米的护城河。紫禁城内分为外
朝和内廷两部分。外朝的中心为太和殿、中和殿、
保和殿，统称三大殿，是国家举行大型典礼的地
方。内廷的中心是乾清宫、交泰殿、坤宁宫，统称
后三宫，是皇帝和皇后居住的正宫。北京故宫被誉
为世界五大宫（北京故宫、法国凡尔赛宫、英国白
金汉宫、美国白宫、俄罗斯克里姆林宫）之首。

本节所展示的图像在展现中国古典建筑艺术精华和
中华文化丰厚积淀的同时，也从一个侧面揭示了中
国封建王朝盛极而衰，在内忧外患中逐步走向衰亡
的历史。

THE FORBIDDEN CITY SEEN FROM THE PE-TA MONUMENT

3-1-1

编者说明：在北海白塔附近所摄紫禁城西北角，可见宫墙及众多宫殿的大屋顶。

从白塔看紫禁城

（1900年前后）

FORBIDDEN CITY, IMPERIAL CITY
ALTAR TEMPLE AND MAUSOLEUM

出　　处：*China and the Allies*

　　　　（《中国与八国联军》）

作　　者：A. Henry Savage Landor

　　　　（[英]阿诺尔德·亨利·萨维奇·兰多尔，

　　　　1865—1924）

出版时间：1901 年

出 版 者 ：William Heinemann (London)

摄 影 者 ：A. Henry Savage Landor

拍摄时间：1900 年前后

宫城、皇城、
坛庙、陵寝
/
宫城

LA VILLE VIOLETTE IMPÉRIALE ET DÉFENDUE.

3-1-2

紫禁城鸟瞰

（1909）

FORBIDDEN CITY, IMPERIAL CITY ALTAR TEMPLE AND MAUSOLEUM

出　　处：*Opinions Chinoises sur les Barbares d'Occident*

（《汉人如何评论大西洋》）

作　　者：Ferdinand Joseph Harfeld

（［法］哈尔法，b. 1878）

出版时间：1909 年

出 版 者：Plon-Nourrit & Cie (Paris)

编者说明：清末紫禁城俯瞰。照片从紫禁城北面神武门外拍摄。可见宫殿建筑布局谨严，秩序井然。原书作者哈尔法1902—1906年间曾负责开展关于中国的矿产等自然资源和铁路等交通资源的调查。《汉人如何评论大西洋》是原书上的中文书名。明清之际，在国人的理解中，"大西洋"与"欧罗巴"几为同义词。"大西洋"的其他称呼还有"大西洋国""大西国""泰西""西海"等。这些名称源自来华耶稣会士对自己来处的称呼。

宫城、皇城、
坛庙、陵寝
/
宫城

THE FORBIDDEN CITY (NORTH-WEST CORNER)

3-1-3

紫禁城西北角

（1919—1924）

FORBIDDEN CITY, IMPERIAL CITY ALTAR TEMPLE AND MAUSOLEUM

出　　处：*Twilight in the Forbidden City*

　　　　　（《紫禁城的黄昏》）

作　　者：Reginald F. Johnston

　　　　　（[英] 庄士敦，1874—1938）

出版时间：1934 年

出 版 者：Victor Gollancz Ltd. (London)

拍摄时间：1919—1924 年

编者说明：1919—1924年，庄士敦任清逊帝溥仪的老师，留有不少在其任职期间紫禁城的照片，其中的一些附于其1934年所著的《紫禁城的黄昏》一书中。该图片从紫禁城西北角的西墙向北拍摄，可见神武门门楼以及景山中峰万春亭、东侧的周赏亭、西侧的富览亭。

宫城、皇城、
坛庙、陵寝
/
宫城

SOME ROOFS IN THE FORBIDDEN CITY WITH PROSPECT HILL IN BACKGROUND
The figure on the roof is the Emperor

3-1-4

紫禁城宫殿屋顶

（1919—1924）

编者说明：溥仪站在紫禁城宫殿的顶上，以景山万春亭为背景，这一少年的顽皮之举或许是在庄士敦的鼓励下做出的。

FORBIDDEN CITY, IMPERIAL CITY ALTAR TEMPLE AND MAUSOLEUM

出　　处：*Twilight in the Forbidden City*
（《紫禁城的黄昏》）

作　　者：Reginald F. Johnston
（[英] 庄士敦，1874—1938）

出版时间：1934 年

出 版 者：Victor Gollancz Ltd. (London)

拍摄时间：1919—1924 年

宫城、皇城、
坛庙、陵寝
/
宫城

Drawn by T. Allom.

Engraved by J. B. Allen.

The Emperor "Teaou-Kwang" reviewing his Guards. Palace of Peking.

L'empereur Teaou-Kwang passant ses gardes en revue
Palais de Peking.

Der Kaiser Teaou-Kwang hielt Parade seiner Garde
vor dem Palast zu Peking.

260

3-1-5

午门

（1843）

FORBIDDEN CITY, IMPERIAL CITY ALTAR TEMPLE AND MAUSOLEUM

出　　处：*China, in a Series of Views, Displaying the Scenery, Architecture, and Social Habits, of that Ancient Empire*

（《中国：那个古代帝国的风景、建筑和社会风俗》）

作　　者：Thomas Allom

（[英]托马斯·阿勒姆，1804—1872），

G. N. Wright

（[英]赖特，1790—1877）

出版时间：1843 年

出 版 者：Fisher, Son, & Co. (New York)

绘 图 者：Thomas Allom

雕 版 者：J.B.Allen

（[英]艾伦）

编者说明：午门是紫禁城的正门，平面呈倒"凹"字形，位于紫禁城南北轴线上，始建于明永乐十八年（1420），因其居中向阳，位当子午，故名午门。图为清代"三岁一举"的阅兵仪式，于道光年间正在午门进行。清代此时已内忧外患，民不聊生，正如原书作者在书中所说，官兵身着描有龙、虎等猛兽形状的八旗旗号的制服，看起来威武，而实际上毫无战斗力。

宫城、皇城、坛庙、陵寝

/

宫城

TOWER ON WALL OF FORBIDDEN CITY, PEKING.

3-1-6

午门侧面

（1900）

编者说明：午门正楼两翼各设庑廊13间，两端各有阙楼4座，与正楼合称五凤楼。图为历经庚子事变动乱后的午门正楼侧翼两座阙楼，杂草丛生，凋零破败。

FORBIDDEN CITY, IMPERIAL CITY
ALTAR TEMPLE AND MAUSOLEUM

出　　处：*China and the Powers*

　　　　　（《庚子事变与八国联军》）

作　　者：H. C. Thomson

　　　　　（[英] H. C. 汤姆森）

出版时间：1902 年

出 版 者：Longmans, Green, and Co. (London)

拍摄时间：1900 年

宫城、皇城、
坛庙、陵寝
/
宫城

ENTRANCE TO IMPERIAL PALACE.

3-1-7

午门

（1902年前）

编者说明：应为庚子事变后不久的午门外景，可见地上积雪，应是冬季。

FORBIDDEN CITY, IMPERIAL CITY
ALTAR TEMPLE AND MAUSOLEUM

出　　处：*The Land of the Blue Gown*

　　　　　（《穿蓝色长衫的国度》）

作　　者：Mrs. Archibald Little

　　　　　（［英］立德夫人，1845—1926）

出版时间：1902 年

出 版 者：T. Fisher Unwin (London)

拍摄时间：1902 年前

宫城、皇城、
坛庙、陵寝
/
宫城

GATEWAY TO FORBIDDEN CITY.

With its big courtyards, white marble balconies, yellow tiled, red-walled palaces, the Forbidden City was a wonderful site for China's celebration of the Armistice. The home of the old Autocracy was the scene of the rejoicing of the new Democracy.

3-1-8

"公理战胜强权"协约国战胜大会日从午门入紫禁城（1918）

FORBIDDEN CITY, IMPERIAL CITY ALTAR TEMPLE AND MAUSOLEUM

出　　处：*Peking*：*A Social Survey*

（《北京：社会调查》）

作　　者：Sidney D. Gamble

（[美]甘博，1890—1968）

出版时间：1921 年

出 版 者：George H. Doran Company (New York)

摄 影 者：Sidney D. Gamble

拍摄时间：1918 年

宫城、皇城、
坛庙、陵寝
/
宫城

编者说明：1918年11月28日，北洋政府在太和殿举行"公理战胜强权"协约国战胜大会。图为其时在端门券门之所见，邀请来宾等正向午门走去，欲从午门步入紫禁城。可见中华民国建立之初北洋政府时期使用的国旗，旗面按顺序为红、黄、蓝、白、黑的5色横条。原书作者甘博曾4次来华，从事基督教育青年会工作。

Abb. 148. Zee=Wah=men Tor am Eingang der Verbotenen Stadt in Peking.

3-1-9

西华门

（1909）

**FORBIDDEN CITY, IMPERIAL CITY
ALTAR TEMPLE AND MAUSOLEUM**

出　　处：*Rund um Asien*

　　　　　（《环亚游记》）

作　　者：Philipp Bockenheimer

　　　　　（［德］菲利普·博肯海默，1875—1933）

出版时间：1909 年

出 版 者：Verlag von Klinkhardt & Biermann

　　　　　(Leipzig)

编者说明：西华门是紫禁城西门，始建于明永乐十八年（1420），位于紫禁城西侧城垣偏午门一侧。清朝末期，庚子年（1900）八国联军攻打京城，慈禧太后、光绪皇帝一行即由西华门离宫，仓皇西逃。图片为清末的西华门。

宫城、皇城、
坛庙、陵寝
/
宫城

THE NORTH GATE OF THE FORBIDDEN CITY

3-1-10

神武门

（1900）

编者说明：神武门为紫禁城北门。建于明永乐十八年（1420），初名玄武门。后因避康熙皇帝玄烨名讳更名为神武门。神武门内设钟鼓，与钟鼓楼相应，用于起更报时。

FORBIDDEN CITY, IMPERIAL CITY
ALTAR TEMPLE AND MAUSOLEUM

出　　处：*China and the Allies*

　　　　（《中国与八国联军》）

作　　者：A. Henry Savage Landor

　　　　（[英] 阿诺尔德·亨利·萨维奇·兰多尔，

　　　　1865—1924）

出版时间：1901 年

出 版 者：William Heinemann (London)

摄 影 者：A. Henry Savage Landor

拍摄时间：1900 年

宫城、皇城、
坛庙、陵寝
/
宫城

THE GATE OF SPIRITUAL VALOUR (NORTH GATE OF THE FORBIDDEN CITY)

3-1-11

神武门下经过的皇家轿队

（1919—1924）

编者说明：图为皇家出行的轿队正通过神武门，可见警察列队，太监随行，阵势很大。

FORBIDDEN CITY, IMPERIAL CITY
ALTAR TEMPLE AND MAUSOLEUM

出　　处：*Twilight in the Forbidden City*

　　　　（《紫禁城的黄昏》）

作　　者：Reginald F. Johnston

　　　　（[英] 庄士敦，1874—1938）

出版时间：1934 年

出 版 者 ：Victor Gollancz Ltd. (London)

拍摄时间：1919—1924 年

宫城、皇城、
坛庙、陵寝
/
宫城

THE CENTRAL MOAT OR CANAL IN THE FORBIDDEN CITY.

3-1-12

紫禁城内金水桥

（1900）

**FORBIDDEN CITY, IMPERIAL CITY
ALTAR TEMPLE AND MAUSOLEUM**

出　　处：*The Siege in Peking*

　　　　　（《北京围困》）

作　　者：W. A. P. Martin

　　　　　（[美] 丁韪良，1827—1916）

出版时间：1900 年

出 版 者：Fleming H. Revell Company (New York)

拍摄时间：1900 年

编者说明：紫禁城内金水桥，图上可见太和门东边的昭德门。原书作者丁韪良为美国来华传教士，1898—1900年任京师大学堂西文总教习。

宫城、皇城、
坛庙、陵寝
/
宫城

To face page 220.

Part of Imperial Palace, Peking.

3-1-13

紫禁城护城河

（1900）

编者说明：图为大高玄殿门前筒子河，即紫禁城的护城河。左上角的亭子是景山万春亭。河堤可见部分坍塌。原书作者哈迪为八国联军中英军随军牧师，庚子事变期间随联军到北京。

FORBIDDEN CITY, IMPERIAL CITY
ALTAR TEMPLE AND MAUSOLEUM

出　　处：*John Chinaman at home*

　　　　（《中国人行为方式和事物概述》）

作　　者：E. J. Hardy

　　　　（ [英] 哈迪，1849—1920 ）

出版时间：1905 年

出 版 者：T. Fisher Unwin (London)

拍摄时间：1900 年

宫城、皇城、
坛庙、陵寝
/
宫城

SITE OF THE PALACE OF ESTABLISHED HAPPINESS AFTER THE FIRE

3-1-14

建福宫

（1923）

FORBIDDEN CITY, IMPERIAL CITY ALTAR TEMPLE AND MAUSOLEUM

出　　处：*Twilight in the Forbidden City*

　　　　（《紫禁城的黄昏》）

作　　者：Reginald F. Johnston

　　　　（[英] 庄士敦，1874—1938 ）

出版时间：1934 年

出 版 者：Victor Gollancz Ltd. (London)

拍摄时间：1923 年

编者说明：建福宫位于内廷西路西六宫西侧，清乾隆七年（1742）修建而成。1923年6月27日，园内突然发生一场神秘大火，整座花园连同无数珍宝一夜之间化为灰烬。图片为火灾后的废墟。

宫城、皇城、
坛庙、陵寝
/
宫城

THE PALACE OF TRANQUIL EARTH AND THE HALL OF BLENDED FORCES

3-1-15

坤宁宫和交泰殿

（1919—1924）

FORBIDDEN CITY, IMPERIAL CITY
ALTAR TEMPLE AND MAUSOLEUM

出　　处：*Twilight in the Forbidden City*

　　　　　（《紫禁城的黄昏》）

作　　者：Reginald F. Johnston

　　　　　（ [英] 庄士敦，1874—1938 ）

出版时间：1934 年

出 版 者：Victor Gollancz Ltd. (London)

拍摄时间：1919—1924 年

编者说明：坤宁宫始建于明永乐十八年（1420），顺治年间起为祭祀场所，同时也作为皇帝大婚的新房。清朝皇帝大婚时要在这里住两天，之后再移居其他宫殿。交泰殿位于乾清宫和坤宁宫之间，是皇帝和后妃起居生活的地方，约明嘉靖年间建造。图上左边建筑为坤宁宫，右边为交泰殿。

宫城、皇城、
坛庙、陵寝
/
宫城

THE DRAGON-PHOENIX COUCH

3-1-16

坤宁宫宣统皇帝和皇后的喜床

（1922）

编者说明：原书作者在书中说明，图为宣统皇帝溥仪和皇后婉容大婚时在坤宁宫喜房的龙凤喜床。

FORBIDDEN CITY, IMPERIAL CITY
ALTAR TEMPLE AND MAUSOLEUM

出　　处：*Twilight in the Forbidden City*

　　　　（《紫禁城的黄昏》）

作　　者：Reginald F. Johnston

　　　　（[英] 庄士敦，1874—1938）

出版时间：1934 年

出 版 者：Victor Gollancz Ltd. (London)

拍摄时间：1922 年

宫城、皇城、
坛庙、陵寝
/
宫城

THE EMPEROR OF CHINA'S PRIVATE APARTMENTS.

3-1-17

紫禁城乐寿堂

（1900）

FORBIDDEN CITY, IMPERIAL CITY ALTAR TEMPLE AND MAUSOLEUM

出　　处：*The War of the Civilisations*

　　　　　（《文明的交锋》）

作　　者：George Lynch

　　　　　（ [英] 乔治·林奇，1868—1928 ）

出版时间：1901 年

出 版 者：Longmans, Green, and Co. (London; New

　　　　　York; Bombay)

拍摄时间：1900 年

编者说明：乐寿堂为紫禁城东北隅宁寿宫后区中路建筑之一，始建于清乾隆三十七年（1772）。乾隆皇帝以此为退位后的寝宫，光绪二十年（1894），慈禧太后曾在此居住，以西暖阁为寝室。图为庚子事变期间的乐寿堂，可见堂前太监。

宫城、皇城、
坛庙、陵寝
/
宫城

PRICELESS PORCELAINS AND BRONZES IN THE THIRD PALACE,
FORBIDDEN CITY

3-1-18

编者说明：图上展示了紫禁城乐寿堂铜鼎、铜鹤等院内摆件。照片摄于庚子事变后不久。

紫禁城乐寿堂

（1901）

FORBIDDEN CITY, IMPERIAL CITY
ALTAR TEMPLE AND MAUSOLEUM

出　　处：*The Last Days of Peking*

　　　　（《北京末日》）

作　　者：Pierre Loti

　　　　（［法］皮埃尔·洛蒂，1850—1923）

出版时间：1902 年

出 版 者：Little, Brown, and Company (Boston)

摄 影 者：F. C. Hemment

　　　　（赫曼特）

拍摄时间：1901 年

宫城、皇城、
坛庙、陵寝
/
宫城

Peking — Empress Dowager's Private Residence

3-1-19

紫禁城乐寿堂

（1909）

编者说明：紫禁城乐寿堂庭院中，除铜鼎、铜鹤等中式摆设外，正殿廊柱旁可见一座西洋自鸣钟。

FORBIDDEN CITY, IMPERIAL CITY

ALTAR TEMPLE AND MAUSOLEUM

出　　处：*Guide to Peking and Neighbourhood*

（《北京及周边地理指南》）

作　　者：Hans Bahlke, General Merchat

（德胜洋行）

出版时间：1909 年

出 版 者：Tageblatt Für Nord-China, G.m.b.H

(Tientsin)

宫城、皇城、
坛庙、陵寝
/
宫城

無為

THE IMPERIAL DAIS IN THE CHIAO-TAI HALL.

Photo, Ogawa, Tokio.

3-1-20

交泰殿内景

（1900）

FORBIDDEN CITY, IMPERIAL CITY ALTAR TEMPLE AND MAUSOLEUM

出　　处：*China Under the Empress Dowager*

（《慈禧太后统治下的中国》）

作　　者：J.O.P. Bland & E. Backhouse

（[英]濮兰德，1863—1945；

[英]巴克斯，1873—1944）

出版时间：1910 年

出版者：William Heinemann (London)

摄影者：Ogawa Kazumasa

（[日]小川一真，1860—1929）

拍摄时间：1900 年

编者说明：交泰殿是皇帝和后妃们起居生活的地方，约为明代嘉靖年间始建。殿名取自《易经》，意即"天地交合、康泰美满"。宝座上方悬挂的是康熙帝御书"无为"匾。原书作者濮兰德19世纪末曾任职于中国海关总税务司录事司，后曾任《泰晤士报》驻上海记者；巴克斯是英国著名汉学家。照片由日本摄影师小川一真拍摄。1900年，小川一真跟随联军进入紫禁城，拍摄了大量紫禁城内部照片。

宫城、皇城、
坛庙、陵寝
/
宫城

EXTERIOR OF THE CH'IEN CH'ING PALACE.

3-1-21

乾清宫

（1900）

FORBIDDEN CITY, IMPERIAL CITY ALTAR TEMPLE AND MAUSOLEUM

出　　处：*China Under the Empress Dowager*

（《慈禧太后统治下的中国》）

作　　者：J.O.P. Bland & E. Backhouse

（［英］濮兰德，1863—1945；

［英］巴克斯，1873—1944）

出版时间：1910 年

出 版 者：William Heinemann (London)

摄 影 者：Ogawa Kazumasa

（［日］小川一真，1860—1929）

拍摄时间：1900 年

编者说明：乾清宫名字出自《道德经》"昔之得一者，天得一以清，地得一以宁，神得一以灵，谷得一以盈，侯王得一而以为正"。乾清宫是紫禁城内廷正殿，内廷后三宫之一。殿的正中有宝座，两头有暖阁。乾清宫始建于明朝永乐十八年（1420），明、清两代曾因数次被焚毁而重建，现有建筑为清朝嘉庆三年（1798）所建。图为乾清宫门前的廊柱。

宫城、皇城、
坛庙、陵寝
/
宫城

THE PHOENIX WEDDING CHAIR

3-1-22

编者说明：1922年12月1日，清逊帝溥仪大婚。图为停在乾清宫前皇后婉容乘的凤轿。

乾清宫前皇后婉容大婚凤轿

（1922）

FORBIDDEN CITY, IMPERIAL CITY ALTAR TEMPLE AND MAUSOLEUM

出　　处：*Twilight in the Forbidden City*

（《紫禁城的黄昏》）

作　　者：Reginald F. Johnston

（[英] 庄士敦，1874—1938）

出版时间：1934 年

出 版 者：Victor Gollancz Ltd. (London)

拍摄时间：1922 年

宫城、皇城、
坛庙、陵寝
/
宫城

THE PALACE OF CLOUDLESS HEAVEN (THRONE-HALL)

3-1-23

编者说明：乾清宫南面高台甬路图景。似溥仪大婚之日，婉容进入乾清宫后，凤轿离开乾清宫时的情景。

乾清宫

（1922）

FORBIDDEN CITY, IMPERIAL CITY
ALTAR TEMPLE AND MAUSOLEUM

出　　处：*Twilight in the Forbidden City*

　　　　　（《紫禁城的黄昏》）

作　　者：Reginald F. Johnston

　　　　　（[英] 庄士敦，1874—1938）

出版时间：1934 年

出 版 者 ：Victor Gollancz Ltd. (London)

拍摄时间：1922 年

宫城、皇城、
坛庙、陵寝
/
宫城

THE THRONE-HALL OF THE PALACE OF CLOUDLESS HEAVEN ON THE EMPEROR'S BIRTHDAY.
The figures in official costume on the marble terrace are about to kneel before the emperor who is enthroned within the palace

3-1-24

乾清宫前列队为清逊帝拜寿的官员

（1924）

编者说明：清逊帝溥仪1924年2月7日生日时，乾清宫前花翎顶戴的前清官员正欲跪拜，殿前临时搭起了祝寿的棚子。

FORBIDDEN CITY, IMPERIAL CITY ALTAR TEMPLE AND MAUSOLEUM

出　　处：*Twilight in the Forbidden City*

（《紫禁城的黄昏》）

作　　者：Reginald F. Johnston

（[英] 庄士敦，1874—1938）

出版时间：1934 年

出 版 者 ： Victor Gollancz Ltd. (London)

拍摄时间：1924 年

宫城、皇城、
坛庙、陵寝
/
宫城

A PAVILION IN THE IMPERIAL GARDEN, WITH PROSPECT HILL

3-1-25

千秋亭

（1919—1924）

FORBIDDEN CITY, IMPERIAL CITY ALTAR TEMPLE AND MAUSOLEUM

出　　处：*Twilight in the Forbidden City*

（《紫禁城的黄昏》）

作　　者：Reginald F. Johnston

（[英] 庄士敦，1874—1938）

出版时间：1934 年

出 版 者：Victor Gollancz Ltd. (London)

拍摄时间：1919—1924 年

编者说明：照片上的千秋亭位于御花园内澄瑞亭以南，明嘉靖十五年（1536）建，顶部酷似天坛祈年殿。千秋亭与浮碧亭以南的万春亭是一对造型、构造均相同的建筑，唯一不同的是万春亭宝顶有云纹，而千秋亭宝顶上却无。

宫城、皇城、
坛庙、陵寝
/
宫城

A RECEPTION HALL IN THE FORBIDDEN CITY
Chinese officials leading the Allies
(This photograph was taken by the author at the head of the procession)

3-1-26

太和殿

（1900）

FORBIDDEN CITY, IMPERIAL CITY ALTAR TEMPLE AND MAUSOLEUM

出　　处：*China and the Allies*
　　　　　（《中国与八国联军》）

作　　者：A. Henry Savage Landor
　　　　　（[英] 阿诺尔德·亨利·萨维奇·兰多尔，
　　　　　1865—1924 ）

出版时间：1901 年

出 版 者：William Heinemann (London)

摄 影 者：A. Henry Savage Landor

拍摄时间：1900 年

编者说明：太和殿俗称金銮殿，位于紫禁城的中心位置，是明、清两代举行盛大典礼的场所。它是中国现存最大的木结构大殿，为中华宫殿建筑之精华，明永乐十八年（1420）建成，称奉天殿。明嘉靖四十一年（1562）改称皇极殿，清顺治二年（1645）改今名。建成后屡遭焚毁，多次重建，今为清康熙三十四年（1695）重建后的形制。该图片是在八国联军进入太和殿时所拍摄，图上可见两位清朝官员被迫给联军带路走向太和殿。

CEILING AND PILLARS OF THE TAI HO TIEN.

3-1-27

编者说明：庚子事变期间拍摄的太和殿内景，昔日富丽堂皇的雕梁画栋此时也暗淡无光。

太和殿藻井

（1900）

FORBIDDEN CITY, IMPERIAL CITY
ALTAR TEMPLE AND MAUSOLEUM

出　　处：*China Under the Empress Dowager*

　　　　　（《慈禧太后统治下的中国》）

作　　者：J.O.P. Bland & E. Backhouse

　　　　　（[英] 濮兰德，1863—1945；

　　　　　　[英] 巴克斯，1873—1944 ）

出版时间：1910 年

出 版 者：William Heinemann (London)

摄 影 者：Ogawa Kazumasa

　　　　　（[日] 小川一真，1860—1929 ）

拍摄时间：1900 年

INTERIOR OF THE TAI HO TIEN.

This Palace is used only for occasions of high ceremony, such as Imperial birthday celebrations.

3-1-28

编者说明：图为遭到八国联军洗劫后的太和殿。

太和殿内景

（1900）

FORBIDDEN CITY, IMPERIAL CITY
ALTAR TEMPLE AND MAUSOLEUM

出　　处：*China Under the Empress Dowager*

（《慈禧太后统治下的中国》）

作　　者：J.O.P. Bland & E. Backhouse

（[英]濮兰德，1863—1945；

[英]巴克斯，1873—1944）

出版时间：1910 年

出 版 者：William Heinemann (London)

摄 影 者：Ogawa Kazumasa

（[日]小川一真，1860—1929）

拍摄时间：1900 年

宫城、皇城、
坛庙、陵寝
/
宫城

Copyright, 1901, by J. C. Hemment

THE EXECUTIVE PALACE OF THE EMPEROR IN THE FORBIDDEN CITY

3-1-29

编者说明：庚子事变期间在太和殿台阶上拍摄的太和门北面景象。

太和门北面

（1901）

FORBIDDEN CITY, IMPERIAL CITY
ALTAR TEMPLE AND MAUSOLEUM

出　　处：*The Last Days of Peking*

　　　　　（《北京末日》）

作　　者：Pierre Loti

　　　　　（[法] 皮埃尔·洛蒂，1850—1923）

出版时间：1902 年

出 版 者：Little, Brown, and Company (Boston)

摄 影 者：F. C. Hemment

　　　　　（赫曼特）

拍摄时间：1901 年

宫城、皇城、
坛庙、陵寝
/
宫城

309

T'AI HO TIEN.

Imperial Throne Room in the Forbidden City. The troops are part of the 10,000 paraded in the Forbidden City for China's celebration of the Armistice, November 28, 1918.

3-1-30

举办"公理战胜强权"协约国战胜
大会时的太和殿（1918）

FORBIDDEN CITY, IMPERIAL CITY
ALTAR TEMPLE AND MAUSOLEUM

出　　处：*Peking：A Social Survey*

　　　　　（《北京：社会调查》）

作　　者：Sidney D. Gamble

　　　　　（[美] 甘博，1890—1968）

出版时间：1921 年

出 版 者 ：George H. Doran Company (New York)

摄 影 者 ：Sidney D. Gamble

拍摄时间：1918 年

编者说明：1918年11月28日，北洋政府在太
和殿举行"公理战胜强权"协约国战胜大会，
庆祝"一战"的胜利。协约国驻华使节也应邀
参加。会上举行了盛大的中外军队阅兵式，大
总统徐世昌发表了演说。

宫城、皇城、
坛庙、陵寝
/
宫城

PAVILION WITHIN THE FORBIDDEN CITY.

3-1-31

保和殿北面

（1909）

编者说明：图片应为1909年左右所摄，可见保和殿北面已架设脚手架，上有工人正在修缮。

FORBIDDEN CITY, IMPERIAL CITY ALTAR TEMPLE AND MAUSOLEUM

出　　处：*The New China: A Traveller's Impressions*

（《晚清游记》）

作　　者：Henri Borel

（[荷]亨利·博雷尔，1869—1933）

出版时间：1912 年

出 版 者：Dodd Mead and Co. (New York)

摄 影 者：Henri Borel

拍摄时间：1909 年

宫城、皇城、
坛庙、陵寝
/
宫城

Photo, Ogawa, Tokio.

INTERIOR OF THE YANG HSIN TIEN. (Palace of "Mind Nurture.")

The Emperor T'ung-Chih used this Palace as his residence during the whole of his reign.

3-1-32

养心殿内景

（1900）

FORBIDDEN CITY, IMPERIAL CITY ALTAR TEMPLE AND MAUSOLEUM

出　　处：*China Under the Empress Dowager*

（《慈禧太后统治下的中国》）

作　　者：J.O.P. Bland & E. Backhouse

（［英］濮兰德，1863—1945；

［英］巴克斯，1873—1944）

出版时间：1910 年

出 版 者：William Heinemann (London)

摄 影 者：Ogawa Kazumasa

（［日］小川一真，1860—1929）

拍摄时间：1900 年

编者说明：养心殿始建于明代嘉靖年间，位于内廷乾清宫西侧。自雍正皇帝居住养心殿后，这里就一直作为清代皇帝的寝宫，乾隆年间又加以改造添建，成为皇帝召见群臣、处理政务、读书学习及日常居住等的多功能处所。清代有8位皇帝先后居住在养心殿。图为庚子事变期间的养心殿。

宫城、皇城、
坛庙、陵寝
/
宫城

INTERIOR OF THE I KUN KUNG.

Tzŭ Hsi lived in these Apartments for some time after the death ot T'ung-Chih.

3-1-33

翊坤宫内景

（1900）

FORBIDDEN CITY, IMPERIAL CITY ALTAR TEMPLE AND MAUSOLEUM

出　　处：*China Under the Empress Dowager*

　　　　（《慈禧太后统治下的中国》）

作　　者：J.O.P. Bland & E. Backhouse

　　　　（[英] 濮兰德，1863—1945；

　　　　　[英] 巴克斯，1873—1944）

出版时间：1910 年

出 版 者：William Heinemann (London)

摄 影 者：Ogawa Kazumasa

　　　　（[日] 小川一真，1860—1929）

拍摄时间：1900 年

编者说明：翊坤宫是明、清两代后妃居住的地方，属清内廷西六宫之一，始建于明永乐十五年（1417），初名万安宫，明嘉靖时改称翊坤宫。清代沿用明代旧称。清代曾多次修缮，光绪年间为庆慈禧太后五十大寿，将此宫与储秀宫打通，形成四进院的格局。

宫城、皇城、
坛庙、陵寝
/
宫城

MARBLE BATH IN THE GARDEN OF THE WHITE JADE FLOWER IN THE IMPERIAL PALACE.

3-1-34

浴德堂
（1900）

编者说明：武英殿院内西北角的浴德堂，民间盛传的"香妃浴室"所在地。图上可见浴德堂木结构的前门。内里浴室内壁用白琉璃砖砌筑，上有透明穹隆顶，为土耳其式建筑样式。

FORBIDDEN CITY, IMPERIAL CITY ALTAR TEMPLE AND MAUSOLEUM

出　　处：*The War of the Civilisations*

（《文明的交锋》）

作　　者：George Lynch

（ [英] 乔治·林奇，1868—1928 ）

出版时间：1901 年

出 版 者：Longmans, Green, and Co. (London; New

York)

拍摄时间：1900 年

宫城、皇城、
坛庙、陵寝
/
宫城

LODGE OF NATURE-NOURISHMENT (YANG HSING CHAI) IN THE IMPERIAL GARDEN, FORBIDDEN CITY

3-1-35

御花园养性斋

（1919—1924）

FORBIDDEN CITY, IMPERIAL CITY ALTAR TEMPLE AND MAUSOLEUM

出　　处：*Twilight in the Forbidden City*

　　　　　（《紫禁城的黄昏》）

作　　者：Reginald F. Johnston

　　　　　（[英] 庄士敦，1874—1938）

出版时间：1934 年

出 版 者 ：Victor Gollancz Ltd. (London)

拍摄时间：1919—1924 年

编者说明：御花园于明代永乐十五年（1417）始建，十八年建成，名为"宫后苑"。清雍正朝起，称"御花园"，位于紫禁城中轴线的北端。照片为御花园内养性斋，庄士敦曾在这里教授溥仪英文。

宫城、皇城、
坛庙、陵寝
/
宫城

Un des pavillons particuliers de l'Empereur dans la Cité Rouge

3-1-36

紫禁城内宫院

（1910）

**FORBIDDEN CITY, IMPERIAL CITY
ALTAR TEMPLE AND MAUSOLEUM**

编者说明：紫禁城一处宫院内景，可见两个太监，一站一坐。原书作者迈邦为法国记者、东方学家，1905年来华。

出　　处：*La vie secrète de la cour de Chine*

　　　　（《慈禧太后传》）

作　　者：Albert Maybon

　　　　（［法］阿尔贝·迈邦，1878—1940）

出版时间：1910 年

出 版 者：F. Juven (Paris)

宫城、皇城、
坛庙、陵寝
/
宫城

LARGE MECHANICAL ORNAMENT, RICHLY STUDDED WITH DIAMONDS, FOUND IN THE EMPEROR'S BEDROOM.

3-1-37

编者说明：原图说明中标明，照片中的机械工
艺品镶嵌很多钻石，原是摆放在皇帝卧室。

光绪帝卧室中的西洋工艺品

（1900）

FORBIDDEN CITY, IMPERIAL CITY
ALTAR TEMPLE AND MAUSOLEUM

出　　处：*The War of the Civilisations*

　　　　　（《文明的交锋》）

作　　者：George Lynch

　　　　　（[英]乔治·林奇，1868—1928）

出版时间：1901 年

出 版 者：Longmans, Green, and Co. (London; New

　　　　　York; Bombay)

拍摄时间：1900 年

宫城、皇城、
坛庙、陵寝
/
宫城

Imperial Palace.

3-1-38

编者说明：原图说明中标明此为紫禁城宫殿。

应为绘图者的概念之作，非实景图绘。

紫禁城的一处宫殿

（1853）

FORBIDDEN CITY, IMPERIAL CITY ALTAR TEMPLE AND MAUSOLEUM

出　　处：*China Pictorial, Descriptive, and Historical*

　　　　　（《中国图录史》）

作　　者：Julia Corner

　　　　　（[英] 茱莉亚·科纳，1798—1875）

出版时间：1853 年

出 版 者 ：Henry G. Bohn (London)

宫城、皇城、
坛庙、陵寝
/
宫城

THRONE ROOM OF EMPEROR KUANG HSÜ

3-1-39

乾清宫皇帝宝座

（1900）

编者说明：庚子事变期间拍摄的光绪帝乾清宫宝座图像，该照片突出了宝座，但上方顺治御书"正大光明"匾额以及对联都未完全收入镜头。

FORBIDDEN CITY, IMPERIAL CITY ALTAR TEMPLE AND MAUSOLEUM

出　　处：*China in Convulsion*

　　　　（《动乱中的中国》）

作　　者：Arthur H. Smith

　　　　（[美] 明恩溥，1845—1932）

出版时间：1901 年

出 版 者 ：Fleming H. Revell Company (New York)

拍摄时间：1900 年

宫城、皇城、
坛庙、陵寝
/
宫城

THE IMPERIAL DAIS IN THE CH'IEN CH'ING HALL.

3-1-40

乾清宫皇帝宝座

（1900）

FORBIDDEN CITY, IMPERIAL CITY ALTAR TEMPLE AND MAUSOLEUM

出　　处：*China Under the Empress Dowager*

　　　　（《慈禧太后统治下的中国》）

作　　者：J.O.P. Bland & E. Backhouse

　　　　（[英] 濮兰德，1863—1945；

　　　　　[英] 巴克斯，1873—1944）

出版时间：1910 年

出 版 者：William Heinemann (London)

摄 影 者：Ogawa Kazumasa

　　　　（[日] 小川一真，1860—1929）

拍摄时间：1900 年

编者说明：在摄于庚子事变期间的乾清宫正殿皇帝宝座的照片中，这是将宝座及其周边陈设体现得较为完整的一张。图上可见其时宝座前香炉为敞口香炉，一对仙鹤立在宝座台阶下左右两侧带底座的护栏内，护栏是置于平地上的。

宫城、皇城、
坛庙、陵寝
/
宫城

Der Drachenthron.

(Links Gesandter Baron Czikann und Linienschiffs-Capitän v. Sambuchi.)

3-1-41

乾清宫皇帝宝座

（1900）

编者说明：照片于庚子事变期间所摄，图片上可见两名外国人正在观看光绪皇帝宝座，其中左一为奥匈帝国公使齐干（Baron Czikann），左二为桑布奇（Sambuchi）船长。

FORBIDDEN CITY, IMPERIAL CITY ALTAR TEMPLE AND MAUSOLEUM

出　　处：*Kämpfe in China*

　　　　　（《1900—1901 年奥匈帝国在中国的

　　　　　战争》）

作　　者：Theodor Ritter von Winterhalder

　　　　　（[奥] 特奥多尔·里特·冯·温特哈尔德，

　　　　　1861—1941）

出版时间：1902 年

出 版 者：A. Hartleben's Verlag (Wien ; Budapest)

拍摄时间：1900 年

宫城、皇城、
坛庙、陵寝
/
宫城

Imperial thron of the Emperors in the Forbidden city

3-1-42

编者说明：照片应为庚子事变期间所摄，皇帝宝座上方的"正大光明"匾额未摄入镜头。

乾清宫皇帝宝座

（1900）

FORBIDDEN CITY, IMPERIAL CITY
ALTAR TEMPLE AND MAUSOLEUM

出　　处：*Guide to Peking and Neighborhood*

　　　　　（《北京及周边地理指南》）

作　　者：Hans Bahlke, General Merchat

　　　　　（德胜洋行）

出版时间：1909 年

出 版 者 ：Tageblatt Für Nord-China, G.m.b.H

　　　　　（Tientsin）

拍摄时间：1900 年

宫城、皇城、
坛庙、陵寝
/
宫城

The Throne of the Empress-Dowager

3-1-43

太和殿皇帝宝座

（1900）

编者说明：太和殿内皇帝宝座。上悬乾隆御书"建极绥猷"匾。照片应是在庚子事变期间拍摄。

FORBIDDEN CITY, IMPERIAL CITY ALTAR TEMPLE AND MAUSOLEUM

出　　处：*The Story of China*

　　　　（《中国故事》）

作　　者：R. Van Bergen

　　　　（[美] 伯根）

出版时间：1902 年

出 版 者 ：American Book Company (New York)

拍摄时间：1900 年

宫城、皇城、
坛庙、陵寝
/
宫城

AUDIENCE ROOM OF EMPRESS DOWAGER

3-1-44

翊坤宫宝座

（1900）

编者说明：庚子事变期间所摄翊坤宫慈禧太后宝座。可见两侧上方花梨木透雕隔断，将正间与东、西次间隔开。慈禧太后每逢重大节日，都要在这里接受妃嫔们的朝拜。

FORBIDDEN CITY, IMPERIAL CITY ALTAR TEMPLE AND MAUSOLEUM

出　　处：*China in Convulsion*

　　　　　（《动乱中的中国》）

作　　者：Arthur H. Smith

　　　　　（[美] 明恩溥，1845—1932）

出版时间：1901 年

出 版 者：Fleming H. Revell Company (New York)

拍摄时间：1900 年

宫城、皇城、
坛庙、陵寝
/
宫城

THE VACANT THRONE. WANTED AN EMPEROR!

Of black carved wood, heavily gilt, cushioned with yellow satin, on either side a wooden fan carved and painted to represent the feathers of a bird, and beyond them cases believed to contain robes of state; screen behind the Dragon Throne very magnificently carved and gilt.

3-1-45

编者说明：图为宫殿中皇帝日常起居的宝座，照片应摄于庚子事变期间。

皇帝宝座

（1900）

FORBIDDEN CITY, IMPERIAL CITY
ALTAR TEMPLE AND MAUSOLEUM

出　　处：*The Land of the Blue Gown*

（《穿蓝色长衫的国度》）

作　　者：Mrs. Archibald Little

（[英] 立德夫人， 1845—1926）

出版时间：1902 年

出 版 者：T. Fisher Unwin (London)

摄 影 者：Mrs. Archibald Little

拍摄时间：1900 年

宫城、皇城、
坛庙、陵寝

/

宫城

清代北京皇城位于内城南部正中的位置，大致相当于以紫禁城为中心，方圆两公里左右的地方，由城墙围绕，具有独立的城门。

本节中所揭示的天安门、大清门，即是皇城城门。景山是紫禁城重要的借景，也是中轴线的制高点。北海和中南海位于京城中心地带，这里原是辽、金、元、明、清5个封建王朝的皇家禁苑，已有上千年历史。北海公园的主要景点由3部分组成。南部以团城为主要景区，中部以琼华岛上的永安寺、白塔、悦心殿等为主要景点，北部则以五龙亭、小西天、静心斋为重点，本节的图片对这些主要景点都有揭示。

此外，还择入了与北海相邻的什刹海和皇城周边几处清代王府的图像。

ENTRANCE TO THE PALACE.

3-2-1

大清门

（1895）

FORBIDDEN CITY, IMPERIAL CITY ALTAR TEMPLE AND MAUSOLEUM

出　　处：*The Real Chinaman*

　　　　（《真正的中国佬》，又名《华游志略》）

作　　者：Chester Holcombe

　　　　（［美］何天爵，1844—1912）

出版时间：1895 年

出 版 者：Hodder and Stoughton (London)

编者说明：大清门始建于明朝永乐年间，其名称随朝代的更替而变化，明朝时称大明门，清朝顺治元年（1644）改名为大清门，民国后称中华门。图为清末的大清门，略显破败。其位置在北京城中轴线上，原址在正阳门北侧，现人民英雄纪念碑南边、毛主席纪念堂一带。此门曾是明、清两朝的国门象征，平常不得开启。此门与正阳门、天安门不同，不是城楼，而是单檐歇山顶的砖石结构建筑。

宫城、皇城、

坛庙、陵寝

/

皇城

Auszug des Kaisers nach dem Himmels-Tempel; der Zug verlässt den südlichen Ausgang der Kaiserstadt — das »Thor der reinen Dynastie«.

3-2-2

编者说明：光绪皇帝正出大清门，前往天坛祭祀。照片应摄于庚子事变以前。

大清门

（1900年前）

FORBIDDEN CITY, IMPERIAL CITY
ALTAR TEMPLE AND MAUSOLEUM

出　　处：*Kämpfe in China*

　　　　（《1900—1901 年奥匈帝国在中国的

　　　　战争》）

作　　者：Theodor Ritter von Winterhalder

　　　　（[奥]特奥多尔·里特·冯·温特哈尔德，

　　　　1861—1941）

出版时间：1902 年

出 版 者 ：A. Hartleben's Verlag (Wien ; Budapest)

拍摄时间：1900 年前

宫城、皇城、
坛庙、陵寝

/

皇城

A GATE INTO THE IMPERIAL CITY

3-2-3

大清门

（1900）

编者说明：在大清门的西南方所摄，将庄严肃穆的大清门与门前摊点、商贩、车轿等一并纳入镜头。

FORBIDDEN CITY, IMPERIAL CITY
ALTAR TEMPLE AND MAUSOLEUM

出　　处：*Behind the Scenes in Peking*

　　　　　（《北京围困内幕》）

作　　者：Mary Hooker

　　　　　（[美] 玛丽·胡克，1876—1918）

出版时间：1911 年

出 版 者：John Murray (London)

拍摄时间：1900 年

宫城、皇城、
坛庙、陵寝
/
皇城

La porte de l'*Orient fleuri*, pendant une audience impériale

3-2-4

大清门

（1910）

FORBIDDEN CITY, IMPERIAL CITY ALTAR TEMPLE AND MAUSOLEUM

出　　处：*La vie secrete de la cour de chine*

（《慈禧太后传》）

作　　者：Albert Maybon

（[法] 阿尔贝·迈邦，1878—1940）

出版时间：1910 年

出 版 者：F. Juven (Paris)

编者说明：民国前夕的大清门，可见不少候租的人力车，骡马车不再是出行的主要交通工具。

宫城、皇城、
坛庙、陵寝
/
皇城

GATE OF THE FORBIDDEN CITY, PEKING.

3-2-5

天安门

（1900）

FORBIDDEN CITY, IMPERIAL CITY ALTAR TEMPLE AND MAUSOLEUM

出　　处：*China and the Powers*

（《庚子事变与八国联军》）

作　　者：H. C. Thomson

（[英] H. C. 汤姆森）

出版时间：1902 年

出 版 者：Longmans, Green, and Co. (London)

拍摄时间：1900 年

编者说明：天安门是明、清两代北京皇城的正门，位于北京城中轴线上，在紫禁城南端，始建于明永乐十五年（1417），初名"承天门"，清顺治八年（1651）更名为天安门。图为庚子事变中的天安门，城楼墙上有弹孔痕迹。

宫城、皇城、
坛庙、陵寝

/

皇城

Peking — Second Gate of the forbidden City

3-2-6

天安门

（1900年后）

编者说明：庚子事变后天安门北面样貌，可见城楼墙面多处受损。

FORBIDDEN CITY, IMPERIAL CITY ALTAR TEMPLE AND MAUSOLEUM

出　　处：*Guide to Peking and Neighborhood*

（《北京及周边地理指南》）

作　　者：Hans Bahlke, General Merchat

（德胜洋行）

出版时间：1909 年

出 版 者：Tageblatt Für Nord-China, G.m.b.H

(Tientsin)

拍摄时间：1900 年后

宫城、皇城、
坛庙、陵寝
/
皇城

SECOND GATE LEADING INTO THE FORBIDDEN CITY.

3-2-7

天安门

（1909）

编者说明：1909年的天安门，与前一图相比，似已初步修缮，但仍显荒芜，可见道路上的杂草。

FORBIDDEN CITY, IMPERIAL CITY ALTAR TEMPLE AND MAUSOLEUM

出　　处：*The New China: A Traveller's Impressions*

　　　　（《晚清游记》）

作　　者：Henri Borel

　　　　（[荷] 亨利·博雷尔，1869—1933）

出版时间：1912 年

出 版 者：Dodd Mead and Co. (New York)

摄 影 者：Henri Borel

拍摄时间：1909 年

宫城、皇城、
坛庙、陵寝
/
皇城

MARBLE BRIDGE OVER MOAT BEFORE SOUTHERN GATE OF THE FORBIDDEN CITY 358

3-2-8

天安门金水桥

（1900年前）

编者说明：天安门外金水河上汉白玉石桥称为外金水桥，始建于明永乐年间。图为外金水桥一角。

FORBIDDEN CITY, IMPERIAL CITY ALTAR TEMPLE AND MAUSOLEUM

出　　处：*The Last Days of Peking*

　　　　（《北京末日》）

作　　者：Pierre Loti

　　　　（[法]皮埃尔·洛蒂，1850—1923）

出版时间：1902 年

出 版 者：Little, Brown, and Company (Boston)

绘制时间：1900 年前

宫城、皇城、
坛庙、陵寝
/
皇城

COAL HILL

3-2-9

景山全景

（1900）

**FORBIDDEN CITY, IMPERIAL CITY
ALTAR TEMPLE AND MAUSOLEUM**

出　　处：*Behind the Scenes in Peking*

　　　　（《北京围困内幕》）

作　　者：Mary Hooker

　　　　（[美] 玛丽·胡克，1876—1918 ）

出版时间：1911 年

出 版 者：John Murray (London)

拍摄时间：1900 年

编者说明：图为清末景山雪后全景，万春亭及东侧观妙亭、周赏亭，西侧辑芳亭和富览亭均揽入画面。

宫城、皇城、
坛庙、陵寝

/

皇城

PROSPECT HILL WHERE THE LAST OF THE MINGS HANGED HIMSELF

3-2-10

景山万春亭

（1900）

FORBIDDEN CITY, IMPERIAL CITY ALTAR TEMPLE AND MAUSOLEUM

出　　处：*The Lore of Cathay*

　　　　（《花甲记忆》）

作　　者：W. A. P. Martin

　　　　（[美] 丁韪良，1827—1916）

出版时间：1901 年

出 版 者：Oliphant, Anderson & Ferrier (Edinburgh;

　　　　London)

拍摄时间：1900 年

宫城、皇城、
坛庙、陵寝
/
皇城

Blick auf den „Kohlenhügel" in Peking.

3-2-11

景山和白塔

（1900）

FORBIDDEN CITY, IMPERIAL CITY ALTAR TEMPLE AND MAUSOLEUM

出　　处：*China und die Chinesen*

　　　　（《中国和中国人》）

作　　者：Bruno Navarra

　　　　（[德] 布鲁诺·纳瓦拉，1850—1911）

出版时间：1901 年

出 版 者：M. Nössler (Bremen)

拍摄时间：1900 年

编者说明：景山地处北京城的中轴线上，南与紫禁城的神武门隔街相望，西邻北海，是明、清两代的御苑。景山海拔88.35米，是北京城的最高点，站在山顶可俯视全城。图为远眺景山，可见山顶万春亭，紫禁城和白塔也清晰可辨。

宫城、皇城、

坛庙、陵寝

/

皇城

Page 57, Vol II.

THE PEI-TUZE, ABODE OF THE LIVING BUDDHA, AS SEEN FROM THE MARBLE BRIDGE, IMPERIAL CITY, PEKING.

From a Sketch by Geo. Hugh Wyndham, Esq.

3-2-12

在金鳌玉蝀桥上看白塔和五龙亭

（1865）

编者说明：图像描绘了在北海金鳌玉蝀桥上之所见。远处可见五龙亭和小西天，近处可见白塔。湖面西北角的五龙亭建于明嘉靖二十二年（1543）。

FORBIDDEN CITY, IMPERIAL CITY
ALTAR TEMPLE AND MAUSOLEUM

出　　处：*Peking and the Pekingese, During the First*

　　　　　Year of the British Embassy at peking

　　　　　（《北京和北京人：在北京英国公使馆

　　　　　的第一年》）

作　　者：D. F. Rennie

　　　　　（[英] 芮尼，d. 1868）

出版时间：1865 年

出 版 者：John Murray (London)

绘 图 者：Geo. Hugh Wyndham

　　　　　（[英] 乔治·休·温德姆，1836—1916）

宫城、皇城、

坛庙、陵寝

/

皇城

PÉKIN. — Autour de la ville impériale.

3-2-13

北海白塔

（1887）

FORBIDDEN CITY, IMPERIAL CITY
ALTAR TEMPLE AND MAUSOLEUM

出　　处：*L'Extreme Orient*

　　　　　（《远东》）

作　　者：Paul Bonnetain

　　　　　（［法］保罗·博纳坦，1858—1899）

出版时间：1887 年

出 版 者 ：Maison Quantin (Paris)

3-2-14

从鼓楼看北海和景山

（1908）

FORBIDDEN CITY, IMPERIAL CITY ALTAR TEMPLE AND MAUSOLEUM

出　　处：*China: Its Marvel and Mystery*

　　　　　（《中华奇观》）

作　　者：T. Hodgson Liddell

　　　　　（ [英] 李通和，1860—1925）

出版时间：1910 年

出 版 者：John Lane Company (New York)

绘 图 者：T. Hodgson Liddell

绘制时间：1908 年

编者说明：绘图者登上鼓楼看北京城，北海白塔和景山万春亭尽收眼底。李通和为英国著名画家，1908年来华，访问了香港、澳门、广州、上海、苏州、杭州、北戴河、山海关、天津、北京，每到一处均作该地景观水彩画，共计约35幅，1910年将这些画作并游记结集出版，名为《中华奇观》。

宫城、皇城、
坛庙、陵寝

/

皇城

NORTHERN LAKE OR PEI HAI

3-2-15

北海白塔及金鳌玉蛛桥

（1843—1846）

FORBIDDEN CITY, IMPERIAL CITY ALTAR TEMPLE AND MAUSOLEUM

出　　处：*Annual Customs and Festivals in Peking*
　　　　（《燕京岁时记》）

作　　者：富察敦崇（1855—1926）

译　　者：Derk Bodde
　　　　（[美]卜德，1909—2003）

出版时间：1936 年

出 版 者：Henri Vetch (Peiping)

绘制时间：1843—1846 年

宫城、皇城、
坛庙、陵寝
/
皇城

编者说明：卜德是美国汉学家，1931—1937年间曾到北平留学。1936年，他将清富察敦崇（1855—1926）的北京风俗杂记《燕京岁时记》译成英文出版，其中有6幅插图借用了清麟庆撰《鸿雪因缘图记》中的木刻版图。《鸿雪因缘图记》是麟庆（1791—1846）的身世经历的记录，由汪英福（春泉）等绘图。这幅图的故事背景是，癸卯（1843年）五月麟庆从外地回到京师，到内务府报到，内务府转达皇帝钦命："入城进西安门取道金鳌玉蛛桥（即现在的北海大桥，原为一座石桥）"回家。其时，能经此桥回家是皇帝的特别恩典，麟庆特以此图铭主隆恩并命名为《金鳌归里》。卜德将这幅图重新命名为《北海》，意在展现北海、白塔和石桥等景观。他并在图注中质疑图上石桥的高度："请注意，石桥的高度被夸大了，这一惯例在中国和中世纪欧洲的绘图中均可见到。"卜德眼中的金鳌玉蛛桥就是一座石桥而已，而麟庆则希望将象征皇恩的石桥无限放大。

LANDOR

THE LOTUS POND AND MARBLE BRIDGE

3-2-16

北海金鳌玉蝀桥

（1900）

**FORBIDDEN CITY, IMPERIAL CITY
ALTAR TEMPLE AND MAUSOLEUM**

出　　处：*China and the Allies*

　　　　（《中国与八国联军》）

作　　者：A. Henry Savage Landor

　　　　（[英] 阿诺尔德·亨利·萨维奇·兰多尔，

　　　　1865—1924）

出版时间：1901 年

出 版 者：William Heinemann (London)

摄 影 者：A. Henry Savage Landor

拍摄时间：1900 年

编者说明：横跨北海与中海之间的金鳌玉蝀桥，可见漫漫荷叶铺满水面。桥长150米，宽8米，是九孔拱券式石桥。

宫城、皇城、
坛庙、陵寝
/
皇城

A·H·SAVAGE·LANDOR·

THE PE-TA MAUSOLEUM

3-2-17

北海白塔

（1900）

FORBIDDEN CITY, IMPERIAL CITY ALTAR TEMPLE AND MAUSOLEUM

出　　处：*China and the Allies*

　　　　（《中国与八国联军》）

作　　者：A. Henry Savage Landor

　　　　（［英］阿诺尔德·亨利·萨维奇·兰多尔，

　　　　1865—1924）

出版时间：1901 年

出 版 者：William Heinemann (London)

摄 影 者：A. Henry Savage Landor

拍摄时间：1900 年

编者说明：图为庚子事变期间拍摄的永安桥、琉璃牌楼和白塔。白塔建于清初顺治八年（1651），是一座覆钵式塔。永安桥的前身是木桥，建于元代至元三年（1266），明代时称太液桥。清朝顺治年间建永安寺，乾隆年间建永安桥。

宫城、皇城、

坛庙、陵寝

/

皇城

BUDDHIST MONUMENT   378

3-2-18

编者说明：北海白塔、永安桥和牌楼，照片拍摄于庚子事变期间。

北海白塔

（1900）

FORBIDDEN CITY, IMPERIAL CITY
ALTAR TEMPLE AND MAUSOLEUM

出　　处：*The Lore of Cathay*

　　　　（《花甲记忆》）

作　　者：W. A. P. Martin

　　　　（ [美] 丁韪良，1827—1916 ）

出版时间：1901 年

出 版 者 ：Oliphant, Anderson & Ferrier (Edinburgh;

　　　　London)

拍摄时间：1900 年

宫城、皇城、

坛庙、陵寝

/

皇城

Ansicht des Kaiserlichen Gartens zu Peking.

3-2-19

编者说明：庚子事变期间的白塔和北海。

北海白塔

（1900）

FORBIDDEN CITY, IMPERIAL CITY
ALTAR TEMPLE AND MAUSOLEUM

出　　处：*China und die Chinesen*

　　　　　（《中国和中国人》）

作　　者：Bruno Navarra

　　　　　（[德] 布鲁诺·纳瓦拉，1850—1911）

出版时间：1901 年

出 版 者 ：M. Nössler (Bremen)

拍摄时间：1900 年

宫城、皇城、
坛庙、陵寝
/
皇城

BUDDHIST TEMPLE AND MODERN TRAM CAR

3-2-20

白塔和观光车

（1900）

编者说明：清末，北海白塔景区已有了现代化的有轨观光车。照片摄于庚子事变其时或稍后，景区无人，观光车也闲置无用。

FORBIDDEN CITY, IMPERIAL CITY
ALTAR TEMPLE AND MAUSOLEUM

出　　处：*China in Convulsion*

　　　　　（《动乱中的中国》）

作　　者：Arthur H. Smith

　　　　　（[美] 明恩溥，1845—1932）

出版时间：1901 年

出 版 者：Fleming H. Revell Company (New York)

拍摄时间：1900 年

宫城、皇城、
坛庙、陵寝
/
皇城

Photo, Le Munyon, Peking.

PEKING—SEEN FROM A HILL IN THE IMPERIAL CITY.

3-2-21

白塔远眺

（1906—1911）

FORBIDDEN CITY, IMPERIAL CITY ALTAR TEMPLE AND MAUSOLEUM

出　　处：*Recent Events and Present Policies in China*

　　　　（《中国最近的事变和当前的政策》）

作　　者：J.O.P. Bland

　　　　（［英］濮兰德，1863—1945）

出版时间：1912 年

出 版 者：William Heinemann (London)

摄 影 者：Clarence Eugene le Munyon

　　　　（［美］克拉伦斯·尤金·莱蒙，

　　　　1860—1929）

拍摄时间：1906—1911 年

编者说明：照片由美国摄影师克拉伦斯·尤金·莱蒙所摄。莱蒙于1902年赴香港，1906年又到北京，曾在哈德门大街开设一家名为恩波里厄姆（Emporium）的摄影店。1929年卒于北京。图为清末民初在景山上眺望北海白塔之所见。

宫城、皇城、
坛庙、陵寝

/

皇城

Vue de Pékin, prise des Jardins de l'Ouest

3-2-22

编者说明：照片是从景山上拍摄的北海白塔。

北海白塔及周边

（1910）

FORBIDDEN CITY, IMPERIAL CITY
ALTAR TEMPLE AND MAUSOLEUM

出　　处：*La Vie Secrète de la Cour de Chine*

　　　　　（《慈禧太后传》）

作　　者：Albert Maybon

　　　　　（[法] 阿尔贝·迈邦，1878—1940）

出版时间：1910 年

出 版 者：F. Juven (Paris)

宫城、皇城、
坛庙、陵寝
/
皇城

Plate 3. A part of the garden Ching Hsin Chai (The Studio of the Pure Heart), Pei Hai, Peking.

3-2-23

北海静心斋

（1921—1923）

编者说明：图为北海静心斋花园景色。静心斋
原名镜清斋，位于北海北岸，西邻天王殿。
清乾隆二十二年（1757）建，是皇太子的书
斋，是北海景区的"园中之园"。

FORBIDDEN CITY, IMPERIAL CITY ALTAR TEMPLE AND MAUSOLEUM

出　　处：*Gardens of China*

（《中国园林》）

作　　者：Osvald Sirén

（［瑞典］喜龙仁，1879—1966）

出版时间：1949 年

出 版 者：The Ronald Press Company (New York)

摄 影 者：Osvald Sirén

拍摄时间：1921—1923 年

宫城、皇城、
坛庙、陵寝

/

皇城

DRAGON WALL, REGARDED BY CHINESE AS PROTECTING THE CITY AGAINST EVIL SPIRITS

3-2-24

北海九龙壁

（1900）

编者说明：九龙壁，位于北海西天梵境西侧，为双面琉璃影壁，建于乾隆二十一年（1756）。壁长27米，高5米，厚1.2米。

FORBIDDEN CITY, IMPERIAL CITY ALTAR TEMPLE AND MAUSOLEUM

出　　处：*China in Convulsion*

（《动乱中的中国》）

作　　者：Arthur H. Smith

（[美] 明恩溥，1845—1932）

出版时间：1901 年

出 版 者：Fleming H. Revell Company (New York)

拍摄时间：1900 年

宫城、皇城、
坛庙、陵寝

/

宫城

GATEWAY TO FORMER IMPERIAL PALACE.
Now residence of the President.

3-2-25

新华门

（1920）

编者说明： 新华门本来并不称门，而叫宝月楼，建于清乾隆二十三年（1758）。民国二年（1913），将宝月楼改建为北洋政府总统府的大门，并更名为新华门。1949年后，新华门成为中南海的正门。

FORBIDDEN CITY, IMPERIAL CITY ALTAR TEMPLE AND MAUSOLEUM

出　　处：*Peking: A Social Survey*

　　　　　（《北京：社会调查》）

作　　者：Sidney D. Gamble

　　　　　（[美] 甘博，1890—1968）

出版时间：1921 年

出 版 者：George H. Doran Company (New York)

摄 影 者：Sidney D. Gamble

拍摄时间：1920 年

宫城、皇城、
坛庙、陵寝
/
皇城

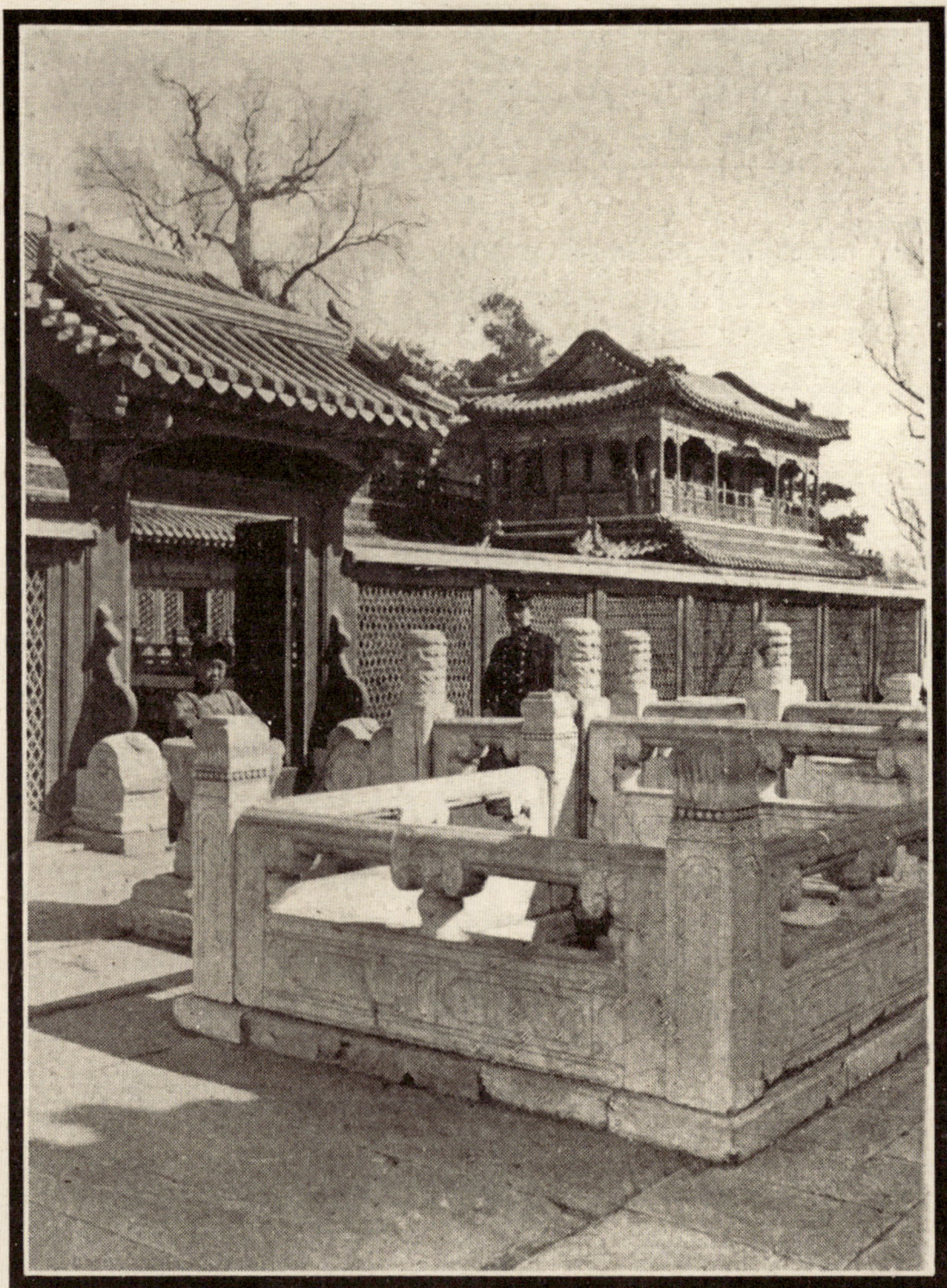

COURT OF PALACE WHERE EMPEROR WAS IMPRISONED

3-2-26

中南海瀛台

（1901）

FORBIDDEN CITY, IMPERIAL CITY
ALTAR TEMPLE AND MAUSOLEUM

出　　处：*China in Convulsion*

　　　　（《动乱中的中国》）

作　　者：Arthur H. Smith

　　　　（ [美] 明恩溥，1845—1932 ）

出版时间：1901 年

出 版 者：Fleming H. Revell Company (New York)

编者说明：始建于明朝的中南海瀛台，原称"南台"，四面临水，似水中仙岛。清朝顺治时改为现名。1898年戊戌变法失败后，光绪帝曾被慈禧太后幽禁于此地，后又幽禁于颐和园玉澜堂。由原书出版年代和照片上的西洋军人推论，该照片应摄于庚子事变期间。

宫城、皇城、
坛庙、陵寝
/
皇城

PAVILION ON LAKE TO THE WEST OF FORBIDDEN CITY.

3-2-27

中海水云榭

（1910）

**FORBIDDEN CITY, IMPERIAL CITY
ALTAR TEMPLE AND MAUSOLEUM**

出　　处：*China Under the Empress Dowager*

（《慈禧太后统治下的中国》）

作　　者：J.O.P. Bland & E. Backhouse

（［英］濮兰德，1863—1945；

［英］巴克斯，1873—1944）

出版时间：1910 年

出 版 者：William Heinemann (London)

摄 影 者：Betines

（［德］利亚公司）

编者说明：中南海位于紫禁城西侧，金鳌玉蛛桥以南。照片上的水云榭位于万善殿以西，以其开阔的视野和周边水景闻名，亭内石碑刻有"太液秋风"，是著名的燕京九景之一。该照片来自利亚公司（Betines Ltd.）。该公司为德商企业，在哈德门大街开有一家药店，在德国使馆旁边还开有一家照相馆，另在上海和天津也开有药店。

宫城、皇城、
坛庙、陵寝
/
皇城

[*Photo, Le Munyon, Peking.*

THE YŬN-HUI PAVILION, WINTER PALACE, PEKING.

3-2-28

中南海云绘楼

（1912）

**FORBIDDEN CITY, IMPERIAL CITY
ALTAR TEMPLE AND MAUSOLEUM**

出　　处：*Recent Events and Present Policies in
China*

（《中国最近的事变和当前的政策》）

作　　者：J.O.P. Bland

（[英] 濮兰德，1863—1945）

出版时间：1912 年

出 版 者：William Heinemann (London)

编者说明：照片为原位于中南海的云绘楼，为一座重檐歇山顶的二层楼阁，屋顶上突出一间歇山顶阁楼，较为少见。左侧为清音阁。原为乾隆帝观赏美景、弹琴娱乐之处。1954年迁建于陶然亭。

宫城、皇城、
坛庙、陵寝

/

皇城

A Banquet given to the Officers of the Army at the " Hall of Purple Light " in the Lake Palace Enclosure.

(From the Imperial collection of pictures commemorating H.M. Ch'ien Lung's victorious campaigns in Sungaria.

3-2-29

中南海紫光阁大宴图

（1761年后）

编者说明：图为乾隆二十六年（1761）平定西域之后，在修葺一新的紫光阁为将士们举行庆功宴的场景。该图是皇室的藏品。图上能远观白海北塔。

FORBIDDEN CITY, IMPERIAL CITY ALTAR TEMPLE AND MAUSOLEUM

出　　处：*Annals & Memoirs of the Court of Peking*

（《清室外记》）

作.　者：E. Backhouse and J. O. P. Bland

（[英]巴克斯，1873—1944；

[英]濮兰德，1863—1945）

出版时间：1914 年

出 版 者：Houghton Mifflin (Bostonn)

绘制时间：1761 年后

宫城、皇城、

坛庙、陵寝

/

皇城

"TI WANG MIAO" OR TEMPLE TO THE MEMORY OF VIRTUOUS EMPERORS OF
PREVIOUS DYNASTIES.

3-2-30

编者说明：原图说明注此图为历代帝王庙，实
则为中南海紫光阁建筑。

紫光阁

（1910）

FORBIDDEN CITY, IMPERIAL CITY
ALTAR TEMPLE AND MAUSOLEUM

出　　处：*China Under the Empress Dowager*

（《慈禧太后统治下的中国》）

作　　者：J.O.P. Bland & E. Backhouse

（[英] 濮兰德，1863—1945；

[英] 巴克斯，1873—1944）

出版时间：1910 年

出 版 者：William Heinemann (London)

摄 影 者：Betines

（[德] 利亚公司）

宫城、皇城、
坛庙、陵寝
/
皇城

Plate 22. Liu Pei T'ing in Nan Hai (The Pavilion of the Floating Cups). Competitors had to write a poem while a little wine cup floated along on its saucer on the winding canal in the stone floor.

3-2-31

中南海流水音亭

（1921—1923）

FORBIDDEN CITY, IMPERIAL CITY ALTAR TEMPLE AND MAUSOLEUM

出　　处：*Gardens of China*

　　　　（《中国园林》）

作　　者：Osvald Sirén

　　　　（[瑞典] 喜龙仁，1879—1966）

出版时间：1949 年

出 版 者：The Ronald Press Company (New York)

摄 影 者：Osvald Sirén

拍摄时间：1921—1923 年

编者说明：中南海流水音亭，即流杯亭。位于中南海南岸，为明代所建。亭内石砌的地面上凿刻有九曲水槽，上悬"流水音"匾额，为乾隆帝御书。曲水流觞，即以石渠曲水流觞，是一种饮宴娱乐形式，据说始于三国时期，在南北朝时期已相当普遍，许多地方都建有流杯亭。

Plate 21. A pond surrounded by rocky shores in Chung Hai. »The mirror of the pond reflects the shadows; here is an entrance to the mermaid's palace.»

3-2-32

编者说明：该处的景观在于观赏水中亭子的倒
影，石头堆垒堤岸也是一景。

中海水中映亭阁

（1921—1923）

FORBIDDEN CITY, IMPERIAL CITY
ALTAR TEMPLE AND MAUSOLEUM

出　　处：*Gardens of China*

（《中国园林》）

作　　者：Osvald Sirén

（[瑞典] 喜龙仁，1879—1966）

出版时间：1949 年

出 版 者：The Ronald Press Company (New York)

摄 影 者：Osvald Sirén

拍摄时间：1921—1923 年

Plate 23. Wan Tzŭ Lang in Chung Hai. Canals and galleries form a swastika pattern.

3-2-33

中海卍字廊

（1921—1923）

FORBIDDEN CITY, IMPERIAL CITY ALTAR TEMPLE AND MAUSOLEUM

出　　处：*Gardens of China*

　　　　（《中国园林》）

作　　者：Osvald Sirén

　　　　（［瑞典］喜龙仁，1879—1966）

出版时间：1949 年

出 版 者 ：The Ronald Press Company (New York)

摄 影 者 ：Osvald Sirén

拍摄时间：1921—1923 年

编者说明：卍字廊，位于中南海丰泽园内的西侧，据说这是在慈禧太后六十大寿时所建，取其吉祥之意。

詩龕叙姻

LAKE OF TEN TEMPLES (*Shih Ch'a Hai* 十刹海)

Note : This lake, which is the continuation northward of the North Lake or Pei Hai, is so called because at one time ten temples lined its banks, though only three of these now remain.

3-2-34

什刹海

（1846年前）

FORBIDDEN CITY, IMPERIAL CITY ALTAR TEMPLE AND MAUSOLEUM

出　　处：*Annual Customs and Festivals in Peking*

（《燕京岁时记》）

作　　者：富察敦崇（1855—1926）

译　　者：Derk Bodde

（[美] 卜德，1909—2003）

出版时间：1936 年

出 版 者：Henri Vetch (Peiping)

绘制时间：1846 年前

编者说明：《燕京岁时记》英译本中为"什刹海"一节插图，借用麟庆《鸿雪因缘图记》中《诗龛叙姻》一图。麟庆有女嫁内务府蒙古旗人、国子监祭酒法式善之孙，两家为世交，且二人皆好吟咏，故他很满意两家结姻。法式善曾居住在今地安门北，近什刹海。他的诗龛是当时文人雅集的一个重要场所。英译者并注：什刹海之所以冠此名，是因为原来此处有10座寺庙。

宫城、皇城、
坛庙、陵寝
/
皇城

THE SU WANG FU, OCCUPIED BY NATIVE CHRISTIANS

412

3-2-35

肃亲王府

（1900）

编者说明：原位于东交民巷的肃亲王府。庚子之变中，先为驻京外国人和中国教徒所占，后又被日本人作为日本使馆。肃亲王后来在东城北新桥南船板胡同内（今东四十四条西头路北）建造了新王府。

FORBIDDEN CITY, IMPERIAL CITY ALTAR TEMPLE AND MAUSOLEUM

出　　处：*China in Convulsion*

　　　　（《动乱中的中国》）

作　　者：Arthur H. Smith

　　　　（[美] 明恩溥，1845—1932）

出版时间：1901 年

出 版 者：Fleming H. Revell Company (New York)

拍摄时间：1900 年

宫城、皇城、
坛庙、陵寝

/

皇城

PALACE WHERE EMPEROR KUANG HSÜ WAS BORN

3-2-36

醇亲王府

（1900）

编者说明：醇亲王府位于宣武门内太平湖东，同治十年六月二十八日（1871年8月14日），光绪帝诞于府内槐荫斋。

FORBIDDEN CITY, IMPERIAL CITY ALTAR TEMPLE AND MAUSOLEUM

出　处：*China in Convulsion*

　　　　（《动乱中的中国》）

作　者：Arthur H. Smith

　　　　（[美]明恩溥，1845—1932）

出版时间：1901 年

出 版 者：Fleming H. Revell Company (New York)

拍摄时间：1900 年

宫城、皇城、
坛庙、陵寝

/

皇城

Plate 131. Upper picture: Ch'êng Wang Fu, K'ua Chiang T'ing (Pavilion Riding upon the Rainbow).
Lower picture: Ch'êng Wang Fu. Ch'ing Chên T'ing (The Pavilion of Great Brightness).

3-2-37

郑王府的跨虹亭和净真亭

（1921—1923）

FORBIDDEN CITY, IMPERIAL CITY
ALTAR TEMPLE AND MAUSOLEUM

出　　处：*Gardens of China*

　　　　（《中国园林》）

作　　者：Osvald Sirén

　　　　（ [瑞典] 喜龙仁，1879—1966）

出版时间：1949 年

出 版 者：The Ronald Press Company (New York)

摄 影 者：Osvald Sirén

拍摄时间：1921—1923 年

Plate 135. Upper picture: Kung Wang Fu. Kuan Yü T'ai (Terrace for the Contemplation of Fishes).
Lower picture: Another picture of the same spot showing a garden in the back and the long gallery on the east side.

418

3-2-38

恭王府观鱼台

（1921—1923）

编者说明：恭亲王府，位于前海西街，上图为恭亲王府观鱼台，下图为观鱼台的另一侧及东边的长廊。

FORBIDDEN CITY, IMPERIAL CITY ALTAR TEMPLE AND MAUSOLEUM

出　　处：*Gardens of China*

　　　　（《中国园林》）

作　　者：Osvald Sirén

　　　　（[瑞典] 喜龙仁，1879—1966）

出版时间：1949 年

出 版 者：The Ronald Press Company (New York)

摄 影 者：Osvald Sirén

拍摄时间：1921—1923 年

宫城、皇城、
坛庙、陵寝

/

皇城

Plate 65. Summer pergola with vines in front of the library,
Lan T'ing Shu Shih, in Li Wang Fu, Peking.

3-2-39

编者说明：礼王府位于西黄城根南街7号。图
为礼王府兰亭书室及室前的遮阳棚。

礼王府兰亭书室

（1921—1923）

FORBIDDEN CITY, IMPERIAL CITY
ALTAR TEMPLE AND MAUSOLEUM

出　　处：*Gardens of China*

　　　　　（《中国园林》）

作　　者：Osvald Sirén

　　　　　（[瑞典] 喜龙仁，1879—1966）

出版时间：1949 年

出 版 者：The Ronald Press Company (New York)

摄 影 者：Osvald Sirén

拍摄时间：1921—1923 年

宫城、皇城、
坛庙、陵寝
/
皇城

Plate 54. Half-moon shaped open pavilion in the garden in Ch'i Yeh Fu, Peking.
The youth in front of the pavilion is the younger brother of the last emperor.

3-2-40

七爷府中的半月亭

（1921—1923）

编者说明：原图说明文字标明此为七爷府中的半月形凉亭。七爷应是指醇亲王奕譞，亭柱前站着的少年是末代皇帝溥仪的弟弟。

FORBIDDEN CITY, IMPERIAL CITY
ALTAR TEMPLE AND MAUSOLEUM

出　　处：*Gardens of China*

　　　　（《中国园林》）

作　　者：Osvald Sirén

　　　　（[瑞典]喜龙仁，1879—1966）

出版时间：1949 年

出 版 者：The Ronald Press Company (New York)

摄 影 者：Osvald Sirén

拍摄时间：1921—1923 年

宫城、皇城、
坛庙、陵寝

/

皇城

Plate 138. Upper picture: Tao Pê La Fu. Rockery with a pavilion and galleries; in front of it a fountain. Lower picture: Tao Pê La Fu. Open pavilion and tall stones.

3-2-41

涛贝勒府游廊圆亭和假山奇石

（1921—1923）

FORBIDDEN CITY, IMPERIAL CITY ALTAR TEMPLE AND MAUSOLEUM

出　　处：*Gardens of China*

　　　　　（《中国园林》）

作　　者：Osvald Sirén

　　　　　（［瑞典］喜龙仁，1879—1966）

出版时间：1949 年

出 版 者 ：The Ronald Press Company (New York)

摄 影 者 ：Osvald Sirén

拍摄时间：1921—1923 年

编者说明：涛贝勒府是北京著名三大中西合璧建筑之一，原是康熙帝第十五子愉郡王胤禑居住的愉王府。光绪二十八年（1902），醇贤亲王奕谭的第七子载涛被过继给钟郡王奕诒为嗣，承袭贝勒爵，迁居于愉王府，作为贝勒府，称涛贝勒府。涛贝勒府门开在柳荫街27号，后辅仁大学就建在涛贝勒府中。上图是著名的圆亭和游廊，下图为假山和凉亭。

宫城、皇城、
坛庙、陵寝
/
皇城

425

坛庙是古代重要的礼制建筑。天坛始建于明永乐十八年（1420），清乾隆、光绪时曾重修改建，是明、清两代帝王祭祀皇天、祈五谷丰登之场所。

本节图像主要以天坛内的圜丘坛、皇穹宇，祈谷坛内的祈年殿、祈年门为主，展现其独具的魅力及历史沧桑。其他如先农坛、太庙、雍和宫、大光明殿也有揭示。先农坛是明清皇帝祭祀先农神的祭坛，与其东面的天坛相对应。太庙为皇家祭祖之所，历代帝王庙是祭祀三皇五帝、历代帝王及功臣武将的皇家庙宇。雍和宫位于京城东北角，是清朝中后期全国规格最高的一座佛教寺院。清康熙三十三年（1694），康熙帝在此建造府邸赐予四子雍亲王，称雍亲王府。雍正三年（1725），改王府为行宫，称雍和宫。雍正十三年（1735），雍正驾崩后曾停灵于此，雍和宫主要殿堂由绿色琉璃瓦改为黄色琉璃瓦。乾隆九年（1744），雍和宫改为喇嘛庙，特派总理事务专员管理事务。

DOME IN IMITATION OF THE VAULT OF HEAVEN.

3-3-1

编者说明：19世纪中叶左右的祈年殿。

天坛祈年殿

（1867）

FORBIDDEN CITY, IMPERIAL CITY
ALTAR TEMPLE AND MAUSOLEUM

出　　处：*Social Life of the Chinese*

　　　　（《中国人的社会生活》）

作　　者：Rev. Justus Doolittle

　　　　（[美] 卢公明，1824—1880）

出版时间：1867 年

出 版 者：Harper & Brothers Publishers (New York)

TEMPLE OF HEAVEN, PEKING.

3-3-2

天坛祈年殿

（1896）

编者说明：祈年殿图像，可见台基的三层汉白玉栏柱。左边为祈年门檐顶。原书作者坎宁安为美国来华传教士，1852年与夫人一起来华传教。

FORBIDDEN CITY, IMPERIAL CITY ALTAR TEMPLE AND MAUSOLEUM

出　　处：*A Young People's History of the Chinese*

（《一个年轻人眼中的中国历史》）

作　　者：W. G. E. Cunnyngham

（［美］坎宁安，1820—1900）

出版时间：1896 年

出 版 者：Revell (Chicago)

宫城、皇城、
坛庙、陵寝
/
坛庙

THE TEMPLE OF HEAVEN, PEKIN.

3-3-3

编者说明：祈年殿及祈年门一角，该图与上一图很相似，应为根据照片所绘的版画。

天坛祈年殿

（1900）

FORBIDDEN CITY, IMPERIAL CITY ALTAR TEMPLE AND MAUSOLEUM

出　　处：*China, The Orient and the Yellow Man*

（《中国：东方国度与黄种民族》）

作　　者：Henry Davenport Northrop

（［美］亨利·达文波特·诺斯洛普，

1836—1909）

出版时间：1900 年

出 版 者：George W. Bertron (Washington, D.C.)

宫城、皇城、
坛庙、陵寝
/
坛庙

Peking — Temple of Heaven

3-3-4

编者说明：天坛祈年殿，可惜圆台的三层栏柱未能拍全。

天坛祈年殿

（1909）

FORBIDDEN CITY, IMPERIAL CITY
ALTAR TEMPLE AND MAUSOLEUM

出　　处：*Guide to Peking and Neighborhood*

　　　　（《北京及周边地理指南》）

作　　者：Hans Bahlke, General Merchat

　　　　（德胜洋行）

出版时间：1909 年

出 版 者：Tageblatt Für Nord-China, G.m.b.H

　　　　(Tientsin)

宫城、皇城、

坛庙、陵寝

/

坛庙

Autel du temple du Ciel (voy. p. 246). — Dessin de H. Catenacci, d'après une photographie de M. Thomson.

3-3-5

天坛圜丘

（1876）

编者说明：天坛圜丘。围墙外可见骆驼及老人、孩子和妇女。这幅版画图像是意大利画家 H.卡特纳奇根据汤姆森（M.Thomson）拍摄的照片绘制。

FORBIDDEN CITY, IMPERIAL CITY ALTAR TEMPLE AND MAUSOLEUM

出　　处：*Le Tour du Monde, Nouveau Journal des Voyages*

（《周游世界之新航海日志》）

作　　者：Édouard Charton

（［法］爱德华·沙尔东，1807—1890）

出版时间：1876 年

出 版 者：Hachette (Paris)

绘 图 者：H. Catenacci

（［意］H.卡特纳奇，1816—1884）

宫城、皇城、坛庙、陵寝

/

坛庙

PERIAL WORSHIP OF SHANGTI ON THE ALTAR OF HEAVEN AT PEKING.

3-3-6

编者说明：原图说明文字注明，皇帝在此祭
天，应为圜丘坛图像。

天坛圜丘

（1883）

FORBIDDEN CITY, IMPERIAL CITY
ALTAR TEMPLE AND MAUSOLEUM

出　　处：*The Middle Kingdom*

　　　　（《中国总论》）

作　　者：S. Wells Williams

　　　　（[美] 卫三畏，1812—1884）

出版时间：1883 年

出 版 者：W. H. Allen & Co. (London)

宫城、皇城、
坛庙、陵寝
/
坛庙

3-3-7

天坛圜丘

（1908）

FORBIDDEN CITY, IMPERIAL CITY
ALTAR TEMPLE AND MAUSOLEUM

出　　处：*China: Its Marvel and Mystery*

　　　　　（《中华奇观》）

作　　者：T. Hodgson Liddell

　　　　　（[英] 李通和，1860—1925）

出版时间：1910 年

出 版 者 ：John Lane Company (New York)

绘 图 者 ：T. Hodgson Liddell

绘制时间：1908 年

**宫城、皇城、
坛庙、陵寝
/
坛庙**

TREBLE GATE IN THE TEMPLE OF HEAVEN

3-3-8

天坛的大门

（1900）

编者说明：1900年庚子事变，八国联军进攻北京。英军首先攻克外城，扒开永定门东侧的外城城墙和天坛坛墙，在天坛内设立司令部。图为当时天坛的三座琉璃门，门前杂草丛生。

FORBIDDEN CITY, IMPERIAL CITY ALTAR TEMPLE AND MAUSOLEUM

出　　处：*China and the Allies*

　　　　（《中国与八国联军》）

作　　者：A. Henry Savage Landor

　　　　（[英]阿诺尔德·亨利·萨维奇·兰多尔，

　　　　1865—1924）

出版时间：1901 年

出 版 者：William Heinemann (London)

摄 影 者：A. Henry Savage Landor

拍摄时间：1900 年

宫城、皇城、

坛庙、陵寝

/

坛庙

PAGODA IN THE TEMPLE OF HEAVEN

3-3-9

天坛皇穹宇

（1900）

编者说明：皇穹宇院落位于圜丘坛外北侧，南面设三座琉璃门，是供奉祭祀神位的场所。祭天时使用的祭祀神牌都存放在这里。图为庚子事变时英军占领的皇穹宇。

FORBIDDEN CITY, IMPERIAL CITY
ALTAR TEMPLE AND MAUSOLEUM

出　　处：*China and the Allies*

（《中国与八国联军》）

作　　者：A. Henry Savage Landor

（[英] 阿诺尔德·亨利·萨维奇·兰多尔，

1865—1924 ）

出版时间：1901 年

出 版 者：William Heinemann (London)

摄 影 者：A. Henry Savage Landor

拍摄时间：1900 年

宫城、皇城、
坛庙、陵寝
/
坛庙

TEMPLE OF THE MOON, PEKING

3-3-10

天坛皇穹宇

（1900年前后）

FORBIDDEN CITY, IMPERIAL CITY
ALTAR TEMPLE AND MAUSOLEUM

出　　处：*China and Her People*

（《大清国及其子民》）

作　　者：Charles Denby

（[美]田贝，1830—1904）

出版时间：1906 年

出 版 者：L. C. Page & Company (Boston)

拍摄时间：1900 年前后

宫城、皇城、
坛庙、陵寝
/
坛庙

3-3-11

编者说明：该图展现了圜丘棂星门、三座门和皇穹宇在视线上重叠的景象。

天坛皇穹宇

（1908）

FORBIDDEN CITY, IMPERIAL CITY
ALTAR TEMPLE AND MAUSOLEUM

出　　处：*China: Its Marvel and Mystery*

　　　　　（《中华奇观》）

作　　者：T. Hodgson Liddell

　　　　　（[英] 李通和，1860—1925）

出版时间：1910 年

出 版 者： John Lane Company (New York)

绘 图 者 ：T. Hodgson Liddell

绘制时间：1908 年

宫城、皇城、
坛庙、陵寝
/
坛庙

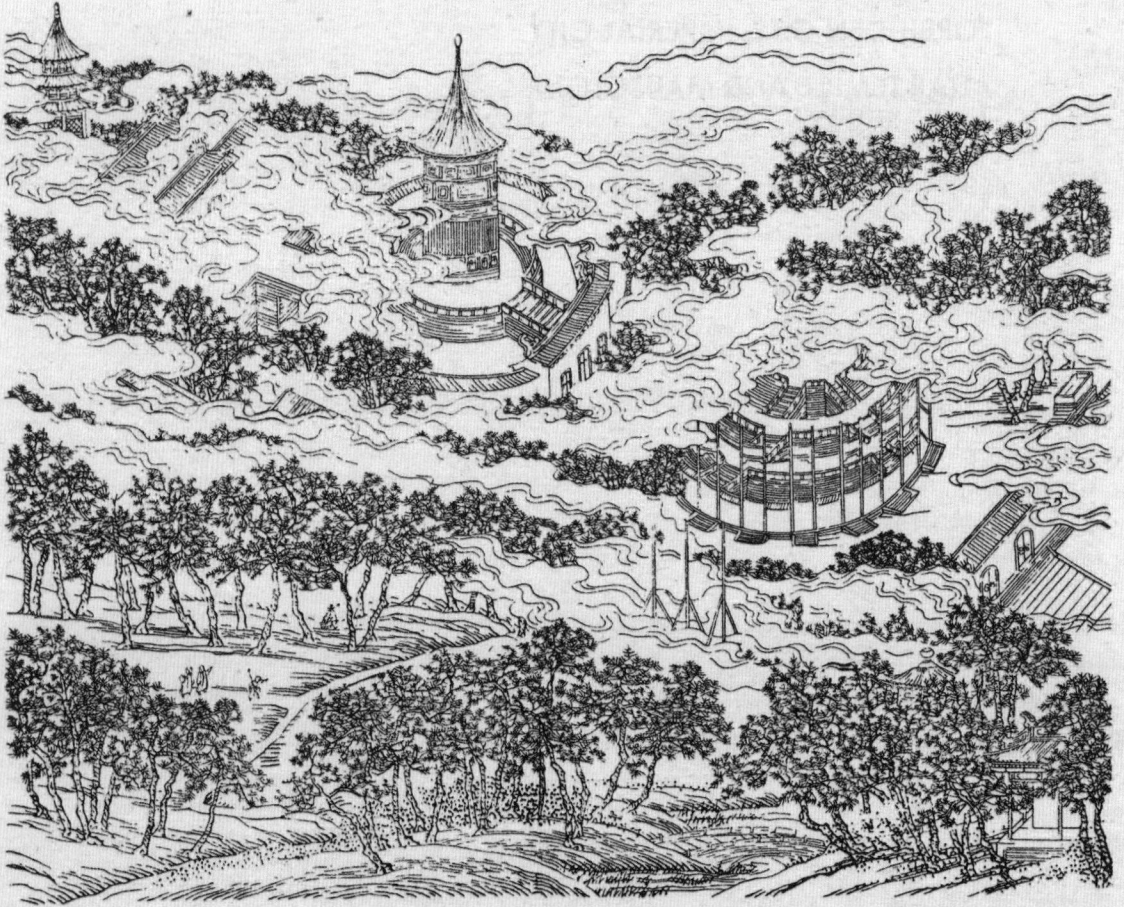

天壇采藥

3-3-12

天坛图

（1846年前）

FORBIDDEN CITY, IMPERIAL CITY ALTAR TEMPLE AND MAUSOLEUM

出　　处：*Annual Customs and Festivals in Peking*

　　　　（《燕京岁时记》）

作　　者：富察敦崇（1855—1926）

译　　者：Derk Bodde

　　　　（[美]卜德，1909—2003）

出版时间：1936 年

出 版 者：Henri Vetch (Peiping)

绘制时间：1846 年前

编者说明：《燕京岁时记》英译本中借麟庆《鸿雪因缘图记》中《天坛采药》一图为插图。清时天坛的沙参和益母草都非常知名，图上的植物应是益母草。图上的圜丘、祈年殿和三座门清晰可辨。

宫城、皇城、
坛庙、陵寝
/
坛庙

THE SIEN-NUNG-T'AN PLATFORM AND TAI-SUI-TIEN HALL
(TEMPLE OF AGRICULTURE)

3-3-13

先农坛

（1900）

FORBIDDEN CITY, IMPERIAL CITY ALTAR TEMPLE AND MAUSOLEUM

出　　处：*China and the Allies*

（《中国与八国联军》）

作　　者：A. Henry Savage Landor

（[英]阿诺尔德·亨利·萨维奇·兰多尔，

1865—1924）

出版时间：1901 年

出 版 者：William Heinemann (London)

摄 影 者：A. Henry Savage Landor

拍摄时间：1900 年

编者说明：先农坛位于正阳门西南，与东面的天坛相对应，始建于明永乐四年至十八年（1406—1420）。祭祀先农是封建社会的一种礼制，先农坛是明、清两代皇家祭祀先农诸神的场所。每年开春，皇帝亲领文武百官行籍田礼于此。图为庚子事变中成为美军驻地的先农坛样貌。

宫城、皇城、

坛庙、陵寝

/

坛庙

THE REAR HALL IN THE TEMPLE OF AGRICULTURE   454

3-3-14

先农坛太岁殿

（1900）

FORBIDDEN CITY, IMPERIAL CITY ALTAR TEMPLE AND MAUSOLEUM

出　　处：*China and the Allies*

（《中国与八国联军》）

作　　者：A. Henry Savage Landor

（[英] 阿诺尔德·亨利·萨维奇·兰多尔，

1865—1924）

出版时间：1901 年

出 版 者：William Heinemann (London)

摄 影 者：A. Henry Savage Landor

拍摄时间：1900 年

THE IMPERIAL ANCESTRAL TEMPLE

3-3-15

太庙戟门

（1900）

编者说明：太庙戟门西侧影像。太庙位于天安门东侧，始建于明永乐十八年（1420），是明、清两代皇帝祭祖的地方。

FORBIDDEN CITY, IMPERIAL CITY
ALTAR TEMPLE AND MAUSOLEUM

出　　处：*The Lore of Cathay*

　　　　（《花甲记忆》）

作　　者：W. A. P. Martin

　　　　（［美］丁韪良，1827—1916）

出版时间：1901 年

出 版 者：Oliphant, Anderson & Ferrier（Edinburgh

　　　　London)

拍摄时间：1900 年

宫城、皇城、
坛庙、陵寝
/
坛庙

TEMPLE OF HEAVEN, PEKING.

3-3-16

大光明殿

（1900）

FORBIDDEN CITY, IMPERIAL CITY ALTAR TEMPLE AND MAUSOLEUM

出　　处：*John Chinaman at home*

　　　　（《中国人行为方式和事物概述》）

作　　者：E. J. Hardy

　　　　（[英] 哈迪，1849—1920）

出版时间：1905 年

出 版 者 ：T. Fisher Unwin (London)

拍摄时间：1900 年

编者说明：原图说明文字中将此殿误为天坛，实则为大光明殿。该殿位于今西安门大街路南，光明胡同（原光明殿胡同）以西，始建于明嘉靖年间，清雍正和乾隆年间曾重建和修缮，成为清皇室专用的道观。光绪二十六年（1900）春，义和团于大光明殿设坛练拳。同年8月，八国联军攻入北京之后，纵火将大光明殿焚毁。

宫城、皇城、
坛庙、陵寝

/

坛庙

BRONZE INCENSE BURNER IN LAMA TEMPLE,
PEKING

3-3-17

雍和宫古铜鼎炉

（1900）

FORBIDDEN CITY, IMPERIAL CITY
ALTAR TEMPLE AND MAUSOLEUM

出　　处：*China and Her People*

　　　　（《大清国及其子民》）

作　　者：Charles Denby

　　　　（[美]田贝，1830—1904）

出版时间：1906 年

出 版 者：L. C. Page & Company (Boston)

拍摄时间：1900 年

宫城、皇城、
坛庙、陵寝
/
坛庙

Bronze dragon at the Lama Temple, Peking.

3-3-18

雍和宫铜狮

（1908）

编者说明：雍和宫雍和门前的铜狮子。原书作者邓达斯 1900年成为印度总督寇仁勋爵的副官，其间广泛游历了亚洲，包括中国。

FORBIDDEN CITY, IMPERIAL CITY
ALTAR TEMPLE AND MAUSOLEUM

出　　处：*A Wandering Student in the Far East*

　　　　（《远东游记》）

作　　者：Lawrence John Lumley Dundas, 2nd

　　　　Marquess of Zetland

　　　　（ [英] 邓达斯，1871—1961 ）

出版时间：1908 年

出 版 者 ：William Blackwood (Edinburgh; London)

3-3-19

雍和宫碑亭和僧人

（1908）

编者说明：图上是明亮阳光下的雍和宫，铜狮和碑亭旁，共有6位着红色和黄色袈裟的僧人肃立院内。

FORBIDDEN CITY, IMPERIAL CITY
ALTAR TEMPLE AND MAUSOLEUM

出　　　处：*China: Its Marvel and Mystery*

　　　　　（《中华奇观》）

作　　　者：T. Hodgson Liddell

　　　　　（ [英] 李通和，1860—1925 ）

出版时间：1910 年

出 版 者：John Lane Company (New York)

绘 图 者：T. Hodgson Liddell

绘制时间：1908 年

宫城、皇城、
坛庙、陵寝
/
坛庙

3-3-20

编者说明：雍和宫雍和门前聚集的僧人。

雍和宫门前的僧人

（1908）

FORBIDDEN CITY, IMPERIAL CITY
ALTAR TEMPLE AND MAUSOLEUM

出　　处：*China: Its Marvel and Mystery*

　　　　（《中华奇观》）

作　　者：T. Hodgson Liddell

　　　　（[英] 李通和，1860—1925）

出版时间：1910 年

出 版 者：John Lane Company (New York)

绘 图 者：T. Hodgson Liddell

绘制时间：1908 年

宫城、皇城、
坛庙、陵寝

/

坛庙

Bronze

MARBLE LION IN THE LAMA TEMPLE, YUNG-HO KUNG.

468

3-3-21

雍和宫铜狮和碑亭

（1909）

编者说明：雍和宫雍和门前的铜狮和碑亭。原图说明中标为雍和宫的汉白玉狮子，实为铜狮子，图上已为不具名读者改正。

FORBIDDEN CITY, IMPERIAL CITY
ALTAR TEMPLE AND MAUSOLEUM

出　　处：*The New China: A Traveller's Impressions*

　　　　　（《晚清游记》）

作　　者：Henri Borel

　　　　　（[荷] 亨利·博雷尔，1869—1933）

出版时间：1912 年

出 版 者 ：Dodd Mead and Co. (New York)

摄 影 者 ：Henri Borel

拍摄时间：1909 年

宫城、皇城、
坛庙、陵寝
/
坛庙

Peking — La-Ma-Miao Temple

3-3-22

编者说明：雍和宫万福阁为雍和宫里的最后一进大殿，中间主楼为三层，左有永康阁，右有延绥阁。

雍和宫万福阁

（1909）

FORBIDDEN CITY, IMPERIAL CITY
ALTAR TEMPLE AND MAUSOLEUM

出　　处：*Guide to Peking and Neighborhood*

（《北京及周边地理指南》）

作　　者：Hans Bahlke, General Merchat

（德胜洋行）

出版时间：1909 年

出 版 者：Tageblatt Für Nord-China, G.m.b.H

(Tientsin)

BUDDHIST TRINITY IN THE LAMA TEMPLE.

3-3-23

编者说明：图为雍和宫供奉铜质佛像。

雍和宫内

（1909）

FORBIDDEN CITY, IMPERIAL CITY
ALTAR TEMPLE AND MAUSOLEUM

出　　处：*The New China: A Traveller's Impressions*

（《晚清游记》）

作　　者：Henri Borel

（[荷] 亨利·博雷尔，1869—1933）

出版时间：1912 年

出 版 者：Dodd Mead and Co. (New York)

摄 影 者：Henri Borel

拍摄时间：1909 年

宫城、皇城、
坛庙、陵寝
/
坛庙

In the Lama Temple on the north-east end of Hata-Men Ta Chie (road).
Six of the eighteen Lohan or Disciples of Buddha,
who spread Buddhism two thousand years ago throughout the Far East.

3-3-24

雍和宫罗汉造像

（1909年前）

编者说明：雍和宫里十八罗汉中的6尊塑像。原书作者斐士为奥地利维也纳的银行家，1894年来华在上海工作，1898又赴天津工作。《京师地志指南》首版于1909年出版。

FORBIDDEN CITY, IMPERIAL CITY
ALTAR TEMPLE AND MAUSOLEUM

出　　处：*Guide to Peking and its Environs*

（《京师地志指南》）

作　　者：Emil Sigmund Fischer

（[奥] 斐士，1865—1945）

出版时间：1924 年

出 版 者：Tientsin Press (Tientsin)

拍摄时间：1909 年前

宫城、皇城、
坛庙、陵寝
/
坛庙

明十三陵是明代迁都后13位皇帝的陵墓，也是著名
的风景区。陵区占地面积达40平方公里，坐落于北
京市昌平区天寿山麓。

自永乐七年（1409）五月始作长陵，到明末崇祯葬
入思陵止，其间230多年，共埋葬了13位皇帝、23
位皇后、两位太子、30余名妃嫔、两位太监。呈现
在此的十三陵图像重点突出了长陵和神路上的石像
生。尤其是神路石像生，几乎在所有提及十三陵的
西文书中都有揭示，对石像生的大小、神态及规模
聚焦，说明印象之深刻。

Nankóu. Shih san. ling. Prov. Chihli

The Thirteen Imperial Tombs of the Ming Dynasty
near Nankóu. Road of Spirits

Les treize tombeaux des empereurs de la dynastie des Ming,
près de Nankéou. Le Chemin des Esprits.

Die dreizehn Kaisergräber der Ming-Dynastie bei Nankóu. Geisterweg

Las trece túmbas imperiales de la dinastía Ming cerca de Nankóu
Camino de los Espíritus

Le tredici tombe imperiali della dinastía Ming presso Nankóu
Cammino degli Spiriti

478

3-4-1

十三陵神路入口处

（1906—1909）

FORBIDDEN CITY, IMPERIAL CITY ALTAR TEMPLE AND MAUSOLEUM

出　　处：*Picturesque China*

　　　　　（《中国建筑艺术和景观》）

作　　者：Ernst Boerschmann

　　　　　（[德] 恩斯特·柏施曼，1873—1949）

出版时间：1923 年

出 版 者：T. Fisher Unwin Ltd. (London)

摄 影 者：Ernst Boerschmann

拍摄时间：1906—1909 年

编者说明：德国建筑师恩斯特·柏施曼，在
1906—1909年期间以德国外交官的身份来到
中国，考察了中国12个省的古建筑及周边景
观和内部陈设，拍摄了千余幅照片。该图片为
其拍摄的明十三陵神路入口处，两侧望柱显得
很高大。远近景色交融，画面开阔。

宫城、皇城、
坛庙、陵寝
/
陵寝

YUNG-LO'S TOMB.

3-4-2

长陵

（1865）

FORBIDDEN CITY, IMPERIAL CITY ALTAR TEMPLE AND MAUSOLEUM

出　　处：*Peking and the Pekingese, During the First Year of the British Embassy at Peking*

（《北京和北京人：在北京英国公使馆的第一年》）

作　　者：D. F. Rennie

（［英］芮尼，d. 1868）

出版时间：1865 年

出 版 者：John Murray (London)

编者说明：此为长陵——永乐皇帝和皇后徐氏的合葬墓的素描。长陵是永乐皇帝于1409年自建的"寿宫"。陵园规模宏大，用料严格考究，施工精细，工程浩繁，营建时日旷久，仅地下宫殿就历时4年。与现今修复后的长陵相比，这幅图像显得非常简朴。

宫城、皇城、
坛庙、陵寝
/
陵寝

TOMB OF THE EMPEROR YUNG LO (DIED A.D. 1425).

3-4-3

长陵

（1895）

编者说明：图为西文文献中较早的长陵照片。该照片在伯奇（John Grant Birch）的《中国北部和中部之旅》（ *Travels in North and Central China* ）一书中也有引用。

FORBIDDEN CITY, IMPERIAL CITY
ALTAR TEMPLE AND MAUSOLEUM

出　　处：*The Real Chinaman*

　　　　　（《真正的中国佬》，又名《华游志略》）

作　　者：Chester Holcombe

　　　　　（ [美] 何天爵，1844—1912 ）

出版时间：1895 年

出 版 者：Hodder and Stoughton (London)

宫城、皇城、
坛庙、陵寝
/
陵寝

TEAK COLUMNS IN ONE OF THE ROOMS AT THE MING TOMBS

3-4-4

祾恩殿的楠木柱

（1900年前后）

编者说明：祾恩殿内柱子均用楠木为物料。60根直径约一米的柱子承托着2300平方米的重檐庑殿顶。

FORBIDDEN CITY, IMPERIAL CITY
ALTAR TEMPLE AND MAUSOLEUM

出　　处：*Letters from China*

　　　　（《中国来信》）

作　　者：Sarah Pike Conger

　　　　（［美］莎拉·康格，1843—1932）

出版时间：1909 年

出 版 者：Hodder and Stoughton (London)

摄 影 者：Sarah Pike Conger

拍摄时间：1900 年前后

宫城、皇城、
坛庙、陵寝
/
陵寝

[*To face p.* 272.

INTERIOR OF THE TOMB (NEAR PEKING) OF THE CHINESE MING EMPEROR YUNG-LOH, 1402-24.
(Illustrates Annamese Tomb.)

3-4-5

长陵祾恩殿

（1901）

FORBIDDEN CITY, IMPERIAL CITY ALTAR TEMPLE AND MAUSOLEUM

出　　处：*John Chinaman and a few Others*

（《中国佬约翰及其他》）

作　　者：Edward Harper Parker

（ [英] 庄延龄，1849—1926）

出版时间：1901 年

出 版 者：John Murray (London)

编者说明：长陵祾恩殿内景，可见永乐皇帝灵位。原书作者为英驻华公使馆领事，也是汉学家，1871年来华，在中国20余年间，在天津、汉口、广州、上海等多个城市的英国领事馆任职。

宫城、皇城、
坛庙、陵寝
/
陵寝

CENTRAL HALL OF YUNG-LO'S TOMB.

3-4-6

长陵祾恩殿

（1931）

**FORBIDDEN CITY, IMPERIAL CITY
ALTAR TEMPLE AND MAUSOLEUM**

出　　处：*Through the Dragon's Eyes*

　　　　（《青龙过眼》）

作　　者：L. C. Arlington

　　　　（［美］阿林顿，1859—1942）

出版时间：1931 年

出 版 者：Constable and Co. Ltd. (London)

编者说明：长陵祾恩殿外景。原书作者阿林顿早年来华入中国水师，参加中法马尾战役（1844）。后入职中国海关，又调入邮政司，在中国政府机构工作达50年。

宫城、皇城、
坛庙、陵寝
/
陵寝

FIGURES AT THE MING TOMBS, NEAR PEKING.

3-4-7

十三陵神路

（1865）

编者说明：图像描绘了月光下的明十三陵神路上的石雕——文臣、武官、勋臣各一，还有卧马一匹，棂星门一座。此为早期西文文献中明十三陵的会意之作，非实景描绘。

FORBIDDEN CITY, IMPERIAL CITY ALTAR TEMPLE AND MAUSOLEUM

出　　处：*Peking and the Pekingese, During the First Year of the British Embassy at Peking*

（《北京和北京人：在北京英国公使馆的第一年》）

作　　者：D. F. Rennie

（［英］芮尼，d. 1868）

出版时间：1865 年

出 版 者：John Murray (London)

宫城、皇城、
坛庙、陵寝

/

陵寝

Tombeaux des Ming aux environs de Pékin.

3-4-8

十三陵神路石像生

（1878）

编者说明：明十三陵神路上一西人一清人两位游客，彼此模仿石像生，西人将雨伞做刀剑道具拄"剑"而立。原书作者罗淑亚1866—1879年间任法国公使馆参赞和代办等职。

FORBIDDEN CITY, IMPERIAL CITY ALTAR TEMPLE AND MAUSOLEUM

出　　处：*Pekin et L'Interieur de la Chine*

（《北京和中国内地》）

作　　者：Julien de Rochechouart

（［法］罗淑亚，1830—1879）

出版时间：1878 年

出 版 者：Imprimeurs-Editeurs (Paris)

宫城、皇城、
坛庙、陵寝
/
陵寝

THE MING TOMBS. COLOSSAL FIGURES OF MEN GUARDING THE APPROACH.

3-4-9

十三陵神路石像生

（1891）

FORBIDDEN CITY, IMPERIAL CITY ALTAR TEMPLE AND MAUSOLEUM

出　　处：*New China and Old*

　　　　（《新旧中国：三十年的个人回忆和

　　　　观察》）

作　　者：Arthur E. Moule

　　　　（[英] 慕雅德，1836—1918）

出版时间：1891 年

出 版 者：Seeley and Co. Ltd. (London)

编者说明：这是十三陵神路上石像生图像的杰作，既反映了神路的全貌，又突出了重点——持剑侍立的一对武官石雕，右边的石雕旁还有一清人支肘倚靠，以作为石像高度的参考。远处的群山也揽入镜头。原书作者慕雅德为英国来华传教士，1861年来华，曾在宁波、杭州和上海等地传教。

宫城、皇城、
坛庙、陵寝
/
陵寝

Steinfiguren eines Militär- u. Civil-Mandarinen an der Strasse zu den Kaisergräbern nördlich von Peking.

3-4-10

编者说明：照片左为武官石像生，右为勋臣石像生。

十三陵神路石像生

（1900年前后）

FORBIDDEN CITY, IMPERIAL CITY ALTAR TEMPLE AND MAUSOLEUM

出　　处：*China und die Chinesen*

　　　　（《中国和中国人》）

作　　者：Bruno Navarra

　　　　（[德] 布鲁诺·纳瓦拉，1850—1911）

出版时间：1901 年

出 版 者：M. Nössler (Bremen)

拍摄时间：1900 年前后

FIGURES IN AVENUE LEADING TO MING TOMBS.

3-4-11

十三陵神路上的八国联军

（1900）

FORBIDDEN CITY, IMPERIAL CITY
ALTAR TEMPLE AND MAUSOLEUM

出　　处：*Travels in North and Central China*

（《中国北部和中部之旅》）

作　　者：John Grant Birch

（[英] 伯奇，1846 或 1847—1900）

出版时间：1902 年

出 版 者： Hurst and Blackett, Limited (London)

摄 影 者：John Grant Birch

拍摄时间：1900 年

宫城、皇城、

坛庙、陵寝

/

陵寝

Abb. 159. Steinfigur bei den Minggräbern.

3-4-12

编者说明：武官石像生，铠甲上的花纹清晰精美。

十三陵神路石像生

（1909）

FORBIDDEN CITY, IMPERIAL CITY
ALTAR TEMPLE AND MAUSOLEUM

出　　处：*Rund um Asien*

　　　　　（《环亚游记》）

作　　者：Philipp Bockenheimer

　　　　　（[德] 菲利普·博肯海默，1875—1933）

出版时间：1909 年

出 版 者：Verlag von Klinkhardt & Biermann

　　　　　(Leipzig)

宫城、皇城、
坛庙、陵寝
/
陵寝

Ming Tombs

3-4-13

十三陵神路石像生及旁边坐者

（1909）

编者说明：神路上的武官，左手挂剑，右手持金瓜锤。照片右侧坐着一清人，对比之下可见石像的高大。

FORBIDDEN CITY, IMPERIAL CITY ALTAR TEMPLE AND MAUSOLEUM

出　　处：*Guide to Peking and Neighborhood*

（《北京及周边地理指南》）

作　　者：Hans Bahlke, General Merchat

（德胜洋行）

出版时间：1909 年

出 版 者：Tageblatt Für Nord-China, G.m.b.H

(Tientsin)

宫城、皇城、
坛庙、陵寝
/
陵寝

Ming Tombs

3-4-14

编者说明：骆驼石像生，旁边有一浅色长衫的清人，对照之下可见骆驼石像之高大。

十三陵神路石像生及旁边白衣立者

（1909）

FORBIDDEN CITY, IMPERIAL CITY ALTAR TEMPLE AND MAUSOLEUM

出　　处：*Guide to Peking and Neighborhood*

　　　　　（《北京及周边地理指南》）

作　　者：Hans Bahlke, General Merchat

　　　　　（德胜洋行）

出版时间：1909 年

出 版 者 ： Tageblatt Für Nord-China, G.m.b.H

　　　　　（Tientsin）

Ming Tombs

3-4-15

编者说明：大象石像生，象鼻旁有一人，以做尺寸对比。

十三陵神路石像生及旁边黑衣立者

（1909）

FORBIDDEN CITY, IMPERIAL CITY ALTAR TEMPLE AND MAUSOLEUM

出　　处：*Guide to Peking and Neighborhood*

（《北京及周边地理指南》）

作　　者：Hans Bahlke, General Merchat

（德胜洋行）

出版时间：1909 年

出 版 者 ：Tageblatt Für Nord-China, G.m.b.H

(Tientsin)

宫城、皇城、
坛庙、陵寝
/
陵寝

04

颐和园、
圆明园

THE SUMMER PALACE

YUANMINGYUAN

颐和园，是现存最为完整的清代皇家园林之一，前身为清
漪园，位于北京西郊，与圆明园相邻。全园面积为 3.009
平方公里，其中 3/4 为水域。本节图像中既有昆明湖、万
寿山和佛香阁景区的宏大场景，也有桥、铜殿、铜牛、石舫、
转轮藏等具体景物；既有清末民初的老照片，也有更早时
期的铜版画及彩绘。这些图像显示了中国皇家园林的精深
博大，也展现了颐和园自然风貌中蕴含的灵秀清新之趣。
咸丰十年（1860），清漪园被英法联军焚毁。光绪十四年
（1888）重建，改称颐和园。光绪二十六年（1900），颐
和园又遭八国联军的损毁和劫掠。清朝覆灭后，颐和园在
战乱中又经受磨难。本节的不少图像反映了英法联军和八
国联军对颐和园的损毁和劫掠，再现了颐和园的历史沧桑。

圆明园，始建于康熙四十八年（1709），是清代一座大型
皇家宫苑，与颐和园毗邻。在清朝 150 余年的创建和经营下，

曾以其宏大的地域规模、杰出的营造技艺、精美的建筑景
群、海纳百川的文化内涵而享誉于世。圆明园的陆上建筑
面积和紫禁城一样大，水域面积又等于一个颐和园，总面
积等于 8.5 个紫禁城。1860 年 8 月，英法联军攻入北京。
10 月 6 日，占领圆明园后纵火焚烧，使圆明园遭到毁灭性
破坏。1900 年，八国联军侵入北京，圆明园又一次遭到破
坏。清朝覆灭后，圆明园建筑材料被拆卸盗运，更遭到进
一步破坏。1983 年，北京市政府明确把圆明园规划为遗址
公园，并进行修复，1988 年 6 月 29 日，正式向社会开放。
本节主要择入清代不同时期圆明园主要建筑的遗址图像，
展现了建筑遗址在人为和自然两方面不断损毁的过程。

京西名胜部分选取了 10 余幅位于北京西部的重要建筑及
其景致。

THE THRONE IN THE SUMMER PALACE

4-1-1

颐和园仁寿殿

（1900）

THE SUMMER PALACE YUANMINGYUAN

出　　处：*China and the Allies*

　　　　　（《中国与八国联军》）

作　　者：A. Henry Savage Landor

　　　　　（[英] 阿尔德·亨利·萨维奇·兰多尔，

　　　　　1865—1924）

出版时间：1901 年

出 版 者：William Heinemann (London)

摄 影 者：A. Henry Savage Landor

拍摄时间：1900 年

编者说明：仁寿殿，位于颐和园东宫门内，是慈禧太后和光绪帝临朝理政、接见宾客的地方。原名为勤政殿，1860年为英法联军焚毁，1888年重建时改为现名。仁寿殿在室内装饰上突出一个"寿"字，殿中宝座后边的屏风上，一共雕有200多个"寿"字。南北暖阁山墙上，分别挂有巨型条幅，幅上是百只蝙蝠捧着一个"寿"，寓意"百福捧寿"。 图为庚子事变中杂乱的仁寿殿。

颐和园、

圆明园

/

颐和园

Copyright, 1901, by J. C. Hemment

THE LAKE AND SOUTHERN VIEW OF SUMMER PALACE

4-1-2

昆明湖、万寿山

（1901）

THE SUMMER PALACE
YUANMINGYUAN

出　　处：*The Last Days of Pekin*

　　　　　（《北京末日》）

作　　者：Pierre Loti

　　　　　（[法] 皮埃尔·洛蒂，1850—1923）

出版时间：1902 年

出 版 者：Little, Brown, and Company (Boston)

摄 影 者：F.C. Hemment

　　　　　（赫曼特）

拍摄时间：1901 年

编者说明：该张照片摄取了颐和园标志性的景色，将昆明湖、万寿山上的佛香阁和智慧海一并揽入镜头，自然山水和皇家建筑相得益彰。

颐和园、
圆明园
/
颐和园

4-1-3

昆明湖、佛香阁和智慧海

（1900）

THE SUMMER PALACE
YUANMINGYUAN

出　　处：*China and the Allies*

（《中国与八国联军》）

作　　者：A. Henry Savage Landor

（[英]阿尔德·亨利·萨维奇·兰多尔，

1865—1924）

出版时间：1901 年

出 版 者：William Heinemann (London)

摄 影 者：A. Henry Savage Landor

拍摄时间：1900 年

编者说明：摄影者将拍摄处的湖边栏杆也摄入了镜头，似观景者在凭栏眺望昆明湖和万寿山。

SUMMER PALACE FROM THE LAKE

4-1-4

昆明湖、万寿山和探海灯杆

（1900）

THE SUMMER PALACE
YUANMINGYUAN

出　　处：*China in Convulsion*

（《动乱中的中国》）

作　　者：Arthur H. Smyth

（［美］明恩溥，1845—1932）

出版时间：1901 年

出 版 者：Fleming H. Revell Company (New York)

拍摄时间：1900 年

编者说明：乐寿堂水木自亲殿外，即昆明湖的北岸。殿门上有匾额"水木自亲"。殿门外的码头上，矗立着两根杆子，上端用半月形铸铜雕件连接，成为一个拱形支架，这一支架称为"探海灯杆"，又称"水月灯杆"，用来挂灯。

« YUENN MING YUENN » (LE PALAIS D'ÉTÉ, A PÉKIN).

4-1-5

昆明湖、佛香阁和智慧海

（1909）

编者说明：原图说明文字中将颐和园误为圆明园，早期西文文献中类似这种中国地名、人名的谬误较为常见。

THE SUMMER PALACE
YUANMINGYUAN

出　　处：*Opinions Chinoises sur les Barbares d'Occident*

（《汉人如何评论大西洋》）

作　　者：Ferdinand Joseph Harfeld

（[法] 哈尔法，b. 1878 ）

出版时间：1909 年

出 版 者：Plon-Nourrit & Cie (Paris)

颐和园、
圆明园
/
颐和园

Summer Palace

4-1-6

昆明湖和万寿山

（1909）

**THE SUMMER PALACE
YUANMINGYUAN**

出　　处：*Guide to Peking and Neighbourhood*

（《北京及周边地理指南》）

作　　者：Hans Bahlke, General Merchat

（德胜洋行）

出版时间：1909 年

出 版 者：Tageblatt Für Nord-China, G.m.b.H

(Tientsin)

编者说明：照片在昆明湖东岸拍摄，以万寿山为远景，近景可见湖中有船，湖边有杂草和淤泥。

颐和园、
圆明园
/
颐和园

Summer Palace

4-1-7

昆明湖、万寿山和水木自亲殿

（1909）

THE SUMMER PALACE

YUANMINGYUAN

出　　处：*Guide to Peking and Neighbourhood*

　　　　　（《北京及周边地理指南》）

作　　者：Hans Bahlke, General Merchat

　　　　　（德胜洋行）

出版时间：1909 年

出 版 者 ：Tageblatt Für Nord-China, G.m.b.H

　　　　　（Tientsin）

编者说明：照片以万寿山佛香阁和智慧海为重点，辅之以水木自亲殿及其门前灯杆的部分景象。

颐和园、
圆明园
/
颐和园

VIEW, FROM THE K'UN MING LAKE, OF THE SUMMER PALACE.

4-1-8

编者说明：照片以水木自亲殿及门前灯杆为近景，万寿山为远景，呈现了较为开阔的视野。

昆明湖、万寿山和水木自亲殿

（1910）

THE SUMMER PALACE
YUANMINGYUAN

出　　处：*China Under the Empress Dowager*

　　　　（《慈禧太后统治下的中国》）

作　　者：J.O.P. Bland & E. Backhouse

　　　　（[英] 濮兰德，1863—1945；

　　　　[英] 巴克斯，1873—1944）

出版时间：1910 年

出 版 者：William Heinemann (London)

4-1-9

昆明湖、万寿山和玉泉山

（1908）

THE SUMMER PALACE
YUANMINGYUAN

出　　处：*China: Its Marvel and Mystery*

　　　　（《中华奇观》）

作　　者：T. Hodgson Liddell

　　　　（［英］李通和，1860—1925）

出版时间：1910 年

绘 图 者 ：T. Hodgson Liddell

绘制时间：1908 年

编者说明：图上可见万寿山、佛香阁、昆明湖以及远处的玉泉山和玉峰塔，呈现了颐和园和玉泉山一带的湖光山色。

颐和园、
圆明园
/
颐和园

4-1-10

昆明湖、万寿山、乐寿堂及玉峰塔

（1908）

THE SUMMER PALACE
YUANMINGYUAN

出　　处：*China: Its Marvel and Mystery*

　　　　　（《中华奇观》）

作　　者：T. Hodgson Liddell

　　　　　（[英] 李通和，1860—1925）

出版时间：1910 年

出 版 者：John Lane Company (New York)

绘 图 者：T. Hodgson Liddell

绘制时间：1908 年

THE PAGODA, SHRINES, AND TABLET IN THE SUMMER PALACE

4-1-11

编者说明：该照片以排云殿和佛香阁为主要景物，并将东侧敷华亭和转轮藏收入镜头。

排云殿和佛香阁

（1900）

THE SUMMER PALACE
YUANMINGYUAN

出　处：*China and the Allies*

　　　　（《中国与八国联军》）

作　者：A. Henry Savage Landor

　　　　（[英]阿尔德·亨利·萨维奇·兰多尔，

　　　　1865—1924）

出版时间：1901 年

出 版 者：William Heinemann (London)

摄 影 者：A. Henry Savage Landor

拍摄时间：1900 年

颐和园、
圆明园
/
颐和园

531

SUMMER PALACE, PEKING

4-1-12

编者说明：该照片似在深秋或冬季，即将登临颐和园最高处时仰望佛香阁和智慧海时所摄。

仰望佛香阁和智慧海

（1900）

THE SUMMER PALACE
YUANMINGYUAN

出　　处：*China in Convulsion*

　　　　（《动乱中的中国》）

作　　者：Arthur H. Smyth

　　　　（[美]明恩溥，1845—1932）

出版时间：1901 年

出 版 者：Fleming H. Revell Company (New York)

拍摄时间：1900 年

Printed in Sweden

Plate 195. Wan Shou Shan. Fo Hsiang Ko (Pavilion for Incense to Buddha)
with terraces in front, staircases and gateways.

4-1-13

排云殿和佛香阁

（1921—1923）

THE SUMMER PALACE
YUANMINGYUAN

出　　处：*Gardens of China*

（《中国园林》）

作　　者：Osvald Sirén

（[瑞典] 喜龙仁，1879—1966）

出版时间：1949 年

出 版 者：The Ronald Press Company (New York)

摄 影 者：Osvald Sirén

拍摄时间：1921—1923 年

La colline et le lac de Ouane-cheou-chane (voy. p. 220). — Dessin de H. Clerget, d'après une photographie du docteur Morache.

4-1-14

万寿山和智慧海远景

（1876）

THE SUMMER PALACE
YUANMINGYUAN

出　　处：*Le Tour du Monde, Nouveau Journal des Voyages*

　　　　（《周游世界之新航海日志》）

作　　者：Édouard Charton

　　　　（[法]爱德华·沙尔东，1807—1890）

出版时间：1876 年

出 版 者：Hachette (Paris)

绘 图 者：H. Clerget

　　　　（[法] H. 克莱热）

编者说明：图上可见万寿山上众香界和智慧海，佛香阁在1860年为英法联军焚毁，该图上只见佛香阁已被夷为平地，转轮藏幸存。该图是克莱热根据莫拉克医生的照片绘制的版画图像。

Ouane-cheou-chane (côté sud) (voy. p. 220). — Cliché tiré du voyage en Chine de M. Thomson.

4-1-15

万寿山和智慧海近景

（1876）

THE SUMMER PALACE
YUANMINGYUAN

编者说明：万寿山南面图景，图上可见佛香阁已被英法联军夷为平地。山前的石狮子似怒目而视。图像是汤姆森（M.Thomson）《中国之旅》一书中的版画插图。

出　　处：*Le Tour du Monde, Nouveau Journal des Voyages*

（《周游世界之新航海日志》）

作　　者：Édouard Charton

（［法］爱德华·沙尔东，1807—1890）

出版时间：1876 年

出 版 者：Hachette (Paris)

Bauten in den Kaiserlichen Gärten zu Wan Schau Schan.

4-1-16

智慧海

（1860）

THE SUMMER PALACE
YUANMINGYUAN

出　　处：*China und die Chinesen*

　　　　（《中国和中国人》）

作　　者：Bruno Navarra

　　　　（ [德] 布鲁诺·纳瓦拉，1850—1911 ）

出版时间：1901 年

出 版 者：M.Nössler (Bremen)

拍摄时间：1860 年

编者说明：上图为智慧海东侧面，下图为众香界及智慧海正面。可见众香界前佛香阁的废墟。下面一张照片与费利斯·比托1860年所摄照片几近相同，拍摄时间也应相近。

颐和园、

圆明园

/

颐和园

Pagode indienne au sommet de Ouang-cheou-chane (Yuen-min-yuen) (voy. p. 222). — Dessin de H. Clerget, d'après une photographie du docteur Morache.

4-1-17

智慧海

（1876）

THE SUMMER PALACE
YUANMINGYUAN

出　　处：*Le Tour du Monde, Nouveau Journal des Voyages*

（《周游世界之新航海日志》）

作　　者：Édouard Charton

（[法] 爱德华·沙尔东，1807—1890）

出版时间：1876 年

出 版 者：Hachette (Paris)

绘 图 者：H. Clerget

（[法] H. 克莱热）

编者说明：1860年，英法联军焚毁佛香阁，众香界和智慧海幸存。图上可见众香界前堆积的佛香阁废墟。该图是克莱热根据莫拉克医生的照片绘制。

颐和园、

圆明园

/

颐和园

TEMPLE ON THE SUMMIT OF THE HILL OF IMPERIAL LONGEVITY, SUMMER PALACE

4-1-18

编者说明：智慧海侧面局部，可见墙壁的每

块琉璃砖上，都雕有一尊盘腿打坐佛像。

智慧海

（1919—1924）

THE SUMMER PALACE
YUANMINGYUAN

出　　处：*Twilight in the Forbidden City*

　　　　（《紫禁城的黄昏》）

作　　者：Reginald F. Johnston

　　　　（［英］庄士敦，1874—1938）

出版时间：1934 年

出 版 者 ：Victor Gollancz Ltd. (London)

颐和园、
圆明园
/
颐和园

Plate 201. Wan Shou Shan. Wan Fo Tien (The Hall of Ten Thousand Buddhas). The walls are covered with small yellow-glazed Buddha reliefs and other ornamental tiles in various colors.

4-1-19

编者说明：在佛香阁西侧拍摄的众香界琉璃

牌坊和智慧海。

众香界和智慧海

（1921—1923）

THE SUMMER PALACE
YUANMINGYUAN

出　　处：*Gardens of China*

（《中国园林》）

作　　者：Osvald Sirén

（[瑞典] 喜龙仁，1879—1966）

出版时间：1949 年

出 版 者：The Ronald Press Company (New York)

摄 影 者：Osvald Sirén

拍摄时间：1921—1923 年

PRAISE WHEELS IN HONOUR OF BUDDHIST SAINTS.
SUMMER PALACE, PEKING.

548

4-1-20

转轮藏近景

（1886）

THE SUMMER PALACE
YUANMINGYUAN

出　　处：*Wanderings in China*

（《中国游记》）

作　　者：C. F. Gordon Cumming

（[英] 高登·卡明，1837—1924）

出版时间：1886 年

出 版 者：William Blackwood and Sons

(Edinburgh)

绘 图 者：C. F. Gordon Cumming

编者说明：建于清乾隆年间的转轮藏景区是由两层的北殿（转轮藏）、东西转经亭、万寿山昆明湖石碑和牌楼组成的一组佛教建筑。转轮藏景区1860年躲过英法联军的大火，光绪时大修。图片在转轮藏后取景，远处的十七孔桥揽入图片。

Plate 194. Upper picture: Wan Shou Shan. Shore view with the temple-crowned hill in the background.
Lower picture: Wan Shou Shan. Bridge over a canal in the park.

4-1-21

颐和园乐寿堂

（1921—1923）

THE SUMMER PALACE
YUANMINGYUAN

出　　处：*Gardens of China*

　　　　（《中国园林》）

作　　者：Osvald Sirén

　　　　（[瑞典]喜龙仁，1879—1966）

出版时间：1949 年

出 版 者：The Ronald Press Company (New York)

摄 影 者：Osvald Sirén

拍摄时间：1921—1923 年

颐和园、

圆明园

/

颐和园

Plate 198. Upper picture: Wan Shou Shan, Jên Shou Tien, the ceremonial hall of the dowager empress.
Lower picture: Wan Shou Shan. P'ai-lou on the shore below Fo Hsiang Ko.

4-1-22

颐和园乐寿堂及佛香阁下的牌楼

（1921—1923）

THE SUMMER PALACE
YUANMINGYUAN

出　　处：*Gardens of China*

　　　　　（《中国园林》）

作　　者：Osvald Sirén

　　　　　（[瑞典] 喜龙仁，1879—1966）

出版时间：1949 年

出 版 者：The Ronald Press Company (New York)

摄 影 者：Osvald Sirén

拍摄时间：1921—1923 年

BRONZES IN THE FORBIDDEN CITY

4-1-23

颐和园铜质摆件

（1909）

编者说明：原图说明文字中标注图为紫禁城宫殿前的铜制摆件，实则上图为排云殿，下图为乐寿堂。

PALACE CITY IMPERIAL CITY
ALTAR TEMPLE AND MAUSOLEUM

出　　处：*Letters from China*

　　　　（《中国来信》）

作　　者：Sarah Pike Conger

　　　　（[美] 莎拉·康格，1843—1932）

出版时间：1909 年

出 版 者 ：Hodder and Stoughton (London)

颐和园、
圆明园
/
颐和园

Plate 29. A huge monumental stone placed on a sculptured marble socle in front of a pavilion in the garden at the New Summer Palace.

4-1-24

颐和园庆善堂内太湖石

（1921—1923）

THE SUMMER PALACE
YUANMINGYUAN

出　　处：*Gardens of China*

　　　　（《中国园林》）

作　　者：Osvald Sirén

　　　　（[瑞典] 喜龙仁，1879—1966）

出版时间：1949 年

出 版 者 ：The Ronald Press Company (New York)

摄 影 者 ：Osvald Sirén

拍摄时间：1921—1923 年

编者说明：庆善堂位于颐和园中的德和园内，为看戏时临时休息之所。

Ein Kiosk zu Wan-schu-schan.

4-1-25

画中游

（1900 年前）

编者说明：画中游位于万寿山前山西部，是一组随山就势极具特色的建筑群。照片左边为澄辉阁，右边为爱山楼。

THE SUMMER PALACE
YUANMINGYUAN

出　　处：*China und Japan*

　　　　　（《中国和日本通览》）

作　　者：Ernst von Hesse-Wartegg

　　　　　（[美] 海司，1851—1918）

出版时间：1900 年

出 版 者：J.J. Weber (Leipzig)

拍摄时间：1900 年前

Ruinen des Sommerpalastes Yuen Ming Yuen.

4-1-26

四大部洲

（1900）

THE SUMMER PALACE
YUANMINGYUAN

出　　处：*China und die Chinesen*

　　　　　（《中国和中国人》）

作　　者：Bruno Navarra

　　　　　（［德］布鲁诺·纳瓦拉，1850—1911）

出版时间：1901 年

出 版 者 ： M. Nössler (Bremen)

拍摄时间：1900 年

编者说明：图片展示了庚子事变中万寿山后山四大部洲的损毁状况。原书作者在说明文字中误把颐和园当作圆明园。

颐和园、
圆明园
/
颐和园

OLD RUINS IN THE SUMMER PALACE

4-1-27

北宫门

（1860 年后）

THE SUMMER PALACE
YUANMINGYUAN

出　　处：*With the Empress Dowager of China*

　　　　　（《慈禧写照记》）

作　　者：Katharine A. Carl

　　　　　（[美] 柯姑娘，1858—1938）

出版时间：1926 年

出 版 者：Société Française de Librairie et d'édition

　　　　　(Tientsin)

拍摄时间：1860 年后

编者说明：1860年，英法联军焚毁万寿山后山四大部洲，该照片上为后山建筑的废墟，近处为北宫门，门前设有路障。原书作者为美国女画家，其弟为当时中国海关税务司柯尔乐（Francis Augusta Carl）。1903年，由美国公使夫人苏珊·康格（Susan Conger）推荐，入宫为慈禧太后画像。在宫廷的9个月间，完成了4幅慈禧太后的肖像。宫廷内外的人都称呼她为"柯姑娘"。

Printed in Sweden

Plate 202. Wan Shou Shan. Hsieh Chü Yüan. During the warm summer the water flowers
more abundantly than the shores, while the atmosphere is filled with the heavy scent of lotus.

4-1-28

编者说明：鱼藻轩位于颐和园长廊西段的南侧，站在此处可环视昆明湖景色。

鱼藻轩

（1921—1923）

THE SUMMER PALACE
YUANMINGYUAN

出　　处：*Gardens of China*

　　　　（《中国园林》）

作　　者：Osvald Sirén

　　　　（[瑞典] 喜龙仁，1879—1966）

出版时间：1949 年

出 版 者：The Ronald Press Company (New York)

摄 影 者：Osvald Sirén

拍摄时间：1921—1923 年

Pont de marbre, Pékin.

4-1-29

十七孔桥

（1878）

THE SUMMER PALACE
YUANMINGYUAN

出　　处：*Pekin et L'Interieur de la Chine*

（《北京和中国内地》）

作　　者：Julien de Rochechouart

（[法] 罗淑亚，1830—1879）

出版时间：1878 年

出 版 者：Imprimeurs-Editeurs (Paris)

编者说明：十七孔桥是连接昆明湖东岸与南湖岛的一座长桥。清乾隆时（1736—1795）建，桥栏的望柱上雕有神态各异的狮子，共544个。两桥头还有异兽石雕。桥额北面书"灵鼍偃月"，南面书"修蝀凌波"。图为十七孔桥南面素描。

Summer Palace — Marble bridge

4-1-30

十七孔桥

（1909）

THE SUMMER PALACE
YUANMINGYUAN

出　　处：*Guide to Peking and Neighbourhood*

　　　　　（《北京及周边地理指南》）

作　　者：Hans Bahlke, General Merchat

　　　　　（德胜洋行）

出版时间：1909 年

出 版 者：Tageblatt Für Nord-China, G.m.b.H

　　　　　(Tientsin)

编者说明：十七孔桥南面照片，远处可见万寿山景区。

颐和园、
圆明园
/
颐和园

CAMEL-BACK BRIDGE
MARBLE BRIDGE AND PAVILION AT THE SUMMER PALACE

4-1-31

玉带桥与十七孔桥

（1895—1905）

编者说明：上图为昆明湖长堤上的玉带桥，建于清乾隆年间（1736—1795）。桥两侧配有精制白石栏板。原书作者将该桥译为驼峰桥，意即该桥的拱曲度较高。下图为十七孔桥。

THE SUMMER PALACE
YUANMINGYUAN

出　　处：*Letters from China*

　　　　（《中国来信》）

作　　者：Sarah Pike Conger

　　　　（[美] 莎拉·康格，1843—1932）

出版时间：1909 年

出 版 者：Hodder and Stoughton (London)

拍摄时间：1895—1905 年

颐和园、
圆明园
/
颐和园

Plate 203. Wan Shou Shan. The Camel Bridge and the long bridge leading
across to the island on which is found the sanctuary of the Dragon King.

4-1-32

编者说明：民国时期的玉带桥和十七孔桥。

玉带桥和十七孔桥

（1921—1923）

THE SUMMER PALACE
YUANMINGYUAN

出　　处：*Gardens of China*

（《中国园林》）

作　　者：Osvald Sirén

（［瑞典］喜龙仁，1879—1966）

出版时间：1949 年

出 版 者：The Ronald Press Company (New York)

摄 影 者：Osvald Sirén

拍摄时间：1921—1923 年

颐和园、
圆明园
/
颐和园

Kameelrücken-Brücke in Peking.

4-1-33

玉带桥

（1901）

THE SUMMER PALACE
YUANMINGYUAN

出　　处：*China und die Chinesen*

　　　　（《中国和中国人》）

作　　者：Bruno Navarra

　　　　（ [德] 布鲁诺・纳瓦拉，1850—1911）

出版时间：1901 年

出 版 者：M. Nössler (Bremen)

Kiosque dans les jardins de Ouane-cheou-chane (côté ouest) (voy. p. 222). — Dessin de Taylor, d'après une photographie du docteur Morache.

4-1-34

荇桥

（1876）

THE SUMMER PALACE YUANMINGYUAN

出　　处：*Le Tour du Monde, Nouveau Journal des*

　　　　　Voyages

　　　　　（《周游世界之新航海日志》）

作　　者：Édouard Charton

　　　　　（［法］爱德华·沙尔东，1807—1890）

出版时间：1876 年

出 版 者：Hachette (Paris)

绘 图 者：Taylor

　　　　　（［法］泰勒）

编者说明：图为精美的荇桥版画图像，由泰勒根据莫拉克医生的照片绘成。荇桥位于石舫西北侧，五圣祠岛与寄澜堂之间的"万字河"河道上，是颐和园诸多亭桥中最精美者。桥洞南北两边的棱柱上端雕成建筑斗拱样式，斗拱之上各立一汉白玉石狮。图上4根支柱或为修缮或加固之用。

颐和园、

圆明园

/

颐和园

Brücke im kaiserlichen Lustgarten zu Wan Schau Schan.

4-1-35

荇桥

（1900 年前后）

THE SUMMER PALACE
YUANMINGYUAN

出　　处：*China und die Chinesen*

　　　　（《中国和中国人》）

作　　者：Bruno Navarra

　　　　（[德] 布鲁诺·纳瓦拉，1850—1911）

出版时间：1901 年

出 版 者 ：M. Nössler (Bremen)

拍摄时间：1900 年前后

Bridge in Wan-shao Shan Gardens, near Peking.

4-1-36

编者说明：图为绣漪桥一侧部分桥体的图像，是西文文献中较早的绣漪桥样貌记录。

绣漪桥

（1883）

THE SUMMER PALACE
YUANMINGYUAN

出　　处：*The Middle Kingdom*

　　　　　（《中国总论》）

作　　者：S. Wells Williams

　　　　　（[美] 卫三畏，1812—1884）

出版时间：1883 年

出 版 者：W. H. Allen & Co. (London)

颐和园、
圆明园
/
颐和园

PÉKIN. — Pont de marbre près du Palais d'été.

4-1-37

绣漪桥

（1887）

编者说明：图为绣漪桥一侧全景，岸边堤坝也收入画面。图上可见右侧桥体上似有损毁之处。

THE SUMMER PALACE
YUANMINGYUAN

出　　处：*L'Extreme Orient*

　　　　（《远东》）

作　　者：Paul Bonnetain

　　　　（［法］保罗·博纳坦，1858—1899）

出版时间：1887 年

出 版 者：Maison Quantin（Paris）

CAMEL'S-BACK BRIDGE IN THE GROUNDS OF THE EMPEROR'S SUMMER PALACE.

4-1-38

绣漪桥

（1894）

THE SUMMER PALACE
YUANMINGYUAN

出　　处：*Chinese Characteristics*

　　　　（《中国人的性格》）

作　　者：Arthur H. Smyth

　　　　（[美]明恩溥，1845—1932）

出版时间：1894年

出 版 者：Fleming H. Revell Company (New York)

Kamel=Brücke bei Peking

4-1-39

绣漪桥

（1898 ？）

THE SUMMER PALACE
YUANMINGYUAN

出　　处：*Kiautschou*

　　　　（《胶州》）

作　　者：Georg Franzius

　　　　（[德] 格奥尔格·弗兰齐乌斯，

　　　　1842—1914 ）

出版时间：1898 年?

出 版 者：Schall & Grund (Berlin)

编者说明：绣漪桥一侧素描，右侧桥体上的似损毁痕迹又一次得到体现。原书作者弗兰齐乌斯为德国来华海军军官、工程师。

颐和园、
圆明园
/
颐和园

HUNCHBACK BRIDGE NEAR PEKING.

4-1-40

编者说明：庚子事变前后所摄的绣漪桥，可见桥头有一挑担者正在歇息。

绣漪桥侧景

（1901）

THE SUMMER PALACE
YUANMINGYUAN

出　　处：*A Year in China, 1899—1900*

　　　　　（《在华一年记》）

作　　者：Charles Clive Bigham

　　　　　（[英] 璧阁衔，1872—1956）

出版时间：1901 年

出 版 者 ：Macmillan and Co. Ltd. (New York)

颐和园、
圆明园
/
颐和园

Le Temple de bronze, sur le versant sud de Ouane-cheou-chane, vu du lac et de la plaine (voy. p. 222). — Dessin de Taylor, d'après une photographie de M. Thomson.

4-1-41

铜殿

（1873—1876）

**THE SUMMER PALACE
YUANMINGYUAN**

出　　处：*Le Tour du Monde, Nouveau Journal des*

　　　　　Voyages

　　　　　（《周游世界之新航海日志》）

作　　者：Édouard Charton

　　　　　（[法]爱德华·沙尔东，1807—1890）

出版时间：1876 年

出 版 者：Hachette (Paris)

绘 图 者：Taylor

　　　　　（[法]泰勒）

绘制时间：1873—1876 年

编者说明：宝云阁俗称铜殿或铜亭，位于佛香阁景区西侧，建于清乾隆二十年（1755）。图上可见汉白玉护栏被损毁，台阶上堆满瓦砾，屋檐上长满杂草。插图由泰勒根据汤姆森（M.Thomson）1873年前后所摄的照片绘出。

颐和园、
圆明园
/
颐和园

Pavillon in den kaiserlichen Lustgärten zu Wanschauschan.

4-1-42

铜殿

（1875 年前后）

THE SUMMER PALACE
YUANMINGYUAN

出　　处：*China und die Chinesen*

（《中国和中国人》）

作　　者：Bruno Navarra

（［德］布鲁诺·纳瓦拉，1850—1911）

出版时间：1901 年

出 版 者：M. Nössler (Bremen)

摄 影 者：Thomas Child

（［英］托马斯·查尔德，1841—1898）

拍摄时间：1875 年前后

编者说明：铜殿曾遭英法联军和八国联军两次破坏，虽幸免于难，但亭内的陈设及铜制门窗却被掳掠一空。后经多方努力恢复原貌。该照片由查尔德于1875年前后所摄，可见铜殿顶上及周边杂草丛生，缺乏维护。

Palais d'Été. — Temple de bronze.

4-1-43

编者说明：插图应是根据查尔德（Thomas Child）

于1875年前后所摄照片雕刻的版画图像。

铜殿

（1875—1887）

THE SUMMER PALACE

YUANMINGYUAN

出　　处：*L'Extreme Orient*

　　　　（《远东》）

作　　者：Paul Bonnetain

　　　　（[法] 保罗·博纳坦，1858—1899）

出版时间：1887 年

出 版 者：Maison Quantin (Paris)

Plate 200. Wan Shou Shan. Pao Yün Ko (The Pavilion of the Precious Clouds)
with other smaller buildings on the slope in front of Fo Hsiang Ko.

4-1-44

编者说明： 图为宝云阁（右上角）及周边建筑。

铜殿及周边建筑

（1921—1923）

THE SUMMER PALACE
YUANMINGYUAN

出　　处：*Gardens of China*

（《中国园林》）

作　　者：Osvald Sirén

（[瑞典] 喜龙仁，1879—1966）

出版时间：1949 年

出 版 者：The Ronald Press Company (New York)

摄 影 者：Osvald Sirén

拍摄时间：1921—1923 年

PÉKIN. — Pont de marbre près du Palais d'été.

4-1-45

铜牛望十七孔桥

（1887）

THE SUMMER PALACE
YUANMINGYUAN

出　　处：*L'Extreme Orient*

　　　　（《远东》）

作　　者：Paul Bonnetain

　　　　（［法］保罗·博纳坦，1858—1899）

出版时间：1887 年

出 版 者 ：Maison Quantin (Paris)

编者说明：颐和园铜牛坐落在廓如亭北面的堤岸上，当年乾隆皇帝将其点缀于此是希望它能"永镇悠水"，即长久地降服洪水。图像将金牛与十七孔桥置于一景之中，较好地诠释了铜牛和桥的关系。图上可见铜牛底座有损毁。

BRONZE OX.

4-1-46

编者说明：与上一图对比，可见围栏是后来
重建的。

铜牛

（1909）

THE SUMMER PALACE
YUANMINGYUAN

出　　处：*The New China: A Traveller's Impressions*
　　　　　（《晚清游记》）
作　　者：Henri Borel
　　　　　（[荷]亨利·博雷尔，1869—1933）
出版时间：1912 年
出 版 者：Dodd Mead and Co. (New York)
摄 影 者：Henri Borel
拍摄时间：1909 年

Peking. Wan shou shan. Prov. Chihli

End of bridge in the Summer Palace

Término de un puente en el Palacio de Verano

Brückenendigung im Sommerpalast

Extrémité d'un pont du Palais d'Été

Estremità d'un ponte nel Palazzo d'Estate

4-1-47

编者说明：十七孔桥桥头的石兽，一般称靠山
兽或蹲兽。

十七孔桥头的靠山兽

（1906—1909）

THE SUMMER PALACE
YUANMINGYUAN

出　　处：*Picturesque China*

　　　　　（《中国建筑艺术和景观》）

作　　者：Ernst Boerschmann

　　　　　（[德] 恩斯特·柏施曼，1873—1949）

出版时间：1923 年

出 版 者：T. Fisher Unwin Ltd. (London)

摄 影 者：Ernst Boerschmann

拍摄时间：1906—1909 年

4-1-48

石舫

（1908）

THE SUMMER PALACE
YUANMINGYUAN

出　　处：*China: Its Marvel and Mystery*

　　　　（《中华奇观》）

作　　者：T. Hodgson Liddell

　　　　（ [英] 李通和，1860—1925）

出版时间：1910 年

出 版 者 ：John Lane Company (New York)

绘 图 者 ：T. Hodgson Liddell

绘制时间：1908 年

编者说明：石舫位于万寿山的西麓岸边，始建于清乾隆二十年（1755）。船体用巨石雕成，长36米，舱楼原为中式建筑，英法联军入侵时被焚毁。光绪十九年（1893），按慈禧太后意图，将原来的中式舱楼改建成西式舱楼，并取河清海晏之义，取名清晏舫。石舫西北侧可见荇桥。

颐和园、

圆明园

/

颐和园

THE MARBLE BOAT, SUMMER PALACE

4-1-49

编者说明：民国初期的颐和园石舫。

石舫

（1919—1924）

THE SUMMER PALACE
YUANMINGYUAN

出　　处：*Twilight in the Forbidden City*

　　　　　（《紫禁城的黄昏》）

作　　者：Reginald F. Johnston

　　　　　（[英] 庄士敦，1874—1938）

出版时间：1934 年

出 版 者：Victor Gollancz Ltd. (London)

拍摄时间：1919—1924 年

颐和园、

圆明园

/

颐和园

RECEPTION ROOM OF THE EMPEROR KUANG-HSÜ IN THE HALL OF RIPPLING JADE, SUMMER PALACE
The door on the left of the throne is the entrance to the emperor's bedroom

4-1-50

编者说明：玉澜堂内景。光绪帝在此居住了生命的最后10年。图上的门通往其卧室。

玉澜堂

（1919—1924）

THE SUMMER PALACE
YUANMINGYUAN

出　　处：*Twilight in the Forbidden City*

　　　　　（《紫禁城的黄昏》）

作　　者：Reginald F. Johnston

　　　　　（［英］庄士敦，1874—1938）

出版时间：1934 年

出 版 者：Victor Gollancz Ltd. (London)

拍摄时间：1919—1924 年

WALLED-UP ROOM IN THE RESIDENCE OF THE EMPEROR KUANG-HSÜ (HALL OF WATERS OF RIPPLING JADE, SUMMER PALACE)

4-1-51

玉澜堂配殿大门和门外砖墙

（1919—1924）

THE SUMMER PALACE
YUANMINGYUAN

出　　处：*Twilight in the Forbidden City*

　　　　（《紫禁城的黄昏》）

作　　者：Reginald F. Johnston

　　　　（[英] 庄士敦，1874—1938）

出版时间：1934 年

出 版 者 ：Victor Gollancz Ltd. (London)

拍摄时间：1919—1924 年

编者说明：庄士敦在书中回忆，光绪皇帝在颐和园的住所——玉澜堂配殿外砌有砖墙，"墙和临院子的门窗之间只有几英寸的空间，门向内打开时，几乎没有空隙"。庄士敦认为慈禧太后想用这种方式时刻提醒光绪皇帝他只是一个囚犯。

颐和园、
圆明园
/
颐和园

IN THE GARDEN OF THE AUTHOR'S QUARTERS IN THE SUMMER PALACE

4-1-52

小有天亭

（1919—1924）

THE SUMMER PALACE
YUANMINGYUAN

出　　处：*Twilight in the Forbidden City*

（《紫禁城的黄昏》）

作　　者：Reginald F. Johnston

（[英] 庄士敦，1874—1938）

出版时间：1934 年

出 版 者：Victor Gollancz Ltd. (London)

拍摄时间：1919—1924 年

编者说明：照片上连廊中间的亭子为小有天亭。

颐和园、

圆明园

/

颐和园

BALUSTRADE AT THE LAKE, WITH VIEW OF PART OF THE SUMMER PALACE.

4-1-53

颐和园一处矮墙

（1909）

THE SUMMER PALACE
YUANMINGYUAN

出　　处：*The New China: A Traveller's Impressions*

　　　　　（《晚清游记》）

作　　者：Henri Borel

　　　　　（[荷]亨利·博雷尔，1869—1933）

出版时间：1912 年

出 版 者：Dodd Mead and Co. (New York)

摄 影 者：Henri Borel

拍摄时间：1909 年

颐和园、

圆明园

/

颐和园

Plate 75. Upper picture: Whitewashed wall with ornamental windows on the shores of the flowering lake.
Lower picture: Galleries with ornamental windows. Both pictures from the New Summer Palace.

4-1-54

编者说明：颐和园的两处有水果、器物及几何
图形的花墙。

花墙

（1921—1923）

THE SUMMER PALACE
YUANMINGYUAN

出　　处：*Gardens of China*

　　　　（《中国园林》）

作　　者：Osvald Sirén

　　　　（[瑞典] 喜龙仁，1879—1966）

出版时间：1949 年

出 版 者：The Ronald Press Company (New York)

摄 影 者：Osvald Sirén

拍摄时间：1921—1923 年

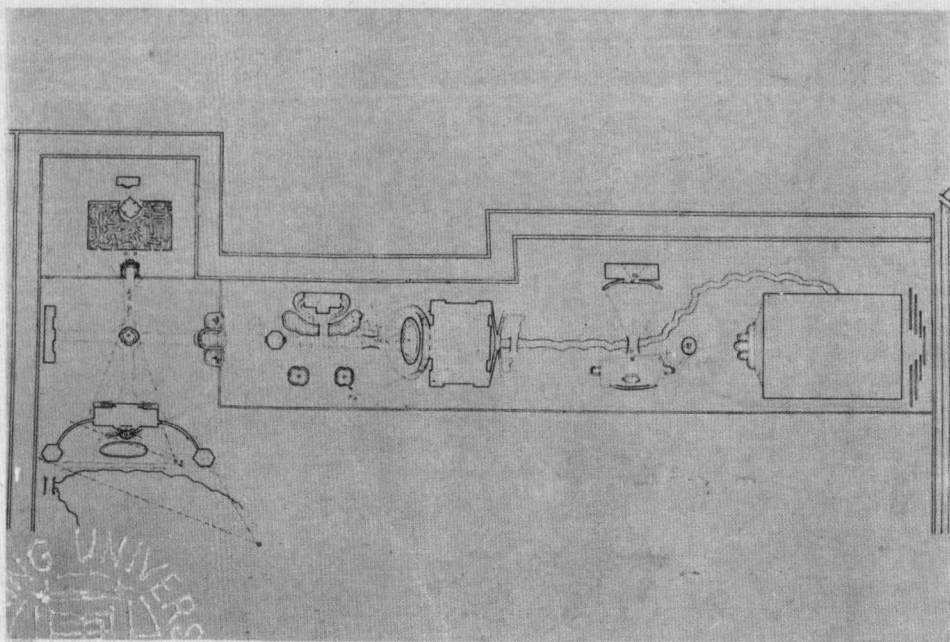

圓明園歐式宮殿殘蹟　第一圖

4-2-1

长春园西洋楼景区平面图

（1873）

THE SUMMER PALACE
YUANMINGYUAN

出　　处：《圆明园欧式宫殿残迹》

作　　者：滕固（1901—1941）

出版时间：1933 年

出 版 者：商务印书馆

绘 图 者：Ernst Ohlmer

　　　　　（ [德] 奥尔末，1847—1927）

绘制时间：1873 年

编者说明：此为圆明园长春园西洋楼景区平面图。绘制者奥尔末，德国人，曾于1868—1908年间任职清政府海关，1872—1880年间任职北京海关。长春园在圆明园东侧，始建于乾隆十年（1745）前后。长春园的北部是著名的西洋楼景区，始建于乾隆十二年（1747），乾隆二十四年（1759）完成。1873年，奥尔末拍摄了12张长春园的照片，这些照片是迄今为止发现的英法联军损毁圆明园后最早拍摄的照片。1933年美术理论家滕固曾将这12张照片结集出版，并附加说明文字，名为《圆明园欧式宫殿残迹》。2010年，台湾收藏家秦风购得这12张照片的原始玻璃底片，并由中华世纪坛世界艺术馆和秦风老照片馆联合编纂了《残园惊梦：奥尔末与圆明园历史影像》（广西师范大学出版社2010年版），将这12张照片重新洗印出版，并附加说明文字。在本书关于这12张奥尔末所摄照片的说明文字中，参考了上述两种图书。

颐和园、
圆明园
/
圆明园

4-2-2

大水法

（1873）

THE SUMMER PALACE
YUANMINGYUAN

出　　处：秦风老照片馆藏奥尔末摄照片

摄 影 者：Ernst Ohlmer

（ [德] 奥尔末，1847—1927）

拍摄时间：1873 年

编者说明：大水法是圆明园西洋楼景区的一部分。水法即为喷泉，大水法西邻海晏堂，在长春园南北主轴线与西洋楼东西轴线交会处，是园内最为壮观的欧式喷泉景观。1860年，英法联军洗劫圆明园后，圆明园渐荒废，今仅存大水法、远瀛观的几个大理石石柱屹立在那里，记录着英法联军摧残中华文化精华的滔天罪行。图为大水法背景门，是大水法建筑的主体，由一座类似西方拱门或中国牌坊的建筑构成。背景门前有大型喷水池，背景门起着背景墙的作用。拱门的上方有精美的蚌壳石雕。

Plate 192. Yüan Ming Yüan. Ta Shui Fa (The Great Fountains).
The upper picture representing an engraving from the year 1786; the lower a photograph from 1922.

4-2-3

大水法

（1786，1922）

THE SUMMER PALACE
YUANMINGYUAN

出　　处：*Gardens of China*

　　　　（《中国园林》）

作　　者：Osvald Sirén

　　　　（［瑞典］喜龙仁，1879—1966）

出版时间：1949 年

出 版 者：The Ronald Press Company (New York)

绘 图 者：［清］伊兰泰

绘制时间：1786 年（上图）

摄 影 者：Osvald Sirén

拍摄时间：1922 年（下图）

编者说明：清乾隆时，宫廷满族画师伊兰泰曾绘制西洋楼建筑立面透视画，共20幅，后由造办处工匠雕版制作成图。此为大水法图。下图为喜龙仁从侧面拍摄的大水法被毁半个多世纪后的遗迹景象。

4-2-4

方外观

（1873）

THE SUMMER PALACE
YUANMINGYUAN

出　　处：秦风老照片馆藏奥尔末摄照片

摄 影 者：Ernst Ohlmer

　　　　　（[德] 奥尔末，1847—1927）

拍摄时间：1873 年

编者说明：图为方外观的正面（南面）及东面。方外观在养雀笼以东，乾隆二十四年（1759）建成，是乾隆帝的妃子容妃做礼拜的清真寺。图片呈现了两侧饰有翻卷花纹雕饰的弧形楼梯，主楼前的大门，一层仅可见一个椭圆形窗户，二层正面的三个长方形窗户，窗楣有雕饰。屋顶为传统的重檐庑殿顶。方外观前原有精美石桥。英法联军火烧圆明园时石桥栏杆被毁。1920年桥板被移至燕京大学，现存北京大学未名湖湖心岛北侧。

颐和园、
圆明园
/
圆明园

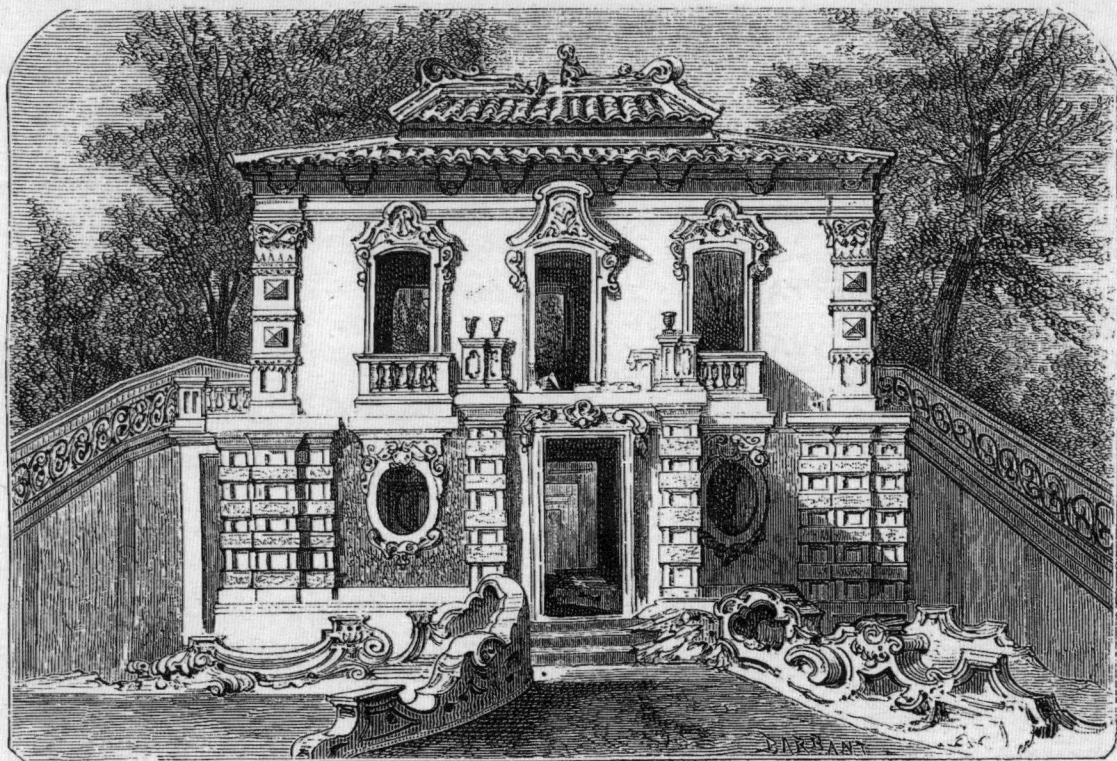

Vue d'un des bâtiments de style italien du palais de Yuane-migne-yuane (voy. p. 230). — Dessin de A. Deroy,
d'après une aquarelle de l'auteur.

4-2-5

方外观

（1876）

THE SUMMER PALACE
YUANMINGYUAN

出　　处：*Le Tour du Monde, Nouveau Journal des*

　　　　 Voyages

　　　　（《周游世界之新航海日志》）

作　　者：Édouard Charton

　　　　（［法］爱德华·沙尔东，1807—1890）

出版时间：1876 年

出 版 者：Hachette (Paris)

绘 图 者：A. Deroy

　　　　（［法］A. 德鲁瓦）

方外觀正面圖

Plate 190. Yüan Ming Yüan. Fang Wai Kuan (Place with a wide View). The upper picture
representing an engraving from the year 1786; the lower a photograph from 1922.

4-2-6

方外观

（1786，1922）

THE SUMMER PALACE
YUANMINGYUAN

出　　处：*Gardens of China*

　　　　（《中国园林》）

作　　者：Osvald Sirén

　　　　（[瑞典] 喜龙仁，1879—1966）

出版时间：1949 年

出 版 者：The Ronald Press Company (New York)

绘 图 者：[清] 伊兰泰

绘制时间：1786 年（上图）

摄 影 者：Osvald Sirén

拍摄时间：1922 年（下图）

编者说明：上图为清乾隆时宫廷满族画师伊兰泰绘制，造办处工匠雕版制作的方外观立面透视图。下图为喜龙仁从侧面拍摄的方外观被毁半个多世纪后的遗迹景象。

颐和园、
圆明园
/
圆明园

4-2-7

观水法

（1873）

THE SUMMER PALACE
YUANMINGYUAN

出　　处：秦风老照片馆藏奥尔末摄照片

摄 影 者：Ernst Ohlmer

　　　　　（[德] 奥尔末，1847—1927）

拍摄时间：1873 年

编者说明：观水法位于远瀛观南面，为清乾隆帝观赏喷水景色之处。观水法建筑包括：放置皇帝宝座的台基、宝座后的石雕屏风，以及两侧的巴洛克式石门等。门两侧又各有一座巨型水塔和接收喷水的水池。池旁依势设置各种兽类，呈半圆形。图为1860年被英法联军破坏后，观水法之石屏风遗迹。照片上可见屏风由5块石屏组成，呈圆弧形环绕座席。屏风上的石雕图案非同一般的花鸟虫鱼，而是兵戎刀剑。原屏风前有宝座，后被毁，图片上可见其底座。

4-2-8

观水法侧翼门

（1877—1878）

THE SUMMER PALACE
YUANMINGYUAN

出　　处：*Péking :Histoire et Description*

　　　　　（《北京：历史和描述》）

作　　者： Alphonse Favier

　　　　　（[法] 樊国梁，1837—1905）

出版时间：1897 年

出 版 者：Imprimerie des Lazaristes au Pé-T'ang

　　　　　(Péking)

拍摄时间：1877—1878 年

编者说明：观水法正面侧翼门之一遗迹。据引用该图片的原书作者樊国梁称，这一侧翼门有着法国路易十五时期的风格。樊国梁为法国来华传教士，1887年任天主教北京郊区主教。

颐和园、

圆明园

/

圆明园

PÉKIN. — Ruines dans les jardins du Palais d'été.

4-2-9

观水法侧翼门

（1887）

THE SUMMER PALACE
YUANMINGYUAN

出　　处：*L'Extreme Orient*

　　　　（《远东》）

作　　者：Paul Bonnetain

　　　　（[法] 保罗·博纳坦，1858—1899）

出版时间：1887 年

出 版 者：Maison Quantin (Paris)

颐和园、
圆明园
/
圆明园

4-2-10

海晏堂正面

（1873）

THE SUMMER PALACE
YUANMINGYUAN

出　　处：秦风老照片馆藏奥尔末摄照片

摄影者：Ernst Ohlmer

　　　　　（[德] 奥尔末，1847—1927）

拍摄时间：1873 年

编者说明：图为海晏堂正面（西面）。与中国传统建筑坐北朝南的惯例不同，海晏堂正门朝西。海晏堂由正楼和后工字蓄水楼组成，是西洋楼中最大的一处欧式园林景观。海晏堂楼门左右有叠落式喷水槽，阶下为一大型喷水池，池左右呈"八"字形排列着十二生肖人身兽头铜像。每昼夜12个时辰，由十二生肖依次轮流喷水，正午时，十二生肖口中同时喷射泉水，俗称"水力钟"。

4-2-11

海晏堂主楼西南角

（1873）

THE SUMMER PALACE
YUANMINGYUAN

出　　处：秦风老照片馆藏奥尔末摄照片

摄 影 者：Ernst Ohlmer

　　　　　（[德] 奥尔末，1847—1927）

拍摄时间：1873 年

编者说明：图为海晏堂主楼西南角。图片呈现
了主楼一层石雕的精美设计，立柱似竹节状；
二层露台及主楼外墙，右侧的围墙为西洋楼与
其他景观的隔断围墙。

颐和园、

圆明园

/

圆明园

4-2-12

谐奇趣东侧面

（1873）

THE SUMMER PALACE
YUANMINGYUAN

出　　处：秦风老照片馆藏奥尔末摄照片

摄 影 者：Ernst Ohlmer

　　　　　（[德] 奥尔末，1847—1927）

拍摄时间：1873 年

编者说明：谐奇趣建于乾隆十六年（1751），为西洋楼景区最早建造的建筑，位于西洋楼景区西端南部，楼前左右连廊连接的两层八角楼厅，是为皇帝演奏中西乐器之处。楼南为海棠式喷水池，池内设有铜羊、铜鸭和西洋翻尾石鱼等组成的喷泉。楼北也有一座小型菊花式喷泉池。谐奇趣西北有喷泉的供水楼，称作蓄水楼。图为主楼东侧面。该图片是从东面八角音乐亭的方向拍摄主楼的，可见八角音乐亭通往主楼连廊一层的拱门尚存；主楼二层东立面是图片拍摄的重点，可见上端阳台护板上的精美雕花，东侧长方形门及门楣的中式装饰风格。整体风格细腻，统一中有变化，仅墙上的雕花花型就有9种之多，且布局对称。

4-2-13

谐奇趣东侧面

（1877—1878）

THE SUMMER PALACE
YUANMINGYUAN

出　　处：秦风老照片馆藏奥尔末摄照片

摄 影 者：Ernst Ohlmer

　　　　　（[德] 奥尔末，1847—1927）

拍摄时间：1877—1878 年

编者说明：图为谐奇趣东侧面景。与上一图片相比，除拍摄时间不同外，季节也不同，门两旁椭圆形石雕下的装饰物风化更加严重。

4-2-14

谐奇趣南面近景

（1873）

THE SUMMER PALACE
YUANMINGYUAN

出　　处：秦风老照片馆藏奥尔末摄照片

摄 影 者：Ernst Ohlmer

　　　　　（［德］奥尔末，1847—1927）

拍摄时间：1873 年

编者说明：谐奇趣南面。主楼共三层，南面前方有喷水池。二层正门上方的装饰及两侧门柱为古希腊式，繁复精美，图片放大时可见二楼中间门洞里有一穿西服戴礼帽的中年男士，双手插在西裤兜中，可能是摄影者的朋友。前部可见楼梯遗迹以及弧形前庭的建筑痕迹，1876年后拍摄的照片中这些楼梯的栏杆已经不复存在了。

颐和园、
圆明园
/
圆明园

4-2-15

谐奇趣南面近景

（1877—1878）

THE SUMMER PALACE
YUANMINGYUAN

出　　处：北大图书馆辑查尔德摄照片电子版

摄 影 者：Thomas Child

　　　　　（ [英] 托马斯·查尔德，1841—1898 ）

拍摄时间：1877—1878 年

编者说明：与之前图片相比，谐奇趣损毁的程度更加严重。摄影者查尔德为英国来华工程师，亦为摄影师，1870年来华，在中国工作近20年。他在北京拍摄了约200张照片，均于1877—1878年间拍摄。

颐和园、

圆明园

/

圆明园

4-2-16

谐奇趣南面远景

（1873）

THE SUMMER PALACE
YUANMINGYUAN

出　　处：秦风老照片馆藏奥尔末摄照片

摄 影 者：Ernst Ohlme

　　　　　（[德] 奥尔末，1847—1927 ）

拍摄时间：1873 年

编者说明：图中可见主楼清晰的水中倒影及
前方水中丛生的杂草。据考，南面原有湖
水，上有西式五孔桥，桥上建有钟形拱门。
谐奇趣左侧八角音乐亭的拱门门柱及外部雕
饰清晰可辨。

颐和园、
圆明园
/
圆明园

4-2-17

谐奇趣南面概观

（1876）

THE SUMMER PALACE
YUANMINGYUAN

出　　处：北大图书馆辑帛黎摄照片电子版

摄 影 者：A. Théophile Piry

　　　　　（[法] 帛黎，1851—1918）

拍摄时间：1876 年

编者说明：此为谐奇趣南面远景。与上一图相较，上一图残存的右侧楼梯及护栏此时已消失。摄影者帛黎1874年入中国海关任职，1876年任京师同文馆法文教习，后又在北京总税务司、中国海关邮政局任职。1911年出任首任邮政会办。

4-2-18

编者说明：图中八角音乐亭的形象更加清晰。

谐奇趣南面概观

（1877—1878）

THE SUMMER PALACE
YUANMINGYUAN

出　　处：北大图书馆辑查尔德摄照片电子版

摄 影 者：Thomas Child

　　　　　（[英] 托马斯·查尔德，1841—1898）

拍摄时间：1877—1878 年

颐和园、

圆明园

/

圆明园

PÉKIN. — Ruines du Palais d'été.

4-2-19

编者说明：此图为上一张查尔德摄照片的版画图像。

谐奇趣南面概观图景

（1887）

THE SUMMER PALACE
YUANMINGYUAN

出　　处：*L'Extreme Orient*

　　　　　（《远东》）

作　　者：Paul Bonnetain

　　　　　（[法]保罗·博纳坦，1858—1899）

出版时间：1887 年

出 版 者：Maison Quantin (Paris)

4-2-20

谐奇趣北面

（1873）

THE SUMMER PALACE
YUANMINGYUAN

出　　处：秦风老照片馆藏奥尔末摄照片

摄 影 者：Ernst Ohlmer

　　　　　（[德] 奥尔末，1847—1927）

拍摄时间：1873 年

编者说明：谐奇趣主楼北面前有喷水池，已被毁倒塌，水池组建的雕花石料散落一地。图片主要呈现主楼北面三层的整体结构，其轮廓基本尚存，局部也有幸存者——楼前两侧的楼梯基本完好，大门尚存。楼梯前的4棵树竟逃过劫难，依然生机勃勃。

4-2-21

谐奇趣北面

（1877—1878）

THE SUMMER PALACE
YUANMINGYUAN

出　　处：北大图书馆辑查尔德摄照片电子版

摄 影 者： Thomas Child

　　　　　（［英］托马斯·查尔德，1841—1898）

拍摄时间：1877—1878 年

编者说明：谐奇趣主楼北面。该图片拍摄较之上一图距离较近，可见上一图尚存的楼前两侧的楼梯及二楼护栏等不复存在。

4-2-22

谐奇趣北面的花园门

（1873）

THE SUMMER PALACE YUANMINGYUAN

出　　处：秦风老照片馆藏奥尔末摄照片

摄 影 者：Ernst Ohlmer

　　　　　（［德］奥尔末，1847—1927）

拍摄时间：1873 年

编者说明：谐奇趣北面的花园门，为黄花阵的入口。黄花阵是西式的迷宫。图片可见拱门及门柱，拱门上部半圆部分有镂空雕花装饰，门的上方有花果样雕饰。门下有4位西方穿西服戴礼帽的男子似在小憩。透过花园门，可见黄花阵入口两侧的石柱以及西式亭子。

4-2-23

谐奇趣八角音乐亭

（1873）

THE SUMMER PALACE
YUANMINGYUAN

出　　处：秦风老照片馆藏奥尔末摄照片版

摄 影 者：Ernst Ohlmer

　　　　　（［德］奥尔末，1847—1927）

拍摄时间：1873 年

编者说明：图为谐奇趣左侧八角音乐亭。图片细节清晰，中央一对四方形墩柱后面是主楼楼梯的起始处，楼梯侧面为水浪花形雕花；主楼与音乐亭之间连廊的洛可可风格拱门尚存，音乐亭顶部已毁，仍可见两层结构，音乐亭一层的拱形门楣上有雕花，拱门旁有立柱，立柱上端有卷涡形雕饰，二层呈塔状整体缩进，窗楣、窗台下及两侧均有石雕。

4-2-24

谐奇趣八角音乐亭

（1877—1878）

THE SUMMER PALACE

YUANMINGYUAN

出　　处：北大图书馆辑查尔德摄照片电子版

摄 影 者：Thomas Child

　　　　　（［英］托马斯·查尔德，1841—1898）

拍摄时间：1877—1878 年

编者说明：谐奇趣左侧八角音乐亭。图片呈现了八角亭的细部。八面两层的亭子四面为门，四面为石雕装饰墙体，且两侧花色设计各异。

Pékin. — Dans les ruines du Palais d'été.

4-2-25

编者说明：此图为上一张查尔德摄照片之版画图像。

谐奇趣八角音乐亭

（1887）

THE SUMMER PALACE
YUANMINGYUAN

出　　处：*L'Extreme Orient*

　　　　　（《远东》）

作　　者：Paul Bonnetain

　　　　　（[法]保罗·博纳坦，1858—1899）

出版时间：1887 年

出 版 者 ：Maison Quantin (Paris)

4-2-26

养雀笼

（1877—1878）

THE SUMMER PALACE
YUANMINGYUAN

出　　处：北大图书馆辑查尔德摄照片电子版

摄 影 者：Thomas Child

　　　　　（［英］托马斯·查尔德，1841—1898）

拍摄时间：1877—1878 年

编者说明：图为养雀笼东面。养雀笼位于黄花阵以东，乾隆二十四年（1759）建成。养雀笼实为一穿堂门建筑，南北侧屋内笼养孔雀等鸟类，故名养雀笼。图为西式装饰的东门，拱门门楣及上部有石雕，门两侧有对称的5层塔状水漏，门楼上有护栏。

颐和园、
圆明园
/
圆明园

Pékin. — Au Palais d'été.

4-2-27

编者说明：此图为上一张查尔德摄照片之版画图像。

养雀笼

（1887）

THE SUMMER PALACE
YUANMINGYUAN

出　　处：*L'Extreme Orient*

　　　　（《远东》）

作　　者：Paul Bonnetain

　　　　（ [法] 保罗·博纳坦，1858—1899）

出版时间：1887 年

出 版 者：Maison Quantin (Paris)

RUINES DE LA CHAPELLE CATHOLIQUE DU PALAIS D'ÉTÉ
(construite par les Jésuites).

(Texte page 212, alinéa 3.)

4-2-28

养雀笼废墟

（1909）

THE SUMMER PALACE

YUANMINGYUAN

编者说明：清末的养雀笼东面，面目全非，已成废墟。

出　　处：*Opinions Chinoises sur les Barbares*

d'Occident

（《汉人如何评论大西洋》）

作　　者：Ferdinand Joseph Harfeld

（［法］哈尔法，b. 1878）

出版时间：1909 年

出 版 者：Plon-Nourrit & Cie (Paris)

颐和园、
圆明园
/
圆明园

Plate 189. Yüan Ming Yüan. Yang Ch'iao Lung (The Aviary or Room for the Rearing of Birds). The upper picture representing an engraving from the year 1786; the lower a photograph from 1922.

4-2-29

养雀笼

（1786，1922）

THE SUMMER PALACE
YUANMINGYUAN

编者说明：上图为清乾隆时宫廷满族画师伊兰泰绘制，造办处工匠雕版制作的养雀笼立面透视图。下图为喜龙仁摄养雀笼被毁半个多世纪后的遗迹景象。

出　　处：*Gardens of China*

　　　　　（《中国园林》）

作　　者：Osvald Sirén

　　　　　（[瑞典] 喜龙仁，1879—1966）

出版时间：1949 年

出 版 者：The Ronald Press Company (New York)

绘 图 者：[清] 伊兰泰

绘制时间：1786 年（上图）

摄 影 者：Osvald Sirén

拍摄时间：1922 年（下图）

4-2-30

远瀛观

（1873）

THE SUMMER PALACE
YUANMINGYUAN

出　　处： 秦风老照片馆藏奥尔末摄照片

摄 影 者： Ernst Ohlmer

　　　　　（[德] 奥尔末，1847—1927）

拍摄时间：1873 年

编者说明：远瀛观正面（南面）主门。这里是最为壮观的欧式喷泉景观，由主楼、南面的大水法、观水法三部分组成，乾隆四十八年（1783）建成。乾隆五十八年，英使马戛尔尼曾至此处游赏。图片呈现主楼正门的石雕装饰，可见极尽繁复奢华之能事。

4-2-31

远瀛观正面主门

（1877—1878）

THE SUMMER PALACE
YUANMINGYUAN

出　　处：北大图书馆辑查尔德摄照片电子版

摄 影 者 ： Thomas Child

　　　　　（[英] 托马斯·查尔德，1841—1898）

拍摄时间：1877—1878 年

Printed in Sweden

Plate 191. Yüan Ming Yüan. Yüan Ying Kuan (View Over Distant Waters).
The upper picture representing an engraving from the year 1786; the lower a photograph from 1922.

4-2-32

远瀛观

（1786，1922）

THE SUMMER PALACE
YUANMINGYUAN

出　　处：*Gardens of China*

（《中国园林》）

作　　者：Osvald Sirén

（[瑞典] 喜龙仁，1879—1966）

出版时间：1949 年

出 版 者：The Ronald Press Company (New York)

绘 图 者：[清] 伊兰泰

绘制时间：1786 年（上图）

摄 影 者：Osvald Sirén

拍摄时间：1922 年（下图）

编者说明：上图为清乾隆时宫廷满族画师伊兰泰绘制，造办处工匠雕版制作的远瀛观立面透视图。可见远瀛观门柱共有三重，最外侧一对门柱上有花果图案浮雕，门楣上饰有石雕，门楣之上更有钟形石雕装饰，门口有一对石狮。下图为喜龙仁摄远瀛观毁于英法联军后半个多世纪的景象。

颐和园、
圆明园
/
圆明园

Drawn by T. Allom.

Engraved by E. Brandard.

Hall of Audience. Palace of Yuen min Yuen, Peking.

4-2-33

编者说明：图为英国画家阿勒姆根据马戛尔尼访华使团随团画师画稿绘出的正大光明殿样貌，可见殿前有成群结队的清代官员。

正大光明殿

（1843）

THE SUMMER PALACE
YUANMINGYUAN

出　　处：*China, in a Seiries of Views, Displaying the*
　　　　Scenery, Architecture, and Social Habits,
　　　　of that Ancient Empire
　　　　（《中国：那个古代帝国的风景、建筑和
　　　　社会习俗》）

作　　者：Thomas Allom
　　　　（[英] 托马斯·阿勒姆，1804—1872）
　　　　G. N. Wright
　　　　（[英] 赖特，1790—1877）

出版时间：1843 年

出 版 者：Fisher, Son, & Co. (London)

Plate 44. Courtyard surrounded by galleries and planted with white peonies. Section of garden at
the summer residence of the Mongol prince Sêng Wang, in Hai Tien, near Peking.

4-3-1

僧王海淀避暑居处的花园

（1921—1923）

THE SUMMER PALACE
YUANMINGYUAN

出　　处：*Gardens of China*

　　　　　（《中国园林》）

作　　者：Osvald Sirén

　　　　　（[瑞典] 喜龙仁，1879—1966）

出版时间：1949 年

出 版 者：The Ronald Press Company (New York)

摄 影 者：Osvald Sirén

拍摄时间：1921—1923 年

编者说明：僧王即清代名将僧格林沁，科尔沁旗人。他能征善战，曾率部镇压太平天国、抗击英法联军。同治四年（1865）五月，率部在山东与捻军激战中阵亡。图为僧王位于海淀的避暑居处花园及游廊，有似看园者一人倚靠在廊柱旁。

VIEW FROM THE PA-TA-MEE-OW, OR EIGHT GREAT TEMPLES; PEKING IN THE DISTANCE.

4-3-2

从八大处远眺北京城

（1865）

编者说明：八大处以8座古刹而知名。8座古刹最早建于隋末唐初，经宋、元、明、清历代修建而成。图为从八大处远眺北京城之景。

THE SUMMER PALACE
YUANMINGYUAN

出　　处：*Peking and the Pekingese, During the First Year of the British Embassy at Peking*

（《北京和北京人：在北京英国公使馆的第一年》）

作　　者：D. F. Rennie

（[英]芮尼，d. 1868）

出版时间：1865 年

出 版 者：John Murray (London)

戒臺玩松

ORDINATION TERRACE TEMPLE (CHIEH T'AI SSŬ)

4-3-3

戒台寺

（1846年前）

THE SUMMER PALACE
YUANMINGYUAN

出　　处：*Annual Customs and Festivals in Peking*

　　　　　（《燕京岁时记》·）

作　　者：富察敦崇（1855—1926）

译　　者：Derk Bodde

　　　　　（[美] 卜德，1909—2003）

出版时间：1936 年

出 版 者：Henri Vetch (Peiping)

绘制时间：1846 年前

编者说明：此为《燕京岁时记》英译本中"戒台寺"一节的插图，借用了麟庆《鸿雪因缘图记》中《戒台玩松》一图。译者卜德在文中特别说明：戒台寺千佛阁台前有名松，图中松树旁的石碑上刻有"卧龙松"三字，此碑在该图绘制时已经倾斜了。

猗玕流觞

MONASTERY OF CLEAR POOLS AND WILD MULBERRY (T'AN CHE SSÜ)

Cut out of the stone floor of the central pavilion is seen a channel for running water. This channel
has the form of the face of a *chi han* 猗 玕, a variety of savage wild dog. In front lies the famous
Bamboo Court. The making of curving water-courses of this sort originated from the pastime
of floating cups of wine down a winding stream to picnic guests waiting below, as shown
in the picture.

4-3-4

潭柘寺

（1846年前）

THE SUMMER PALACE
YUANMINGYUAN

出　　处：*Annual Customs and Festivals in Peking*

　　　　　（《燕京岁时记》）

作　　者：富察敦崇（1855—1926）

译　　者：Derk Bodde

　　　　　（［美］卜德，1909—2003）

出版时间：1936 年

出 版 者：Henri Vetch (Peiping)

绘制时间：1846 年前

编者说明：该图为《燕京岁时记》英译本中插图。潭柘寺始建于西晋永嘉元年（307），民间一直有"先有潭柘寺，后有北京城"的说法。图为潭柘寺中猗玕亭，俗称流杯亭，位于行宫院内，是清代乾隆皇帝为得"曲水流觞"之趣而建，环境优美，有竹林古松环绕。

颐和园、
圆明园
/
京西名胜

BRIDGE IN THE GROUNDS OF THE MAUSOLEUM OF THE FAMILY OF PRINCE CH'UN, WESTERN HILLS, PEKING

4-3-5

编者说明：庄士敦在说明文字中注明，该照片中的小石桥位于西山的醇亲王家族墓园内。

七王坟石桥

（1921—1923）

THE SUMMER PALACE
YUANMINGYUAN

出　　处：*Twilight in the Forbidden City*

（《紫禁城的黄昏》）

作　　者：Reginald F. Johnston

（[英] 庄士敦，1874—1938）

出版时间：1934 年

出 版 者 ：Victor Gollancz Ltd. (London)

拍摄时间：1912—1923 年

4-3-6

妙峰山附近山脉

（1924—1927）

THE SUMMER PALACE
YUANMINGYUAN

出　处：*Sidney D. Gamble Photographs (378A—
　　　　2168), David M. Rubenstein Rare Book &
　　　　Manuscript Library, Duke University*
　　　　（美国杜克大学图书馆藏甘博摄照片电子
　　　　收藏）

摄 影 者：Sidney D. Gamble
　　　　　（[美]甘博，1890—1968）

拍摄时间：1924—1927 年

编者说明：妙峰山位于京西门头沟，属太行山余脉，主峰海拔1291米，是北京地区著名风景区。图为甘博拍摄的妙峰山附近的山脉，是北京西山山脉的一部分。

颐和园、
圆明园
/
京西名胜

4-3-7

妙峰山谷中的建筑

（1924—1927）

THE SUMMER PALACE

YUANMINGYUAN

出　　处：*Sidney D. Gamble Photographs(584A—*

　　　　3396)，David M. Rubenstein Rare Book &

　　　　Manuscript Library, Duke University

　　　　（美国杜克大学图书馆藏甘博摄照片电子

　　　　收藏）

摄 影 者：Sidney D. Gamble

　　　　（[美] 甘博，1890—1968）

拍摄时间：1924—1927 年

编者说明：妙峰山谷中密集的民居，周边低缓
的山坡上修有梯田。照片应是盛夏拍摄，近处
似有一着短裤少年以物遮阳向镜头处张望。

颐和园、

圆明园

/

京西名胜

4-3-8

妙峰山的弯道

（1924—1927）

编者说明：妙峰山上弯道很多，甘博将这张图片上的弯道起名为"牛轭弯"。

THE SUMMER PALACE
YUANMINGYUAN

出　　处：*Sidney D. Gamble Photographs(584A—3396) , David M. Rubenstein Rare Book & Manuscript Library, Duke University*

（美国杜克大学图书馆藏甘博摄照片电子收藏）

摄 影 者：Sidney D. Gamble

（[美]甘博，1890—1968）

拍摄时间：1924—1927 年

Plate 52—53. Chinese mountain pines (Pinus sinensis) on the road to Miao Fêng Shan, near Peking. Their strong branches, like giant arms, stretch out protectingly over the ground. The mighty crown assumes the form of a flat cupola or a gigantic umbrella, thus harmonizing with the undulating ground.

4-3-9

妙峰山上的巨松

（1921—1923）

THE SUMMER PALACE
YUANMINGYUAN

出　　处：*Gardens of China*

　　　　　（《中国园林》）

作　　者：Osvald Sirén

　　　　　（ [瑞典] 喜龙仁，1879—1966 ）

出版时间：1949 年

出 版 者：The Ronald Press Company (New York)

摄 影 者：Osvald Sirén

拍摄时间：1921—1923 年

编者说明：妙峰山上的巨松，不止一次地被摄入来华西人的镜头中。这株巨松树冠尤大，亭亭如盖。巨松似护佑着山谷中的村庄。

颐和园、
圆明园
/
京西名胜

4-3-10

妙峰山上的巨松

（1924—1927）

THE SUMMER PALACE
YUANMINGYUAN

出　　处：*Sidney D. Gamble Photographs (378A—*
　　　　　2166), David M. Rubenstein Rare Book &
　　　　　Manuscript Library, Duke University
　　　　　（美国杜克大学图书馆藏甘博摄照片电子
　　　　　收藏）

摄 影 者 ：Sidney D. Gamble
　　　　　（ [美] 甘博，1890—1968 ）

拍摄时间：1924—1927 年

编者说明：甘博所摄这张图片中的巨松与上一
图片中喜龙仁所摄巨松非常相似。这张图片将
树下的人和右边的树一并揽入镜头，对比之
下，更显得巨松之巨。

颐和园、
圆明园
/
京西名胜

4-3-11

妙峰山庙会货担商队

（1924—1927）

THE SUMMER PALACE
YUANMINGYUAN

出　　处：*Sidney D. Gamble Photographs(500A—2885) , David M. Rubenstein Rare Book & Manuscript Library, Duke University*

（美国杜克大学图书馆藏甘博摄照片电子收藏）

摄 影 者：Sidney D. Gamble

（[美] 甘博，1890—1968）

拍摄时间：1924—1927 年

编者说明：甘博于1924—1927年间3次到京西妙峰山考察，并用相机记录了妙峰山庙会的盛况。妙峰山庙会，也叫香会。清代和民国时期，妙峰山成为京畿地区各路香会及香客朝拜的圣地。庙会在每年的春秋举办，以春香为盛，于农历四月初一至十五日举行。庙会后来逐步发展成为集各种民间娱乐活动为一体的乡村盛会。图为打着幡旗，担着精美盒装香会用品的赶庙会队伍。

颐和园、
圆明园
/
京西名胜

4-3-12

妙峰山上的寺庙

（1924—1927）

THE SUMMER PALACE
YUANMINGYUAN

出　　处：*Sidney D. Gamble Photographs (497A—*
　　　　2868), David M. Rubenstein Rare Book &
　　　　Manuscript Library, Duke University
　　　　（美国杜克大学图书馆藏甘博摄照片电子
　　　　收藏）

摄 影 者：Sidney D. Gamble
　　　　（［美］甘博，1890—1968）

拍摄时间：1924—1927 年

编者说明：妙峰山上一座小寺庙前不大的空场上挤满了香客。

颐和园、

圆明园

/

京西名胜

4-3-13

妙峰山香会上烧纸的男子

（1924—1927）

**THE SUMMER PALACE
YUANMINGYUAN**

出　　处：*Sidney D. Gamble Photographs (498A—*
　　　　2877), David M. Rubenstein Rare Book &
　　　　Manuscript Library, Duke University
　　　　（美国杜克大学图书馆藏甘博摄照片电子
　　　　收藏）

摄 影 者：Sidney D. Gamble
　　　　（[美] 甘博，1890—1968）

拍摄时间：1924—1927 年

编者说明：正在烧纸跪拜的男子，虔诚地端着
安放纸筒的铁架，旁有一人扶着纸筒，以保证
纸筒保持直立并完全燃尽。

4-3-14

妙峰山香会上进香的妇女

（1924—1927）

THE SUMMER PALACE
YUANMINGYUAN

出　　处：*Sidney D. Gamble Photographs (587A—*

　　　　　3415), David M. Rubenstein Rare Book &

　　　　　Manuscript Library, Duke University

　　　　　（美国杜克大学图书馆藏甘博摄照片电子

　　　　　收藏）

摄 影 者：Sidney D. Gamble

　　　　　（ [美] 甘博，1890—1968 ）

拍摄时间：1924—1927 年

编者说明：一位平常人家妇女，手捧燃香一
把，跪在蒲团上，表情肃穆，郑重地举行进香
仪式。

颐和园、

圆明园

/

京西名胜

4-3-15

妙峰山庙会上舞狮人和狮子

（1924—1927）

THE SUMMER PALACE

YUANMINGYUAN

出　　处：*Sidney D. Gamble Photographs(500A—*
1889) , David M. Rubenstein Rare Book &
Manuscript Library, Duke University
（美国杜克大学图书馆藏甘博摄照片电子
收藏）

摄 影 者：Sidney D. Gamble
（［美］甘博，1890—1968）

拍摄时间：1924—1927 年

编者说明：舞狮子是妙峰山庙会的民间娱乐活
动项目之一，舞狮者应为庄稼人临时客串，狮
子的行头也较为粗朴。

4-3-16

妙峰山庙会上的杂耍

（1924—1927）

THE SUMMER PALACE
YUANMINGYUAN

出　　处：*Sidney D. Gamble Photographs (500A—*

　　　　　2887), David M. Rubenstein Rare Book &

　　　　　Manuscript Library, Duke University

　　　　　（美国杜克大学图书馆藏甘博摄照片电子

　　　　　收藏）

摄 影 者：Sidney D. Gamble

　　　　　（[美] 甘博，1890—1968）

拍摄时间：1924—1927 年

编者说明：妙峰山庙会上的玩杂耍情景，看客中多数为香客、旅游者和乡民，其中有戴着眼镜的文化人，还有维持秩序的警察。

4-3-17

妙峰山庙会上头戴福花的甘博

（1924—1927）

THE SUMMER PALACE
YUANMINGYUAN

出　　处：*Sidney D. Gamble Photographs(587A—*
3418), David M. Rubenstein Rare Book &
Manuscript Library, Duke University
（美国杜克大学图书馆藏甘博摄照片电子
收藏）

摄 影 者：Sidney D. Gamble
（[美] 甘博，1890—1968）

拍摄时间：1924—1927 年

编者说明：妙峰山香客进香完毕，相互道别时，都不忘说一声"戴福还家"，"福"指福花，有的戴在头上，有的别在胸前。图为甘博（左）与一位牧师头戴福花的合影。

颐和园、
圆明园
/
京西名胜

05

名人
图录

CELEBRITY

CATALOGUE

清末以来，到中国的西方人士往往携带相机，不仅记录了中国的风土人情、重大事件，也拍摄了不少当时著名人物的照片。

这里选取的与北京有关的近 150 幅人物图像，既包括清朝皇帝、皇亲国戚，也包括曾在京为官，或参与北京发生的重大历史事件的军政要人及其他名人，来京的外国人也一并收入。除清末民初人物的老照片，清代初中期的一些人物铜版画像也有涉及。

CAM-HY
Empereur de la Chine
et de la Tartarie orientale,
agé de 41 an et peint a l'âge
de 32.

F. Ertinger del. et sc.

720

5-1-1

康熙帝画像

（1686）

CELEBRITY CATALOGUE

编者说明：康熙是清朝第四位皇帝爱新觉罗·玄烨的年号。康熙帝是中国历史上在位时间最长的皇帝，共61年（1662—1722）。根据原图说明，此图绘于康熙帝32岁时，即1686年。图像的西方人特征比较明显，也说明当时西方对中国的认识还不深入。

出　　处：*Nouveaux mémoires sur l'état present de la Chine*

（《中国近事报道》）

作　　者：Louis Le Comte

（[法]李明，1655—1728）

出版时间：1697—1698 年

出 版 者：J. Anisson (Paris)

绘制时间：1686 年

名人图录

/

清朝皇帝

The Embaſſadors Audience of leave of the Emperor.

5-1-2

俄国使节觐见康熙帝

（1706）

编者说明：1692年，沙皇彼得派遣以荷兰商人雅布兰为首的90人使团出使清朝。该铜版画描绘了当时使团觐见康熙帝的情景。

CELEBRITY CATALOGUE

出　　处：*Three Years Travels from Moscow over-land to China*

（《从莫斯科经陆路到中国三年旅行记》）

作　　者：Evert Ysbrants Ides

（[荷] 雅布兰，1657—1708）

出版时间：1706 年

出 版 者 ：W. Freeman (London)

名人图录
/
清朝皇帝

乾 隆 大 皇 帝

TCHIEN LUNG. TA WHANG TEE

TCHIEN LUNG, THE GREAT EMPEROR.

W.ᵗ Alexander delᵗ.

Collyer sculpᵗ Engraver to her Majesty.

5-1-3

乾隆帝坐像

（1798）

CELEBRITY CATALOGUE

编者说明：乾隆是清高宗爱新觉罗·弘历的年号。乾隆帝在位60年（1736—1795）。此图为1793年英国马戛尔尼勋爵访华使团副使斯当东访华游记中的插图，为铜版画，原画由随团画师亚历山大绘制，后由铜板雕刻师保利雕刻。原图说明中的中文"乾隆大皇帝"五字比较稚拙，应为西人书写。

出　　处：*An Authentic Account of an Embassy from the King of Great Britain to the Emperor of China*

（《英使谒见乾隆纪实》）

作　　者：Sir. George Leonard Staunton

（[英]斯当东，1737—1801）

出版时间：1798 年

出 版 者：Printed by W. Bulmer and Co. for G. Nicol, bookseller to His Majesty, Pallmall (London)

绘 制 者：W. Alexander

（[英]亚历山大）

雕 版 者：Bollyer

（[英]保利）

The APPROACH of the EMPEROR of CHINA to his TENT in TARTARY, to receive the BRITISH EMBASSADOR.

London, Publish'd April 1797 by G. Nicol.

726

5-1-4

乾隆帝接见马戛尔尼使团

（1798）

CELEBRITY CATALOGUE

编者说明：1793年英王派马戛尔尼勋爵率使团访华。原书为使团副使斯当东的访华记录。图为乾隆帝在热河接见使团。此为铜版画，原图由随团画师亚历山大绘制，另由铜板雕刻师菲托雕刻。

出　　处：*An Authentic Account of an Embassy from the King of Great Britain to the Emperor of China*

（《英使谒见乾隆纪实》）

作　　者：Sir. George Leonard Staunton

（[英] 斯当东，1737—1801）

出版时间：1798 年

出 版 者 ：Printed by W. Bulmer and Co. for G. Nicol, bookseller to His Majesty, Pallmall (London)

绘 制 者 ：W. Alexander

（[英] 亚历山大）

雕 版 者 ：J. Fittler

（[英] 菲托）

Lemaître direxit.

Cérémonie du labourage, faite par l'Empereur de la Chine.

5-1-5

乾隆帝躬耕图

（1853）

编者说明：明、清两代，每年春天，皇帝要举行亲耕礼。虽然是个仪式，但倡导的是重农亲民的理念。此图表现了乾隆帝当年举行该仪式的情形。

CELEBRITY CATALOGUE

出　　处：*Chine Moderne, ou, Description Historique*

（《中国图识》）

作　　者：G. Pauthier and Bazin

（[法] 波蒂埃，1801—1873；

[法] 巴赞，1799—1863 ）

出版时间：1853 年

出 版 者：Firmin Didot Fréres (Paris)

Audience of Kien-loong.

5-1-6

乾隆帝赐荷包

（1857）

CELEBRITY CATALOGUE

编者说明：1793年英王派马戛尔尼勋爵率使团访华。此图表现乾隆帝赐荷包予马戛尔尼访华使团副使斯当东的儿子小斯当东的情形。小斯当东当时12岁，会说几句中国话。

出　　处：*China: A General Description of that Empire and its Inhabitants*

（《中华帝国及其居民概述》）

作　　者：Sir. John Francis Davis

（[英] 德庇时，1795—1890）

出版时间：1857 年

出 版 者：Charles Knight & Co. (London)

名人图录
/
清朝皇帝

The Emperor of China delivering the Seals of Office to his Commissioner.

5-1-7

道光帝授印图

（1841）

CELEBRITY CATALOGUE

编者说明：道光是清宣宗爱新觉罗·旻宁的年号。此图表现道光帝亲授官印给官员的情形。官印是官员官爵和权力的象征。

出　　处：*The Chinese as They are*

　　　　（《实际的中国人》）

作　　者：G. Tradescant Lay

　　　　（[英] 李太郭，1825—1845）

出版时间：1841 年

出 版 者：W. Ball & Co. (London)

名人图录

/

清朝皇帝

Réception du corps diplomatique par l'empereur de Chine, le 29 juin 1873. — Dessin de E. Ronjat, d'après une peinture chinoise.

5-1-8

同治帝接见各国公使

（1873）

CELEBRITY CATALOGUE

出　　处：*Le Tour du Monde, Nouveau Journal des*

　　　　　Voyages

　　　　　（《周游世界之新航海日志》）

作　　者：Édouard Charton

　　　　　（［法］爱德华·沙尔东，1807—1890）

出版时间：1876 年

出 版 者：Hachette (Pairs)

绘 图 者：E. Ronjat

　　　　　（［法］E. 罗尼亚特，1822—1912）

编者说明：同治是清穆宗爱新觉罗·载淳的年号。据原图说明文字，同治帝接见外国公使的时间为1873年6月29日。据相关文献，此次接见的地点在紫光阁，此前经过三四个月的反复交涉，清廷最终同意外国公使觐见时可以不行三跪九叩之礼。当天参加觐见的包括英、法、俄、美、荷、日等国驻华公使、代办，俄使倭良嘎哩以公使团长名义向同治帝致颂词，各国公使呈递本国国书。

名人图录

/

清朝皇帝

[*Frontispiece.*

THE EMPEROR KWANGSU.

(*Drawn from life by a Chinese artist.*)

5-1-9

光绪帝肖像画

（1900）

CELEBRITY CATALOGUE

编者说明：原图说明指出，此画像是中国艺术家照光绪帝本人绘制。此画像完全把光绪帝画成了西洋人模样，似乎不大可能是中国人绘制。

出　　处：*China in Decay, The Story of a*
　　　　　Disappearing Empire
　　　　　（《衰退中的中国》）

作　　者：Alexis S. Krausse
　　　　　（［英］克劳斯，1859—1904）

出版时间：1900 年

出 版 者：Chapman & Hall, Ltd. (London)

EMPEROR KUANG HSÜ AND BROTHER

5-1-10

编者说明：兄弟难辨伯仲，据称光绪帝童年时比较瘦弱，故右侧拿折扇者可能为光绪帝。

光绪帝兄弟合影

（1901）

CELEBRITY CATALOGUE

出　　处：*China in Convulsion*

　　　　　（《动乱中的中国》）

作　　者：Arthur H. Smyth

　　　　　（[美] 明恩溥，1845—1932）

出版时间：1901 年

出 版 者 ：Fleming H. Revell Company (New York)

名人图录

/

清朝皇帝

L'Empereur Kouang-Siu

5-1-11

光绪帝肖像

（1910）

CELEBRITY CATALOGUE

出　　处：*La Vie Secrète de la Cour de Chine*

　　　　　（《慈禧太后传》）

作　　者：Albert Maybon

　　　　　（[法]阿尔贝特·迈邦，1878—1940）

出版时间：1910 年

出 版 者：F. Juven (Paris)

名人图录

/

清朝皇帝

THE SON OF HEAVEN.

H.M. HSÜAN-T'UNG, EMPEROR OF CHINA.

5-1-12

幼年溥仪像

（1910）

编者说明：溥仪（1906—1967），清朝末代皇帝。光绪帝侄，醇亲王载沣子。1908年登基，年号宣统，1912年退位。

CELEBRITY CATALOGUE

出　　处：*China Under the Empress Dowager*

　　　　（《慈禧太后统治下的中国》）

作　　者：J.O.P. Bland & E. Backhouse

　　　　（［英］濮兰德，1863—1945；

　　　　［英］巴克斯，1873—1944）

出版时间：1910 年

出 版 者：William Heinemann (London)

5-1-13

编者说明：民国时期溥仪像，应为居住故宫时期拍摄。

青年溥仪像

（1922—1923）

CELEBRITY CATALOGUE

出　　处：*Chinese Lanterns*

（《中国灯笼》）

作　　者：Grace Thompson Seton

（[美] 格蕾丝·汤普森·西登，

1872—1959）

出版时间：1924 年

出 版 者：Dodd, Mead and Company (New York)

摄 影 者：Grace Thompson Seton

THE EMPEROR AND RABINDRANATH TAGORE IN THE FORBIDDEN CITY

5-1-14

溥仪和泰戈尔在紫禁城合影

（1924）

CELEBRITY CATALOGUE

出　　处：*Twilight in the Forbidden City*

　　　　　（《紫禁城的黄昏》）

作　　者：Reginald F. Johnston

　　　　　（[英] 庄士敦，1874—1938）

出版时间：1934 年

出 版 者：Victor Gollancz Ltd.（London）

拍摄时间：1924 年

编者说明：1924年4月，印度诗人泰戈尔曾访问中国。4月27日，泰戈尔游览紫禁城御花园，中午溥仪举行招待会。图为二人在御花园的合影。

THE EMPEROR ON HIS THRONE IN THE PALACE OF CLOUDLESS HEAVEN,
FORBIDDEN CITY

5-1-15

溥仪在乾清宫的皇帝宝座上

（1919—1924）

CELEBRITY CATALOGUE

出　　处：*Twilight in the Forbidden City*

　　　　　（《紫禁城的黄昏》）

作　　者：Reginald F. Johnston

　　　　　（[英]庄士敦，1874—1938）

出版时间：1934 年

出 版 者 ：Victor Gollancz Ltd.（London）

慶親王

PRINCE CH'ING, PREMIER OF CHINA, ONE OF THE NEGOTIATORS
IN 1900

5-2-1

奕劻

（1900）

CELEBRITY CATALOGUE

出　　处：*Letters from China*

（《中国来信》）

作　　者：Sarah Pike Conger

（［美］莎拉·康格，1843—1932）

出版时间：1909 年

出 版 者：Hodder and Stoughton（London）

拍摄时间：1900 年

编者说明：爱新觉罗·奕劻（1836—1918），字辅廷，乾隆帝第十七子永璘孙。光绪十年（1884）任总理各国事务大臣，封庆郡王。光绪二十年封庆亲王。光绪二十六年庚子事变，慈禧光绪西逃，留京与李鸿章任议和全权大臣。次年改总理衙门为外务部，任总理大臣。光绪二十九年任军机大臣。光绪三十三年兼管陆军部。宣统三年（1911）任"皇族内阁"总理大臣。武昌起义后，主张起用袁世凯，袁任总理大臣后，改任弼德院总裁。清帝退位后，寓居天津。

PRINCE CH'ING

5-2-2

编者说明：庆亲王奕劻，与上一图相比，稍
显年轻。

奕劻

（1901）

CELEBRITY CATALOGUE

出　　处：*China in Convulsion*

　　　　（《动乱中的中国》）

作　　者：Arthur H. Smyth

　　　　（［美］明恩溥，1845—1932）

出版时间：1901 年

出 版 者：Fleming H. Revell Company (New York)

H.I.H. PRINCE CHING.

5-2-3

编者说明：晚年庆亲王奕劻，拍摄时间与第一张奕劻照片接近。

奕劻

（1902）

CELEBRITY CATALOGUE

出　　处：*Through Hidden Shensi*

　　　　　（《穿越神秘的陕西》）

作　　者：Francis H. Nichols

　　　　　（[美]尼科尔斯，1868—1904）

出版时间：1902 年

出 版 者 ：Charles Scribner's Sons (New York)

名人图录

/

皇亲国戚

PRINCE CHING

5-2-4

奕劻肖像画

（1903）

编者说明：除了为慈禧太后画像，原书作者还为庆亲王奕劻等人画像，此画像与照片对比，非常逼真。

CELEBRITY CATALOGUE

出　　处：*With the Empress Dowager of China*

　　　　　（《慈禧写照记》）

作　　者：Katharine A. Carl

　　　　　（[美] 柯姑娘，1858—1938）

出版时间：1926 年

出 版 者：Société Française de Librairie et d'édition

　　　　　(Tientsin)

绘 图 者：Katharine A. Carl

绘制时间：1903 年

His Highness Prince Ch'ing : the last Manchu Premier.

5-2-5

编者说明：原图说明称奕劻为最后的满族
总理大臣，据其生平，此照片大致拍摄于
1911年。

奕劻

（1911）

CELEBRITY CATALOGUE

出　　处：*The Passing of the Manchus*

（《清朝的消亡》）

作　　者：Percy Horace Braund Kent

（[英] 甘博士，1876—1963）

出版时间：1912 年

出 版 者：E. Arnold (London)

PRINCE KUNG.

5-2-6

奕䜣画像

（1867）

CELEBRITY CATALOGUE

出　　处：*Social Life of the Chinese*

（《中国人的社会生活》）

作　　者：Rev. Justus Doolittle

（[美] 卢公明，1824—1880）

出版时间：1867 年

出 版 者：Harper & Brothers Publishers (New York)

编者说明：爱新觉罗·奕䜣（1833—1898），道光帝第六子，咸丰帝异母弟。咸丰元年（1851）封恭亲王。三年（1853）太平天国北伐军逼近京津，署领侍卫内大臣办理巡防，在军机大臣上行走。十年（1860）英法联军攻陷北京，以全权大臣身份留京主持议和。十一年（1861），主持总理衙门。同年，咸丰病死热河，奕䜣与慈禧发动祺祥政变，任议政王，掌管军机处和总理衙门，推动洋务运动，为洋务派首领。同治四年（1865）被罢议政王及一切职务。旋复掌军机处和总理衙门。光绪十年（1884）中法战争中又被慈禧解职。二十年（1894）中日战争爆发，复出任总理大臣、军机大臣。二十四年（1898）授宗令，不久病死。画像应根据本人或照片所绘。

名人图录

/

皇亲国戚

PRINCE KUNG.

5-2-7

奕䜣画像

（1869）

CELEBRITY CATALOGUE

出　　处：*China and the Chinese*

　　　　（《中国和中国人》）

作　　者：John L. Nevius

　　　　（[美] 倪伟思，1829—1893）

出版时间：1869 年

出 版 者 ：Sampson Low, Son, and Marston (London)

名人图录

/

皇亲国戚

PRINCE KUNG.
By Mr. J. Thomson.

5-2-8

奕䜣

（1871）

CELEBRITY CATALOGUE

编者说明：较常见的一张恭亲王奕䜣照片，已是不惑之年。英国摄影师汤姆逊1862—1866年间到亚洲旅行拍摄。1868年再次来华，在香港开设一间摄影室，并到北京等地旅行摄影，行迹遍及大半个中国。1872年回国。此照片为其1871年访问北京期间为奕䜣拍摄。

出　　处：*Intimate China*

　　　　　（《熟悉的中国》）

作　　者：Mrs. Archibald Little

　　　　　（[英] 立德夫人，1845—1926）

出版时间：1899 年

出 版 者：Hutchinson & Co. (London)

摄 影 者：J. Thomson

　　　　　（[英] 约翰·汤姆逊，1837—1921）

拍摄时间：1871 年

PRINCE KUNG

5-2-9

奕䜣

（1871）

CELEBRITY CATALOGUE

编者说明：此图据照片所绘，照片是汤姆逊所摄，拍摄时间与上一张相同，人物神态、姿势和服饰相同，只是背景不同。上一张背景是竹门帘，此一张是假山石。

出　　处：*The Middle Kingdom*

　　　　　（《中国总论》）

作　　者：S. Wells Williams

　　　　　（［美］卫三畏，1812—1884）

出版时间：1883 年

出 版 者：W. H. Allen & Co.（London）

SHAN CH'ING.
Son of general (Tartar).

PRINCE CH'ÜN.
Emperor's father (Manchu).

LI HUNG-CHANG.
(Chinese.)

5-2-10

奕譞与李鸿章、善庆

（1885—1886）

CELEBRITY CATALOGUE

出　　处：*Intimate China*

　　　　　（《熟悉的中国》）

作　　者：Mrs. Archibald Little

　　　　　（［英］立德夫人，1845—1926）

出版时间：1899 年

出 版 者：Hutchinson & Co. (London)

摄 影 者：Mrs. Archibald Little

编者说明：善庆（？—1888），满洲正黄旗人，张佳氏。初从胜保镇压捻军，官协领，后擢副都统。同治六年（1867）与刘铭传攻东捻，败捻军于潍县，擢杭州将军。光绪元年（1875）调绥远城，历宁夏、江宁。后改授正红旗汉军副都统，驻师通州。十一年（1885），充御前侍卫，佐海军事务。十三年（1887）出任福州将军，次年去世。此照片或拍摄于1885—1886年佐海军事务期间，照片中三人均与最初创办海军有关。照片中左一为善庆，左三为李鸿章。

名人图录

/

皇亲国戚

A MANCHU PRINCE—HIS HIGHNESS PRINCE CH'UN, FATHER OF
HIS MAJESTY THE EMPEROR OF CHINA.

5-2-11

奕谭

（1888）

CELEBRITY CATALOGUE

出　　处：*The Long White Mountain*

　　　　（《长白山》）

作　　者：H. E. M. James

　　　　（[英]亨利·埃文·默奇森·詹姆斯爵士，

　　　　1846—1923)

出版时间：1888 年

出 版 者：Longmans, Green, and Co. (London)

编者说明：爱新觉罗·奕谭（1840—1891），道光帝第七子，光绪帝生父。咸丰帝继位后，被封为醇郡王。同治帝继位，迭授都统、御前大臣，领侍卫内大臣，管神机营。同治三年（1864），加亲王衔。十一年（1872）晋封为醇亲王。光绪十一年（1885）设立海军，授命总理，支持李鸿章创办北洋舰队。原书作者为英国派驻印度的殖民官员，同时也是探险家和作家，该书为晚清时西方人在东北长白山、松花江、沈阳、吉林、黑龙江等地旅行记。

Prinz Chung.

5-2-12

编者说明：晚年奕譞照片。

奕譞

（1900）

CELEBRITY CATALOGUE

出　　处：*China und Japan*

　　　　　（《中国和日本通览》）

作　　者：Ernst von Hesse Wartegg

　　　　　（[美] 海司，1851—1918）

出版时间：1900 年

出 版 者：J. J. Weber (Leipzig)

名人图录
/
皇亲国戚

YÜ CH'UNG, SON OF PRINCE P'U-LUN, IN JAPANESE ARMOUR
DATED 1351

5-2-13

毓崇

（1934）

CELEBRITY CATALOGUE

出　　处：*Twilight in the Forbidden City*

　　　　（《紫禁城的黄昏》）

作　　者：Reginald F. Johnston

　　　　（［英］庄士敦，1874—1938）

出版时间：1934 年

出 版 者：Victor Gollancz Ltd.（London）

编者说明：爱新觉罗·毓崇（1903—1965），爱新觉罗·溥仪族侄。其父为爱新觉罗·溥伦。1912年"奉旨入宫"为溥仪伴读。溥仪赏予"头品顶戴"，准其"在紫禁城内骑马"。后随溥仪到天津，在"行在"办事处"值班"；又随溥仪到长春，为侍卫官。伪满政权覆灭后辗转回京。据原图说明，毓崇身着1351年的日本武士铠甲。

THE REGENT, PRINCE CH'UN, WITH HIS TWO SONS, THE PRESENT EMPEROR (STANDING) AND PRINCE P'U CHIEH.

5-2-14

载沣与其子溥仪、溥杰

（1910）

CELEBRITY CATALOGUE

出　　处：*China Under the Empress Dowager*

　　　　　（《慈禧太后统治下的中国》）

作　　者：J.O.P. Bland & E. Backhouse

　　　　　（[英] 濮兰德，1863—1945；

　　　　　[英] 巴克斯，1873—1944）

出版时间：1910 年

出 版 者：William Heinemann (London)

编者说明：载沣（1883—1952），醇亲王奕
譞第五子，光绪帝弟，宣统帝父。光绪十六
年底（1891年1月）袭封醇亲王。光绪二十七
年（1901）以头等专使大臣赴德，就德国
驻华公使克林德被杀事件道歉。三十四年
（1908）入值军机处，同年宣统帝继位，授
监国摄政王。次年罢袁世凯，设禁卫军，代理
海陆军大元帅。宣统三年（1911）成立皇族
内阁。辛亥革命爆发后被迫辞职。1928年移
居天津。

名人图录

/

皇亲国戚

H.I.H. PRINCE CH'UN AND SIR HENRY BLAKE, GOVERNOR OF HONG KONG, 1901

5-2-15

载沣与港督卜力

（1901）

CELEBRITY CATALOGUE

出　　处：*Twilight in the Forbidden City*

（《紫禁城的黄昏》）

作　　者：Reginald F. Johnston

（[英]庄士敦，1874—1938）

出版时间：1934 年

出 版 者：Victor Gollancz Ltd.（London）

拍摄时间：1901 年

编者说明：因义和团运动中德国公使克林德在北京被杀，载沣于光绪二十七年（1901）被委派充任头等专使大臣赴德国道歉谢罪。图为去德国途经香港与港督卜力（Henry Arthur Blake，1840—1918）合影。卜力为英国派驻香港的第十二任港督（1898—1903）。1898年，卜力曾派军舰炮轰大埔，迫使原居民投降。任内也进行了不少市政建设，包括铺设电车轨道等。1903年任满，前往锡兰任总督。今日香港岛上环太平山街的卜公花园与已拆卸的卜公码头，就是以他的名字命名。

Herr Boß			Herr	Herr		Herr	Oberst		Major	Oberlt.	Direktor	
Herr	Hauptmann	Baurat	Müßlig	Zborón	Homann	Wen hua		v. Western-	Schmolke	Professor	
Weinberger	Ahlers	Baur	Direktor	Oberleutnant	Oberst	Oberst	Legationssekr.	hagen		Rausenberger	
Direktor		Eccius	Leutwein	Tien Hsien-chang	Liu	Kinyer T.T. Wang	Oberst	Major	Geheimrat		Herr
Hartwig		Hauptmann	Oberst	En-yüan	Oberst		Yao Pao-lai	Wu Wei-yü	Dr. Hugenberg	Direktor	Heusinger
		Tang Pao-chao	Hsü Chi-shan		v. Falkenhayn			Herr Krupp	Generalmajor	Dr. Dreger	Herr
			Generalmajor		S. Kaiserl. Hoheit	von Bohlen	Ha Han-chang			Direktor	Jakob
			Liang-pi		Prinz Tsai-tao	und Halbach			Dr. Gillhausen		

5-2-16

以载沣为首的中国军事考察团在德国合影（1910）

CELEBRITY CATALOGUE

编者说明：以载沣为首的中国军事考察团1910年6月17日参观德国埃森克虏伯军工厂后与德方接待人员合影。载沣为前排着中式服装者，其左侧第二人为良弼。

出　　处：*Besuch der chinesischen Militar-*
　　　　　Studienkommission unter Fuhrung Sr.
　　　　　Kaisserlichen Hoheit des Prinzen Tsai-Tao
　　　　　auf dem Schlessplatz Essen am 17. Juni 1910
　　　　　（《中国军事考察团 1910 年 6 月 17 日
　　　　　参观德国克虏伯军工厂》）

作　　者：Friedrich Alfred Krupp
　　　　　（[德] 克虏伯，1854—1902）

出版时间：1910 年

出 版 者：Fried. Krupp A.G. (Essen)

拍摄时间：1910 年

名人图录
/
皇亲国戚

PRINCE TSAI-T'AO
(BROTHER OF THE LATE EMPEROR KUANG HSÜ.)

5-2-17

载涛
（1912）

CELEBRITY CATALOGUE

出　　处：*Recent Events and Present Policies in China*

（《中国最近的事变和当前的政策》）

作　　者：J.O.P. Bland

（[英]濮兰德，1863—1945）

出版时间：1912 年

出 版 者：William Heinemann (London)

编者说明：爱新觉罗·载涛（1887—1970），清醇亲王奕譞第七子，光绪帝同父异母弟。光绪十六年（1890）受封二等镇国将军。同年底晋封不入八分辅国公。16岁袭贝勒爵。光绪三十年（1904）入陆军贵胄学堂。光绪三十四年加郡王衔，任宫廷守卫门禁，总司稽查，旋任专司训练禁卫军大臣。宣统元年（1909），被任命管理军咨处事务。次年任军咨大臣。武昌起义爆发后，袁世凯被重新起用，自动交出兵权。1950年，被任命为中国人民解放军炮兵司令部马政局顾问。后当选全国人大代表、全国政协委员。1970年在北京病逝。

12. Prince Cai Tao, Pujia, and Mr Yun at Cherry Glen in 1920 (with permission of the Stewart Lockhart Collection, George Watson's College, and the Scottish National Portrait Gallery)

5-2-18

载涛、溥佳等合影

（1920）

编者说明：1920年载涛（左一）、溥佳（右一）在庄士敦妙峰山南樱桃村的别墅乐静山斋合影。

CELEBRITY CATALOGUE

出　　处：*Scottish Mandarin: the Life and Times of Sir Reginald Johnston*

（《苏格兰的中国人：庄士敦的生活和时代》）

作　　者：Shioina Airlie

（[英] 史奥娜·艾尔利，b. 1953）

出版时间：2012 年

出 版 者：Hong Kong University Press (Hong Kong)

拍摄时间：1920 年

HIS HIGHNESS PRINCE TSAI HSÜN.

Brother of the late Emperor and Present Regent—recently head of the Naval Mission to Europe and America.

5-2-19

载洵

（1910）

CELEBRITY CATALOGUE

出　　处：*China Under the Empress Dowager*

（《慈禧太后统治下的中国》）

作　　者：J.O.P. Bland & E. Backhouse

（[英] 濮兰德，1863—1945；

[英] 巴克斯，1873—1944）

出版时间：1910 年

出 版 者：William Heinemann (London)

编者说明：爱新觉罗·载洵（1885—1949），醇亲王奕譞第六子，光绪帝弟。光绪十三年（1887），封不入八分辅国公，光绪十六年晋辅国公，次年封镇国公。光绪二十八年袭贝勒爵。光绪三十四年加郡王衔。宣统元年（1909），任筹办海军大臣。次年赴美考察军政，后任参预政务大臣，12月任海军大臣。宣统三年任"皇族内阁"海军大臣，同年9月去职。辛亥革命后寓居天津。

THE "BEILEH" TSAI YING, SON OF PRINCE KUNG (CASHIERED BY TZŬ HSI FOR
PRO-BOXER PROCLIVITIES), AND HIS SON.

5-2-20

载滢与其子

（1910）

CELEBRITY CATALOGUE

编者说明：爱新觉罗·载滢（1861—1909），恭亲王奕訢次子。同治三年（1864）封不入八分镇国公。七年（1868）袭贝勒爵。光绪十五年（1889），加郡王衔。二十六年（1900）以罪革爵归宗。著有《格言简要》《云林书屋诗集》等。

出　　处：*China Under the Empress Dowager*
　　　　　（《慈禧太后统治下的中国》）

作　　者：J.O.P. Bland & E. Backhouse
　　　　　（［英］濮兰德，1863—1945；
　　　　　［英］巴克斯，1873—1944）

出版时间：1910 年

出 版 者：William Heinemann (London)

H.I.H. Prince Tsai-Chen, son of Prince Ch'ing,
Special Ambassador to the Coronation of King Edward

5-2-21

载振

（1912）

CELEBRITY CATALOGUE

出　　处：*Recent Events and Present Policies in China*

（《中国最近的事变和当前的政策》）

作　　者：J.O.P. Bland

（[英] 濮兰德，1863—1945）

出版时间：1912 年

出 版 者 ：William Heinemann (London)

编者说明：爱新觉罗·载振（1876—1948），字育周，清宗室，庆亲王奕劻长子。光绪十五年（1889）赐头品顶戴。光绪二十年封二等镇国将军。光绪二十七年代表清政府赴英国参加英皇加冕典礼。次年赴日本考察第五届劝业博览会，返国后奏请成立商部，任尚书。光绪三十二年改任农工商部尚书，不久辞职。宣统元年（1909）署正白旗副都统，再度被派赴日。后任蒙古正红旗副都统。宣统三年，任弼德院顾问大臣。辛亥革命后寓居天津。著有《英轺日记》。

22. Johnston's 'pocket princess', Madame Zheng (Yunhe), her husband Zheng Tuiai, and their child with others at Johnston's house in Kew, 1933 (with permission of the Stewart Lockhart Collection, George Watson's College, and the Scottish National Portrait Gallery)

5-2-22

韫龢、郑广元夫妇

（1933）

CELEBRITY CATALOGUE

出　　处：*Scottish Mandarin: the Life and Times of*
　　　　　Sir Reginald Johnston
　　　　　（《苏格兰的中国人：庄士敦的生活和
　　　　　时代》）

作　　者：Shioina Airlie
　　　　　（［英］史奥娜·艾尔利，b. 1953）

出版时间：2012 年

出 版 者：Hong Kong University Press (Hong Kong)

拍摄时间：1933 年

编者说明：爱新觉罗·韫龢（1911—2001），溥仪的妹妹，嫁给曾任伪满洲国总理的郑孝胥的孙子郑广元。图为1933年韫龢（中坐者）与郑广元（坐者右一）及他们的孩子（韫龢怀抱中）在末代帝师庄士敦英国伦敦邱园住宅的花园与庄士敦（站者右一）及友人合影，他们夫妇在此待了一年之久，孩子也诞生于此。

P'U-CHIA (COUSIN OF THE EMPEROR AND FELLOW-PUPIL) ON HORSEBACK IN THE FORBIDDEN CITY
BESIDE A TUTOR'S CHAIR

5-2-23

溥佳

（1919—1924）

编者说明：爱新觉罗·溥佳（1908—1949），载涛之次子，溥仪的堂弟。幼年曾在皇宫陪伴溥仪习英文。

CELEBRITY CATALOGUE

出　　处：*Twilight in the Forbidden City*
　　　　　（《紫禁城的黄昏》）

作　　者：Reginald F. Johnston
　　　　　（[英] 庄士敦，1874—1938）

出版时间：1934 年

出 版 者 ：Victor Gollancz Ltd.（London）

拍摄时间：1919—1924 年

THE TA-A-KO, SON OF PRINCE TUAN, THE BOXER LEADER.

Appointed Heir-Apparent in January, 1900. Appointment rescinded November, 1901.

5-2-24

溥儁

（1910）

CELEBRITY CATALOGUE

出　　处：*China Under the Empress Dowager*

（《慈禧太后统治下的中国》）

作　　者：J.O.P. Bland & E. Backhouse

（ [英] 濮兰德，1863—1945；

[英] 巴克斯，1873—1944）

出版时间：1910 年

出 版 者：William Heinemann (London)

编者说明：爱新觉罗·溥儁（1886—1929），惇亲王奕誴之孙，端郡王载漪之子。光绪二十六年（1900）初慈禧太后谋废光绪帝，溥儁被立为"大阿哥"，入为同治帝继子，在弘德殿读书。八国联军攻陷北京后，随慈禧太后逃往西安，次年10月慈禧太后返回北京途经开封时，因载漪获罪，溥儁被废"大阿哥"名号。不久，赏入八分公衔俸，认祖归宗，迁入惇王府。后曾任北洋政府参议。

名人图录
/
皇亲国戚

PRINCE AND PRINCESS PÚ LUN AND FAMILY

5-2-25

溥伦全家合影

（1909）

CELEBRITY CATALOGUE

出　　处：*Letters from China*

　　　　（《中国来信》）

作　　者：Sarah Pike Conger

　　　　（[美] 莎拉·康格，1843—1932）

出版时间：1909 年

出 版 者：Hodder and Stoughton（London）

编者说明：爱新觉罗·溥伦（1874—1925），道光帝曾孙。字彝庵，又字叙斋。光绪七年（1881）袭贝子，光绪二十年加贝勒衔，先后任镶黄旗蒙古副都统、镶白旗汉军副都统、正红旗满洲副都统、正蓝旗满洲都统等职。曾任护军统领、崇文门正监督。光绪三十年被派赴美国考察，并参加圣路易博览会。次年率戴鸿慈、端方等五大臣赴日本、欧美各国考察。光绪三十四年任资政院总裁。宣统三年（1911）任"皇族内阁"农工商部大臣。1915年代表宗室和八旗王公拥戴袁世凯称帝，任参政院院长。

H.I.H. P'u Ju, Cousin of the Present Emperor, Son of the Boxer Prince Tsai-Ying, and Grandson of Prince Kung.

5-2-26

溥儒
（1910）

CELEBRITY CATALOGUE

出　　处：*China Under the Empress Dowager*
　　　　　（《慈禧太后统治下的中国》）

作　　者：J.O.P. Bland & E. Backhouse
　　　　　（[英] 濮兰德，1863—1945；
　　　　　[英] 巴克斯，1873—1944）

出版时间：1910 年

出 版 者：William Heinemann (London)

编者说明：爱新觉罗·溥儒（1896—1963），字心畬，号西山逸士。恭亲王奕䜣之孙，载滢之子。早年毕业于北京法政学堂，后留学德国，毕业于柏林大学。27岁获德国研究院天文学博士。归国后，嗜诗文书画，皆有所成。曾任北京师范大学及艺术专门学校教授。抗战期间拒与日伪合作。抗战胜利后当选国民大会代表。1949年到台湾，曾先后任教于日本京都帝国大学、台湾师范大学。著有《四书经义集证》《尔雅释言经证》《寒玉堂论书画》等。

名人图录
/
皇亲国戚

KÍYING.

IMPERIAL COMMISSIONER.

5-2-27

耆英

（1883）

CELEBRITY CATALOGUE

出　　处：*The Middle Kingdom*

　　　　　（《中国总论》）

作　　者：S. Wells Williams

　　　　　（［美］卫三畏，1812—1884）

出版时间：1883 年

出 版 者：W. H. Allen & Co.（London）

编者说明：爱新觉罗·耆英（1790—1858），字介春，属满洲正蓝旗，多罗勇壮贝勒穆尔哈齐六世孙，嘉庆朝东阁大学士禄康之子。以荫生授宗人府主事，迁理事官，历官内阁学士、护军统领、内务府大臣、礼部尚书、户部尚书、钦差大臣兼两广总督、文渊阁大学士。《南京条约》签订的中方代表之一。后因欺谩之迹为王大臣弹劾，被咸丰帝赐自尽。

名人图录

/

皇亲国戚

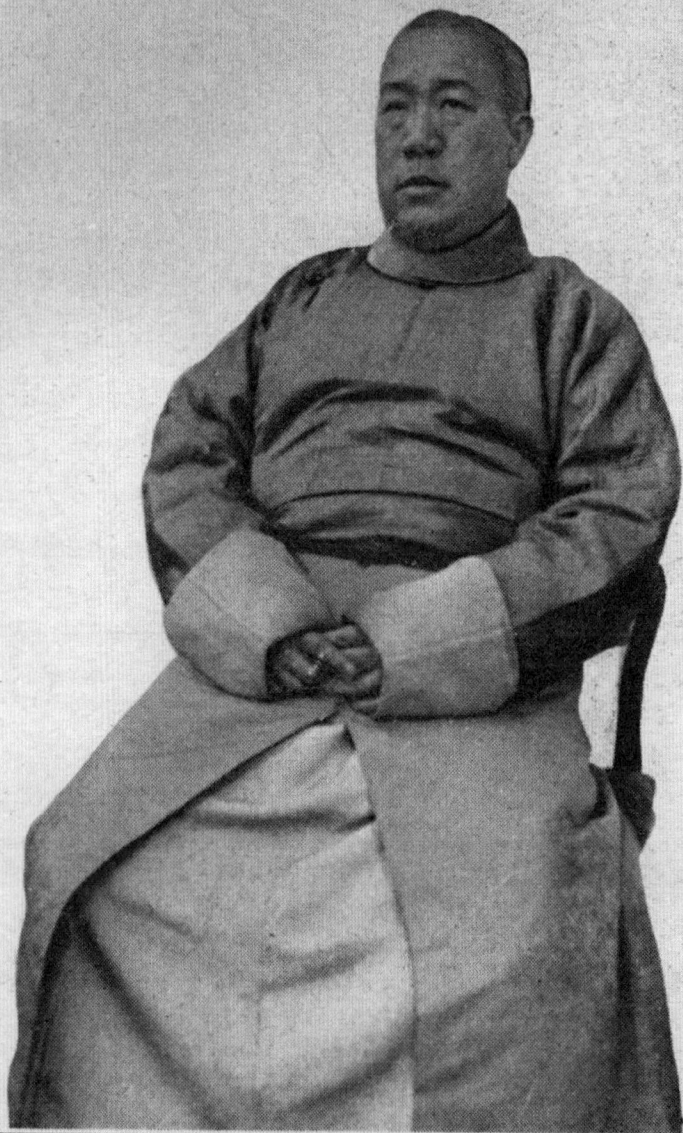

PRINCE SU

5-2-28

善耆

（1901）

CELEBRITY CATALOGUE

出　　处：*China in Convulsion*

　　　　（《动乱中的中国》）

作　　者：Arthur H. Smyth

　　　　（[美]明恩溥，1845—1932）

出版时间：1901 年

出 版 者：Fleming H. Revell Company (New York)

编者说明：爱新觉罗·善耆（1866—1922），字艾堂，清皇太极直系子孙。光绪十二年（1886）封二等镇国将军。光绪二十四年承袭第十世肃亲王。历任镶红旗汉军都统、民政部尚书、宗人府左宗正、筹办海军大臣、理藩院大臣等职。1912年与溥伟、铁良、良弼等成立宗社党。清帝退位后，避居旅顺、大连，再组宗社党，在日本军方支持下与川岛浪速勾结从事复辟清室活动。1922年病死。

名人图录
/
皇亲国戚

TUNG SÜN THE POET (IN CENTRE), WITH HIS TWO CHINESE COLLEAGUES, 1871.

5-3-1

董恂

（1871）

CELEBRITY CATALOGUE

出　　处：*John Chinaman and a few Others*

（《中国佬约翰及其他》）

作　　者：Edward Harper Parker

（[英] 庄延龄，1849—1926）

出版时间：1901 年

出 版 者：John Murray (London)

摄 影 者：J. Thomson

（[英] 约翰·汤姆逊，1837—1921）

拍摄时间：1871 年

编者说明：董恂（1807－1892），原名醇，字忱甫，号蕴卿，江苏甘泉人。清道光进士，供职于户部。咸丰三年（1853）授湖南粮道。咸丰六年授清河道。咸丰八年擢京畿顺天府尹。咸丰十年，任户部右侍郎，入值总理衙门。咸丰十一年，署天津、烟台、牛庄三口通商大臣。同治三年（1864），协修《文宗咸丰帝实录》。次年擢都察院左都御史，翌年调兵部尚书。同治八年任户部尚书。曾力主派使臣驻外国。同治九年任总理衙门大臣。光绪四年（1878）奉命主修《穆宗实录》，光绪六年离总理衙门，光绪八年解户部尚书职。著有《楚漕江程》《还读我书室老人手订年谱》《荻芬书屋诗文稿》等。原图说明称中间坐者为董恂。

Viceroy Tsên Chûn-hsüan with his two little Sons.

This likeness was presented to Mrs. Little by the Viceroy himself on the occasion of her audience about Foot-binding.

5-3-2

岑春煊
（1904）

CELEBRITY CATALOGUE

出　　处：*Across Yunnan*
　　　　　（《穿越云南》）

作　　者：Archibald Little
　　　　　（[英] 立德，1838—1908）

出版时间：1910 年

出 版 者：Sampson Low, Marston & Co., Ltd.
　　　　　(London)

拍摄时间：1904 年

编者说明：岑春煊（1861—1933），原名春泽，字云阶，生于广西西林。光绪十一年（1885）中举人，光绪十五年以五品京堂候补。光绪十八年补光禄寺少卿，旋迁太仆寺少卿。光绪二十四年任甘肃布政使。光绪二十六年八国联军进犯北京，率部赴京勤王，慈禧太后、光绪帝出逃时随行护驾有功，升任陕西巡抚。光绪二十七年调任山西巡抚。光绪二十八年任四川总督。次年出任两广总督。光绪三十年兼任粤海关监督。光绪三十三年任邮传部尚书。1912年被袁世凯任命为福建宣慰使，次年任粤汉川铁路总办。后参加倒袁，失败后逃亡南洋。护国运动爆发后，曾赴日本为护国军筹借经费。1916年，陆荣廷在肇庆成立军务院，岑任抚军副长。1918年任护法军政府主席总裁。1920年与陆荣廷宣布撤销军政府，同年到上海租界作寓公。1933年病逝于上海。此书记录的云南旅行在1904年，照片拍摄于同年。

16. The imperial tutors Chen Baoshen and Ju Yifan with Liu Tiqian, a relative of Li Hongzhang, Cherry Glen, 1923–24 (with permission of the Stewart Lockhart Collection, George Watson's College, and the Scottish National Portrait Gallery)

5-3-3

陈宝琛和朱益藩等

（1923—1924）

CELEBRITY CATALOGUE

出　　处：*Scottish Mandarin: the Life and Times of Sir Reginald Johnston*

（《苏格兰的中国人：庄士敦的生活和时代》）

作　　者：Shioina Airlie

（[英] 史奥娜·艾尔利，b. 1953）

出版时间：2012 年

出 版 者：Hong Kong University Press (Hong Kong)

编者说明：1923—1924年间陈宝琛（中）、朱益藩(左)和刘体乾（右）在庄士敦妙峰山南樱桃村的别墅合影。陈宝琛（1848—1935），福建闽县人。清同治进士。曾任内阁学士兼礼部侍郎衔、钦差会办南洋大臣。1904年任总理礼学馆大臣，充任溥仪师。清帝退位后，仍以"帝傅"身份留在清宫。朱益藩（1861—1937），字艾卿，江西萍乡人。光绪庚寅翰林，官至湖南正主考，陕西学政，上书房师傅，考试留学生阅卷大臣。曾任京师大学堂总监督。刘体乾（1880—1940），字健之，安徽庐江人。江南武备学堂毕业。辛亥革命后历任苏州海关监督、金陵机器制造局总办。

TUNG FUHSIANG, THE ANTI-FOREIGN GENERAL SAID TO BE MAINLY
RESPONSIBLE FOR THE PEKING ATROCITIES.

5-3-4

董福祥

（1900）

CELEBRITY CATALOGUE

出　　处：*The Siege in Peking*

　　　　（《北京围困》）

作　　者：W. A. P. Martin

　　　　（[美]丁韪良，1827—1916）

出版时间：1900 年

出 版 者：Fleming H. Revell Company (New York)

拍摄时间：1900 年

编者说明：董福祥（1840—1908），清末将领，字星五，固原人。同治初年组织民团抗官自卫。同治七年（1868）投降左宗棠湘军将领刘松山，镇压回民起义。光绪二年（1876）随左宗棠湘军西征新疆，屡立战功，十二年（1886）授阿克苏镇总兵，十六年（1890）任喀什噶尔提督。二十二年（1896）加太子少保，调任甘肃提督。次年调防北京，任新军武卫后军统领，为北洋军重要一支。二十六年（1900）在廊坊等地抗击八国联军，后指挥军民围攻外国使馆，北京失陷后扈从慈禧太后西逃。后被八国联军指控为"元凶"而遭革职。三十四年在宁夏金积堡病逝。

名人图录

/

晚清民国

军政要人

及名人

COLONEL T'SAI T'ING KAN:
YUAN'S MESSENGER OF PEACE

5-3-5

蔡廷幹

（1912）

CELEBRITY CATALOGUE

出　　处：*The Passing of the Manchus*

　　　　　（《清朝的消亡》）

作　　者：Percy Horace Braund Kent

　　　　　（[英] 甘博士，1876—1963）

出版时间：1912 年

出 版 者：E. Arnold (London)

编者说明：蔡廷幹（1861—1935），字耀堂，广东香山人。同治十二年（1873）入选清政府第二批幼童赴美留学。光绪七年（1881）回国，入天津水雷电报学堂。毕业后任职于北洋水师。光绪十五年升署北洋水师左一营都司，委带左队一号鱼雷艇。光绪十八年实授都司。甲午战争后被革职。宣统二年（1910）任海军部军制司司长。1912年任南京临时政府海军部副官，临时政府北迁后，任袁世凯政府海军部参谋处高等参谋、海军副总司令兼总统高等军事参议、授海军中将衔。1913年任税务处会办，次年兼袁世凯英文秘书长。后历任中国红十字会副会长、华盛顿会议中国代表团顾问、整理内外债务委员会委员、关税会议筹备委员会副主任等职。著有《老解老》《唐诗英韵》等。

TUAN FANG, ACTING VICEROY OF HU KUANG.

5-3-6

端方

（1903）

CELEBRITY CATALOGUE

出　　处：*A Yankee on the Yangtze*

（《扬子江上美国人》）

作　　者：William Edgar Geil

（［美］盖洛，1865—1925）

出版时间：1904 年

出 版 者：A. C. Armstrong (New York)

编者说明：端方（1861—1911），字午桥，号陶斋，满洲正白旗人，托忒克氏。光绪八年（1882）中举。光绪十五年加四品衔，任职于工部。光绪十九年补工部郎中。光绪二十四年参与维新变法。戊戌政变后，补授陕西按察使。次年改任陕西布政使，护理陕西巡抚。光绪二十六年慈禧太后逃亡西安，得慈禧太后赏识。光绪二十七年升任湖北巡抚，次年兼署湖广总督，推行新政。光绪三十年调任江苏巡抚，署理两江总督。光绪三十一年，与载泽等五大臣考察欧美。次年，任两江总督兼南洋大臣。宣统元年（1909）任直隶总督。后因擅摄慈禧太后葬仪免职。宣统三年复被起用，任川汉、粤汉铁路督办大臣，不久由湖北调新军入川镇压保路风潮，行至资州为起义士兵所杀。照片中的端方时任湖广总督。原书所记长江考察在1903年，照片大致拍摄于同年。

TUAN FANG AND CHANG PIAO.

This picture is important as showing General Chang Piao, the Commander-in-Chief of the Hupeh Army and Tuan Fang, the "Friend of the Foreigner," who was brutally decapitated by his own men whilst on a tour in Szechuen in connection with the quelling of the rebellion in that province. Chang Piao, after having been routed, fled the country. The murder of Tuan Fang was one of the saddest features of the whole unrest. Both these men were high in the service of the Government, and just before the Revolution broke out Tuan Fang had been appointed as the Director-General of the National Railway Scheme, with his headquarters at Wuchang. Tuan Fang is seen sitting with Chang Piao, in military uniform, standing to the right of the late Viceroy

L 2

5-3-7

端方与张彪

（1911）

CELEBRITY CATALOGUE

出　　处：*China's Revolution: 1911—1912*
　　　　　（《辛亥革命：1911—1912》）

作　　者：Edwin J. Dingle
　　　　　（[英]丁乐梅，又名丁格尔，
　　　　　1881—1972）

出版时间：1912 年

出 版 者：The Commercial Press, Ltd. (Shanghai)

摄 影 者：Edwin J. Dingle

编者说明：张彪（1860—1927），字虎臣，山西榆次人。张之洞为山西巡抚时，为侍卫。光绪十五年（1889）随张之洞到武昌，助张创办汉阳兵工厂。光绪二十六年训练湖北新军，后为湖北防营将弁学堂管理，被授予湖广督标中军副将之衔。光绪三十二年任新军第八镇统制。光绪三十四年，补授湖北提督，总办湖北讲武学堂。宣统三年（1911）武昌起义爆发，率残部抵抗，后被清廷免职。南北议和后到天津，在日租界内筑"张园"。民国建立后，曾被聘为高等顾问，授陆军中将衔。1925年，迎废帝溥仪入张园。图中坐者为端方，左侧站立武官为张彪。原书作者为英国新闻记者、心理学家，英国皇家地理学会会员。照片应拍摄于1911年辛亥革命前后。

FÊNG KUO-CHANG.

Commander-in-Chief of the First Expedition of the Imperial Troops for the Relief of Hupeh.

5-3-8

冯国璋

（1911）

CELEBRITY CATALOGUE

出　　处：*China's Revolution: 1911—1912*

（《辛亥革命：1911—1912》）

作　　者：Edwin J. Dingle

（［英］丁乐梅，又名丁格尔，

1881—1972）

出版时间：1912 年

出 版 者：The Commercial Press, Ltd. (Shanghai)

摄 影 者：Edwin J. Dingle

编者说明：冯国璋（1859—1919），直隶河间人，字华甫。光绪十五年（1889）毕业于北洋武备学堂。十九年（1893）入聂士成武卫军，后任驻日公使军事随员。二十二年（1896）回国，协助袁世凯创办新建陆军。二十七年（1901）任北洋军教练处总办。二十九年（1903）任清政府练兵处军学司司长，督理北洋武备学堂及陆军贵胄学堂，与王士珍、段祺瑞号称"北洋三杰"。后长期任军咨使。武昌起义爆发后，任清军第一军军统，率军至湖北镇压革命。袁世凯任大总统后，统领禁卫军兼总统府军事处处长。1913年任江苏都督，授宣威上将军，为北洋直系首领。1916年当选副总统，次年代理大总统。1918年下台。

K'ANG YU-WEI

5-3-9

康有为

（1934）

CELEBRITY CATALOGUE

出　　处：*Twilight in the Forbidden City*

（《紫禁城的黄昏》）

作　　者：Reginald F. Johnston

（[英] 庄士敦，1874—1938）

出版时间：1934 年

出 版 者：Victor Gollancz Ltd.（London）

编者说明：康有为（1858—1927），广东省南海县人。光绪十四年（1888），到北京参加顺天乡试，借机上书光绪帝请求变法未果。光绪二十一年（1895）得知《马关条约》签订，联合1300多名举人上万言书，即"公车上书"。光绪二十四年（1898）实行戊戌变法，变法失败后逃往日本，自称持有皇帝衣带诏，组织保皇会。辛亥革命后，作为保皇党领袖，反对共和制，谋划溥仪复位。民国六年（1917），与张勋发动复辟，拥立溥仪登基，不久即在当时北洋政府总理段祺瑞的讨伐下宣告失败。晚年始终宣称忠于清朝。

名人图录

/

晚清民国

军政要人

及名人

Ford & West Lith.

天 德

TIÈN·TÈ

CHIEF OF THE INSURRECTION.

Published by Smith, Elder & Co London ,1853.

824

5-3-10

洪大全

（1853）

CELEBRITY CATALOGUE

编者说明：洪大全（1824—1852），湖南兴宁人，清末湖南天地会首领。原名焦亮，亦称焦大。咸丰元年（1851）与洪秀全联络，随太平军至永安（今蒙山），次年被俘后解送至北京被杀害。原称"天德王"，追封为悫王。原图说明文字有中文"天德"二字。

出　　处：*History of the Insurrection in China*

（《1853 年中国叛乱史》）

作　　者：J. M. Callery

（[法]加略利，1810—1862）

出版时间：1853 年

出 版 者：Smyth, Elder (London)

HU YU-FEN, DIRECTOR OF RAILWAYS

5-3-11

胡燏棻

（1906）

CELEBRITY CATALOGUE

出　　处：*China and Her People*

（《大清国及其子民》）

作　　者：Charles Denby

（[美]田贝，1830—1904）

出版时间：1906 年

出 版 者：L. C. Page & Company (Boston)

编者说明：胡燏棻（？—1906），字芸楣，祖籍浙江萧山，生于安徽泗州。同治十三年（1874）中进士，后补天津道。光绪十七年（1891）任广西按察使。二十年中日战争期间，受命在天津办理东征粮台。同年，受命编练新军，11月在小站编成定武军。二十一年调任芦津铁路督办，授顺天府尹。后任总理衙门大臣。二十六年任关内外铁路会办，后历任刑部、礼部、邮传部侍郎。据原图说明，此照片应摄于任关内外铁路会办期间。

GENERAL LI YUAN-HUNG.

5-3-12

黎元洪

（1911）

CELEBRITY CATALOGUE

出　　处：*China's Revolution: 1911—1912*

（《辛亥革命：1911—1912》）

作　　者：Edwin J. Dingle

（[英] 丁乐梅，又名丁格尔，

1881—1972）

出版时间：1912 年

出 版 者：The Commercial Press, Ltd. (Shanghai)

摄 影 者：Edwin J. Dingle

编者说明：黎元洪（1864—1928），字宋卿，湖北黄陂人。同治十四年（1888）毕业于北洋水师学堂，后加入北洋水师。光绪二十一年（1895）投奔张之洞，次年随张之洞驻湖北，训练湖北新军，曾两度到日本考察军事。光绪三十年晋升湖北新军第二镇协统兼护统领，次年任暂编陆军第二十一混成协统领。武昌起义爆发后，被推举为军政府都督。南京临时政府成立，任副总统。袁世凯任大总统后，当选为副总统。1914年兼参政院议长。1916年，袁世凯病死后，继任大总统。1917年张勋复辟，出走天津。1922年复任大总统，次年底东渡日本养病。1924年回天津，不问政治，致力实业。

LI HUNGCHANG

5-3-13

李鸿章

（1875）

CELEBRITY CATALOGUE

出　　处：*In the Days of the Taipings*

（《太平天国的历史回顾》）

作　　者：H. B. Morse

（［美］马士，1855—1934）

出版时间：1927 年

出版者：The Essex Institute (Salem, Mass.)

摄影者：Lorenzo F. Fisler

（［美］洛伦佐 F. 菲斯勒，1841—1918）

拍摄时间：1875 年

编者说明：李鸿章（1823—1901），字渐甫，晚年号仪叟，安徽合肥人。道光进士，曾投曾国藩门下，受到器重。咸丰三年（1853）随工部侍郎吕贤基回籍办团练，对抗太平军。咸丰八年入曾国藩幕府，咸丰十一年编练淮军。次年率淮军到上海救援，不久升任江苏巡抚。同治三年（1864）因镇压太平军有功，被封一等肃毅伯。次年署两江总督。同治五年任钦差大臣，督军剿捻。捻军被镇压后，加太子太保衔，以湖广总督领协办大学士。同治九年任直隶总督，不久任北洋通商事务大臣。后授武英殿大学士、文华殿大学士。为洋务运动首领。中日甲午战争失败，光绪二十一年（1895）与日本签订《马关条约》，同年被解除直隶总督兼北洋大臣职务。次年出使俄国，签订《中俄密约》。光绪二十五年调署两广总督。义和团运动爆发后，参加"东南互保"。不久调任议和全权大臣，兼直隶总督。光绪二十七年与列强签订《辛丑条约》，同年去世。原书作者马士于1874—1908年曾在清朝海关总税务司任职。美国摄影师菲斯勒1864年来华，在上海开设一家照相馆，经营至1884年。此照片拍摄于1875年，首先发表在1876年9月的《远东》杂志上。

LI HUNG CHANG.

5-3-14

编者说明：照片中的李鸿章胡须浓黑，目光炯炯，应属年富力强之时。

李鸿章

（1895）

CELEBRITY CATALOGUE

出　　处：*The Real Chinaman*

（《真正的中国佬》，又名《华游志略》）

作　　者：Chester Holcomben

（［美］何天爵，1844—1912）

出版时间：1895 年

出 版 者：Hodder and Stoughton（London）

名人图录
/
晚清民国
军政要人
及名人

LI HUNG CHANG

5-3-15

晚年李鸿章

（1895）

CELEBRITY CATALOGUE

出　　处：*The Real Chinaman*

　　　　　（《真正的中国佬》，又名《华游志略》）

作　　者：Chester Holcomben

　　　　　（[美]何天爵，1844—1912）

出版时间：1895 年

出 版 者：Hodder and Stoughton（London）

名人图录

/

晚清民国

军政要人

及名人

LI HUNG CHANG

5-3-16

晚年李鸿章

（1896）

CELEBRITY CATALOGUE

出　　处：*Problems of the Far East: Japan-Korea-China*

（《远东问题：日本、朝鲜、中国》）

作　　者：George N. Curzon

（［英］寇仁，1859—1925）

出版时间：1896 年

出 版 者：Archbald Constable and Co. (Westminster)

编者说明：原书作者曾任印度总督（1899—1905），光绪十八年（1892）来华旅行。他在《远东问题：日本、朝鲜、中国》一书中，记述了在津做客直隶总督衙门、会晤李鸿章的场景，并称这是他"毕生最美好的回忆"。李鸿章在简朴的直隶总督府接待了寇仁，寇仁仔细观察了李鸿章："有六英尺多高，身着灰色丝长袍，戴黑丝帽，很有威仪。" 光绪二十二年八月，出访欧美的李鸿章，在英国又见到以外交副大臣身份陪同英国首相接待他的寇仁。寇仁回忆起在津相见，并以《远东问题：日本、朝鲜、中国》一书相赠。

LI HUNG CHANG.

[To face Chap. XVI.

5-3-17

李鸿章胸佩皇家维多利亚勋章像

（1896）

编者说明：光绪二十二年（1896），李鸿章访英时，维多利亚女王在白金汉宫赠予他"维多利亚头等大十字宝星"勋章。照片应摄于同年。

CELEBRITY CATALOGUE

出　　处：*China in Decay, The Story of a Disappearing Empire*

（《衰退中的中国》）

作　　者：Alexis S. Krausse

（［英］克劳斯，1859—1904）

出版时间：1900 年

出 版 者 ：Chapman & Hall, Ltd. (London)

拍摄时间：1896 年

名人图录

/

晚清民国

军政要人

及名人

LI HUNG CHANG AND THE AUTHOR DISCUSSING AFFAIRS

5-3-18

李鸿章与柯乐洪

（1899）

CELEBRITY CATALOGUE

出　　处：*China in Transformation*

（《转变中的中国》）

作　　者：Archibald R. Colquhoun

（[英] 柯乐洪，1848—1914）

出版时间：1899 年

出 版 者：Harper & Brothers Publishers

（London; New York）

编者说明：原书作者柯乐洪，英国人，生于好望角。又译葛洪、高奋云。1871年进入驻印度英国政府。1881—1882年从广州到缅甸八莫，探测中国到缅甸边境铁路线。曾任伦敦《泰晤士报》驻远东记者，到中国各地旅行。辜鸿铭曾做过他的翻译。除本书外，还著有《通过华南边疆从广州到曼德勒旅行纪事》《由陆路去中国》《征服太平洋》等。

名人图录

/

晚清民国

军政要人

及名人

VICEROY LI HUNG CHANG, ONE OF THE NEGOCATORS
IN 1900

5-3-19

编者说明：此照片可能拍摄于1900年李鸿章任庚子事变议和全权大臣之时。

晚年李鸿章

（1900）

CELEBRITY CATALOGUE

出　　处：*Letters from China*

（《中国来信》）

作　　者：Sarah Pike Conger

（[美] 莎拉·康格，1843—1932）

出版时间：1909 年

出 版 者：Hodder and Stoughton（London）

THE VICEROY LI HUNG CHANG.

5-3-20

晚年李鸿章持扇像

（1900）

CELEBRITY CATALOGUE

编者说明：原书作者西德莫尔不仅为美国著名女摄影师、记者和地理学家，也是首位美国《国家地理杂志》董事会的女性成员。

出　　处：*China, the Long-Lived Empire*

（《中国，悠久帝国》）

作　　者：Eliza Ruhamah Scidmore

（[美] 西德莫尔，1856—1928）

出版时间：1900 年

出 版 者：The Century Co. (New York)

Li Hung Chang

5-3-21

编者说明：原书作者怀尔德曼曾任美国驻香港领事。

晚年李鸿章

（1900）

CELEBRITY CATALOGUE

出　　处：*China's Open Door*

　　　　　（《中国的开放门户》）

作　　者：Rounsevelle Wildman

　　　　　（［美］怀尔德曼，1867—1932）

出版时间：1900 年

出 版 者：Lothrop Publishing Company (Boston)

LI HUNG CHANG; HIS BROTHER LI HAN CHANG; AND THEIR SONS

5-3-22

李鸿章与李瀚章及家人

（1900）

CELEBRITY CATALOGUE

出　　处：*China's Open Door*

　　　　　（《中国的开放门户》）

作　　者：Rounsevelle Wildman

　　　　　（ [美] 怀尔德曼，1867—1932）

出版时间：1900 年

出 版 者：Lothrop Publishing Company (Boston)

编者说明：李瀚章，李鸿章长兄，字筱泉，又作筱荃。以拔贡生为知县，历任湖南永定、益阳、善化知县。咸丰元年（1851）随曾国藩镇压太平军，主持饷运。累迁至江西吉南赣宁道、广东督粮道、按察使、布政使。同治元年（1862）配合李鸿章发展淮军。同治四年擢升湖南巡抚。同治六年，授江苏巡抚，旋署湖广总督。次年调任浙江巡抚，再署湖广总督。光绪八年（1882）丁母忧居家6年。光绪十四年任漕运总督，次年改任两广总督。后以疾告归。图中坐者左为李鸿章，右为李瀚章。

LI HUNG CHANG
CHINA'S GREATEST STATESMAN AND PEACE COMMISSIONER.

5-3-23

晚年李鸿章

（1900）

CELEBRITY CATALOGUE

出　　处：*The Siege in Peking*

　　　　　（《北京围困》）

作　　者：W. A. P. Martin

　　　　　（[美] 丁韪良，1827—1916）

出版时间：1900 年

出 版 者：Fleming H. Revell Company (New York)

拍摄时间：1900 年

5-3-24

李鸿章与卜力

（1900）

CELEBRITY CATALOGUE

出　　处：北京大学图书馆西文汉学特藏

拍摄时间：1900 年 7 月

编者说明：光绪二十六年（1900）七月，李鸿章与港督卜力（Henry Blake）在九龙至广州的火车开通典礼上合影留念。

名人图录
/
晚清民国
军政要人
及名人

LI HUNG CHANG CALLED TO SETTLE INDEMNITY.

Photo by Underwood (Copyright), by permission.

5-3-25

编者说明：此照片应大致拍摄于1900年庚子事变李鸿章被任命为议和全权大臣时。

晚年李鸿章

（1900—1901）

CELEBRITY CATALOGUE

出　　处：*China's Dayspring after Thirty Years*

　　　　　（《三十年后中国之觉醒》）

作　　者：Frederick Brown

　　　　　（ [英] 宝复礼，b. 1860 ）

出版时间：1914 年

出 版 者：Murray and Evenden Ltd. (London)

LI HUNG CHANG
China's greatest Viceroy

5-3-26

编者说明：原图说明中称李鸿章为中国最伟大的总督。

晚年李鸿章

（1901）

CELEBRITY CATALOGUE

出　　处：*Beleaguered in Peking*

（《北京被围记》）

作　　者：Robert Coltman

（[美] 满乐道，1862—1931）

出版时间：1901 年

出 版 者 ：F. A. Davis Company, Publishers

(Philadelphia)

LI HUNG CHANG

5-3-27

编者说明：身着裘皮大衣的晚年李鸿章。

晚年李鸿章

（1906）

CELEBRITY CATALOGUE

出　　处：*China and Her People*

　　　　　（《大清国及其子民》）

作　　者：Charles Denby

　　　　　（[美] 田贝，1830—1904）

出版时间：1906 年

出 版 者：L. C. Page & Company (Boston)

名人图录
/
晚清民国
军政要人
及名人

LIANG PI, FORMERLY VICE-MINISTER OF WAR UNDER
THE MANCHUS. THE VICTIM OF A REVOLUTIONARY
BOMB.

5-3-28

良弼
（1912）

CELEBRITY CATALOGUE

出　　处：*The Passing of the Manchus*
（《清朝的消亡》）

作　　者：Percy Horace Braund Kent
（[英] 甘博士，1876—1963）

出版时间：1912 年

出 版 者：E. Arnold (London)

编者说明：良弼（1877—1912），爱新觉罗氏，字赉臣，满洲镶黄旗人。大学士伊里布之孙。光绪二十七年（1901）入日本陆军士官学校步兵科。光绪三十年归国后任职于练兵处。历任陆军部军学司监督副使、军学司司长、禁卫军第一协统领兼镶白旗副都统等职，参与清廷改军制、练新军、立军学。与铁良等被称为清季干将。1911年武昌起义爆发后，主张镇压，反对起用袁世凯；12月任军咨府军咨使。次年1月与溥伟、铁良等组织宗社党，被推为首领，反对南北议和与清帝逊位，不久被革命党人彭家珍炸伤而死。

名人图录
/
晚清民国
军政要人
及名人

LIN KUN-I, LATE VICEROY OF NANKING

5-3-29

刘坤一

（1890—1902）

CELEBRITY CATALOGUE

出　　处：*China and Her People*

（《大清国及其子民》）

作　　者：Charles Denby

（[美] 田贝，1830—1904）

出版时间：1906 年

出 版 者：L. C. Page & Company (Boston)

编者说明：刘坤一（1830—1902），字岘庄，湖南新宁人。廪生出身，咸丰五年（1855）入湘军抗击太平军。旋升任直隶州知州。同治元年（1862），升广西布政使。同治四年又迁江西巡抚。光绪元年（1875），授两广总督，光绪五年调任两江总督兼南洋通商大臣。光绪十七年受命"帮办海军事务"。中日甲午战争时，任湘军统帅与日军交战。光绪二十七年与张之洞连上三疏，请求变法。有《刘坤一遗集》。刘坤一于光绪十六年又被起用为两江总督，参考原图说明，此照片大致拍摄于1890年之后。

GENERAL MA YU KUN

Major-General under Sung Ching; also
engaged in the battle of Tientsin with
the allied international armies.

5-3-30

马玉崑

（1901）

CELEBRITY CATALOGUE

出　　处：*The Passing of the Manchus*

　　　　　（《清朝的消亡》）

作　　者：Percy Horace Braund Kent

　　　　　（ [英] 甘博士，1876—1963 ）

出版时间：1912 年

出 版 者：E. Arnold (London)

编者说明：马玉崑（1838—1908），字景山，安徽蒙城人。同治元年（1862）以武童生在原籍办团练。同治四年随宋庆镇压捻军。同治七年擢总兵，调陕甘镇压回民起义。光绪二年（1876）配合左宗棠抗击阿古柏和沙俄侵略。新疆平定后，调直隶。光绪二十年补授太原镇总兵。同年日本侵略朝鲜，率毅军参加平壤战役，后在营口等地抗击日军。光绪二十五年擢升浙江提督。次年夏调直隶提督，旋受命统武卫军左军，6月与八国联军血战天津，后退保北京，护卫慈禧太后、光绪帝西逃。光绪二十七年，加太子太保衔。据原图说明，此图大致拍摄于1901年。

RUNG LU.

5-3-31

荣禄

（1902）

CELEBRITY CATALOGUE

出　　处：*Through Hidden Shensi*

（《穿越神秘的陕西》）

作　　者：Francis H. Nichols

（[美] 尼科尔斯，1868—1904）

出版时间：1902 年

出 版 者：Charles Scribner's Sons (New York)

编者说明：荣禄（1836—1903），字仲华，瓜尔佳氏，满洲正白旗人。由荫生为主事，后升任工部侍郎，旋兼总管内务府大臣。光绪元年（1875）兼步军统领。光绪四年擢工部尚书。光绪十七年出任西安将军。光绪二十年再任步军统领、兵部尚书。光绪二十一年授总理各国事务大臣。光绪二十四年出任直隶总督兼北洋大臣，不久协助慈禧太后发动戊戌政变，为军机大臣，掌管兵部。义和团运动时，屡请镇压，八国联军攻陷北京后，奉诏到西安。光绪二十八年还京后，加太子太保，转任文华殿大学士。

名人图录
/
晚清民国
军政要人
及名人

GENERAL SUNG CHING

Commander-in-Chief, who fought the battle of Tientsin against the allied international armies.

5-3-32

宋庆

（1901）

CELEBRITY CATALOGUE

出　　处：*Beleaguered in Peking*

（《北京被围记》）

作　　者：Robert Coltman

（［美］满乐道，1862—1931）

出版时间：1901 年

出 版 者：F. A. Davis Company, Publishers

(Philadelphia)

编者说明：宋庆（1820—1902），字祝三，山东蓬莱人。咸丰三年（1853）投军，参与镇压捻军。同治元年（1862）统率淮军三营，称毅军。同治四年授南阳总兵。同治七年擢湖南提督。同治十三年调任四川提督。光绪六年（1880）会办奉天防务。光绪八年驻防旅顺。中日甲午战争，继叶志超任前线各军统领，在九连城迎敌，被击败；次年佐刘坤一湘军迎战，驻营口，因战败被革职留用。光绪二十四年徙守山海关，所部三十营改为武卫左军。1900年帮办北洋军务，八国联军进犯北京时败逃。1902年病逝。

山東巡撫孫寶琦像

His pao xri

HIS EXCELLENCY HSUN PAO-CHI, LATE GOVERNOR OF THE PROVINCE OF SHANTUNG.

OCTOBER, 1910.

5-3-33

孙宝琦

（1910）

CELEBRITY CATALOGUE

出　　处：*Shantung, the Sacred Province of China*

（《山东，中国的圣省》）

作　　者：Robert Coventry Forsyth

（ [英] 法思远，1854—1922）

出版时间：1912 年

出　版　者：Christian Literature Society (Shanghai)

拍摄时间：1910 年

编者说明：孙宝琦（1867—1931），字慕韩，浙江杭州人。历任直隶道台、驻法公使、顺天府尹、驻德公使等职。宣统元年（1909）任津浦铁路会办。宣统三年任山东巡抚；辛亥革命时曾一度宣布山东独立，不久取消。1913—1914年任熊希龄、徐世昌内阁外交总长，一度兼任临时内阁总理。后历任北洋政府税务处督办、经济调查局总裁、扬子江水利委员会副委员长等职。1924年任国务总理兼外交委员会委员长。1925—1928年任驻俄大使。后寓居上海。

名人图录

/

晚清民国

军政要人

及名人

T'ANG-SHAO-YI IN CHINESE DRESS AT HIS
PRIVATE RESIDENCE IN PEKING.
1907.

5-3-34

唐绍仪

（1907）

CELEBRITY CATALOGUE

出　　处：*Recent Events and Present Policies in China*

（《中国最近的事变和当前的政策》）

作　　者：J.O.P. Bland

（[英]濮兰德，1863—1945）

出版时间：1912 年

出版者：William Heinemann (London)

拍摄时间：1907 年

编者说明：唐绍仪（1862－1938），字少川，广东香山人。同治十三年（1874）赴美留学，曾就读于哥伦比亚大学，光绪七年（1881）回国。甲午战争后，袁世凯小站练兵，曾协助徐世昌主持营务处。光绪三十年以全权大臣身份两次与英国代表交涉西藏问题。光绪三十二年签署《续订藏印条约》，使英国承认中国对西藏的领土主权。后历任外务部右侍郎，沪宁、京汉铁路总办，邮传部左侍郎等职。光绪三十三年任奉天巡抚。宣统二年（1910）任邮传部尚书。辛亥革命爆发后，任南北议和袁世凯内阁全权代表。1912年3月任国务总理，6月辞职。1917年参加护法军政府，任财政部部长。1931年陈济棠、汪精卫在广东成立反蒋政府时，任常务委员，兼中山模范县县长。后当选国民党中央监察委员、国民政府委员。1938年被刺死。据原图说明，此照片摄于唐绍仪北京寓所。

H.E. T'ANG SHAO YI:
CHIEF IMPERIALIST PEACE DELEGATE.

5-3-35

编者说明：大致为出任南北议和北方代表时期摄影。

唐绍仪

（1912）

CELEBRITY CATALOGUE

出　　处：*The Passing of the Manchus*

　　　　（《清朝的消亡》）

作　　者：Percy Horace Braund Kent

　　　　（[英] 甘博士，1876—1963）

出版时间：1912 年

出 版 者：E. Arnold (London)

TANG SHAO-YI

Peace Commissioner for the Manchu Government and Premier of the
Republic of China.

5-3-36

编者说明：原图说明称唐绍仪为南北议和北方代表，民国政府国务总理。

唐绍仪

（1912）

CELEBRITY CATALOGUE

出　　处：*China's Revolution: 1911—1912*

　　　　　（《辛亥革命：1911—1912》）

作　　者：Edwin J. Dingle

　　　　　（[英] 丁乐梅，又名丁格尔，

　　　　　1881—1972 ）

出版时间：1912 年

出 版 者 ：The Commercial Press, Ltd. (Shanghai)

H. E. Tieh Liang

5-3-37

铁良

（1912）

CELEBRITY CATALOGUE

出　　处：*The Passing of the Manchus*

（《清朝的消亡》）

作　　者：Percy Horace Braund Kent

（[英] 甘博士，1876—1963）

出版时间：1912 年

出　版　者：E. Arnold (London)

编者说明：铁良（1863—1938），字宝臣，满洲镶白旗人。早年任通政司参议、大理寺少卿，曾为直隶总督荣禄幕僚，后任户部、兵部侍郎。光绪二十九年（1903）赴日本考察军事，归国后任练兵大臣，继任军机大臣、陆军部尚书。宣统二年（1910）调任江宁将军。辛亥革命爆发后，守南京，抵抗苏浙联军，兵败逃匿。1912年初曾与良弼等人组织宗社党，反对南北议和。后依附日人，进行复辟活动。

WANG WEN SHAO

5-3-38

王文韶

（1906）

CELEBRITY CATALOGUE

出　　处：*China and Her People*

（《大清国及其子民》）

作　　者：Charles Denby

（[美] 田贝，1830—1904）

出版时间：1906 年

出 版 者：L. C. Page & Company (Boston)

编者说明：王文韶（1830—1908），字夔石，号耕娱，晚号退圃，浙江仁和人。咸丰二年（1852）进士，选任户部主事。后历任户部郎中、湖北按察使、湖南布政使。同治十年（1871）署理湖南巡抚，次年实授。后暂理兵部侍郎、入值军机处。光绪十五年（1889）擢云贵总督。中日甲午战争期间，奉调帮办北洋军务。光绪二十一年任直隶总督兼北洋大臣。光绪二十四年入值军机处，以户部尚书充任协办大学士。百日维新时，受命办理矿务铁路局。庚子事变时，随慈禧太后逃往西安，力主对外妥协，授体仁阁大学士。次年改任外务部会办大臣，后充任政务处大臣，督办路矿总局。转任文渊阁大学士，晋武英殿大学士。光绪三十四年病逝。

GUILTY OFFICIALS.

Photo by Underwood (Copyright). by permission.

5-3-39

王文韶等人合影

（1900）

CELEBRITY CATALOGUE

编者说明：中间坐者为王文韶。原图题名为
"获罪官员"，应指三位站立者，或为反对围
攻使馆和对外宣战的袁昶、许景澄、徐用仪。
照片大致摄于1900年或之前。

出　　处：*China's Dayspring after Thirty Years*

　　　　（《三十年后中国之觉醒》）

作　　者：Frederick Brown

　　　　（[英] 宝复礼，b. 1860）

出版时间：1914 年

出 版 者：Murray and Evenden Ltd. (London)

WÊN TING-SHIH, THE REFORMER, LATE TUTOR TO THE
LADIES OF THE IMPERIAL HOUSEHOLD.
Lent by Rev. Gilbert Reid.

5-3-40

文廷式

（1899）

CELEBRITY CATALOGUE

出　　处：*Intimate China*

　　　　　（《熟悉的中国》）

作　　者：Mrs. Archibald Little

　　　　　（[英] 立德夫人，1845—1926）

出版时间：1899 年

出 版 者 ：Hutchinson & Co. (London)

编者说明：文廷式（1856—1904），字道希，号纯常子，江西萍乡人。光绪十六年（1890）进士，后擢翰林院侍读学士兼日讲起居注官。光绪二十一年与康有为等发起成立强学会，后遭弹劾，被革职，永不叙用。戊戌政变后，东渡日本；归国后，曾参与唐才常自立会。

名人图录

/

晚清民国

军政要人

及名人

Reproduced from *Harper's Weekly*

CHINESE MINISTER TO THE UNITED STATES, WU TING-FANG

5-3-41

伍廷芳

（1900）

CELEBRITY CATALOGUE

出　　处：*The Crisis in China*

（《中国危机》）

作　　者：George B. Smyth

（[美] 施美志，1854—1911）

出版时间：1900 年

出 版 者：Harper & Brothers Publishers

（New York; London）

编者说明：伍廷芳（1842—1922），字文爵，号秩庸，广东新会人，生于新加坡。咸丰十一年（1861）毕业于香港圣保罗书院。同治十三年（1874）留学英国，入林肯法律学院学习法律，毕业后回香港任律师、法官。光绪八年（1882）入李鸿章幕府，襄办洋务。光绪二十二年出任驻美、西、秘等国公使。光绪二十八年回国，任会办商务大臣、外务部右侍郎、刑部右侍郎等职，并与沈家本同任修订法律大臣。光绪三十三年，再任驻美、秘、墨、古等国公使。1911年辛亥革命上海光复后，与陈其美、张謇等组织"共和统一会"，后被推举为南方民军全权代表，与袁世凯代表唐绍仪举行南北和谈。1912年任南京临时政府司法总长。1916年任段祺瑞政府外交总长。次年代总理。旋南下，与孙中山合作，任广州护法军政府外交部部长。1922年任广东省省长。

His Excellency Wu Ting Fang, Imperial Chinese
Minister to America

888

5-3-42

伍廷芳

（1900）

编者说明：据原图说明，此为伍廷芳任驻美公使时留影。原书中照片前关于伍廷芳的内容在1900年，伍廷芳于1896—1902年任驻美公使，此照片大致摄于1900年或之前。

CELEBRITY CATALOGUE

出　　处：*Letters from China*

　　　　（《中国来信》）

作　　者：Sarah Pike Conger

　　　　（[美] 莎拉·康格，1843—1932 ）

出版时间：1909 年

出 版 者：Hodder and Stoughton（London）

DR. WU TING FANG:
CHIEF REPUBLICAN PEACE DELEGATE.

5-3-43

编者说明：据原图说明，此为任南北议和南方
代表的伍廷芳。

伍廷芳

（1912）

CELEBRITY CATALOGUE

出　　处：*The Passing of the Manchus*

（《清朝的消亡》）

作　　者：Percy Horace Braund Kent

（[英] 甘博士，1876—1963）

出版时间：1912 年

出 版 者 ：E. Arnold (London)

Director of Foreign Affairs and Peace Commissioner for the Nanking Provisional Military Government of the Republic of China.

5-3-44

编者说明：据原图说明，伍廷芳时任南京临时政府外交总长，南北议和南方代表。

伍廷芳签名肖像

（1912）

CELEBRITY CATALOGUE

出　　处：*China's Revolution: 1911—1912*

（《辛亥革命：1911—1912》）

作　　者：Edwin J. Dingle

（[英] 丁乐梅，又名丁格尔，

1881—1972 ）

出版时间：1912 年

出 版 者：The Commercial Press, Ltd. (Shanghai)

名人图录
/
晚清民国
军政要人
及名人

DR. WU TING FANG, MINISTER OF EDUCATION.

5-3-45

编者说明：原图说明"教育总长伍廷芳"有误，伍廷芳时任外交总长。

伍廷芳

（1912）

CELEBRITY CATALOGUE

出　　处：*Caught in the Chinese Revolution*

（《陕西辛亥革命目击记》）

作　　者：Ernest F. Borst-Smyth

（[英] 司慕德，1882—？）

出版时间：1912 年

出 版 者：T. Fisher Unwin (London)

名人图录

/

晚清民国

军政要人

及名人

H.E. HSÜ SHIH CHANG, VICEROY

"He maintained the dignity of the Chinese Government."

5-3-46

徐世昌

（1907—1908）

CELEBRITY CATALOGUE

出　　处：*Thirty Years in Moukden, 1883—1913*
（《奉天三十年》）

作　　者：Dugald Christie
（［英］司督阁，1855—1936）

出版时间：1914 年

出 版 者：Constable and Company, Ltd. (London)

编者说明：徐世昌（1855—1939），字卜五，号菊人，又号弢斋，直隶天津人。清光绪进士，授翰林院编修，后兼充国史馆协修、武英殿协修。光绪二十一年（1895），袁世凯小站练兵，入袁世凯幕，兼管营务处。光绪二十九年（1903）以内阁学士兼练兵处提调。次年署兵部左侍郎，后兼会办练兵大臣，并授军机大臣、巡警部尚书，旋改民政部尚书。光绪三十三年任东三省第一任总督、钦差大臣兼管三省将军事务。宣统元年（1909）调任邮传部尚书兼津浦铁路督办。次年重任军机大臣，授体仁阁大学士。宣统三年（1911）任皇族内阁协理大臣，旋改军咨大臣。辛亥革命爆发后，力主起用袁世凯。1914年任国务卿，1918年被安福国会选为总统。1922年下台。晚年寓居天津。编有《清儒学案》《晚晴簃诗汇》等。原书作者司督阁为近代来华著名英籍传教士及医生，1882—1923年在我国东北地区施医传教，创办了盛京（今沈阳）施医院、女施医院、盛京西医学堂等。原图说明称徐世昌"维护了政府的尊严"。照片应摄于徐世昌任东三省总督期间，即1907—1908年。

Hsü Yung I	Wang	Chao Shu	Conger	Yü Keng
Beheaded	Wen	Chiao	U. S.	Minister to
Aug. 9, 1900.	Shao.	Boxer Chief.	Minister.	Paris.

A group in front of the American Legation

5-3-47

徐用仪、王文韶、赵舒翘、康格、裕庚合影（1900）

CELEBRITY CATALOGUE

出　　处：*Beleaguered in Peking*

（《北京被围记》）

作　　者：Robert Coltman

（[美]满乐道，1862—1931）

出版时间：1901 年

出 版 者：F. A. Davis Company, Publishers

（Philadelphia）

拍摄时间：1900 年

编者说明：根据原图说明，此合影摄于美国公使馆前。

康格（Edwin Hund Conger, 1843—1907），1898年任驻华公使，1900年义和团运动时被围于东交民巷，使馆解围后奉召回国。《辛丑条约》后来华复任，1905年辞职回国。

裕庚（？—1902），清末汉军正白旗人。初从两广总督英翰。中法战争时在台北军中效力。后历任湖北道员、广东惠潮嘉道、出使日本大臣、太仆寺少卿。光绪二十五年（1899）入总理衙门，同年6月任出使法国大臣，光绪二十八年归国。

HSII YUNG I
Beheaded for favoring moderation.
Member of Tsung-li-yamen

5-3-48

徐用仪

（1900）

CELEBRITY CATALOGUE

出　　处：*Beleaguered in Peking*

　　　　　（《北京被围记》）

作　　者：Robert Coltman

　　　　　（［美］满乐道，1862—1931）

出版时间：1901 年

出 版 者：F. A. Davis Company, Publishers

　　　　　(Philadelphia)

编者说明：徐用仪（1826—1900），字吉甫，别字筱云，浙江海盐人。清咸丰举人。同治元年（1862）充军机章京，兼值总理衙门。同治十二年，任鸿胪寺少卿。光绪八年（1882）擢工部右侍郎。光绪十年，任总理衙门大臣。光绪二十年，入为军机大臣。光绪二十一年因在甲午战争中主和被退出军机处，解除总理衙门大臣职务。光绪二十四年戊戌政变后，复任总理衙门大臣。次年任兵部尚书。义和团运动兴起后，力主镇压，并与许景澄、袁昶等反对对外宣战。光绪二十六年因此被处死。

HSU CHING CHENG

Ex-minister to Germany, member of Tsung-li-yamen. Beheaded Aug. 9, for favoring peace.

5-3-49

许景澄

（1900）

CELEBRITY CATALOGUE

出　　处：*Beleaguered in Peking*

（《北京被围记》）

作　　者：Robert Coltman

（ [美] 满乐道，1862—1931 ）

出版时间：1901 年

出 版 者：F. A. Davis Company, Publishers

(Philadelphia)

编者说明：许景澄（1845－1900），浙江嘉兴人。原名癸身，字竹筼。同治七年（1868）中进士，选庶吉士，授编修。光绪元年（1875）后，曾先后任顺天、四川等乡试考官。光绪十年任驻法、德、意、荷、奥五国公使。次年兼任驻比利时公使。光绪十三年回国。光绪十六年出任驻俄、德、奥、荷四国公使，光绪二十三年归国。光绪二十四年，任总理衙门大臣，兼工部左侍郎。光绪二十五年底充任京师大学堂总教习、管学大臣。光绪二十六年义和团运动兴起，力主镇压，与袁昶等人反对围攻使馆和对外宣战。同年7月，与袁昶等人同时被杀。著作有《许文肃公遗稿》《许竹筼先生出使函稿》等。

YOUAN CHANG

Beheaded August 9, because he fa-
vored making peace with foreigners.

5-3-50

袁昶

（1900）

CELEBRITY CATALOGUE

出　　处：*Beleaguered in Peking*

（《北京被围记》）

作　　者：Robert Coltman

（[美] 满乐道，1862—1931）

出版时间：1901 年

出 版 者：F. A. Davis Company, Publishers

(Philadelphia)

编者说明：袁昶（1846—1900），原名振蟾，字重黎，一字爽秋。浙江桐庐人。光绪年间进士。任户部主事。光绪九年（1883）后任总理衙门章京，曾参与光绪十一年中法《天津条约》的谈判。光绪十八年任安徽宁池太广分巡道道员。光绪二十四年任江宁布政使，上书主张新政，旋调直隶，任总理衙门大臣。光绪二十五年任光禄寺卿，后改太常寺卿。光绪二十六年义和团运动兴起，主张坚决镇压，反对围攻使馆和对外宣战；8月，与许景澄等同时被杀。著有《于湖文录》《渐西村人集》。

Photo by Miss D. C. Joynt.

YÜAN-THE-PATRIOT; SOMETIMES SPOKEN OF AS YÜAN CH'ANG-THE-MAR-
TYR, "WHO LAID DOWN HIS LIFE FOR 'STRANGERS' IN THE BOXER RIOTS BY
ALTERING THE READING OF THE EDICT-TELEGRAM ORDERING THE EXTER-
MINATION OF FOREIGNERS." HIS GRAVE IS NEAR THE WHITE SNAKE
PAGODA.

5-3-51

袁昶

（1900）

编者说明：原图说明称，袁昶因修改命令消灭洋人的上谕电报而为外国人献出了生命。摄影者乔尔特为美国来华女传教士，20世纪初期在浙江和上海等地传教。

CELEBRITY CATALOGUE

出　　处：*Eighteen Capitals of China*

（《中国十八省府》）

作　　者：William Edgar Geil

（[美] 盖洛，1865—1925）

出版时间：1911 年

出 版 者：Constable & Co., Ltd. (London)

摄 影 者：Miss Dorcas.C. Joynt

（[美] 多尔卡斯 C. 乔尔特）

拍摄时间：1900 年

YANG YU, MINISTER TO JAPAN

5-3-52

杨枢骑马像

（1906）

CELEBRITY CATALOGUE

出　　处：*China and Her People*

　　　　　（《大清国及其子民》）

作　　者：Charles Denby

　　　　　（[美] 田贝，1830—1904）

出版时间：1906 年

出 版 者：L. C. Page & Company (Boston)

编者说明：杨枢，生卒年不详，字星垣，汉军正黄旗人。早年毕业于同文馆英文馆。光绪六年（1880）任驻日使馆英文翻译。光绪十三年（1887）升任驻长崎领事馆领事。曾任广东候补道。光绪二十九年（1903）以赏二品顶戴候补四品京官，任出使日本大臣。光绪三十三年卸任，改外务部左参议。宣统元年（1909）出任驻比利时公使，次年因病免职。

GENERAL YIN CH'ANG,
THE MANCHU MINISTER
OF WAR.

5-3-53

荫昌

（1911）

CELEBRITY CATALOGUE

出　　处：*The Passing of the Manchus*
　　　　　（《清朝的消亡》）

作　　者：Percy Horace Braund Kent
　　　　　（［英］甘博士，1876—1963）

出版时间：1912 年

出 版 者：E. Arnold (London)

编者说明：荫昌（1859—1928），字午楼，满洲正白旗人。早年毕业于同文馆，后留学德国，学习军事。光绪十年（1884）归国，历任北洋武备学堂总办、出使德国大臣、贵胄学堂总办、江北提督、陆军部右侍郎、陆军部尚书、军咨大臣。宣统三年（1911）任皇族内阁陆军部大臣，武昌起义爆发，奉命率军镇压，因屡败被解职。民国后，被袁世凯任命为总统府高等顾问、总统府侍从武官长、参政院参政、参谋总长等职务。1912年被北洋政府授予陆军上将。

YIN CHANG

Minister of War of the Manchu Government at the
beginning of the Revolution and Commander-in-Chief of
the Imperial Troops in Hupeh Province.

5-3-54

编者说明：据原图说明，荫昌为皇族内阁陆军部大臣，清军在湖北镇压武昌起义的总指挥。

荫昌

（1911）

CELEBRITY CATALOGUE

出　　处：*China's Revolution: 1911—1912*

（《辛亥革命：1911—1912》）

作　　者：Edwin J. Dingle

（[英] 丁乐梅，又名丁格尔，

1881—1972）

出版时间：1912 年

出 版 者：The Commercial Press, Ltd. (Shanghai)

Yuan Shih Kai
Viceroy of Chih-li

5-3-55

袁世凯

（1904）

CELEBRITY CATALOGUE

出　　处：*New Forces in Old China*

（《旧中国新势力》）

作　　者：Arthur Judson Brown

（[美] 布朗，1856—1963）

出版时间：1904 年

出 版 者：Fleming H. Revell Company (New York)

编者说明：袁世凯（1859—1916），字慰庭（又作慰亭），别号容庵。光绪七年（1881）到山东登州投靠淮军统领吴长庆，任营务处会办。次年随吴长庆入朝鲜，因协助朝鲜国王镇压汉城兵变，被奖叙五品同知衔。光绪十一年被李鸿章保荐为三品道员，任"驻朝总理交涉通商事宜"。光绪二十一年授浙江温处道，在天津小站编练新建陆军。光绪二十三年任直隶按察使。光绪二十五年升任山东巡抚。次年参与刘坤一、张之洞等的"东南互保"。光绪二十七年署理直隶总督兼北洋大臣，次年实授。光绪二十九年任练兵处会办大臣，将北洋军扩编为六镇。光绪三十三年任军机大臣、外务部尚书。宣统元年（1909）被摄政王载沣黜免。武昌起义后，被重新起用，任内阁总理大臣。1912年窃取临时大总统职位，后解散国会，篡改临时约法，实行专制独裁。1915年12月宣布改次年为洪宪元年，准备即皇帝位。1916年3月被迫取消帝制，6月病亡。

YUAN SHIH KAI

5-3-56

袁世凯

（1906）

CELEBRITY CATALOGUE

出　　处：*China and Her People*

　　　　（《大清国及其子民》）

作　　者：Charles Denby

　　　　（［美］田贝，1830—1904）

出版时间：1906 年

出 版 者：L. C. Page & Company (Boston)

GENERAL YAUN-SHIH-KÁI

5-3-57

编者说明：此图大致摄于任直隶总督兼北洋大臣期间。

袁世凯

（1901—1906）

CELEBRITY CATALOGUE

出　　处：*Letters from China*

　　　　（《中国来信》）

作　　者：Sarah Pike Conger

　　　　（[美]莎拉·康格，1843—1932）

出版时间：1909 年

出 版 者：Hodder and Stoughton（London）

摄 影 者：Sarah Pike Conger

See Chapter VII

YUAN SHIH KAI

From photograph presented to the author by His Excellency Yuan
Shih Kai through his son, Yuan Yen Tai, in Peking in 1909

5-3-58

编者说明：据原图说明，此照片是1909年袁世凯托儿子袁克定（云台）送给作者的。

袁世凯

（1909）

CELEBRITY CATALOGUE

出　　处：*The Chinese Revolution*

　　　　（《中国革命》）

作　　者：Arthur Judson Brown

　　　　（[美] 布朗，1856—1963）

出版时间：1912 年

出 版 者 ：Student Volunteer Movement (New York)

名人图录
/
晚清民国
军政要人
及名人

YUAN SHIH-K'AI.
President of the Republic of China.

5-3-59

袁世凯

（1914）

CELEBRITY CATALOGUE

出　　处：*On the Trail of the Opium Poppy*

（《鸦片罂粟之路》）

作　　者：Sir. Alexander Hosie

（［英］谢立山爵士，1853—1925）

出版时间：1914 年

出 版 者：Small Maynard & Company (Boston)

编者说明：任中华民国总统时的袁世凯。原书作者为英国驻华外交家、探险家谢立山爵士。其夫人谢福芸（Dorothea Soothill Hosie，1885—1959）为英国作家、中英关系活动家，英国循道公会著名赴华传教士、汉学家苏慧廉之女，1911年前后与包哲洁（A. G. Bowden Smyth）在北京创办培华女校，并自任英文教习。

GENERAL CHANG HSÜN, THE DEFENDER OF
NANKING.

5-3-60

张勋

（1912）

CELEBRITY CATALOGUE

出　　处：*The Passing of the Manchus*

（《清朝的消亡》）

作　　者：Percy Horace Braund Kent

（[英] 甘博士，1876—1963）

出版时间：1912 年

出 版 者：E. Arnold (London)

编者说明：张勋（1854—1923），字绍轩，号松寿老人，江西奉新人。光绪十年（1884）投效广西军营，后任广西提督苏元春部参将。光绪二十年随四川提督宋庆调驻奉天。光绪二十一年投靠袁世凯，参加小站练兵，任工兵营管带。光绪二十五年随袁世凯镇压山东义和团，升总兵。光绪二十八年调北京，宿卫端门，多次充任慈禧太后和光绪帝随从。光绪三十四年升任云南提督，旋改甘肃提督。宣统二年（1910）接统江防营。宣统三年任江南提督。辛亥革命时，被江浙联军击败，退守徐州，任江苏巡抚兼署两江总督兼南洋大臣。袁世凯任民国大总统后，所部称武卫前军，驻山东兖州。1913年因镇压二次革命被袁世凯授为定武上将军。1917年7月带兵入京，拥立溥仪复辟，自封议政大臣兼直隶总督、北洋大臣，同年底被击败。1923年病死天津。

CHANG HSÜN

5-3-61

编者说明：民国时期张勋晚年照片。

晚年张勋

（1917—1923）

CELEBRITY CATALOGUE

出　　处：*Twilight in the Forbidden City*

（《紫禁城的黄昏》）

作　　者：Reginald F. Johnston

（ [英] 庄士敦，1874—1938 ）

出版时间：1934 年

出 版 者：Victor Gollancz Ltd.（London）

張之洞

Chang Chi-tung.
General-Gouverneur in Wuchang.

5-3-62

张之洞

（1896—1901）

CELEBRITY CATALOGUE

出　　处：*China und die chinesen*

（《中国和中国人》）

作　　者：Bruno Navarra

（[德] 布鲁诺·纳瓦拉，1850—1911）

出版时间：1901 年

出版者：M. Nössler (Bremen)

编者说明：张之洞（1837—1909），字孝达，号香涛，晚号抱冰老人。直隶南皮（今属河北）人。同治年间进士。同治十二年（1873）任四川学政。光绪六年（1880）任侍讲学士，次年擢内阁学士，旋任山西巡抚。光绪十年中法战争时，升任两广总督，起用冯子材，击败法军。光绪十五年调任湖广总督。光绪二十年任两江总督。光绪二十二年再任湖广总督。光绪二十四年撰《劝学篇》，提出"旧学为体，新学为用"。光绪二十六年义和团运动时，与两江总督刘坤一实行"东南互保"。光绪二十八年充督办商务大臣，再署两江总督。光绪三十二年晋协办大学士，擢体仁阁大学士，光绪三十三年授军机大臣，兼管学部。光绪三十四年督办粤汉铁路。宣统元年（1909）充实录馆总裁官。有《张文襄公全集》。照片为时任湖广总督的张之洞。

張之洞

GREAT MEN

Chang Chih-tung

Viceroy of Hupeh and Hunan

5-3-63

张之洞

（1896—1901）

CELEBRITY CATALOGUE

出　　处：*New Forces in Old China*

　　　　（《旧中国新势力》）

作　　者：Arthur Judson Brown

　　　　（[美] 布朗，1856—1963）

出版时间：1904 年

出 版 者：Fleming H. Revell Company (New York)

名人图录
/
晚清民国
军政要人
及名人

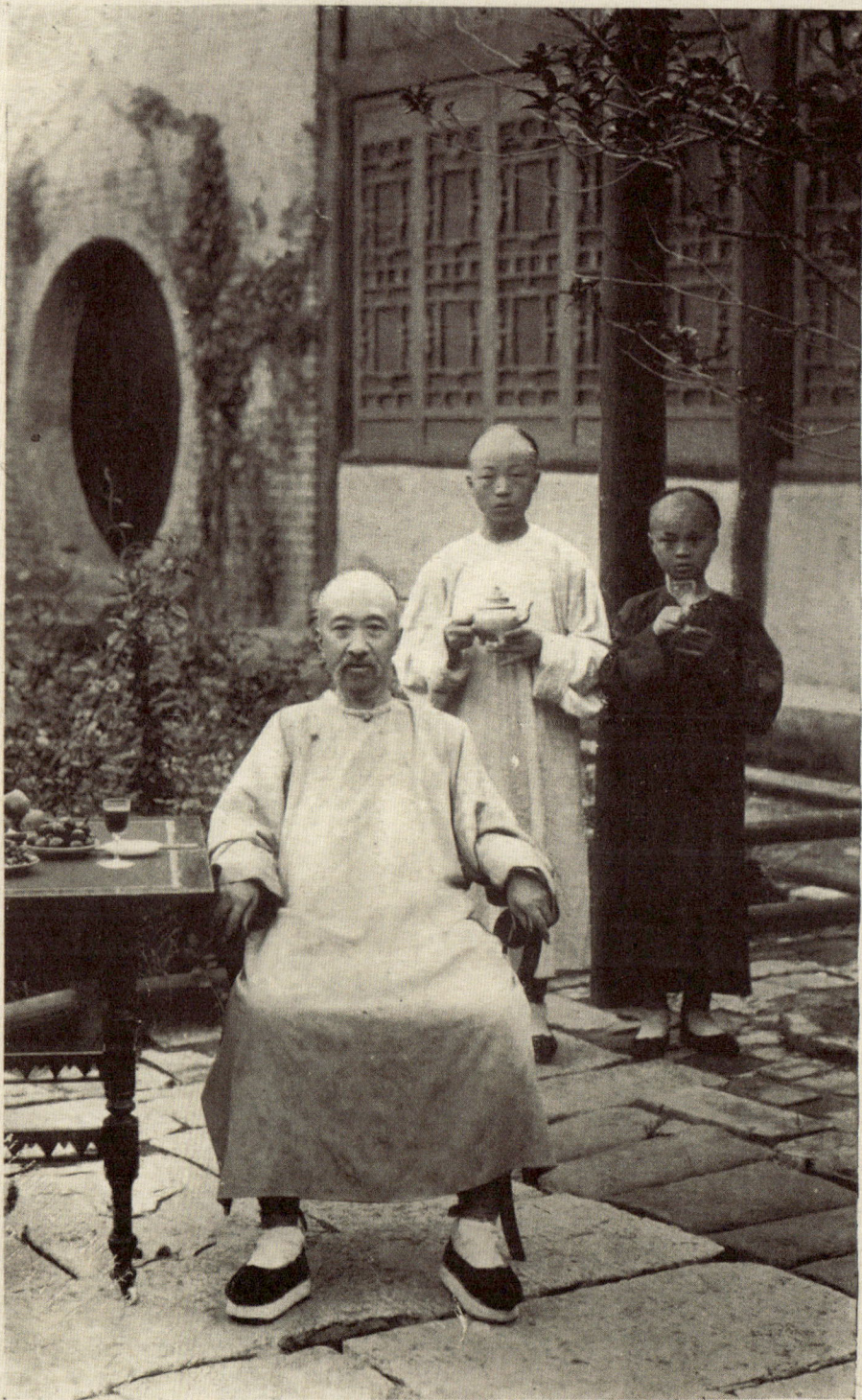

Chang Chih-tung, one of the most energetic and most learned of Chinese Viceroys, whose Appeal against opium-smoking and foot-binding roused all the literati to the need for reform.

5-3-64

张之洞

（1896—1901）

CELEBRITY CATALOGUE

编者说明：原图说明称，张之洞为中国总督里最具活力和学问者之一，曾呼吁禁鸦片，反对裹脚，引起当时知识界对相关改革的重视。

出　　处：*The Passing of the Manchus*

　　　　　（《清朝的消亡》）

作　　者：Percy Horace Braund Kent

　　　　　（［英］甘博士，1876—1963）

出版时间：1912 年

出 版 者 ：E. Arnold (London)

GENERAL CHANG TSO LIN

" He was watching events with an alert army."

5-3-65

张作霖

（1914）

CELEBRITY CATALOGUE

出　　处：*Thirty Years in Moukden, 1883—1913*

　　　　　（《奉天三十年》）

作　　者：Dugald Christie

　　　　　（[英] 司督阁，1855—1936）

出版时间：1914 年

出 版 者：Constable and Company, Ltd. (London)

编者说明：张作霖（1875—1928），字雨亭，奉天海城（今属辽宁）人。光绪二十八年（1902）任新民府游击马队管带。光绪三十二年所部编入东北巡防营务处，任前路统领。辛亥革命时，任奉天国民保安会军事部副部长，镇压革命党人。袁世凯就任临时大总统后，任第二十七师师长。1916年任奉天督军兼省长。1918年升任东三省巡阅使，逐步控制东三省，成为奉系军阀首领。1920年与直系军阀联合，推翻段祺瑞政府，次年兼蒙疆经略使，节制热、察、绥三特区都统。1922年第一次直奉大战失败，退回关外。1924年在第二次直奉大战中取胜，把持北京政权。1925年因郭松龄倒戈和孙传芳进攻，收缩关内。1926年联合直系，出任安国军总司令，次年组织安国军政府，称"中华民国陆海军大元帅"，再度控制北京政府。1928年被蒋介石北伐军击败，乘火车退回东北，经皇姑屯车站时，被日本关东军炸死。

H.E. CHAO ER SUN, VICEROY

"One of the men available, a notable financier . . . the future."

5-3-66

赵尔巽

（1911）

CELEBRITY CATALOGUE

出　　处：*Thirty Years in Moukden, 1883—1913*

（《奉天三十年》）

作　　者：Dugald Christie

（[英]司督阁，1855—1936）

出版时间：1914 年

出 版 者：Constable and Company, Ltd. (London)

编者说明：赵尔巽（1844—1927），字次珊，号无补。清汉军正蓝旗人。同治年间进士，授翰林院编修。历任皖、陕按察使，甘、新、晋诸省布政使等职。光绪二十八年（1902）护理山西巡抚，次年任湖南巡抚。光绪三十年署户部尚书，次年出任盛京将军。光绪三十三年任四川总督，旋任湖广总督。宣统三年（1911）改任东三省总督。民国后，任奉天都督，旋辞职，寓居青岛。1914年任清史馆总裁，主编《清史稿》。袁世凯称帝时，被尊为"嵩山四友"之一。1917年张勋复辟，被任为枢密院顾问。1925年段祺瑞执政期间，任善后会议议长、临时参议院议长。此照片大致摄于1911年赵尔巽任东三省总督时。

CHAO SHU CHIAO
Boxer Member of Cabinet

5-3-67

赵舒翘

（1901）

CELEBRITY CATALOGUE

出　　处：*Beleaguered in Peking*

　　　　　（《北京被围记》）

作　　者：Robert Coltman

　　　　　（[美]满乐道，1862—1931）

出版时间：1901 年

出 版 者：F. A. Davis Company, Publishers

　　　　　(Philadelphia)

编者说明：赵舒翘（1848—1901），字展如，陕西长安人。同治年间进士，授刑部主事。光绪八年（1882），因平反河南王树汶冤案，升员外郎。光绪十年，补湖广司郎中。光绪十一年任安徽凤阳知府。光绪十七年，擢浙江温处道。光绪十九年，任浙江按察使，同年冬改任布政使。光绪二十一年升任江苏巡抚。光绪二十三年，任刑部左侍郎。光绪二十四年会同王文韶督办矿物铁路总局，旋任刑部尚书。光绪二十五年，任总理衙门大臣，继任军机大臣，兼顺天府府尹。义和团运动兴起，附和慈禧，主张"抚而用之"。八国联军攻陷北京，随慈禧逃至西安。次年，因被指为庚子事变祸首，被清廷下令自尽。

"Rev. Moses Chiu. Ph.D."

5-3-68

周慕西

（1910）

CELEBRITY CATALOGUE

出　　处：*The Life of Mose Chiu*

　　　　（《周慕西传》）

作　　者：Charles Ogilvie

　　　　（［美］欧格非，1881—1919）

出版时间：1916 年

出 版 者：Christian Literature Society (Shanghai)

拍摄时间：1910 年

编者说明：周慕西（1879—1914），福建人氏，首批在德国获得博士学位的中国人之一。1911年被聘为北京大学哲学系教授，后任预科学长，于1914年不幸染病去世。其藏书捐赠北京大学图书馆。

名人图录
/
晚清民国
军政要人
及名人

THE MARQUIS OF EXTENDED GRACE
Descendant and representative of the Ming emperors

5-3-69

朱煜勋

（1934）

CELEBRITY CATALOGUE

出　　处：*Twilight in the Forbidden City*
　　　　（《紫禁城的黄昏》）

作　　者：Reginald F. Johnston
　　　　（[英] 庄士敦，1874—1938）

出版时间：1934 年

出 版 者：Victor Gollancz Ltd.（London）

编者说明：清雍正年间，曾访明裔，发现了明朝后裔朱之琏（？—1730）。雍正二年（1724）十二月封为一等侯，死后又被乾隆追赠一等延恩侯，世袭。图为民国年间最后一代延恩侯朱煜勋（字炳南），虽贵为侯爷，却生活窘迫，住东直门北的小街羊管胡同。

明裔延恩侯

朱煜勳

炳南東直門北
小街羊管胡同

5-3-70

编者说明：民国年间最后一代延恩侯朱煜勋拜

访溥仪帝师庄士敦时递上的名片。

朱煜勋名片

（1934）

CELEBRITY CATALOGUE

出　　处：*Twilight in the Forbidden City*

　　　　（《紫禁城的黄昏》）

作　　者：Reginald F. Johnston

　　　　（［英］庄士敦，1874—1938）

出版时间：1934 年

出 版 者：Victor Gollancz Ltd.（London）

ÉROMAT.

B·SE

Portrait du gouverneur général Tzo-Tzoun-Tan.

5-3-71

左宗棠

（1883）

CELEBRITY CATALOGUE

出　　处：*Voyage à Travers La Mongolie et la Chine*
　　　　　（《从蒙古穿越中国的旅行》）

作　　者：IA. Piasetskii
　　　　　（[俄]皮亚赛特斯基，1843—1919）

出版时间：1883 年

出 版 者：Hachette et Cie (Paris)

绘 图 者：E. Ronjat
　　　　　（[法]E. 罗尼亚特，1822—1912）

编者说明：左宗棠（1812—1885），字季高，湖南湘阴人。道光十二年（1832）中举，十七年（1837）主讲醴陵渌江书院。太平天国起义后，在家乡办团练。后入两江总督陶澍、湖南巡抚张亮基、骆秉章幕。咸丰十年（1860），经曾国藩保荐，以四品京堂襄办皖南军务。次年升任浙江巡抚。同治二年（1863）升闽浙总督。次年攻陷杭州，封一等恪靖伯爵。同治五年创办福州船政局，同年调任陕甘总督。次年以钦差大臣督办陕甘军务。同治十二年因功授协办大学士。光绪元年（1875）以钦差大臣督办新疆军务。光绪七年任军机大臣、总理衙门大臣。次年调两江总督兼通商事务大臣。中法战争爆发后，奉命入闽视师，病死于福州。

LATE VICEROY TSO TSUNG-TANG.

5-3-72

编者说明：图为晚年左宗棠留影。据原图说明，此照片拍摄于左宗棠晚年，大致为1882—1885年任两江总督时期。

左宗棠

（1882—1885）

CELEBRITY CATALOGUE

出　　处：*Intimate China*

　　　　（《熟悉的中国》）

作　　者：Mrs. Archibald Little

　　　　（［英］立德夫人，1845—1926）

出版时间：1899 年

出 版 者：Hutchinson & Co. (London)

The Right Honorable

LORD AMHERST, &c. &c.

Embassador Extraordinary to the

EMPEROR of CHINA.

5-4-1

编者说明：原书作者为英国外交官，1816年随阿美士德勋爵使团访华。

阿美士德

（Lord Amherst，1817）

CELEBRITY CATALOGUE

出　　处：*Journal of the proceedings of the late embassy to China*

（《阿美士德使团出使中国日志》）

作　　者：Sir Henry Ellis

（[英] 亨利·埃利斯爵士，1777—1869）

出版时间：1817 年

出 版 者：John Murray (London)

REV. FREDERICK BROWN, F.R.G.S.

5-4-2

宝复礼

（Frederick Brown，1914）

CELEBRITY CATALOGUE

出　　处：*China's Dayspring after Thirty Years*

（《三十年后中国之觉醒》）

作　　者：Frederick Brown

（［英］宝复礼，b. 1860）

出版时间：1914 年

出 版 者：Murray and Evenden Ltd. (London)

编者说明：宝复礼，英国美以美会传教士，在天津传教，任汇文中学前身——美以美会蒙学馆馆长。1900年八国联军进攻中国时，任英军情报官。除原书外，还著有《义和团及其他关于中国的回忆》（*Boxer and other China Memories*）、《随八国联军从天津到北京》（*From Tientsin to Peking, with the Allied Forces*）等。

名人图录
/
来京外国人

Lee Brothers

J. W. Bashford

5-4-3

贝施福
（James W. Bashford, 1922）

CELEBRITY CATALOGUE

出　　处：*James W. Bashford*
　　　　　（《贝施福》）

作　　者：George Richmond Grose
　　　　　（[美] 格罗斯，1869—1953）

出版时间：1922 年

出 版 者：Methodist Book Concern (New York)

编者说明：贝施福（1849—1919），中文名又译作柏赐福、贝施德、贝福瑞，1849年5月29日出生于美国威斯康星州。1873年毕业于威斯康星大学麦迪逊分校并获得文学学位，后又到波士顿大学学习神学和修辞学，同时担任传教士和牧师。1878年获得波士顿大学神学博士学位后，曾先后在马萨诸塞州、缅因州和纽约州的5个教堂任牧师。1889年接受有美以美教会背景的俄亥俄州卫斯理大学聘请，任该校校长。1893年被推选为北京汇文大学堂校长，未到任。1904年5月，贝施福被选为美以美教会主教，他随即申请去中国传教，获准后成为美以美教会第一位真正的中国驻区会督，在任期间积极推动华北协和大学与汇文大学的合并。1918年秋，贝施福因健康原因回美治疗，1919年3月18日在美国加州帕萨迪纳逝世。燕大校长办公楼"贝公楼"即以他的名字命名，现为北大校长办公楼。

DR. MARTIN IN SIEGE COSTUME, AS HE ARRIVED IN
NEW YORK CITY, OCTOBER 23RD, 1900.

5-4-4

丁韪良身穿北京被围时的装束像

（W. A. P. Martin, 1900）

CELEBRITY CATALOGUE

出　　处：*The Siege in Peking*

　　　　　（《北京围困》）

作　　者：W. A. P. Martin

　　　　　（ [美] 丁韪良，1827—1916）

出版时间：1900 年

出 版 者：Fleming H. Revell Company (New York)

拍摄时间：1900 年

编者说明：丁韪良（1827—1916），美国北长老会传教士。1850年来华，在宁波传教。第二次鸦片战争时任美国驻华公使列维廉翻译。1862年到北京传教。1869—1894年任同文馆总教习。1898—1900年任京师大学堂西文总教习。1900年返美，不久应张之洞聘到武昌筹备大学，因张之洞内调而罢。1908年回北京从事传教和著述，1916年在北京病逝。著有《花甲记忆》《万国公法》《中国人：他们的教育、哲学和文字》《北京围困》等。1900年庚子事变，丁韪良曾避居东交民巷使馆区，当时使馆区遭清军和义和团围困。同年10月，丁韪良到达纽约，身穿在被围困期间的装束拍了这张照片。

DR. W. A. P. MARTIN

Æt 73

5-4-5

丁韪良

（1900）

CELEBRITY CATALOGUE

出　　处：*The Lore of Cathay*

　　　　　（《花甲记忆》）

作　　者：W. A. P. Martin

　　　　　（[美] 丁韪良，1827—1916）

出版时间：1901 年

出 版 者 ：Oliphant, Anderson & Ferrier

　　　　　（Edinburgh; London）

PRESIDENT W. A. P. MARTIN AND FACULTY OF CHINESE IMPERIAL UNIVERSITY

5-4-6

丁韪良与京师大学堂教习合影

（1898—1900）

CELEBRITY CATALOGUE

出　　处：*The Lore of Cathay*

　　　　　（《花甲记忆》）

作　　者：W. A. P. Martin

　　　　　（[美] 丁韪良，1827—1916）

出版时间：1901 年

出 版 者 ：Oliphant, Anderson & Ferrier

　　　　　（Edinburgh; London）

编者说明：光绪二十四年（1898）京师大学堂创立，丁韪良被聘为西文总教习。图上右侧两层楼为京师大学堂藏书楼。

名人图录

/

来京外国人

DR. MARTIN AND SOME OF HIS STUDENTS

5-4-7

编者说明：照片具体年代不详，有可能是京师大学堂时期。

丁韪良与他的学生们合影

（1898—1900）

CELEBRITY CATALOGUE

出　　处：*The Lore of Cathay*

　　　　（《花甲记忆》）

作　　者：W. A. P. Martin

　　　　（[美] 丁韪良，1827—1916）

出版时间：1901 年

出 版 者 ：Oliphant, Anderson & Ferrier

　　　　（Edinburgh; London）

Dr. W. A. P. Martin in the Western Hills near Peking

5-4-8

丁韪良与友人合影

（1907—1908）

CELEBRITY CATALOGUE

出　　处：*The Great Wall of China*

　　　　　（《长城》）

作　　者：William Edgar Geil

　　　　　（［美］盖洛，1865—1925）

出版时间：1909 年

出 版 者：Sturgis & Walton (New York)

摄 影 者：William Edgar Geil

拍摄时间：1907—1908 年

编者说明：原书作者盖洛为 20 世纪初美国著名旅行家、英国皇家地理学会会员。除本书外，还有《扬子江上的美国人》《中国十八省府》《中国五岳》等有关中国的旅行游记。照片为丁韪良与友人游览西山。

ADMIRAL TOGO

5-4-9

东乡平八郎

（1906）

CELEBRITY CATALOGUE

出　　处：*China and Her People*

　　　　　（《大清国及其子民》）

作　　者：Charles Denby

　　　　　（[美] 田贝，1830—1904）

出版时间：1906 年

出 版 者：L. C. Page & Company (Boston)

编者说明：东乡平八郎（1848—1934），日本海军元帅，侯爵。1894年7月25日丰岛海战中，作为"浪速"舰舰长，击沉清朝运兵船"高升"号，清军700余人阵亡。1900年，任日本海军常备舰队司令官，率舰队参加了八国联军的侵华战争。1934年在东京病逝。

SIR CLAUDE MACDONALD
British Minister
Reproduced from *Harper's Weekly*

5-4-10

窦纳乐

（Sir Claude MacDonald，1900）

CELEBRITY CATALOGUE

出　　处：*The Crisis in China*

　　　　　（《中国危机》）

作　　者：George B. Smyth

　　　　　（[美] 施美志，1854—1911）

出版时间：1900 年

出 版 者：Harper & Brothers Publishers

　　　　　(New York; London)

编者说明：窦纳乐（1852—1915），英国外交官。生于陆军军官家庭。1882年参加埃及战争。1888年任驻桑给巴尔总领事。1896—1900年任驻华公使。任内曾逼迫清政府承诺总税务司由英国人担任，逼迫清政府签订《订租威海卫专条》。1900年义和团运动时期被外交团推为使馆区司令；同年10月调任驻日公使。1905年升格为大使。

Veritable Portrait
du
Cardinal de Tournon Légat aux Indes & à la
Chine en 1702: décédé en 1710: dans sa prison à
Macao.

970

5-4-11

编者说明：罗马教皇为解决礼仪之争事件，派特使铎罗来华，于1705年到达北京。

铎罗

（ Charles Thomas Maillard de Tournon，1747 ）

CELEBRITY CATALOGUE

出　　处：*Mémoires historiques présentes en 1744 au souverain pontife, Benoit XIV*

（《1744 年呈交教皇本笃十四世的关于耶稣会士在东印度传教的历史回忆录》）

作　　者：Father Norbert de Bar-le-Duc

（ [法] 诺贝尔神父，1697—1769 ）

出版时间：1747 年

出 版 者：J. P. Le Fevre (Besancon)

名人图录

/

来京外国人

GENERAL SIR ALFRED GASELEE, K.C.B.

5-4-12

盖斯利

（Sir Alfred Gaselee, 1914）

CELEBRITY CATALOGUE

出　　处：*China's Dayspring after Thirty Years*

　　　　（《三十年后中国之觉醒》）

作　　者：Frederick Brown

　　　　（［英］宝复礼，b. 1860）

出版时间：1914 年

出 版 者：Murray and Evenden Ltd. (London)

编者说明：盖斯利（1844—1918），又译作盖斯理，英国人。1863年到印度，随英军第九十三团参加印度西北部作战。1900年任八国联军英军侵华军司令官，率侵略军由印度来华，镇压义和团，升为陆军少将。1907年调印度北部，任英军指挥官。

名人图录

/

来京外国人

H. Adlard, sc

LIEUTENANT GENERAL
SIR J. HOPE GRANT, G.C.B.

5-4-13

编者说明：詹姆斯·霍普·格兰特（1808—1875），英国陆军上将，第二次鸦片战争中英军陆军部队司令。

格兰特

（James Hope Grant，1862）

CELEBRITY CATALOGUE

出　　处：*Narrative of the War with China in 1860*

　　　　（《1860 年对华作战纪事》）

作　　者：G.J.Wolseley

　　　　（[英] 吴士礼，1833—1913）

出版时间：1862 年

出 版 者：Longman (London)

D.D.GIO:FRAN.^{co} GEMELLICARER
D'ANNI.XLVIII.   ANNO.MDCXCIX.

5-4-14

卡雷里

（Gio Gemelli Careri，1699）

CELEBRITY CATALOGUE

编者说明：原书作者卡雷里为意大利人，清初期曾到中国北京等地旅行。此图绘于1699年。

出　　处：*Giro del mondo del dottor D. Gio*

（《环游世界》）

作　　者：Gio Gemelli Careri

（[意]卡雷里，1651—1725）

出版时间：1719 年

出 版 者：Presso G. Malachin, a spese di G. Maffei

(Venezia)

EDWIN H. CONGER
United States Minister

5-4-15

编者说明：康格（1843—1907），时任美国驻华公使。

康格

（Edwin H. Conger，1900）

CELEBRITY CATALOGUE

出　　处：*The Crisis in China*

　　　　　（《中国危机》）

作　　者：George B. Smyth

　　　　　（[美] 施美志，1854—1911）

出版时间：1900 年

出 版 者：Harper & Brothers Publishers

　　　　　（New York; London）

EDWIN H. CONGER, UNITED STATES MINISTER

5-4-16

康格

（1900）

CELEBRITY CATALOGUE

出　　处：*China in Convulsion*

　　　　　（《动乱中的中国》）

作　　者：Arthur H. Smyth

　　　　　（[美] 明恩溥，1845—1932）

出版时间：1901 年

出 版 者：Fleming H. Revell Company (New York)

名人图录

/

来京外国人

Drawn by H. Edridge 1801.

Engraved by L. Schiavonetti.

The Earl of Macartney

London. Published May 1.1807. by Cadell and Davies Strand.

5-4-17

编者说明：马戛尔尼是1793年英王所派访华使团的正使。这是西方国家政府首次向中国派出正式使节。

马戛尔尼伯爵

（Earl of Macartney, 1807）

CELEBRITY CATALOGUE

出　　处： *Some Account of the Public Life, and a Selection from the Unpublished Writings, of the Earl of Macartney*

（《关于马戛尔尼勋爵的一些故事及未刊文稿》）

作　　者：Sir John Barrow

（[英] 巴罗爵士，1764—1848）

出版时间：1807 年

出 版 者 ：T. Cadell and W. Davies (London)

名人图录

/

来京外国人

5-4-18

莫理循与随从仆人合影

（George Ernest Morrison, 1895）

CELEBRITY CATALOGUE

出　　处：*An Australian in China*

　　　　　（《一个澳大利亚人在中国》）

作　　者：George Ernest Morrison

　　　　　（[英] 莫理循，1862—1920）

出版时间：1895 年

出 版 者 ：Horace Cox (London)

编者说明：莫理循（1862—1920），澳大利亚出生的苏格兰人，1887年毕业于爱丁堡大学医科，曾任《泰晤士报》驻华首席记者（1897—1912），原书是他最为著名的中国游记。照片为莫理循与随从仆人在中国西部合影。

名人图录
/
来京外国人

SIR JOHN N. JORDAN, K.C.V., C.M.G., K.C.M.G., ETC.

His British Majesty's Minister at Pekin.

5-4-19

朱尔典

（John N. Jordan，1912）

CELEBRITY CATALOGUE

出　　处：*Caught in the Chinese Revolution*

（《陕西辛亥革命目击记》）

作　　者：Ernest F. Borst-Smyth

（[英] 司慕德，1882—？）

出版时间：1912 年

出 版 者：T. Fisher Unwin (London)

编者说明：朱尔典（1852—1925），英国外交官。生于爱尔兰。1876年来华，在使馆学习汉语。后在英国驻牛庄、上海、广州、琼州、厦门等地领事馆任翻译、副领事等职。1886—1896年任公使馆会计及汉文副使、汉文参赞。1896年调任英国驻朝鲜汉城总领事。两年后任驻朝鲜代办。1906年任驻华公使。1920年夏退休回国。

名人图录

/

来京外国人

M. AMYOT,

Correspondant de l'Académie des Inscriptions et Belles-Lettres,
Missionnaire Apostolique à Pekin.

Peint à la Chine, par Panzy.　　　　　　　　Gravé à Paris par Helman.

Paris chez l'Auteur Rue St. Honoré N.º 315.

5-4-20

钱德明

（Joseph Marie Amiot，1776）

CELEBRITY CATALOGUE

出　　处：*Mémoires concernant l'histoire, les sciences, les arts, les moeurs, les usages,&c. des Chinois*

（《中国杂纂》）

作　　者：Joseph Marie Amiot

（[法] 钱德明，1718—1793）

出版时间：1776 年

出 版 者：les missionnaires de Pékin (Pékin)

编者说明：钱德明（1718—1793），字若瑟，出生于法国土伦，1737年于阿维尼翁进入耶稣会修道院，1749年赴华。抵澳门时，乾隆帝闻钱神父渊博，谕令进京。1750年到广州，1751年8月22日进京，1761年任法国在华传教区司库，1779年11月18日任法国在华传教区会长，1793年10月9日逝于北京。钱德明是法国最著名的赴华耶稣会士，在北京居住了42年，先后出版多部介绍中国文化和历史的译著，如《中国兵法》《孔子传》《中国药物》《满文文典》《唐代简史》《汉满蒙藏法五国文字字汇》《中国历代帝王纪年》《中国古今音乐考》等，在对中国的介绍和研究方面取得不少成就。

1898

DR. SVEN HEDIN

5-4-21

斯文·赫定

（Sven Hedin，1898）

CELEBRITY CATALOGUE

出　　处：*Through Asia*

　　　　　（《穿越亚洲》）

作　　者：Sven Hedin

　　　　　（［瑞典］斯文·赫定，1865—1952）

出版时间：1898 年

出 版 者：Methuen & Co. (London)

编者说明：斯文·赫定（1865—1952），瑞典地理学家、探险家。1886年毕业于乌普萨拉大学，1891年留学柏林大学。1893—1896年完成第一次中亚探险，绘制地图550幅。后多次到中国西部探险。1899—1902年考察罗布泊和西藏，发现楼兰遗址。1927年组建中国西北科学考察团，任瑞方团长，1935年结束考察，回瑞典。著有《穿越亚洲》《1899—1902年中亚考察科学成果》等。

R.P. IOANNES ADAMVS SCHALL, GERMANVS
è Societate IESV. Pequini Supremi ac Regij Mathe_
matum Tribunalis Præses; indefessꝗ pro Conuersi_
one gentiũ in Chinis Operariꝗ ab aũis 50. ætat: suæ 77.

G.A.Wolfgang. f:

5-4-22

汤若望

（Johann Adam Schall von Bell, 1672）

CELEBRITY CATALOGUE

出　　处：*Historica relation de ortu et progressu*

fidei orthodoxae in regno chinensi: per

missionaries Societatis Jesu ab anno 1581.

Usque ad annum 1669

（《1581—1669 年耶稣会士在华正统信

徒之兴起和发展史报告》）

作　　者：Johann Adam Schall von Bell

（ [德] 汤若望，1591—1666）

出版时间：1672 年

出 版 者：Typis Augusti Hanckwitz (Ratisbonæ)

编者说明：汤若望（1591—1666），字道未，德国人，神圣罗马帝国的耶稣会传教士，天主教耶稣会修士、神父、学者。在中国生活47年，历经明、清两个朝代。康熙朝被封为"光禄大夫"，官至一品。汤若望在中西文化交流史、中国基督教史和中国科技史上是一位不可忽视的人物。中国今天的农历即是其在明朝前沿用的农历基础上加以修改而成的"现代农历"。

名人图录
/
来京外国人

HON. CHARLES DENBY, LL. D.

5-4-23

编者说明：田贝（1830—1904），又名田夏礼，1885—1898年为美国驻华公使。

田贝

（Charles Denby，1906）

CELEBRITY CATALOGUE

出　　处：*China and Her People*

　　　　（《大清国及其子民》）

作　　者：Charles Denby

　　　　（[美] 田贝，1830—1904）

出版时间：1906 年

出 版 者：L. C. Page & Company (Boston)

SIR THOMAS FRANCIS WADE, K.C.B.

5-4-24

威妥玛

（Thomas Francis Wade，1899）

CELEBRITY CATALOGUE

出　　处：*China*

　　　　（《中国》）

作　　者：Robert K. Douglas

　　　　（［英］道格拉斯，1838—1913）

出版时间：1899 年

出 版 者：T. Fisher Unwin (London)

编者说明：威妥玛（1818—1895），英国外交官，汉学家。陆军出身，1841年随英军侵华，1847年退伍，任英国驻华汉文副使。1852年任驻上海副领事，1854年任江海关第一任外籍税务司。1855—1871年任使馆汉文正使，1858年曾任英国侵华全权代表额尔金翻译。1871—1882年任驻华公使。1876年与李鸿章签订《中英烟台条约》。1882年退休，1888年任剑桥大学第一任汉文教授。所创由拉丁字母拼写汉字的体系，被称为"威妥玛式拼音"，至今仍被西方研究者使用。著有《寻津录》《语言自迩集》等。

COUNT ITO

5-4-25

伊藤博文

（1906）

CELEBRITY CATALOGUE

出　　处：*China and Her People*

　　　　　（《大清国及其子民》）

作　　者：Charles Denby

　　　　　（[美]田贝，1830—1904）

出版时间：1906 年

出 版 者：L. C. Page & Company (Boston)

编者说明：伊藤博文（1841—1909），日本近代政治家，第一个内阁总理大臣。明治维新之后，伊藤博文曾经4次组阁，任期长达7年，任内发动了中日甲午战争。1895年4月10日，伊藤博文、陆奥宗光与清朝政府签订了《马关条约》。1898年（明治三十一年）9月，伊藤博文来中国，维新派欲请其赞助新政，安排伊藤面见光绪皇帝和康有为，提供改革方针。戊戌政变后，参与救援被捕的黄遵宪，并协助康有为和梁启超逃往日本。1909年10月26日，伊藤博文在哈尔滨为朝鲜人安重根刺杀而身亡。

FOREIGN MINISTERS WHO SIGNED THE JOINT NOTE, FEBRUARY 6, 1901

Left to right: Major E. H. Conger (U. S. A.), Marquis J. Salvago Raggi (Italy). M. De Giers
(Russia), Baron d'A. de Wasserwass (France), Don B. J. de Cologan (Spain), Sir E. Satow (Great
Britain), Baron Nissi (Japan), Baron M. C. de Wallton (Austria-Hungary), M. N. Joostens (Bel-
gium), Dr. von Mumm (Germany).

(By Permission)

5-4-26

驻华公使合影

（1901）

CELEBRITY CATALOGUE

编者说明：摄于1901年2月6日，各国公使发表联合声明之后。从左至右为美国公使、意大利公使、俄国公使、法国公使、西班牙公使、英国公使、日本公使、奥匈帝国公使、比利时公使、德国公使。

出　　处：*Letters from China*

　　　　　（《中国来信》）

作　　者：Sarah Pike Conger

　　　　　（[美] 莎拉·康格，1843—1932）

出版时间：1909 年

出 版 者：Hodder and Stoughton（London）

拍摄时间：1901 年

名人图录

/

来京外国人

3. Duke Kong and Johnston with a book of Confucius's writings given to the duke by Stewart Lockhart, 1904 (with permission of the Stewart Lockhart Collection, George Watson's College, and the Scottish National Portrait Gallery)

5-4-27

庄士敦与孔令贻

（Sir Reginald Johnston, 1904）

CELEBRITY CATALOGUE

出　　处：*Thistle and Bamboo: the Life and Time of*
　　　　　Sir James Stewart Lockhart
　　　　　（《蓟与竹：詹姆斯·斯图尔特·骆克哈
　　　　　特爵士传记》）

作　　者：Shioina Airlie
　　　　　（[英] 史奥娜·艾尔利，b. 1953）

出版时间：2010 年

出 版 者：Hong Kong University Press (Hong Kong)

拍摄时间：1904 年

编者说明：庄士敦（1874—1938），英国苏格兰人，毕业于爱丁堡大学和牛津大学，1898年赴中国，先后在香港、威海卫的英殖民政府任职。1919年3月，由李鸿章之子李经迈推荐，经当时的民国总统徐世昌与英国公使馆联络，被清王室正式聘为溥仪的英文教师，入宫执教。当时溥仪是14岁，师生情谊深厚。1930年返回英国，在伦敦大学任教，著有《儒家与近代中国》《佛教中国》《紫禁城的黄昏》等。1938年在家乡爱丁堡病逝。

孔令贻（1872—1919），孔子的第七十六代嫡孙。1877年袭衍圣公，1898年奉谕为翰林院侍讲，1907年奉旨稽查山东学务。1913年中华民国封衍圣公。1915年袁世凯阴谋复辟帝制，组织"筹安会"，孔令贻为"名誉理事"，袁称帝后，加封孔令贻"郡王"衔。1904年，在威海任行政长官助理的庄士敦奉威海行政长官骆克之命，到曲阜拜见孔令贻，并赠送英王爱德华七世像。

名人图录
/
来京外国人

8 Reginald Johnston with the portrait of King Edward VII before its presentation to Duke Kong in 1904.

5-4-28

庄士敦与爱德华七世画像

（1904）

编者说明：1904年，庄士敦拜会衍圣公孔令贻时所赠送的英王爱德华七世像。

CELEBRITY CATALOGUE

出　　处：*Scottish Mandarin: the Life and Times of Sir Reginald Johnston*

（《苏格兰的中国人：庄士敦的生活和时代》）

作　　者：Shioina Airlie

（[英]史奥娜·艾尔利，b. 1953）

出版时间：2012 年

出 版 者：Hong Kong University Press (Hong Kong)

拍摄时间：1904 年

14. Johnston in the sable cloak given to him by Puyi (with permission of the Stewart Lockhart Collection, George Watson's College, and the Scottish National Portrait Gallery)

5-4-29

庄士敦身着溥仪赏赐的官袍和顶戴

（1922）

编者说明：图为1922年溥仪生日时庄士敦身
着溥仪赏赐的官袍和顶戴，在其妙峰山的樱桃
谷别墅留影。

CELEBRITY CATALOGUE

出　　处：*Scottish Mandarin: the Life and Times of*
　　　　　Sir Reginald Johnston

　　　　　（《苏格兰的中国人：庄士敦的生活和
　　　　　时代》）

作　　者：Shioina Airlie

　　　　　（[英]史奥娜·艾尔利，b. 1953）

出版时间：2012年

出 版 者：Hong Kong University Press (Hong Kong)

拍摄时间：1922年

名人图录
/
来京外国人

敬啟者本日總管內務府大臣面奉

諭旨著派莊士敦管理

頤和園靜明園玉泉山事務欽此用特肅函奉

聞即希遵照可也專此籍頌

時綏

內務府啟

5-4-30

关于派庄士敦管理颐和园、静明园
和玉泉山的书函

（1924）

CELEBRITY CATALOGUE

出　　处：*Twilight in the Forbidden City*

　　　　　（《紫禁城的黄昏》）

作　　者：Reginald F. Johnston

　　　　　（[英]庄士敦，1874—1938）

出版时间：1934 年

出版者：Victor Gollancz Ltd.（London）

编者说明：1924年初，溥仪通过内务府下旨派庄士敦管理颐和园、静明园和玉泉山。下旨当日，溥仪和庄士敦乘坐一辆汽车，与皇后和淑妃等去颐和园游玩。在此之前，溥仪从来没有出过北京城，他所到过的最远的地方就是他父亲的住处"北府"（醇王府）。此次溥仪不仅出了城，还首次游访了当时最大的、保存最完整的皇家园林，登上万寿山峰顶，乘船游览了南湖岛。对当时的清室来说，这的确是一次非同小可的举动。此后溥仪便经常去颐和园游玩。庄士敦先住在南湖岛，后搬入谐趣园湛清轩附近的花园。

13. Photo taken in Zhang Yuan, Tianjin in 1926; standing in back row from left: Lord Willingdon, the chairman of the Boxer Indemnity Committee, and his wife, and Sir Reginald Johnston; front row: Puyi and Wan Rong. Courtesy of Ko Tim-keung.

5-4-31

编者说明：1926年庄士敦与溥仪、婉容及英
庚款委员会主席威林登夫妇在天津张园合影。

庄士敦与溥仪、婉容及英庚款委员会主席威林登夫妇

（1926）

CELEBRITY CATALOGUE

出　　处：*Scottish Mandarin: the Life and Times of*
　　　　　Sir Reginald Johnston
　　　　　（《苏格兰的中国人：庄士敦的生活和
　　　　　时代》）

作　　者：Shioina Airlie
　　　　　（[英] 史奥娜·艾尔利，b. 1953）

出版时间：2012 年

拍摄时间：1926 年

出 版 者：Hong Kong University Press (Hong Kong)

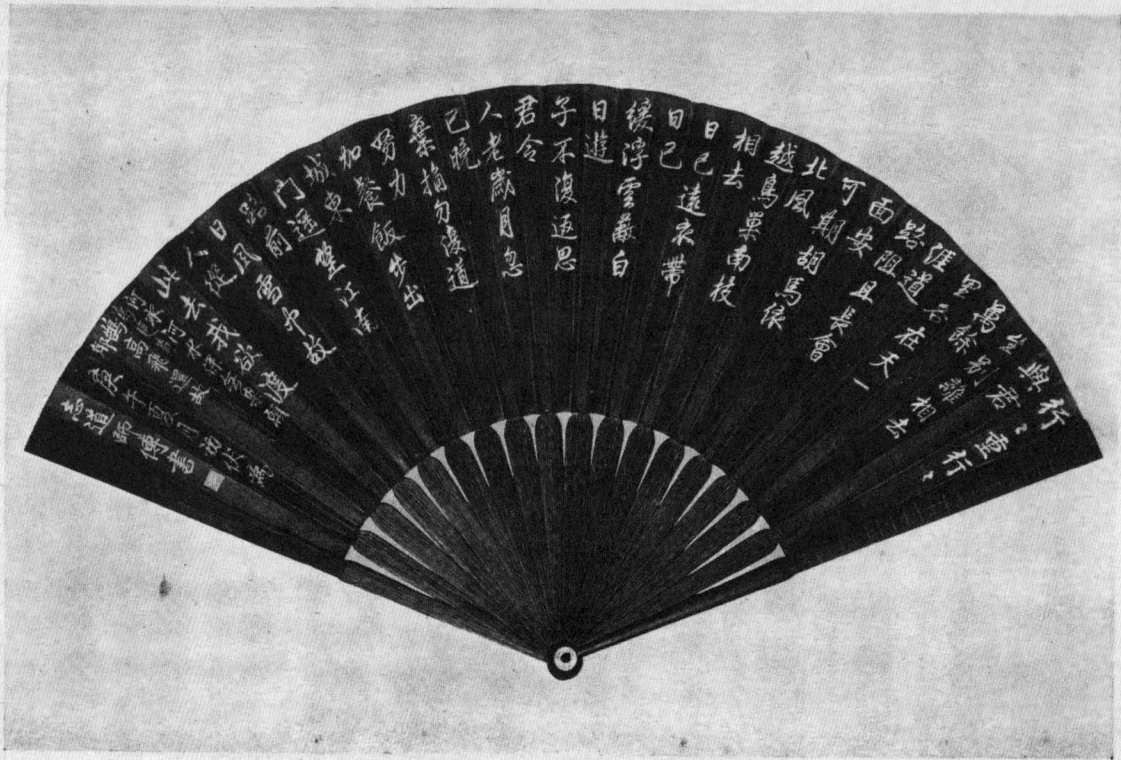

FAN PRESENTED TO THE AUTHOR BY THE EMPEROR WITH AUTOGRAPH COPY OF A CHINESE
POEM OF FAREWELL

5-4-32

庄士敦获赠溥仪亲笔题写的折扇

（1930）

CELEBRITY CATALOGUE

出　　处：*Twilight in the Forbidden City*

　　　　　（《紫禁城的黄昏》）

作　　者：Reginald F. Johnston

　　　　　（[英] 庄士敦，1874—1938）

出版时间：1934 年

出 版 者：Victor Gollancz Ltd.（London）

06

女性
和
儿童形象

IMAGES OF WOMEN
AND CHILDREN

本章收集的京城女性人物形象非常丰富，有慈禧太后、皇亲国戚和达官显贵的女眷，也有民间富裕人家的夫人小姐，市井人家的家庭妇女，以及贫困家庭的妇女；有满族妇女，也有汉族妇女；有缠足的小脚妇女，也有天足的劳动妇女；有在家塾里念书识字的闺阁小姐，也有接受西式学校教育以及留洋归国的新女性。

为保存资料计，图像中的人物除京城本土女性外，也包含了少数在京的外地女性及外国女性。一些生活年代跨清末民初的女性的照片，如格蕾丝·汤普森·西登在《中国灯笼》中的照片，也录于此供参考。北京汇文学院教师、美国传教士何德兰在他的《孺子歌图》和《中国的儿童》两书中，对于中国童谣和儿童生活及游戏做了珍贵的记录，其中的插图多以北京儿童及其环境为背景，虽然不少照片为"摆拍"，但毕竟为我们留下了不可多得的晚清孩童的精神面貌、衣着服饰和生活场景的记录。

本章拟从慈禧太后、皇亲国戚及官宦女眷、京城女性生活图景、北京的少年和孩童等4个方面来反映清代北京女性和儿童生活百态以及清代社会风云变幻。

DOWAGER EMPRESS OF CHINA

6-1-1

慈禧太后画像

（1900 年前）

IMAGES OF WOMEN
AND CHILDREN

出　　处：*The Crisis in China*

　　　　　（《中国危机》）

作　　者：George B. Smyth

　　　　　（ [美] 施美志，1854—1911 ）

出版时间：1900 年

出 版 者：Harper & Brothers Publishers

　　　　　（New York; London）

绘制时间：1900 年前

编者说明：慈禧太后（1835—1908），叶赫那拉氏，咸丰帝妃，同治帝生母，清晚期的实际统治者。此图片最初发表在 *Harper's Bazar*（《时尚芭莎》）杂志上，应为慈禧年轻时候的画像。绘画者似凭借想象画出，其中人物的姿势等明显有西方女明星风范。

女性和

儿童形象

/

慈禧太后

LADIES OF THE DIPLOMATIC CORPS AND FOUR INTERPRETERS WHO ATTENDED THE FIRST AUDIENCE GIVEN TO FOREIGN LADIES BY THE EMPRESS DOWAGER OF CHINA

First row, left to right: German Minister's wife, Dutch Minister's wife, British Minister's wife, Japanese Minister's wife. Second row, left

6-1-2

觐见慈禧太后的外国公使夫人合影

（1898）

IMAGES OF WOMEN
AND CHILDREN

出　　处：*Letters from China*

　　　　（《中国来信》）

作　　者：Sarah Pike Conger

　　　　（[美] 莎拉·康格，1843—1932）

出版时间：1909 年

出 版 者：Hodder and Stoughton (London)

拍摄时间：1898 年

编者说明：光绪二十四年（1898）12月13日，慈禧太后在紫禁城西侧的西苑（今中南海）仪鸾殿，接见了英、美、法、日、俄、德、荷等7国公使夫人。此次接见是应公使夫人面贺慈禧64岁寿辰的要求而安排的。图为慈禧太后接见的7国外国公使夫人和4位翻译合影，前排女性自左到右：德国、荷兰、英国、日本公使夫人；后排女性自左到右：法国、俄国、美国公使夫人（即原书作者康格夫人）。

女性和
儿童形象
/
慈禧太后

RECEPTION TO THE WIVES OF FOREIGN MINISTERS BY THE EMPRESS DOWAGER OF CHINA

6-1-3

慈禧太后接见外国公使夫人

（1900）

编者说明：1898年慈禧太后在紫禁城西侧的西苑（今中南海）仪鸾殿接见外国公使夫人场景描绘。

IMAGES OF WOMEN
AND CHILDREN

出　　处：*China, The Orient and the Yellow Man*

　　　　　（《中国：东方国度与黄种民族》）

作　　者：Henry Davenport Northrop

　　　　　（[美] 亨利·达文波特·诺斯洛普，

　　　　　1836—1909）

出版时间：1900 年

出 版 者：George W. Bertron (Washington, D.C.)

女性和

儿童形象

/

慈禧太后

大清國當今慈禧端佑康頤昭豫莊誠壽恭欽獻崇熙聖母皇太后

THE "HOLY MOTHER," HER MAJESTY TZǓ HSI.

(From a Photograph taken in 1903.)

6-1-4

慈禧太后坐像近景

（1903）

IMAGES OF WOMEN
AND CHILDREN

出　　处：*China Under the Empress Dowager*

　　　　　（《慈禧太后统治下的中国》）

作　　者：J.O.P. Bland & E. Backhouse

　　　　　（[英] 濮兰德，1863—1945；

　　　　　　[英] 巴克斯，1873—1944）

出版时间：1910 年

出 版 者：William Heinemann (London)

摄 影 者：裕勋龄（1874—1944）

拍摄时间：1903 年

编者说明：照片上方光绪帝题匾额的落款年代是"光绪癸卯"，即光绪二十九年（1903），照片也是该年所摄，地点为颐和园乐寿堂。摄影者是裕勋龄，其父裕庚曾出任清廷驻日本、法国公使。勋龄随父母旅居海外时研习过摄影。光绪二十八年（1902）底，裕庚海外任满，携全家回到北京。勋龄和他的两个妹妹德龄和容龄，以及弟弟馨龄后来都进宫当差。两个妹妹任慈禧太后私人翻译兼侍从。

女性和

儿童形象

/

慈禧太后

大清國當今慈禧端佑康頤昭豫莊誠壽恭欽獻崇熙聖母皇太后

L'Impératrice Ts'eu-hi à l'heure de l'audience des hommes d'Etat

6-1-5

编者说明：此照片也摄于1903年。慈禧太后拍照时，每次都更换不同的衣饰和背景等。

慈禧太后坐像远景

（1903）

IMAGES OF WOMEN
AND CHILDREN

出　　处：*La Vie Secrète de la Cour de Chine*

　　　　　（《慈禧太后传》）

作　　者：Albert Maybon

　　　　　（[法]阿尔贝·迈邦，1878—1940）

出版时间：1910 年

出 版 者：F. Juven (Paris)

摄 影 者：裕勋龄（1874—1944）

拍摄时间：1903 年

大清國當今慈禧端佑康頤昭豫莊誠壽恭欽獻崇熙聖母皇太后

HER MAJESTY TZŬ HSI IN THE YEAR 1903.

6-1-6

慈禧太后对镜理云鬓

（1903）

IMAGES OF WOMEN
AND CHILDREN

出　　处：*China Under the Empress Dowager*

　　　　　（《慈禧太后统治下的中国》）

作　　者：J.O.P. Bland & E. Backhouse

　　　　　（[英] 濮兰德，1863—1945；

　　　　　　[英] 巴克斯，1873—1944）

出版时间：1910 年

出 版 者 ：William Heinemann (London)

摄 影 者 ：裕勋龄（1874—1944）

拍摄时间：1903 年

编者说明：慈禧太后对镜理云鬓，这一张照片无论是出于慈禧太后本人的意愿或摄影者的导演，都非常难得。

大清國當今聖母皇太后萬歲萬歲萬萬歲

H.M. THE EMPRESS DOWAGER AND LADIES OF HER COURT (1903).

Daughters of H. E. Yü Keng.

Second wife of late Emperor.

H.M. Tzŭ Hsi.

Wife of H. E. Yü Keng, ex-Minister to Paris.

Empress Consort of Kuang-Hsü, now Empress Dowager.

6-1-7

慈禧太后与隆裕皇后、裕庚妻女等合影（1903）

IMAGES OF WOMEN
AND CHILDREN

出　　处：*China Under the Empress Dowager*

（《慈禧太后统治下的中国》）

作　　者：J.O.P. Bland & E. Backhouse

（［英］濮兰德，1863—1945；

［英］巴克斯，1873—1944）

出版时间：1910 年

出 版 者：William Heinemann (London)

摄 影 者：裕勋龄（1874—1944）

拍摄时间：1903 年

编者说明：裕庚（？—1902），清汉军正白旗人。字朗西，人称八旗才子。曾任湖北道员，调任广东惠潮嘉道。光绪二十一年（1895）任出使日本国大臣，光绪二十四年回国，任太仆寺少卿。光绪二十五年出使法国大臣。光绪二十八年底回国，不久病死于上海。裕庚的女儿德龄因懂法语、英语，与妹妹容龄入宫担任慈禧太后的翻译，并负责外事接待，深得慈禧太后的信任。德龄和容龄应为后排的两位。右一为隆裕皇后。

L'IMPÉRATRICE HSEU III, A VINGT ANS.

6-1-8

慈禧太后年轻时便装画像

（1909）

IMAGES OF WOMEN
AND CHILDREN

出　　处：*Opinions Chinoises sur les Barbares*

　　　　　d'Occident

　　　　　（《汉人如何评论大西洋》）

作　　者：Ferdinand Joseph Harfeld

　　　　　（[法] 哈尔法，b. 1878）

出版时间：1909 年

出 版 者：Plon-Nourrit & Cie (Paris)

女性和

儿童形象

/

慈禧太后

大清國慈禧皇太后

PORTRAIT OF THE EMPRESS DOWAGER

This is the portrait which was exhibited at the St. Louis Exposition, is now owned by the United States Government, and is in the National Museum at Washington

6-1-9

慈禧太后画像

（1903）

编者说明：据原书，此画像曾在圣路易斯博览会上展出，后被美国政府收购，入藏华盛顿国家博物馆。

IMAGES OF WOMEN
AND CHILDREN

出　　处：*With the Empress Dowager of China*

（《慈禧写照记》）

作　　者：Katharine A. Carl

（[美] 柯姑娘，1858—1938 ）

出版时间：1905 年

出 版 者：The Century Co. (New York)

绘 图 者：Katharine A. Carl

绘制时间：1903 年

THE PORTRAIT OF THE EMPRESS DOWAGER IN ITS FRAME

This Frame is Made of Camphor-wood Carved in the Palace after the
Empress's own Designs and under Her Direction

6-1-10

装在相框中的慈禧太后画像

（1905）

编者说明：此为上幅慈禧太后画像置于相框后所摄的照片。据原书，此相框用樟木雕成，是在慈禧太后的亲自设计和指导下雕成的。

IMAGES OF WOMEN
AND CHILDREN

出　　处：*With the Empress Dowager of China*

　　　　（《慈禧写照记》）

作　　者：Katharine A. Carl

　　　　（[美]柯姑娘，1858—1938）

出版时间：1905 年

出版者：The Century Co. (New York)

女性和

儿童形象

/

慈禧太后

THE EMPRESS AND LADIES OF THE COURT IN THE IMPERIAL BARGE

On the Lake of the Summer Palace

6-1-11

编者说明：船上坐在椅子上的妇人为慈禧太后。远处可见十七孔桥。

慈禧太后乘船游颐和园

（1903）

IMAGES OF WOMEN
AND CHILDREN

出　　处：*With the Empress Dowager of China*

（《慈禧写照记》）

作　　者：Katharine A. Carl

（[美] 柯姑娘，1858—1938）

出版时间：1905 年

出 版 者：The Century Co. (New York)

绘 图 者：Katharine A. Carl

绘制时间：1903 年

女性和

儿童形象

/

慈禧太后

THE EMPRESS DOWAGER WRITING A "GREAT CHARACTER"

6-1-12

编者说明：背景可见"正大光明"匾，故绘画
取景地应为乾清宫。

写大字的慈禧太后

（1903）

IMAGES OF WOMEN
AND CHILDREN

出　　处：*With the Empress Dowager of China*

（《慈禧写照记》）

作　　者：Katharine A. Carl

（[美] 柯姑娘，1858—1938）

出版时间：1905 年

出 版 者：The Century Co. (New York)

绘 图 者：Katharine A. Carl

绘制时间：1903 年

THE EMPRESS DOWAGER IN THE GARDENS OF THE SUMMER
PALACE—CALLING A BIRD

6-1-13

慈禧太后逗鸟

（1903）

IMAGES OF WOMEN
AND CHILDREN

出　　处：*With the Empress Dowager of China*

　　　　　（《慈禧写照记》）

作　　者：Katharine A. Carl

　　　　　（［美］柯姑娘，1858—1938）

出版时间：1905 年

出 版 者：The Century Co. (New York)

绘 图 者：Katharine A. Carl

绘制时间：1903 年

THE OFFICIAL AUDIENCE OF THEIR MAJESTIES

6-1-14

听政的慈禧太后

（1903）

编者说明：正在乾清宫理政的慈禧太后，一官员正跪地听从懿旨。

IMAGES OF WOMEN
AND CHILDREN

出　　处：*With the Empress Dowager of China*

　　　　（《慈禧写照记》）

作　　者：Katharine A. Carl

　　　　（ [美] 柯姑娘，1858—1938 ）

出版时间：1905 年

出 版 者：The Century Co. (New York)

绘 图 者：Katharine A. Carl

绘制时间：1903 年

H.M. Tzŭ Hsi, with the Consort (Lung Yü) and Principal Concubine (Jen Fei) of H.M. Kuang-Hsü, accompanied by Court Ladies and Eunuchs.

6-1-15

慈禧太后与皇室女眷、太监等合影

（1903）

编者说明：慈禧太后在一众皇室女眷、太监及宫女护侍下，站在颐和园仁寿殿前。大总管李莲英（右）、二总管崔玉贵（左）分别立侍两侧，照片背景可见凉棚。

IMAGES OF WOMEN
AND CHILDREN

出　　处：*China Under the Empress Dowager*

　　　　（《慈禧太后统治下的中国》）

作　　者：J.O.P. Bland & E. Backhouse

　　　　（[英] 濮兰德，1863—1945；

　　　　 [英] 巴克斯，1873—1944）

出版时间：1910 年

出 版 者：William Heinemann (London)

摄 影 者：裕勋龄（1874—1944）

拍摄时间：1903 年

THE EMPRESS DOWAGER, WITH THE CHIEF EUNUCH, LI LIEN-YING.

6-1-16

慈禧太后扮观音照

（1903）

IMAGES OF WOMEN
AND CHILDREN

出　　处：*China Under the Empress Dowager*

　　　　　（《慈禧太后统治下的中国》）

作　　者：J.O.P. Bland & E. Backhouse

　　　　　（[英] 濮兰德，1863—1945；

　　　　　　[英] 巴克斯，1873—1944）

出版时间：1910 年

出 版 者：William Heinemann (London)

摄 影 者：裕勋龄（1874—1944）

拍摄时间：1903 年

编者说明：慈禧太后扮作观音，置身于荷花丛中。李莲英扮作天尊，立于图上右侧。照片摄于西苑中海。

Après la figuration d'une scène mythologique, l'Impératrice Ts'eu-hi, accompagnée de princesses et d'eunuques, traverse, sur la jonque de gala, le lac des Jardins de l'Ouest

6-1-17

编者说明：照片中慈禧太后（中坐者）与随从都穿戏服，扮演神话传说中的角色。

慈禧太后戏装乘船游览

（1903）

IMAGES OF WOMEN
AND CHILDREN

出　　处：*La Vie Secrète de la Cour de Chine*

　　　　　（《慈禧太后传》）

作　　者：Albert Maybon

　　　　　（[法] 阿尔贝·迈邦，1878—1940）

出版时间：1910 年

出 版 者 ：F. Juven (Paris)

摄 影 者 ：裕勋龄（1874—1944）

拍摄时间：1903 年

(See pages 8–9, 63, 83, 129–136, 162–164, 168–170)

TZU HSI

From 1861 to 1908 Tzu Hsi was Empress Dowager; a woman of extraordinary ability and force of character. She was the real ruler of China for nearly half a century.

6-1-18

慈禧太后在寿辰之日

（1908年前）

编者说明：照片中的慈禧太后身穿带"寿"字的礼服，应为祝寿时所拍摄。原书作者布朗为美国来华传教士，曾任职于北京协和医院。

IMAGES OF WOMEN
AND CHILDREN

出　　处：*The Chinese Revolution*

　　　　　（《中国革命》）

作　　者：Arthur Judson Brown

　　　　　（[美] 布朗，1856—1963）

出版时间：1912 年

出 版 者：Student Volunteer Movement (New York)

拍摄时间：1908 年前

THE EMPRESS OF CHINA.
Second Wife of the present Emperor Taow-Kwan.
From an original Chinese Drawing
Richard Bentley, London: 1848.

6-2-1

道光皇后像

（1848）

编者说明：原书说明此为道光帝的第二任皇后，应为佟佳氏孝慎成皇后。原书作者为英国皇家海军军官。该画像根据一幅中国绘画画成。

IMAGES OF WOMEN
AND CHILDREN

出　　处：*Five Years in China*：*from 1842 to 1847*

（《在中国的五年，1842—1847》）

作　　者：F. E. Forbes

（[英] 福布斯，b. 1819）

出版时间：1848 年

出 版 者：Richard Bentley (London)

WIFE AND DAUGHTER OF KANG-YI KNOWN AS THE LORD HIGH EXTORTIONER.

6-2-2

他塔拉·刚毅的妻女

（1900年前）

IMAGES OF WOMEN
AND CHILDREN

出　　处：*The Land of the Blue Gown*

（《穿蓝色长衫的国度》）

作　　者：Mrs. Archibald Little

（[英] 立德夫人，1845—1926）

出版时间：1902 年

出 版 者：T. Fisher Unwin (London)

摄 影 者：Mrs. Archibald Little

拍摄时间：1900 年前

编者说明：他塔拉·刚毅（1837—1900）的妻女。慈禧太后曾任命刚毅和载勋为统率义和团大臣，率领义和团同八国联军开战，后兵败，刚毅西逃时病逝。

THE YOUNG EMPRESS YE-HO-NA-LAH

First Wife of the Emperor of China

6-2-3

隆裕太后

（1903）

IMAGES OF WOMEN
AND CHILDREN

出　　处：*With the Empress Dowager of China*

　　　　　（《慈禧写照记》）

作　　者：Katharine A. Carl

　　　　　（[美] 柯姑娘，1858—1938）

出版时间：1905 年

出 版 者：The Century Co. (New York)

绘 图 者：Katharine A. Carl

绘制时间：1903 年

编者说明：光绪帝的皇后叶赫那拉氏（1868—1913），满洲镶黄旗人，副都统桂祥之女，慈禧太后的内侄女。溥仪登基后，尊叶赫那拉皇后为皇太后，徽号隆裕，史称隆裕皇太后。1912年，隆裕太后签署了《退位诏书》。

THE SECONDARY WIFE OF THE EMPEROR
In Summer Coiffure

6-2-4

珍妃

（1903）

IMAGES OF WOMEN
AND CHILDREN

出　　处：*With the Empress Dowager of China*

　　　　（《慈禧写照记》）

作　　者：Katharine A. Carl

　　　　（[美] 柯姑娘，1858—1938）

出版时间：1905 年

出 版 者 ：The Century Co. (New York)

绘 图 者 ：Katharine A. Carl

绘制时间：1903 年

Kaiferliche Hofdamen.

6-2-5

编者说明：据原图说明，她们是皇宫的嫔妃。

清宫嫔妃

（1901）

IMAGES OF WOMEN
AND CHILDREN

出　　处：*China und die Chinesen*

（《中国和中国人》）

作　　者：Bruno Navarra

（[德] 布鲁诺·纳瓦拉，1850—1911）

出版时间：1901 年

出 版 者：M. Nössler (Bremen)

女性和

儿童形象

/

皇亲国戚及

官宦女眷

6-2-6

晚清官员的女眷在美国公使馆合影

（1903）

编者说明：原书作者美国公使夫人莎拉·康格，在光绪二十九年（1903）3月24日，邀请10位清朝官员的夫人和女儿到美国公使馆游玩，并合影留念。

IMAGES OF WOMEN AND CHILDREN

出　　处：*Letters from China*

　　　　　（《中国来信》）

作　　者：Sarah Pike Conger

　　　　　（[美] 莎拉·康格，1843—1932）

出版时间：1909 年

出 版 者：Hodder and Stoughton (London)

拍摄时间：1903 年

COURT PRINCESSES AND OTHER LADIES WHO ATTENDED MRS. CONGER'S TIFFIN AT AMERICAN LEGATION, PEKING, DECEMBER 26, 1903

6-2-7

清朝贵族和官员的女眷在美国公使馆合影（1903）

IMAGES OF WOMEN
AND CHILDREN

出　　处：*Letters from China*

　　　　　（《中国来信》）

作　　者：Sarah Pike Conger

　　　　　（[美] 莎拉·康格，1843—1932）

出版时间：1909 年

出 版 者：Hodder and Stoughton（London）

拍摄时间：1903 年

编者说明：原书作者美国公使夫人莎拉·康格，在1903年12月26日，即圣诞节后一天，邀请清朝贵族和官员的女眷参加在美国公使馆举行的午餐招待会，并合影留念。各位女宾盛装出席，花团锦簇，但表情多严肃拘谨。

女性和
儿童形象
/
皇亲国戚及
官宦女眷

A Mandarin's Wife in Full Uniform.

6-2-8

诰命夫人

（1905）

编者说明：头戴华冠、身穿朝服的诰命夫人，
已是老妇年纪。

IMAGES OF WOMEN
AND CHILDREN

出　　处：*John Chinaman at home*

　　　　（《中国人行为方式和事物概述》）

作　　者：E. J. Hardy

　　　　（[英] 哈迪，1849—1920）

出版时间：1905 年

出 版 者：T. Fisher Unwin (London)

女性和

儿童形象

/

皇亲国戚及

官宦女眷

PRINCESS K'E IN FESTIVE ATTIRE

6-2-9

克勤顺郡王崧杰福晋

（1898—1905）

IMAGES OF WOMEN
AND CHILDREN

出　　处：*Letters from China*

　　　　（《中国来信》）

作　　者：Sarah Pike Conger

　　　　（[美] 莎拉·康格，1843—1932）

出版时间：1909 年

出 版 者：Hodder and Stoughton（London）

拍摄时间：1898—1905 年

编者说明：诰命夫人装扮的克勤顺郡王崧杰福晋。1898—1905年，除短暂回美外，康格夫人随丈夫康格公使在京生活约7年，于1905年回美。《中国来信》一书中，除注明拍摄时间的，其余照片的拍摄时间应在1898—1905年之间。

DOWAGER PRINCESS K'E   PRINCESS SU

MONGOLIAN PRINCE AND PRINCESS, THE LATTER A SISTER OF PRINCE SU

6-2-10

克勤诚郡王晋祺福晋、肃亲王善耆福晋、蒙古王子和王妃（1898—1905）

编者说明：左上图为克勤诚郡王晋祺福晋，右上图为肃亲王善耆福晋，下图为蒙古王子和王妃，蒙古王妃即肃亲王妹妹善坤。

IMAGES OF WOMEN
AND CHILDREN

出　　处：*Letters from China*

　　　　（《中国来信》）

作　　者：Sarah Pike Conger

　　　　（[美] 莎拉·康格，1843—1932）

出版时间：1909 年

出 版 者 ：Hodder and Stoughton（London）

拍摄时间：1898—1905 年

PRINCESS SU, WHOSE HUSBAND GAVE HIS PALACE FOR
CHRISTIANS DURING BOXER SIEGE

6-2-11

肃亲王善耆福晋

（1905年前）

IMAGES OF WOMEN
AND CHILDREN

出　　处：*China's New Day*

　　　　　（《中国的新时代》）

作　　者：Isaac Taylor Headland

　　　　　（［美］何德兰，1859—1942）

出版时间：1912 年

出 版 者：Central Committee on the United Study

　　　　　of Mission (West Meford, Mass.)

拍摄时间：1905 年前

编者说明：肃亲王善耆 (1866—1922) 福晋镜中像。原书作者何德兰为美国传教士，1890年来华，任北京汇文书院文科和神科教习，1914年返回美国。1905年，日本东洋妇人会主事青藤秋子和会员河原虎子访华。1908年，将她们在中国之行中拍摄及受赠的照片编辑成册出版，书名为《清国杂观》。这张照片即收入书中，应为肃亲王善耆福晋所赠，拍摄时间应在1905年前。

女性和

儿童形象

/

皇亲国戚及

官宦女眷

PRINCESS SHUN, SISTER OF THE EMPRESS AND NIECE OF THE
EMPRESS DOWAGER

6-2-12

顺承质郡王福晋

（1905年前）

编者说明：顺承质郡王讷勒赫（1881—1917）的福晋叶赫那拉氏像。这张照片也收入《清国杂观》，应为顺承质郡王福晋所赠，拍摄时间应在1905年前。

IMAGES OF WOMEN
AND CHILDREN

出　　处：*Letters from China*

　　　　（《中国来信》）

作　　者：Sarah Pike Conger

　　　　（[美] 莎拉·康格，1843—1932 ）

出版时间：1909 年

出 版 者：Hodder and Stoughton（London）

拍摄时间：1905 年前

女性和
儿童形象
/
皇亲国戚及
官宦女眷

THREE HSU SISTERS

6-2-13

体仁阁大学士徐大人的三个女儿

（1898—1905）

IMAGES OF WOMEN
AND CHILDREN

出　　处：*Letters from China*

　　　　（《中国来信》）

作　　者：Sarah Pike Conger

　　　　（[美] 莎拉·康格，1843—1932）

出版时间：1909 年

出 版 者：Hodder and Stoughton（London）

拍摄时间：1898—1905 年

女性和

儿童形象

/

皇亲国戚及

官宦女眷

WEN TAI-TAI, NIECE OF DUKE JUNG, AND HER
LITTLE DAUGHTER

6-2-14

文（音）太太和女儿

（1898—1905）

IMAGES OF WOMEN
AND CHILDREN

出　处：*Letters from China*

（《中国来信》）

作　者：Sarah Pike Conger

（[美] 莎拉·康格，1843—1932）

出版时间：1909 年

出 版 者：Hodder and Stoughton（London）

拍摄时间：1898—1905 年

编者说明：皇亲国戚荣王爷的侄女文（音）太太及她的小女儿。大人和孩子衣服上的绣花都非常考究。

6-2-15

毓朗贝勒福晋和何德兰夫人等合影

（1894年后）

IMAGES OF WOMEN
AND CHILDREN

出　　处：*China's New Day*

　　　　　（《中国的新时代》）

作　　者：Isaac Taylor Headland

　　　　　（ [美] 何德兰，1859—1942 ）

出版时间：1912 年

出 版 者：Central Committee on the United Study

　　　　　of Mission (West Meford, Mass.)

摄 影 者：Isaac Taylor Headland

拍摄时间：1894 年后

编者说明：毓朗贝勒福晋（前排右三）和原书作者何德兰夫人（右二）以及格格、阿哥们合影。原图说明中称，毓朗贝勒福晋是对于清宫事务最有见识的贵夫人。何德兰于1894年结婚，夫人婚前名为玛丽安·辛克莱（Marian Sinclair),是一名内科医生。

YU FU-JEN, DAUGHTER-IN-LAW OF PRINCE TING

6-2-16

毓朗贝勒福晋

（1905年前）

IMAGES OF WOMEN
AND CHILDREN

出　　处：*Letters from China*

　　　　（《中国来信》）

作　　者：Sarah Pike Conger

　　　　（［美］莎拉·康格，1843—1932）

出版时间：1909 年

出 版 者：Hodder and Stoughton（London）

拍摄时间：1905 年前

编者说明：此为毓朗福晋，定慎郡王溥煦之儿媳。这张照片也收入《清国杂观》，应为毓朗贝勒福晋所赠，拍摄时间应在1905年前。

PRINCESS YÜ LON

Grandmother of the Empress of China

6-2-17

毓朗贝勒福晋

（1924）

IMAGES OF WOMEN AND CHILDREN

出　　处：*Chinese Lanterns*

　　　　　（《中国灯笼》）

作　　者：Grace Thompson Seton

　　　　　（[美] 格蕾丝·汤普森·西登，

　　　　　1872—1959）

出版时间：1924 年

出 版 者：Dodd, Mead and Company (New York)

编者说明：原书作者西登夫人于1922—1923年间游历中国，其间参加了溥仪和婉容的婚礼，并与清朝皇族女眷及官员夫人、民国政府官员夫人及上层社会女性交往。后根据这些经历写成了《中国灯笼》一书。图为原书作者采访过的毓朗贝勒福晋，其女为婉容的继母。原书作者对毓朗福晋和其女印象极佳："她们穿着华丽，外表谦和，但做事稳重，办事有力，体现着一种尊严。从小所受的教育，使得她们的内心与外在很好地融合在一起，令人敬佩。福晋是位伟大的女性，在她身上体现了对古老文化的传承，对现代知识的主动学习，以及非凡的管理才能。"

女性和
儿童形象
/
皇亲国戚及
官宦女眷

YU TA K'E-K'E, GRANDDAUGHTER OF PRINCE TING

6-2-18

编者说明：图为毓朗贝勒的长女，定慎郡王溥煦之孙女恒慧，字伯馨。

毓朗的长女恒慧

（1898—1905）

IMAGES OF WOMEN
AND CHILDREN

出　　处：*Letters from China*

　　　　（《中国来信》）

作　　者：Sarah Pike Conger

　　　　（[美] 莎拉·康格，1843—1932 ）

出版时间：1909 年

出 版 者：Hodder and Stoughton（London）

拍摄时间：1898—1905 年

GRANDDAUGHTERS OF PRINCE TING

6-2-19

毓朗的两个女儿

（1898—1905）

IMAGES OF WOMEN
AND CHILDREN

出　　处：*Letters from China*

　　　　　（《中国来信》）

作　　者：Sarah Pike Conger

　　　　　（[美] 莎拉·康格，1843—1932）

出版时间：1909 年

出 版 者：Hodder and Stoughton（London）

拍摄时间：1898—1905 年

编者说明：图为定慎郡王溥煦的两个孙女，亦
即毓朗的两个女儿。

女性和

儿童形象

/

皇亲国戚及

官宦女眷

PRINCESS YUNG YUAN, STEP-MOTHER OF THE EMPRESS
OF CHINA

Taken by the author in the courtyard of her palace on
the day of Seal Ceremony.

6-2-20

荣源福晋

（1922）

IMAGES OF WOMEN
AND CHILDREN

出　　处：*Chinese Lanterns*

　　　　（《中国灯笼》）

作　　者：Grace Thompson Seton

　　　　（[美]格蕾丝·汤普森·西登，

　　　　1872—1959）

出版时间：1924 年

出 版 者：Dodd, Mead and Company (New York)

摄 影 者：Grace Thompson Seton

拍摄时间：1922 年

编者说明：1922年11月30日，应毓朗福晋的邀请，西登夫人到未来皇后婉容父亲荣源的府邸，参加皇后册封礼仪式。图为荣源福晋爱新觉罗·恒馨像，她是毓朗的次女，也是婉容的继母。照片为西登夫人在荣源府邸的院子里拍摄。

女性和

儿童形象

/

皇亲国戚及

官宦女眷

Left—BROTHER AND AUNTS OF THE EMPRESS, SHOWING ALTAR OF GOLD CLOTH AND VESSELS WHERE SEAL CEREMONY TOOK PLACE.

Right—PALACE COURTYARD OF PRINCE YUNG, FATHER OF EMPRESS OF CHINA, ON DAY OF SEAL CEREMONY, SHOWING WEDDING PRESENTS. FROM LEFT TO RIGHT, ARE MOTHER OF EMPRESS, PRINCESS ERKEKE, AN AUNT, LADY LI HSIEN AND BROTHER OF EMPRESS.

6-2-21

婉容册封礼日在荣源府邸的亲属

（1922）

IMAGES OF WOMEN
AND CHILDREN

出　　处：*Chinese Lanterns*

（《中国灯笼》）

作　　者：Grace Thompson Seton

（[美]格蕾丝·汤普森·西登，

1872—1959）

出版时间：1924 年

出 版 者：Dodd, Mead and Company (New York)

摄 影 者：Grace Thompson Seton

拍摄时间：1922 年

编者说明：图片为1922年11月30日婉容皇后

册封礼日，婉容亲属在荣源府邸合影。

女性和

儿童形象

/

皇亲国戚及

官宦女眷

西登夫人惠存

掄倩如贈

十一年十二月十六日

DIANA TSAI LUN, A LITTLE LADY OF THE IMPERIAL CH'ING FAMILY

6-2-22

载抡福晋抡倩如

（1922）

IMAGES OF WOMEN
AND CHILDREN

出　　处：*Chinese Lanterns*

　　　　（《中国灯笼》）

作　　者：Grace Thompson Seton

　　　　（[美] 格蕾丝·汤普森·西登，

　　　　1872—1959）

出版时间：1924 年

出 版 者：Dodd, Mead and Company (New York)

拍摄时间：1922 年

编者说明：庆亲王第五子载抡福晋抡倩如，英文名为戴安娜。此为送给西登夫人的照片，上有题签。

女性和
儿童形象
/
皇亲国戚及
官宦女眷

濟東大夫　惠存

餘一菴持贈

Left—PRINCE YÜ LON, GRANDFATHER OF THE EMPRESS OF CHINA.

Right—LUNG YÜ, LATE EMPRESS DOWAGER AND REGENT OF CHINA WEARING THE FAMOUS BRIDAL HEAD-DRESS OF PEARLS AND JEWELLED PHOENIX. From a painting by Miss Katharine Carl.

6-2-23

隆裕皇太后画像

（1903）

编者说明：右图为隆裕皇太后（1868—1913）画像，为美国女画家柯姑娘（Katharine A. Carl）所绘。

IMAGES OF WOMEN
AND CHILDREN

出　　处：*Chinese Lanterns*

　　　　（《中国灯笼》）

作　　者：Grace Thompson Seton

　　　　（[美] 格蕾丝·汤普森·西登，

　　　　1872—1959）

出版时间：1924 年

出 版 者：Dodd, Mead and Company (New York)

绘 图 者：Katharine Carl

　　　　（[美] 柯姑娘，1858—1938）

绘制时间：1903 年

女性和

儿童形象

/

皇亲国戚及

官宦女眷

Demoiselle chinoise de qualité. — Dessin de E. Ronjat, d'après
une photographie du docteur Morache.

6-3-1

富贵人家女眷

（1876）

IMAGES OF WOMEN
AND CHILDREN

出　　处：*Le Tour du Monde, Nouveau Journal des*

　　　　　Voyages

　　　　（《周游世界之新航海日志》）

作　　者：Édouard Charton

　　　　（[法] 爱德华·沙尔东，1807—1890）

出版时间：1876 年

出 版 者 ：Hachette (Paris)

绘 图 者 ：E. Ronjat

　　　　（[法] E. 罗尼亚特， 1822—1912）

编者说明：富贵人家女眷，服饰精美，耳环、手镯、戒指等配饰一应俱全。脖子上还佩戴了一块西洋怀表。根据原图说明，画像是法国画家罗尼亚特根据莫拉克医生的照片绘制的。

女性和

儿童形象

京城女性

生活图景

FEMALE ACROBAT.

6-3-2

杂技女演员

（1878）

IMAGES OF WOMEN
AND CHILDREN

出　　处：*China: A History of the Laws, Manners,*

　　　　and Customs of the People

　　　　（《中国法律、礼仪和风俗的历史》）

作　　者：John Henry Gray

　　　　（[英] 格雷，1823—1890）

出版时间：1878 年

出 版 者 ：Macmillan and Co. (London)

编者说明：原书作者格雷为来华英国传教士，1868—1878年间在香港等地传教。图片表现了民间杂技表演，女演员身体仅以头、脚支撑，平衡身体；一旁有一男演员敲锣助兴，渲染气氛。

女性和
儿童形象
/
京城女性
生活图景

Jeune Chinoise du Nord.

6-3-3

北方少女

（1887）

IMAGES OF WOMEN
AND CHILDREN

出　　处：*L' Extreme Orient*

　　　　　（《远东》）

作　　者：Paul Bonnetain

　　　　　（[法] 保罗·博纳坦，1858—1899）

出版时间：1887 年

出 版 者：Maison Quantin (Paris)

绘 图 者：René Lacker

　　　　　（[法] 热内·拉克尔，1861—1934）

编者说明：满族年轻女子盛装像，健康大方的面容令人印象深刻，与通常所见的呆滞木讷的清代人物图像形成鲜明对照。图像由法国画家拉克尔绘制。

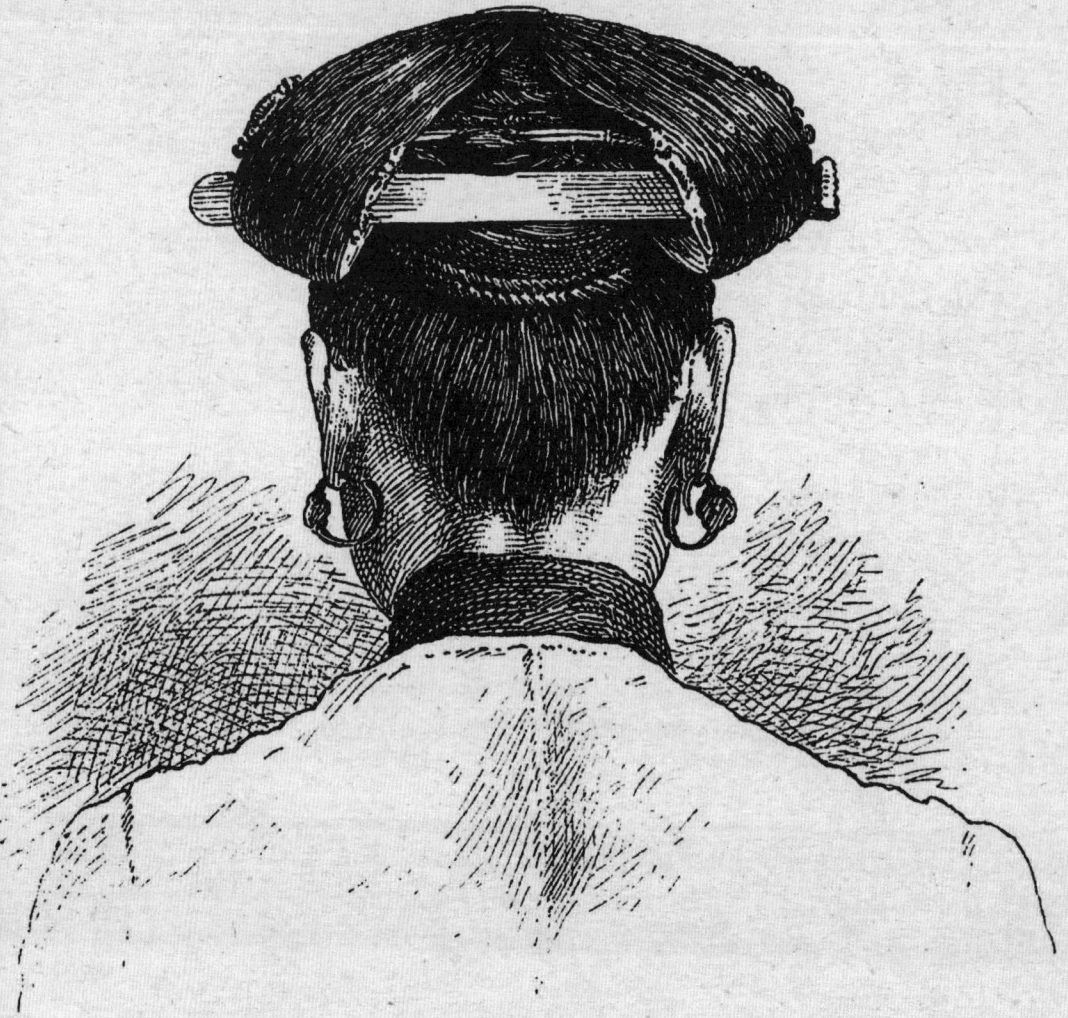

MANCHU HEAD-DRESS.

6-3-4

满族妇女发式

（1898）

IMAGES OF WOMEN
AND CHILDREN

出　　处：*Korea & Her Neighbours*

　　　　　（《朝鲜和其邻邦》）

作　　者：Isabella Lucy Bird

　　　　　（[英] 伊莎贝拉·露西·伯德，

　　　　　1831—1904 ）

出版时间：1898 年

出 版 者：John Murray (London)

编者说明：图为二把头发式，又称两把头，是满族妇女最具有代表性的发式。原书作者伯德，又称毕晓普夫人（ Mrs.Biship ），是英国女旅行家、作家、摄影师。 1892年，她成为第一位加入英国皇家地理学会的女性；1897年，当选为英国皇家摄影学会会员。1878年和1897年，她两次访问中国。

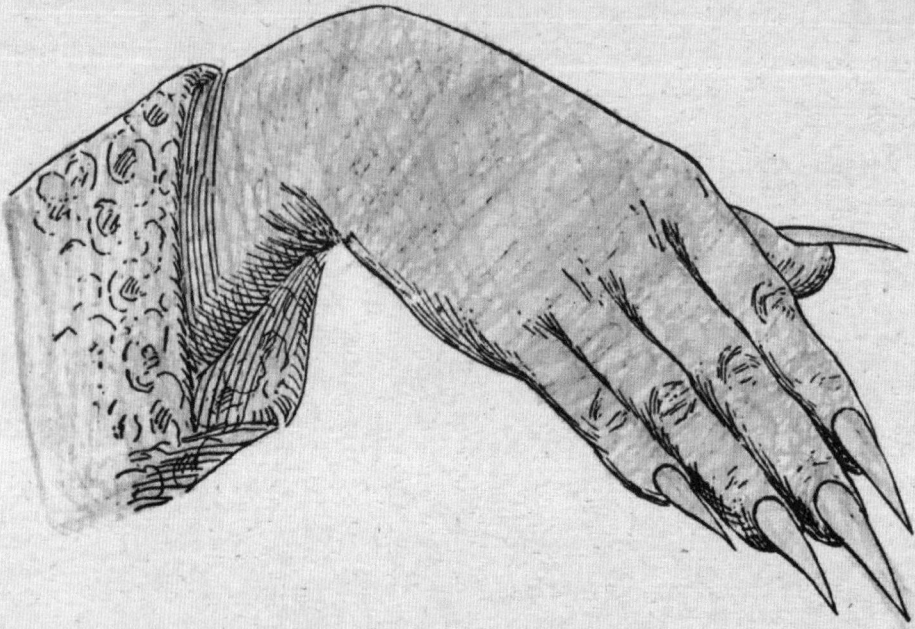

Hand Showing the Long Finger Nails

6-3-5

富贵人家女眷的长指甲

（1902）

IMAGES OF WOMEN
AND CHILDREN

出　　处：*The Story of China*

　　　　　（《中国故事》）

作　　者：R. Van Bergen

　　　　　（[美]伯根）

出版时间：1902 年

出 版 者：American Book Company (New York)

编者说明：图为清代女性留的长指甲，留此种长指甲者非劳动女性。原书作者伯根为19世纪60年代日本开放后，首批赴日的美国学者。在专研日本的同时，也研究中国和俄罗斯。《中国故事》简要地介绍了中国历史和文化。

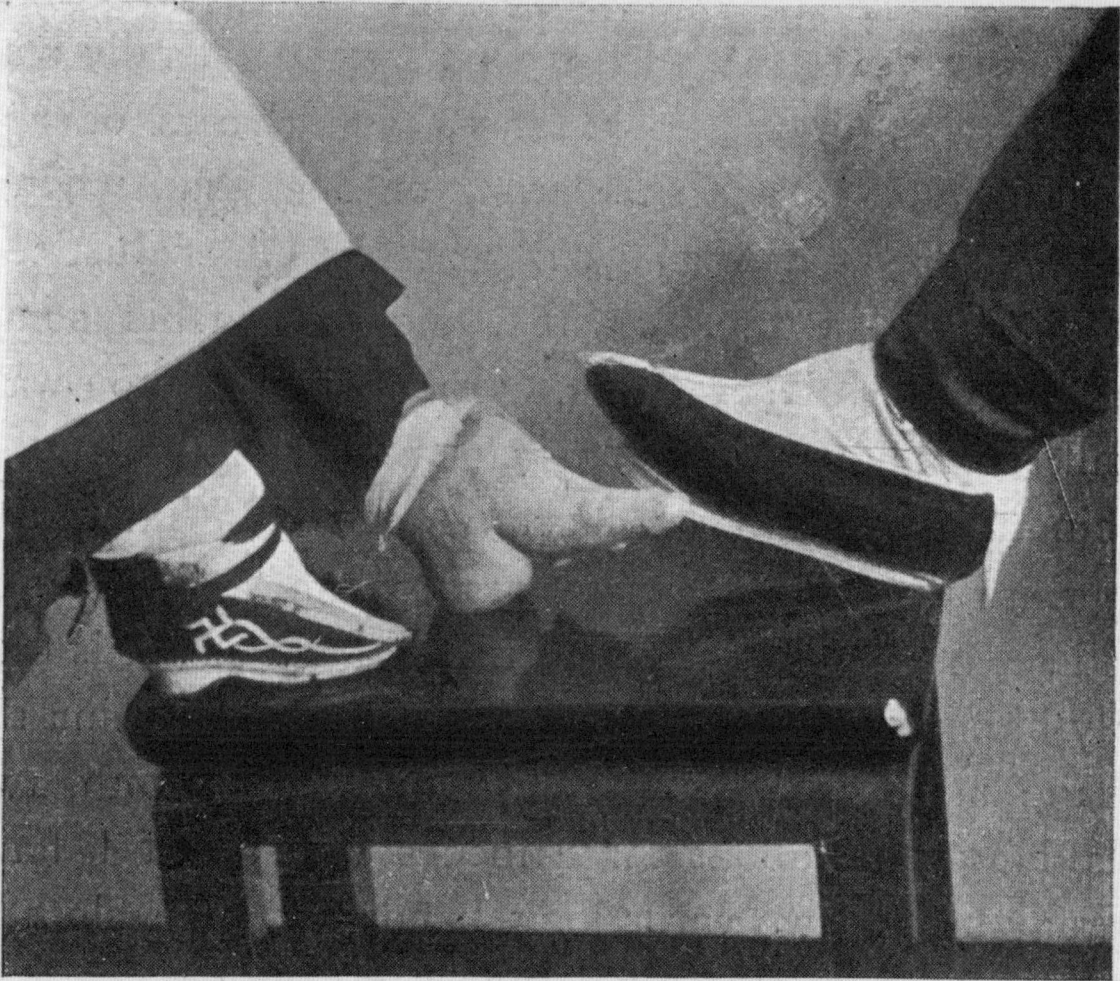

WOMAN'S NATURAL FOOT, AND ANOTHER WOMAN'S FEET
BOUND TO 6 INCHES.

By Dr. E. Garner.

6-3-6

裹足和天足对比

（1899）

IMAGES OF WOMEN AND CHILDREN

出　　处：*Intimate China*

　　　　（《熟悉的中国》）

作　　者：Mrs. Archibald Little

　　　　（［英］立德夫人，1845—1926）

出版时间：1899 年

出 版 者：Hutchinson & Co. (London)

摄 影 者：Dr. E. Garner

　　　　（［英］加纳）

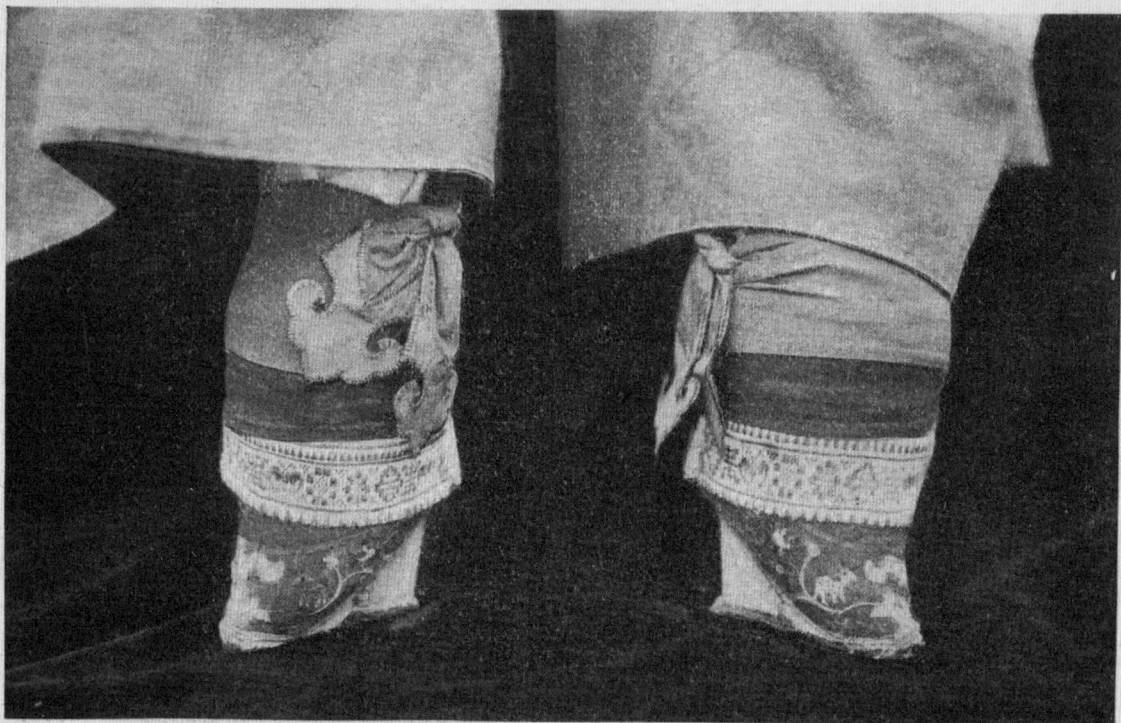

"GOLDEN LILLIES"—BOUND FEET

6-3-7

三寸金莲

（1912）

IMAGES OF WOMEN AND CHILDREN

出　　处：*The Young China Hunters*

　　　　　（《年轻的中国寻访者》）

作　　者：Isaac Taylor Headland

　　　　　（[美] 何德兰，1859—1942）

出版时间：1912 年

出 版 者 ：The Central Committee on the United

　　　　　Study of Mission (West Medford Mass.)

女性和

儿童形象

京城女性

生活图景

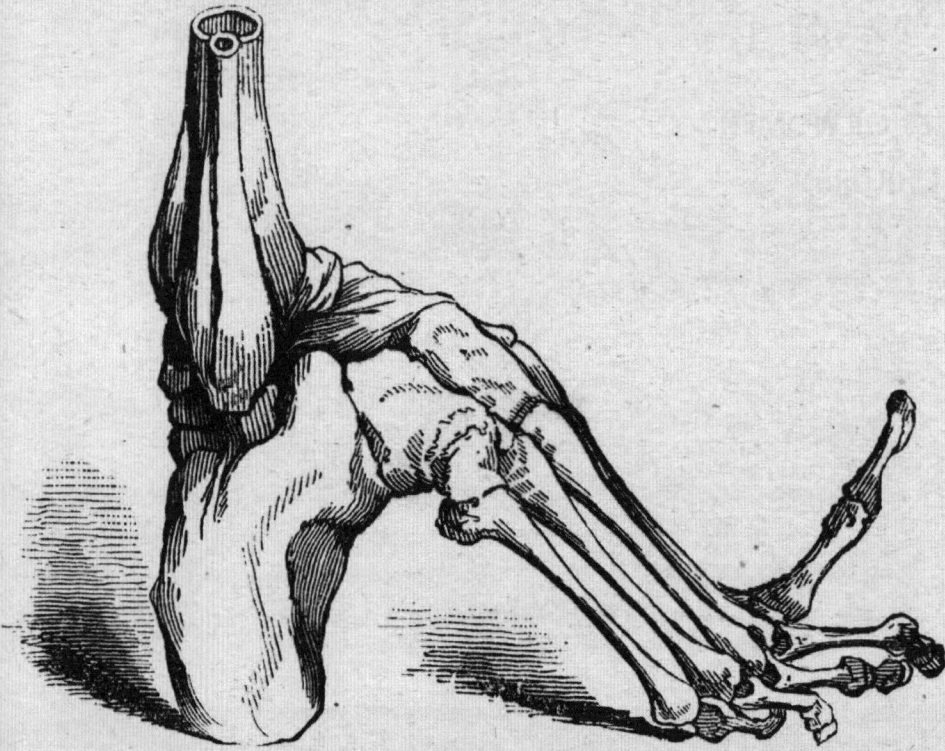

Appearance of the Bones of a Foot when Compressed.

6-3-8

缠足后的脚骨图

（1883）

IMAGES OF WOMEN
AND CHILDREN

出　　处：*The Middle Kingdom*

　　　　（《中国总论》）

作　　者：S. Wells Williams

　　　　（[美] 卫三畏，1812—1884）

出版时间：1883 年

出 版 者：W. H. Allen & Co.（London）

编者说明：缠足习俗始于北宋。女性自幼年始用布将双脚缠裹，限制其生长并使其脚畸形变小，直到成年骨骼定形后方解开束缚。明代有"三寸金莲"之说，以脚小至三寸且呈弯弓状为最美。缠足习俗自清代以来遭到有识之士的反对，禁止缠足的呼声逐步高涨。中华民国成立后，孙中山明令禁止缠足。中华人民共和国成立后，缠足之习被彻底废弃。

女性和

儿童形象

京城女性

生活图景

From a photograph by J. Craik, Herne-Bay.

Chas. N. Halcombe

6-3-9

英国人何耕的中国妻子梁阿花
（1899）

编者说明：原书作者何耕曾于1887—1893年在中国海关任职，图为其与中国广东籍的妻子梁阿花合影。

IMAGES OF WOMEN
AND CHILDREN

出　　处：*The Mystic Flowery Land*

　　　　（《神秘的中华》）

作　　者：Charles J. H. Halcombe

　　　　（[英] 何耕）

出版时间：1899 年

出 版 者：Luzac & Co. (London)

摄 影 者：J. Craik

　　　　（[英] J. 克雷克）

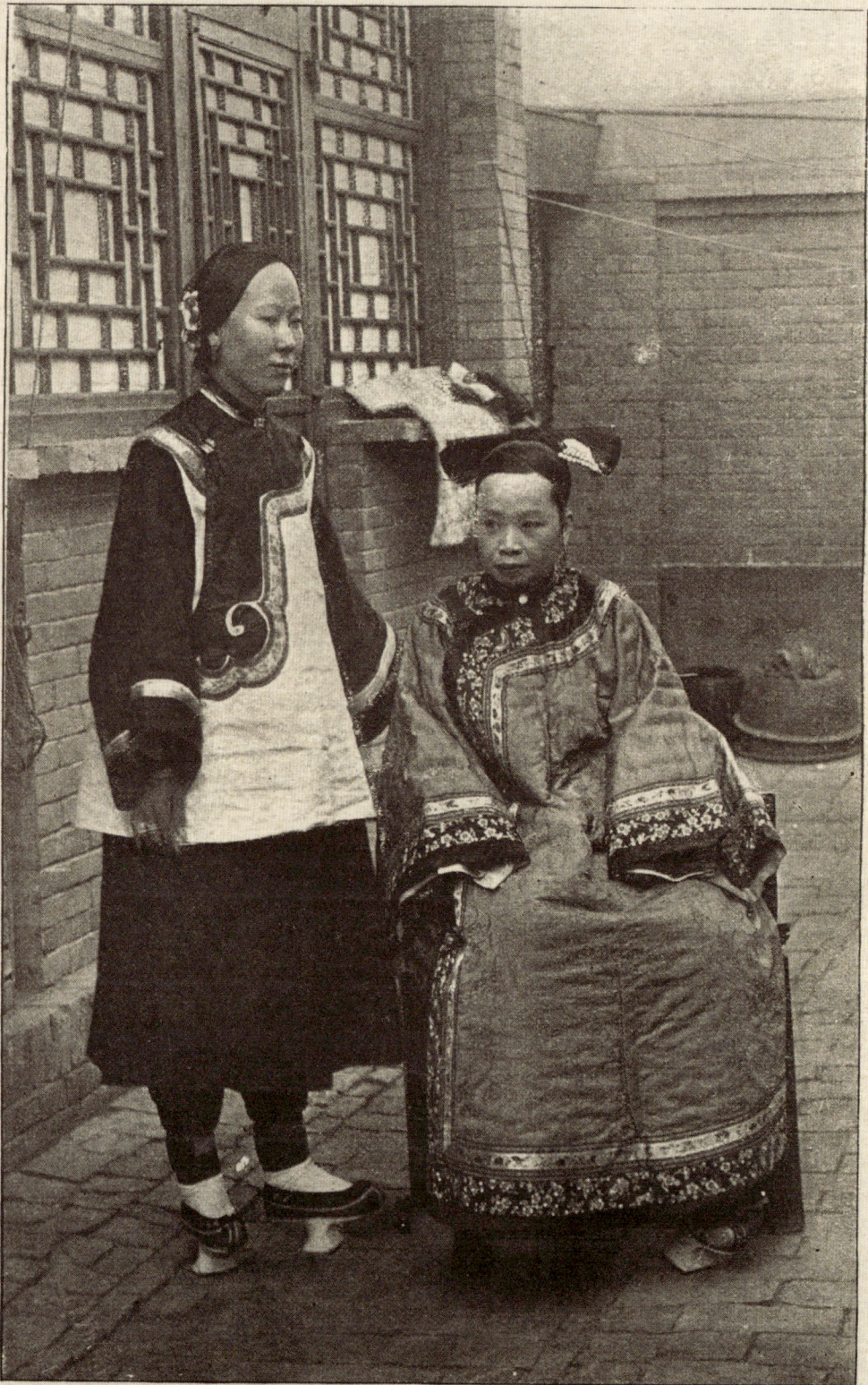

CHINESE LADIES OF THE HIGHER CLASS

6-3-10

富贵人家妇女

（1900）

IMAGES OF WOMEN
AND CHILDREN

出　　处：*China，the Orient and the Yellow Man*

（《中国：东方国度与黄种民族》）

作　　者：Henry Davenport Northrop

（［美］亨利·达文波特·诺斯洛普，

1836—1909）

出版时间：1900 年

出 版 者：George W. Bertron (Washington D.C.)

编者说明：一主一仆两位满族妇女，坐着的应是女主人，身着绣花锁边长袄，站立者身份略低，身着短袄和半裙，打扮也较讲究。两人都穿着花盆底鞋。

6-3-11

汉人全家福

（1901）

编者说明：在照相馆拍摄的全家福。一对夫妇膝下两男两女，面容安详。父亲面带微笑，在清代男性人像中较为少见。

IMAGES OF WOMEN
AND CHILDREN

出　　处：*The Chinese Boy and Girl*

（《中国的儿童》）

作　　者：Isaac Taylor Headland

（[美] 何德兰，1859—1942）

出版时间：1901 年

出 版 者：Fleming H. Revell Company (New York)

女性和

儿童形象

/

京城女性

生活图景

MISSIONARY AND SCHOOL GIRLS, PEKING

6-3-12

教会学校女学生

（1901）

IMAGES OF WOMEN
AND CHILDREN

出　　处：*China in Convulsion*

　　　　（《动乱中的中国》）

作　　者：Arthur H. Smith

　　　　（[美] 明恩溥，1845—1932）

出版时间：1901 年

出 版 者：Fleming H. Revell Company (New York)

编者说明：清末北京一所教会女子学校的师生合影。后排可见一位外国女传教士。20多位女学生中，小的约六七岁，大的20岁左右。

女性和
儿童形象
/
京城女性
生活图景

A Manchu Musical Entertainment.

6-3-13

听民间艺人演奏的妇女

（1904）

IMAGES OF WOMEN
AND CHILDREN

出　　处：*Manchu and Muscovite*

　　　　（《满人与俄国人》）

原书作者：Bertram Lenox Simpson

　　　　（[英] 辛普森，1877—1930）

出版时间：1904 年

出 版 者 ：Macmillan (London)

编者说明：似因女儿有喜庆之事而请艺人上门演奏。左边坐着的似是女主人，正抽着水烟，右一坐着的似是男主人，抽旱烟，穿着羊皮袄，右二坐着的似家中小姐，头上花饰很漂亮，并穿着花盆底鞋。原书作者辛普森曾任职中国海关。

A CHARMING MANCHU GIRL.

6-3-14

满族青年女子

（1904）

IMAGES OF WOMEN
AND CHILDREN

出　　处：*Manchu and Muscovite*

　　　　　（《满人与俄国人》）

作　　者：Bertram Lenox Simpson

　　　　　（［英］辛普森，1877—1930）

出版时间：1904 年

出 版 者：Macmillan (London)

编者说明：满族富裕人家女子，身材适中，面容秀美，年纪大约20岁。

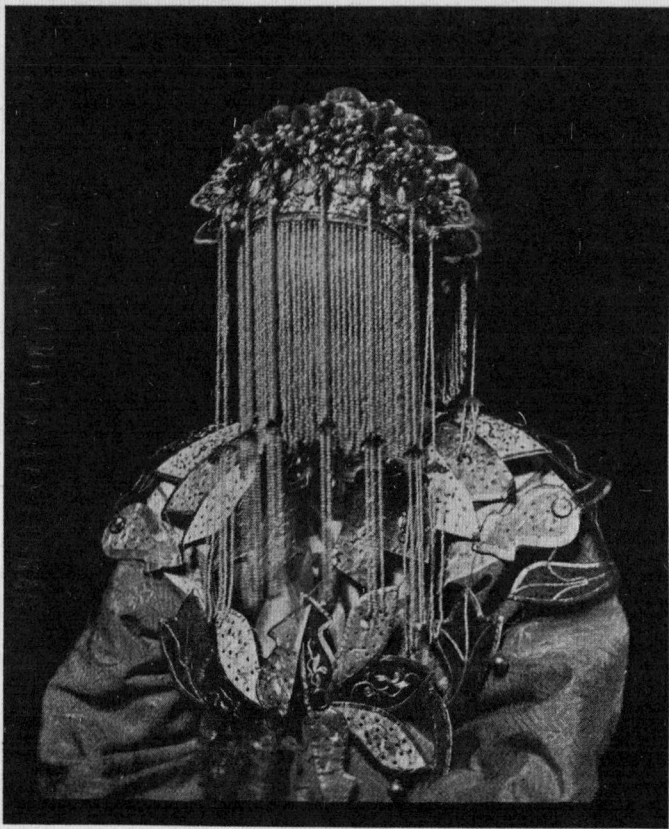

CHINESE BRIDE'S VEIL.

6-3-15

编者说明：原图说明中注明，图上是位戴珠帘面纱的新娘。这一装束似戏剧行头。

戴珠帘面纱的新娘

（1905）

IMAGES OF WOMEN
AND CHILDREN

出　　处：*John Chinaman at home*

（《中国人行为方式和事物概述》）

作　　者：E. J. Hardy

（[英] 哈迪，1849—1920）

出版时间：1905 年

出 版 者：T. Fisher Unwin (London)

LU TAI-TAI, AND DAUGHTER

6-3-16

编者说明：卢（音）太太（左）和女儿。

卢（音）氏母女俩

（1909）

IMAGES OF WOMEN
AND CHILDREN

出　　处：*Letters from China*

　　　　（《中国来信》）

作　　者：Sarah Pike Conger

　　　　（[美] 莎拉·康格，1843—1932）

出版时间：1909 年

出 版 者：Hodder and Stoughton（London）

COMING OUT OF CHURCH, PEKING

6-3-17

教堂前的妇孺

（1901）

**IMAGES OF WOMEN
AND CHILDREN**

出　　处：*China in Convulsion*

　　　　　（《动乱中的中国》）

作　　者：Arthur H. Smith

　　　　　（[美] 明恩溥，1845—1932）

出版时间：1901 年

出 版 者：Fleming H. Revell Company (New York)

编者说明：这是外国传教士和北京教民结束活动后的合影。照片中的人物多为妇女和儿童，背景的教堂似借用了一座中式建筑。

LITTLE PAUL WANG

"First Boy" Wang and His Family, Before the Siege
Wang and His Three Children, Rescued After the Siege

6-3-18

美国公使管家王先生全家福

（1909）

IMAGES OF WOMEN
AND CHILDREN

出　　处：*Letters from China*

　　　　（《中国来信》）

作　　者：Sarah Pike Conger

　　　　（［美］莎拉·康格，1843—1932）

出版时间：1909 年

出 版 者：Hodder and Stoughton（London）

编者说明：上图为在美国公使康格家任管家的王先生一家，下图左为庚子事变中脱离险境后的王先生和他的3个孩子，下图右为王先生的小儿子。

6-3-19

美国公使夫人在官邸招待客人

（1909）

IMAGES OF WOMEN
AND CHILDREN

出　　处：*Letters from China*

　　　　　（《中国来信》）

作　　者：Sarah Pike Conger

　　　　　（[美] 莎拉·康格，1843—1932）

出版时间：1909 年

出 版 者：Hodder and Stoughton（London）

性和

童形象

城女性

活图景

LU AND HIS FAMILY

6-3-20

美国公使馆男仆卢先生全家福

（1909）

编者说明：在美国公使康格家中任男仆的卢先
生和其第二任太太，卢氏夫妇较为西化，夫人
天足。中间站立者为卢先生的儿子。

IMAGES OF WOMEN
AND CHILDREN

出　　处：*Letters from China*

　　　　（《中国来信》）

作　　者：Sarah Pike Conger

　　　　（［美］莎拉·康格，1843—1932）

出版时间：1909 年

出 版 者：Hodder and Stoughton（London）

UN ORPHELINAT DES SŒURS DE LA SAINTE-ENFANCE,
PRÈS DE PÉKIN

6-3-21

圣婴孤儿院的女童

（1909）

编者说明：北京附近的圣婴修女会孤儿院的女童们。该孤儿院由外国来华传教士创办。

IMAGES OF WOMEN
AND CHILDREN

出　　处：*Opinions Chinoises sur les Barbares d'Occident*

（《汉人如何评论大西洋》）

作　　者：Ferdinand Joseph Harfeld

（[法] 哈尔法，b. 1878 ）

出版时间：1909 年

出 版 者：Plon-Nourrit & Cie (Paris)

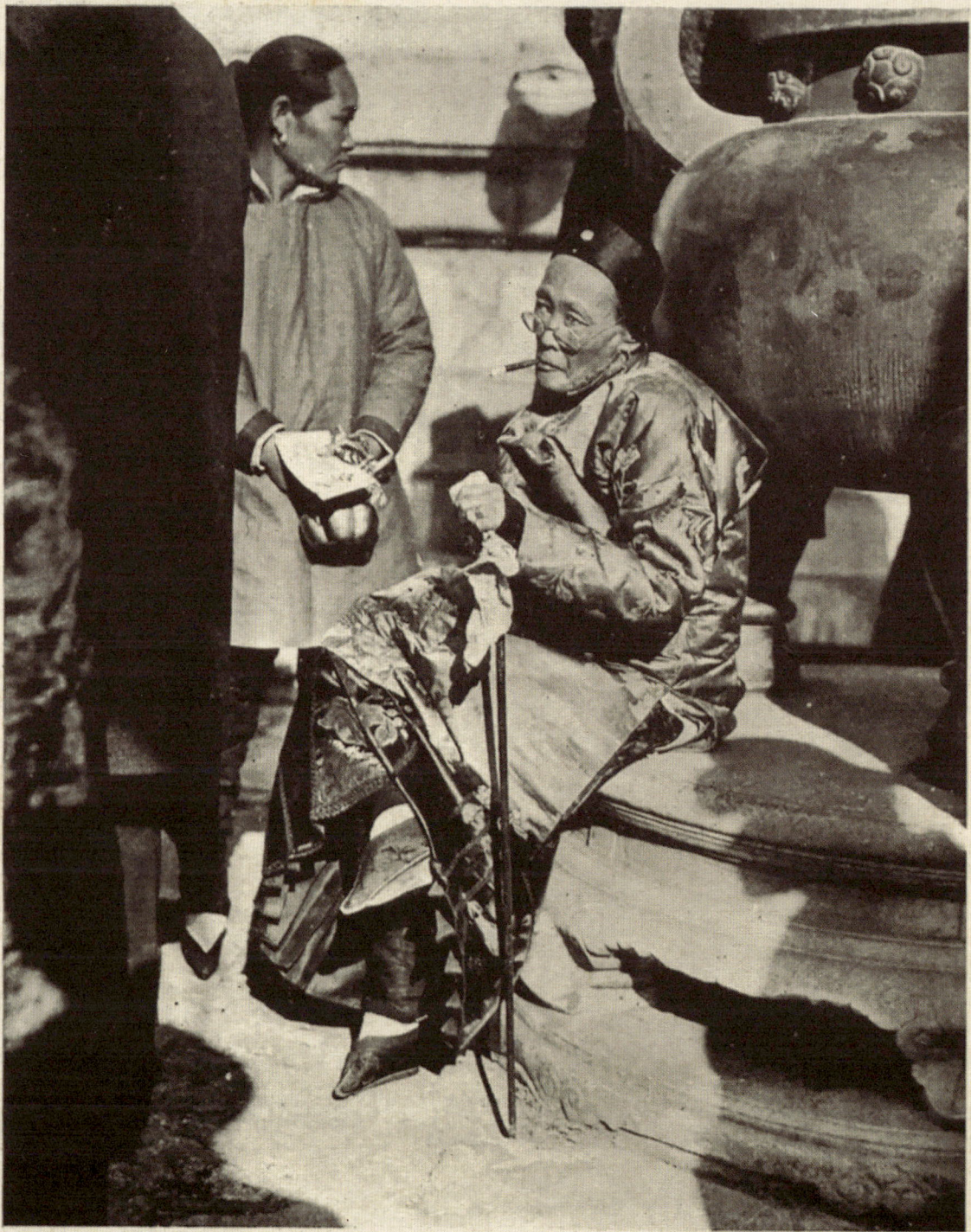

A WELL-TO-DO ARISTOCRAT.

Peking has no real slums; both rich and poor live in the same districts.

6-3-22

正在歇脚的富家老妇人

（1921）

IMAGES OF WOMEN
AND CHILDREN

出　　处：*Peking*：*A Social Survey*

　　　　　（《北京：社会调查》）

作　　者：Sidney D. Gamble

　　　　　（[美]甘博，1890—1968）

出版时间：1921 年

出 版 者：George H. Doran Company (New York)

摄 影 者：Sidney D. Gamble

编者说明：一身着绫罗绸缎的富家老妇人正在歇脚，身边有一女仆随侍。老妇人的服饰和随身物品体现了清末民初新旧生活方式的交融——清代服装和小脚是沿袭传统的一面，文明杖、香烟和眼镜则显示了对于现代生活方式的接纳。

在劉馨家庭宴會諸友人撮影
十一年

DINNER PARTY—OCTOBER 24, 1922
at the home in Peking of
Mr. Lin Fang, Methodist Minister.
These ladies belong to the upper class conservative New China,
wives of prominent public men.

1st row—left to right
Mrs. Lan Chih-chang, wife of Vice Minister of the Board of Communications
Mrs. Wu Ching-lien, wife of Chairman of House of Representatives
Mrs. Lü, wife of a Senator
Mrs. Lin Fang, Pastor's wife

2nd row—
Mrs. W. W. Yen, wife of ex-Minister of Foreign Affairs, ex-Premier, ex-Minister
to Germany for six years, etc.
Mrs. C. T. Wang, wife of Minister of Foreign Affairs, Chairman of Shantung
Commission, in Paris during Peace Conference, Senator
Mrs. Feng Yu-hsiang, whose husband is Gen. Feng, General Inspector of the
National Army, the "Christian General" who has had so much publicity
Mrs. C. C. Wang, wife of President of Chinese Eastern Railroad, Chairman of
R. R. Commission
Mrs. Far T. Sung, husband is Secretary of Salt Administration, head of Pub-
licity work for the Govt.
Mrs. George Davis, husband connected with the Cabinet

6-3-23

西登夫人在刘馨庭家宴会诸友人

（1922）

IMAGES OF WOMEN
AND CHILDREN

出　　处：*Chinese Lanterns*

　　　　（《中国灯笼》）

作　　者：Grace Thompson Seton

　　　　（[美]格蕾丝·汤普森·西登，

　　　　1872—1959）

出版时间：1924 年

出 版 者：Dodd, Mead and Company (New York)

摄 影 者：Grace Thompson Seton

拍摄时间：1922 年

编者说明：西登夫人于1922年10月24日在北京卫理公会牧师林方家午餐会上，与民国政府官员夫人合影。第一排右一为主人林方夫人刘馨庭，第二排左一为前外交总长颜惠庆夫人，左二为民国外交总长王正廷夫人王玛丽，左三为冯玉祥夫人李德全。

Above—OUTDOOR EXERCISES, TEACHER'S GOVERNMENT COLLEGE, PEKING. YOUNG WOMEN FROM ALL THE PROVINCES ARE REPRESENTED HERE. Note—the men spectators in the foreground show an interesting feature of new China.

Below—A GROUP OF UPPER CLASS GIRLS IN A PRIVATE SCHOOL IN HANGCHOW. Note the velvet shoes and the small round brass stoves or warmers. The temperature was 2 below zero. This school is run Chinese fashion,—has no heat.

6-3-24

女大学生在校园做体操

（1922）

IMAGES OF WOMEN
AND CHILDREN

出　　处：*Chinese Lanterns*

　　　　（《中国灯笼》）

作　　者：Grace Thompson Seton

　　　　（[美]格蕾丝·汤普森·西登，

　　　　1872—1959）

出版时间：1924 年

出 版 者：Dodd, Mead and Company (New York)

摄 影 者：Grace Thompson Seton

拍摄时间：1922 年

编者说明：上图中，北京高等师范学校来自全国各地的女学生在户外做体操，周边男女围观者甚众。下图为杭州上层社会私立学校的女生。原书作者特别说明，这家私立学校没有暖气，图片上可见女学生穿着丝绒鞋，脚下有圆形的铜炉用作取暖。

Above—HON. C. T. WEN, COMMISSIONER OF FOREIGN AFFAIRS, OF KIANGSU PROVINCE, AND MRS. WEN, AT THE TEMPLE OF CONFUCIUS, NANKING

Below—BOARD OF DIRECTORS, Y. W. C. A., PEKING.   CENTER— FIRST ROW, MRS. FAR T. SUNG

6-3-25

北京基督教女青年会会长宋发祥夫人陈恩典（1924）

IMAGES OF WOMEN
AND CHILDREN

出　　处：*Chinese Lanterns*

　　　　（《中国灯笼》）

作　　者：Grace Thompson Seton

　　　　（[美]格蕾丝·汤普森·西登，

　　　　1872—1959）

出版时间：1924 年

出 版 者：Dodd, Mead and Company (New York)

摄 影 者：Grace Thompson Seton

编者说明：图中前排中间为北京基督教女青年会会长宋发祥夫人陈恩典。宋发祥（1883—？），字致长，福建莆田人，早年赴美国留学，1907年毕业学成归国。1913年任北京政府财政部专门委员，苏州造币厂厂长。1919年任北京大总统府政治顾问。

Left—MISS CHU, AVIATOR, DAUGHTER OF CHU CHENK-MAN, FORMER DIRECTOR OF CANTON ARSENAL.
Center—MISS SUH-KEONG HU, LEADER OF SUFFRAGE IN PEKING.
Right—MRS. GEORGE C. HSU, JURIST AND SUFFRAGIST AT SHANGHAI.

6-3-26

北京女性参政论领导者胡素强小姐

（1924）

编者说明：北京女性参政论领导者胡素强小姐（中）；飞行员朱小姐（左）；上海法学家及女性参政论者沈仪彬（徐谦夫人）（右）。

IMAGES OF WOMEN
AND CHILDREN

出　　处：*Chinese Lanterns*

　　　　（《中国灯笼》）

作　　者：Grace Thompson Seton

　　　　（[美] 格蕾丝·汤普森·西登，

　　　　1872—1959）

出版时间：1924 年

出 版 者：Dodd, Mead and Company (New York)

女性和
儿童形象
/
京城女性
生活图景

Left to right—

1—Mrs. Li Cheng Shiao-po
2—Miss Pai
3—Mrs. Huang—matron in Students' Dormitory
4—Miss Helen Wang—nurse in Rockefeller Foundation
5—Mrs. Hau—married to a military man—speaks Russian and French
6—Dr. Yamei Kin (seated)

7—Mrs. Su, first of Chinese girls to go into Chinese firm as a clerk
8—Miss Su, studied nursing, then medicine, now practicing medicine with her husband at Nankow Pass, has three children
9—Mrs. Di, nurse, married to an evangelist
10—Nurse in Rockefeller Foundation

6-3-27

北京女医生金韵梅与北京的职业女性合影（1922）

IMAGES OF WOMEN AND CHILDREN

出　　处：*Chinese Lanterns*

（《中国灯笼》）

作　　者：Grace Thompson Seton

（［美］格蕾丝·汤普森·西登，

1872—1959）

出版时间：1924 年

出 版 者：Dodd, Mead and Company (New York)

摄 影 者：Grace Thompson Seton

拍摄时间：1922 年

编者说明：照片中坐者为金韵梅医生，在北京行医。她是浙江宁波人，在美国家庭长大，1885年毕业于康奈尔大学，获医学博士学位，是中国第一位接受西方教育的外科医生。她曾在燕京大学做关于电影的演讲，并创办了一所护士学校。

从左往右：

1. 李程晓波夫人；

2. 白小姐；

3. 黄夫人，学生舍监；

4. 海伦王小姐，洛克菲勒基金会护士；

5. 郝夫人，一位军人的妻子，会讲俄语和法语；

6. 金韵梅医生（坐者）；

7. 第一位进入中国公司做职员的女子，苏夫人；

8. 学过护理、医学，当时与丈夫在南口行医的苏小姐，有三个孩子；

9. 狄夫人，护士，一位基督教传教士的太太；

10. 洛克菲勒基金会的护士。

Left—MRS. NELSON H. Y. CHEN, PEKING BANKER AND WRITER.
Right—MISS S. Y. JAN, A SHANGHAI JOURNALIST.

6-3-28

北京女银行家、作家陈夫人和上海女记者（1924）

IMAGES OF WOMEN
AND CHILDREN

出　　处：*Chinese Lanterns*

（《中国灯笼》）

作　　者：Grace Thompson Seton

（[美] 格蕾丝·汤普森·西登，

1872—1959）

出版时间：1924 年

出 版 者：Dodd, Mead and Company (New York)

编者说明：左图为尼尔逊·陈夫人，北京的银行家和作家；右图为上海女记者简（音）小姐。

FIRST CITIZENS BANK, PEKING. WOMAN'S COMMERCIAL AND SAVINGS DEPARTMENT.
A woman client, Mrs. Nelson H. Y. Chen and four bank clerks.

6-3-29

陈夫人在其开设的银行女子商贸存款部（1924）

IMAGES OF WOMEN
AND CHILDREN

出　　处：*Chinese Lanterns*

　　　　（《中国灯笼》）

作　　者：Grace Thompson Seton

　　　　（ [美] 格蕾丝·汤普森·西登，

　　　　　1872—1959 ）

出版时间：1924 年

出　版　者：Dodd, Mead and Company (New York)

编者说明：北京的女银行家尼尔逊·陈夫人（站立者左）在其开设的北京第一市民银行女子商贸存款部接待女客户（站立者右），坐着的是4位女银行职员。据原书作者介绍，陈夫人不仅是银行家，还管理着一家北京的晚报，在北京开办一所银行职业培训学校。

Above-left—DR. AND MRS. WEI TSEN T. B. SIA, OF PEKING IN THEIR GARDEN.

Above-right—MRS. WU LIEN-TEH, A PEKING SOCIETY WOMAN.

Below—A POLICE GIRL AT THE IMPERIAL PARK SCHOOL OF EX-PREMIER HSIUNG HSI-LING (IN THE WESTERN HILLS, PEKING).

6-3-30

北京夏夫人、伍连德夫人及香山慈幼院女巡查员（1924）

IMAGES OF WOMEN AND CHILDREN

出　　处：*Chinese Lanterns*

　　　　（《中国灯笼》）

作　　者：Grace Thompson Seton

　　　　（［美］格蕾丝·汤普森·西登，

　　　　1872—1959）

出版时间：1924 年

出 版 者：Dodd, Mead and Company (New York)

编者说明：上左图为夏维新医生夫妇在北京的花园中。夏维新医生的夫人名叫夏福欣，创办了一所针织学校，帮助穷人家的女孩自立。上右图为伍连德夫人，伍连德夫人出生于福州，其父黄乃裳曾任福建省交通部部长。伍连德是民国时期著名的医学家，在政府中负责卫生防疫工作。下图为熊希龄创办的香山慈幼院的女巡查员。1920年，曾任北洋政府总理的熊希龄，在香山宜园旧址创办了北京香山慈幼院。慈幼院收养孤贫儿童，并提供免费教育。该院拥有婴儿教保院、幼儿园、小学、中学、师范、职业学校以及下属工厂。香山慈幼院还设有大学部，用于资助贫困学生接受高等教育。香山慈幼院的校训是："勤、谦、俭、恕、仁、义、公、平。"当时已有1200名学生。

Above—A WEDDING CHAIR.

Below—MISS CHIN SHIEH-FENG, THE FAMOUS PEKING AC-
TRESS, AGE 18, AT THE HEAD OF HER OWN COMPANY, ALL WOMEN.
See Chapter IX.

6-3-31

北京著名京剧女演员秦秀凤

（1924）

IMAGES OF WOMEN
AND CHILDREN

出　　处：*Chinese Lanterns*

　　　　（《中国灯笼》）

作　　者：Grace Thompson Seton

　　　　（[美] 格蕾丝·汤普森·西登，

　　　　1872—1959 ）

出版时间：1924 年

出 版 者：Dodd, Mead and Company (New York)

女性和

儿童形象

/

京城女性

生活图景

Left—MADAME WELLINGTON KOO AND HER "FIRST-BORN."
Right—MRS. C. T. WANG.

6-3-32

顾维钧夫人及王正廷夫人

（1924）

编者说明：左图为顾维钧夫人和她的第一个孩子；右图为王正廷夫人。顾维钧和王正廷为民国时期外交官。

IMAGES OF WOMEN
AND CHILDREN

出　　处：*Chinese Lanterns*

　　　　（《中国灯笼》）

作　　者：Grace Thompson Seton

　　　　（[美] 格蕾丝·汤普森·西登，

　　　　1872—1959）

出版时间：1924 年

出 版 者：Dodd, Mead and Company (New York)

MADAME LIZA HARDOUN

A remarkable Chinese woman (In the foreign costume which she
rarely wears.)

6-3-33

哈同夫人

（1924）

IMAGES OF WOMEN
AND CHILDREN

出　　处：*Chinese Lanterns*

　　　　（《中国灯笼》）

作　　者：Grace Thompson Seton

　　　　（［美］格蕾丝·汤普森·西登，

　　　　1872—1959）

出版时间：1924 年

出 版 者 ：Dodd, Mead and Company (New York)

编者说明：罗迦陵（Liza，R.，1864—1941）是近代上海英国籍犹太裔房地产大亨哈同（Silas Aaron Hardoon）（1849—1931）的妻子，在她的协助下，哈同于1910年建成了上海最大最豪华的一座私人花园——爱俪园（哈同花园），据称是模仿了《红楼梦》中大观园的设计。1909年，她出资刊印全套《大藏经》40帙。有关研究认为这是中国近代出版的第一部铅印本《大藏经》。

MADAME LI YUAN-HUNG
The "First Lady" of the Republic

6-3-34

黎元洪夫人吴敬君

（1924）

编者说明：黎元洪夫人吴敬君（1870—1930）像。黎元洪，辛亥革命武昌起义的都督，中华民国第一任副总统、第二任大总统。

IMAGES OF WOMEN
AND CHILDREN

出　　处：*Chinese Lanterns*

　　　　（《中国灯笼》）

作　　者：Grace Thompson Seton

　　　　（[美]格蕾丝·汤普森·西登，

　　　　1872—1959）

出版时间：1924 年

出 版 者：Dodd, Mead and Company (New York)

女性和

儿童形象

京城女性

生活图景

MADAME ROUNG-LING DAN

A Manchu Princess, Mistress of Ceremonies for Madame
Li Yuan-hung

6-3-35

唐宝潮夫人唐容龄

（1924）

IMAGES OF WOMEN
AND CHILDREN

出　　处：*Chinese Lanterns*

（《中国灯笼》）

作　　者：Grace Thompson Seton

（[美] 格蕾丝·汤普森·西登，

1872—1959）

出版时间：1924 年

出 版 者：Dodd, Mead and Company (New York)

编者说明：唐容龄（1882—1973），原名裕容龄，是清朝一品官裕庚的二女儿，清末民初著名舞蹈家。其姐为德龄。少时姐妹俩曾随父到日本和法国就任，容龄从小热爱舞蹈，曾向现代舞鼻祖邓肯学习过舞蹈。1903年回国后姐妹俩曾入宫为慈禧的御前女官，后曾任黎元洪夫人的女官。容龄曾根据自己的清宫经历写成《香妃》《清宫琐记》两本书。1912年与唐宝潮将军结婚。解放后任中央文史研究馆馆员。1973年去世。

MRS. HSIUNG HSI-LING
One of the most important women in China

6-3-36

熊希龄夫人朱其慧

（1924）

IMAGES OF WOMEN
AND CHILDREN

出　　处：*Chinese Lanterns*

　　　　（《中国灯笼》）

作　　者：Grace Thompson Seton

　　　　（[美] 格蕾丝·汤普森·西登，

　　　　1872—1959）

出版时间：1924 年

出 版 者：Dodd, Mead and Company (New York)

编者说明：朱其慧是熊希龄第二任夫人，两人育有一子二女。曾全力协助丈夫兴办香山慈幼院。1931年病逝后，熊希龄撰《祭朱其慧夫人文》，痛悼亡妻。

性和
童形象

城女性
活图景

To Mrs. E. T. Seton.

周
順
勤
贈

Sincerely
Shirley T. C. Chow

Peking, 18 · XII · 22.

1170

6-3-37

周自齐夫人周顺勤

（1924）

IMAGES OF WOMEN
AND CHILDREN

出　　处：*Chinese Lanterns*

　　　　　（《中国灯笼》）

作　　者：Grace Thompson Seton

　　　　　（[美]格蕾丝·汤普森·西登，

　　　　　1872—1959）

出版时间：1924 年

出 版 者：Dodd, Mead and Company (New York)

编者说明：周顺勤女士是北洋政府国务总理周自齐的第二任夫人，在天津上过女子学校，是女子慈善协会的成员，英文名为雪莉（Shirley）。

6-4-1

拉大锯游戏

（1900）

**IMAGES OF WOMEN
AND CHILDREN**

编者说明：晚清时期的一位父亲和幼子正在玩拉大锯的游戏。《孺子歌图》是何德兰收集的150首北京童谣，他将每首译成英文，又配上自己拍摄的照片。

出　　处：*Chinese Mother Goose Rhymes*

（《孺子歌图》）

作　　者：Isaac Taylor Headland

（[美] 何德兰，1859—1942）

出版时间：1900 年

出 版 者：Fleming H. Revell Company (New York)

摄 影 者：Isaac Taylor Headland

6-4-2

老鹰捉小鸡游戏

（1901）

编者说明：3位年长者带着5位孩童做老鹰捉小鸡的游戏，5位孩童扮小鸡，鸡队伍中一头一尾年长者扮老母鸡。

IMAGES OF WOMEN
AND CHILDREN

出　　处：*The Chinese Boy and Girl*

　　　　　（《中国的儿童》）

作　　者：Isaac Taylor Headland

　　　　　（[美] 何德兰，1859—1942）

出版时间：1901 年

出 版 者：Fleming H. Revell Company (New York)

摄 影 者：Isaac Taylor Headland

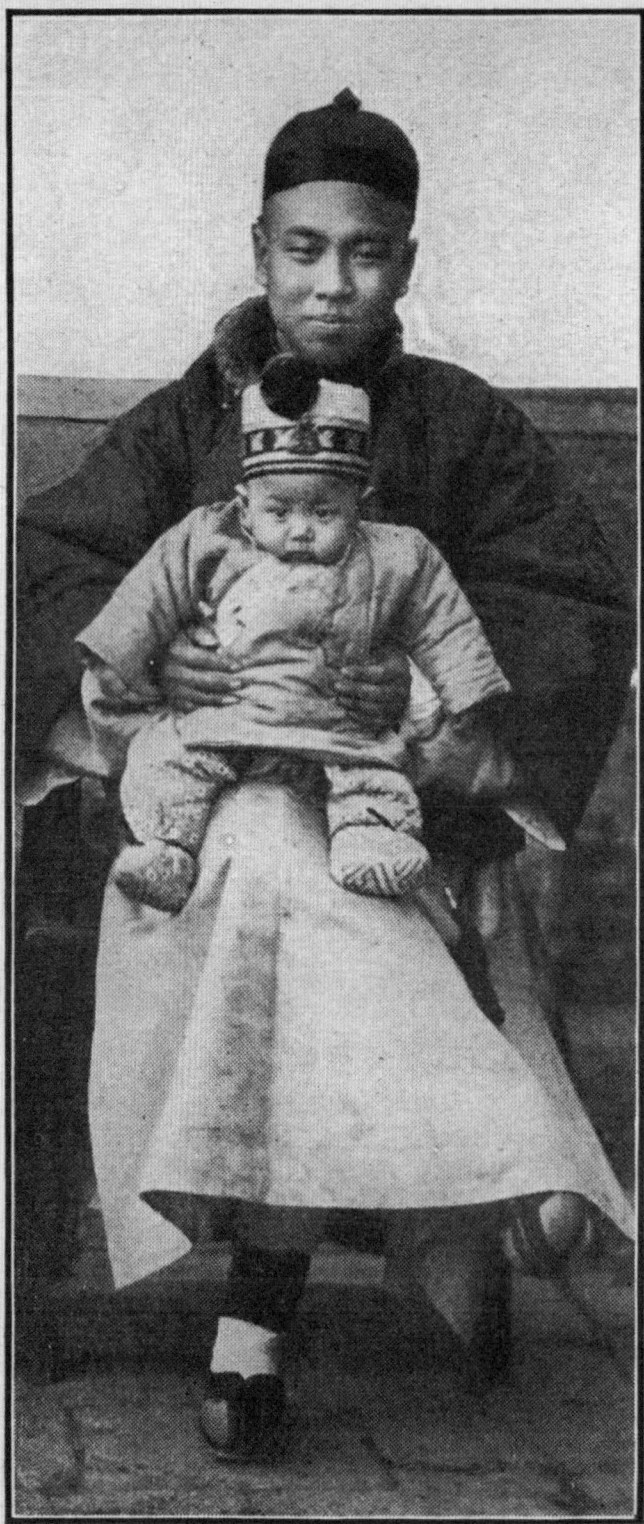

6-4-3

父亲怀抱里的幼儿

（1901）

IMAGES OF WOMEN
AND CHILDREN

出　　处：*The Chinese Boy and Girl*

　　　　（《中国的儿童》）

作　　者：Isaac Taylor Headland

　　　　（[美] 何德兰，1859—1942）

出版时间：1901 年

出 版 者：Fleming H. Revell Company (New York)

摄 影 者：Isaac Taylor Headland

6-4-4

妇人怀抱里的幼童

（1901）

IMAGES OF WOMEN
AND CHILDREN

出　　处：*The Chinese Boy and Girl*

　　　　（《中国的儿童》）

作　　者：Isaac Taylor Headland

　　　　（[美] 何德兰，1859—1942）

出版时间：1901 年

出 版 者：Fleming H. Revell Company (New York)

摄 影 者：Isaac Taylor Headland

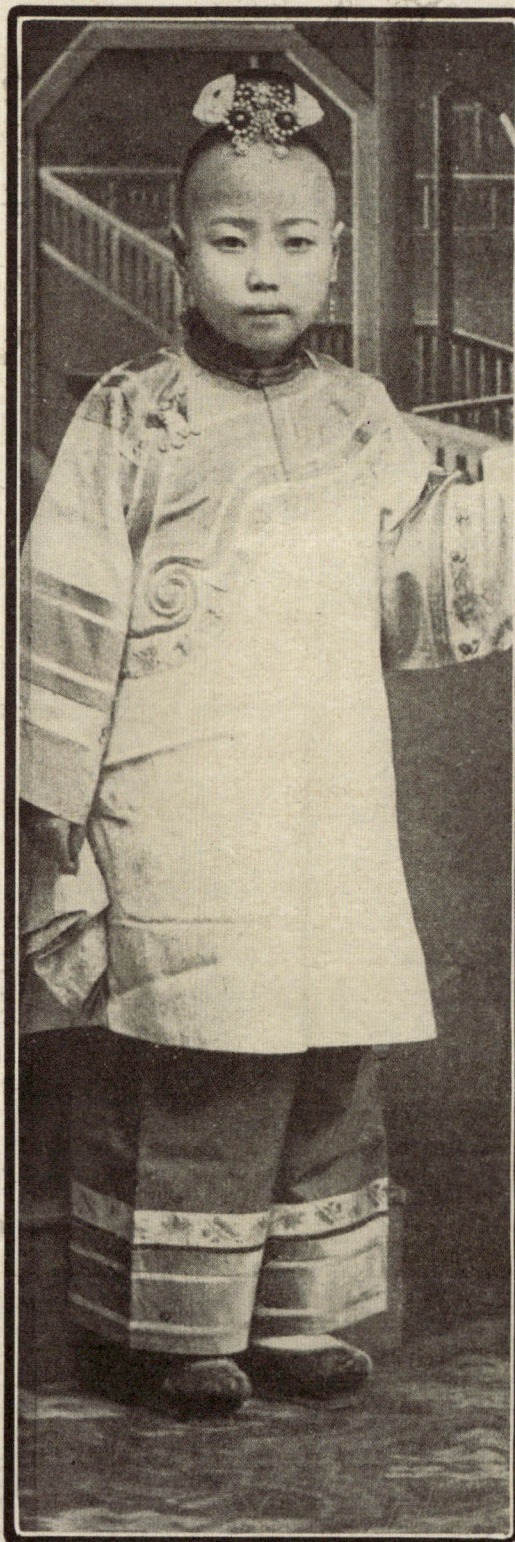

6-4-5

编者说明：左图中为满族女孩，天足，右图中为汉族女孩，裹小脚。

满汉女童

（1901）

IMAGES OF WOMEN
AND CHILDREN

出　　处：*The Chinese Boy and Girl*

（《中国的儿童》）

作　　者：Isaac Taylor Headland

（[美] 何德兰，1859—1942）

出版时间：1901 年

出 版 者：Fleming H. Revell Company (New York)

摄 影 者：Isaac Taylor Headland

PRINCE SU'S CHILDREN AND GERMAN TUTOR

6-4-6

肃亲王的儿子和他们的德国教练

（1901）

IMAGES OF WOMEN
AND CHILDREN

出　　处：*China in Convulsion*

　　　　（《动乱中的中国》）

作　　者：Arthur H. Smith

　　　　（[美] 明恩溥，1845—1932）

出版时间：1901 年

出 版 者：Fleming H. Revell Company (New York)

摄 影 者：Isaac Taylor Headland

　　　　（[美] 何德兰，1859—1942）

编者说明：肃亲王善耆共有5位夫人，生有38个子女，其中21子、17女。后将子女陆续送去国外受教育，除有3子分别去了英国、德国、比利时之外，其余全部进了日本学校。图中3位扛枪操练的少年为肃亲王之子，左为德国教练。

女性和

儿童形象

/

北京的

少年和孩童

6-4-7

编者说明：不同年纪的6位男孩分成两队，玩石子游戏。

玩石子游戏

（1901）

IMAGES OF WOMEN
AND CHILDREN

出　　处：*The Chinese Boy and Girl*

　　　　　（《中国的儿童》）

作　　者：Isaac Taylor Headland

　　　　　（[美] 何德兰，1859—1942）

出版时间：1901 年

出 版 者：Fleming H. Revell Company (New York)

摄 影 者：Isaac Taylor Headland

6-4-8

夏日里背幼儿的保姆

（1901）

IMAGES OF WOMEN
AND CHILDREN

出　　处：*The Chinese Boy and Girl*

　　　　（《中国的儿童》）

作　　者：Isaac Taylor Headland

　　　　（[美] 何德兰，1859—1942）

出版时间：1901 年

出 版 者：Fleming H. Revell Company (New York)

摄 影 者：Isaac Taylor Headland

女性和

儿童形象

/

北京的

少年和孩童

6-4-9

编者说明：两个小姐妹，梳的小辫式样也相同，或为一家两姐妹。

小姐妹

（1901）

IMAGES OF WOMEN
AND CHILDREN

出　　处：*The Chinese Boy and Girl*

（《中国的儿童》）

作　　者：Isaac Taylor Headland

（[美] 何德兰，1859—1942）

出版时间：1901 年

出 版 者：Fleming H. Revell Company (New York)

摄 影 者：Isaac Taylor Headland

女性和

儿童形象

/

北京的

少年和孩童

MENDIANTS, DEVANT L'HOPITAL FRANÇAIS DU NAN-TANG — PÉKING

6-4-10

南堂法国医院前的贫民妇女和儿童

（1903）

编者说明：原图说明中注明，图为聚集在南堂法国医院前的贫民。其中多为妇女和儿童。原书作者为法国探险家、记者，1894—1896年间曾到访中国。

IMAGES OF WOMEN AND CHILDREN

出　　处：*Le Tour D' Asie*

（《环游亚洲》）

作　　者：Marcel Monnier

（[法] 马塞尔·莫尼耶，1853—1918）

出版时间：1903 年

出 版 者：Librairie Plon (Paris)

女性和

儿童形象

/

北京的

少年和孩童

INDUSTRIAL SCHOOL BOYS; CLOISONNÉ WORKERS

6-4-11

技工学校的少年学员

（1909）

编者说明：原书作者特别说明，这是由富人资助的一所以培养自食其力的技术工人为目的的技工学校，学生多来自贫困家庭。图为学习景泰蓝工艺的学生。

IMAGES OF WOMEN
AND CHILDREN

出　　处：*Letters from China*

　　　　（《中国来信》）

作　　者：Sarah Pike Conger

　　　　（[美] 莎拉·康格，1843—1932）

出版时间：1909 年

出 版 者：Hodder and Stoughton（London）

Sir Robert Hart and his Band

1194

6-4-12

赫德管乐队中的中国未成年人

（1909）

编者说明：中国海关总税务司赫德（右一）在北京组织了一支由中国人组成的西洋管乐队，并请了一个指导来训练队员。图中是乐队成员，一排中间几位似还是未成年人。

IMAGES OF WOMEN
AND CHILDREN

出　　处：*Letters from China*

　　　　（《中国来信》）

作　　者：Sarah Pike Conger

　　　　（[美] 莎拉·康格，1843—1932）

出版时间：1909 年

出 版 者：Hodder and Stoughton（London）

6-4-13

孩子与父亲

（1914）

IMAGES OF WOMEN
AND CHILDREN

出　　处：*Home Life in China*

　　　　（《中国的家庭生活》）

作　　者：Isaac Taylor Headland

　　　　（[美] 何德兰，1859—1942）

出版时间：1914 年

出 版 者 ：Methuen & Co. Ltd. (London)

摄 影 者 ：Isaac Taylor Headland

编者说明：优裕家庭的父与子，表情温暖有爱。

THE BRIDE

6-4-14

年幼的新娘子

（1912）

IMAGES OF WOMEN
AND CHILDREN

出　　处：*The Young China Hunters*

　　　　　（《年轻的中国寻访者》）

作　　者：Isaac Taylor Headland

　　　　　（[美] 何德兰，1859—1942）

出版时间：1912 年

出 版 者：The Central Committee on the United

　　　　　Study of Mission (West Medford Mass.)

女性和

儿童形象

北京的

少年和孩童

MOVING DAY.

All the family possessions would hardly make a load for one ricksha.

1200

6-4-15

搬家的祖孙俩

（1917—1920）

编者说明：原书作者在书中说，京城贫民家庭财产如果以当时人力车的装载量来算，大约为一辆人力车略多些。

IMAGES OF WOMEN
AND CHILDREN

出　　处：*Peking*：*A Social Survey*

　　　　　（《北京：社会调查》）

作　　者：Sidney D. Gamble

　　　　　（［美］甘博，1890—1968）

出版时间：1921 年

出 版 者：George H. Doran Company (New York)

摄 影 者：Sidney D. Gamble

拍摄时间：1917—1920 年

GLASS LA-PA

according to whether it is big or small. These (two types of trumpets) are both products of glass factories, and when children puff and blow into them, they serve to bring in pure air.

"Peace drums" (*t'ai p'ing ku* 太 平 鼓) have an iron circlet above, covered with donkey skin, so that they are like a circular fan in shape, while the handle below is hung with iron rings. When three to five children form a group and beat these with rattan sticks, the booming of the drum above answers to the jingling of the rings below. This drum is also called the "drum which welcomes in the New Year."

The diabolo top is like the wheels of a cart in form, between which is a short axle. Children operate it by jerking two sticks to which is fastened a cotton string (which is given a twist around the central axle, so that the top hums) majestically with a sound like that of a morning bell beyond the horizon.

According to the *Jih-hsia*, kites are traditionally said to have been made by Han Hsin.[1] Also during the Later Han dynasty of the period of the Five Dynasties, Li Yeh[2] made paper kites together with the Emperor Yin Ti (948–950), which they flew outside the Palace gate.

'PEACE DRUM'
Now no longer seen.

---

[1] One of the heroes who rose from obscurity to help Liu Pang, founder of the Han dynasty, to gain the throne. In spite of his services, he later fell under suspicion for treason, and was executed in 196 B.C. I have been unable to find mention of kite-making in his biography, either in *Shih Chi*, Chap. 92, or the *Han Shu*, Chap. 34. But there is an interesting passage in the works of Mo Tzŭ (the famous philosopher who advocated universal love, and who lived 479 ?–381 ? B.C.) which says : " Kung Shu Tzŭ (a famous military engineer of the time) constructed a bird out of bamboo and wood. When it was completed, he flew it, and for three days it did not descend." *Cf.* Y. P. Mei, *Works of Motse*, p. 256. Is this not perhaps an even earlier reference to kites ?

6-4-16

吹玻璃喇叭和击太平鼓的孩子

（1936）

IMAGES OF WOMEN
AND CHILDREN

出　　处：*Annual Customs and Festivals in Peking*

（《燕京岁时记》）

作　　者：富察敦崇（1855—1926）

译　　者：Derk Bodde

（[美]卜德，1909—2003）

出版时间：1936 年

出　版　者：Henri Vetch (Peiping)

绘　图　者：傅叔达

编者说明：玻璃喇叭、太平鼓现在已经见不到了。《燕京岁时记》中有："玻璃喇叭者，口如酒盏，柄长二三尺。咘咘噔者，形如葫芦而长柄，大小不一，皆琉璃厂所制。儿童呼吸之，足以导引清气。太平鼓者，系铁圈之上蒙以铝皮，形如团扇，柄下缀以铁环，儿童三五成群，以藤杖击之，鼓声咚咚然，环声铮铮然，上下相应，即所谓迎年之鼓也。"傅叔达为民国知名画家。

Shuttlecocks, having lead or tin as a weight, used to be fashioned from chicken feathers, and when from three to five small children would form a group there would be . . . . [here follows a list of the different manœuvres to be made with the shuttlecock, such as kicking it forwards or backwards, making it sit on the nose, etc.]. This is indeed something that has survived from football.

The glass *la-pa* is not recorded in the *Jih-hsia*. As for the *pu-pu-teng*, it is the same as the "sounding ear-pendant," and was also called the "sounding gourd," or again, "breath led back and forth." Small ones would be three or four inches in diameter; big ones a foot. They were usually purple in color, and children would blow in and out of them to create a sound.

GLASS PU-PU-TENG

Again, the *Ti-ching Ching-wu-lüeh* says that on New Year's Day, toward the evening while it is still light, children would beat a drum called the "drum of peace." But we to-day have these as early as the tenth month, and do not wait for them until the evening of New Year's Day. And when this book says that the "peace drum" is the same as the *chieh* 羯 drum, it is in error, for the *chieh* drum is the same as the "bounding drum" used to-day on the stage. It is beaten with two sticks, so that

² Li Yeh was a younger brother of the preceding Emperor, Kao Tsu. He liked to make riddles, and organize amusements for the weak Yin Ti. He was also a politician, and died a violent death.

1204

6-4-17

吹咘咘噔和抖空竹的孩子

（1936）

IMAGES OF WOMEN
AND CHILDREN

出　　处：*Annual Customs and Festivals in Peking*

　　　　（《燕京岁时记》）

作　　者：富察敦崇（1855—1926）

译　　者：Derk Bodde

　　　　（［美］卜德，1909—2003）

出版时间：1936 年

出 版 者：Henri Vetch (Peiping)

绘 图 者：傅叔达

编者说明：咘咘噔现在已见不到了。《日下旧闻考》中载："咘咘噔即鼓珰，亦名响葫芦，又名倒掖气，小者三四寸，大者径尺，其色紫者居多。小儿口衔，嘘吸成声。"

CHILD WITH
SILK CHARMS
OR 'TIGERS'

6-4-18

端午节戴艾虎的孩子

（1936）

IMAGES OF WOMEN
AND CHILDREN

出　　处：*Annual Customs and Festivals in Peking*

（《燕京岁时记》）

作　　者：富察敦崇（1855—1926）

译　　者：Derk Bodde

（[美] 卜德，1909—2003）

出版时间：1936 年

出 版 者：Henri Vetch (Peiping)

绘 图 者：傅叔达

编者说明：民间多取虎为辟邪之用，端午节佩艾虎辟邪。端午节饰戴艾虎的风习已经有千年以上的历史。

女性和

儿童形象

/

北京的

少年和孩童

PING-T'ANG-HU-LU

6-4-19

编者说明：图上冰糖葫芦与如今的不同，图中的很长，且中间插有小旗点缀。

扛着冰糖葫芦串儿的孩子

（1936）

IMAGES OF WOMEN
AND CHILDREN

出　　处：*Annual Customs and Festivals in Peking*

（《燕京岁时记》）

作　　者：富察敦崇（1855—1926）

译　　者：Derk Bodde

（[美]卜德，1909—2003）

出版时间：1936年

出 版 者：Henri Vetch (Peiping)

绘 图 者：傅叔达

女性和

儿童形象

北京的

少年和孩童

07

教育

和

外交

EDUCATION

AND DIPLOMACY

1840 年鸦片战争之后，中国被迫打开国门，西学东渐，在教育方面，北京经历了新旧交替的剧变。一般认为，1862 年创建的同文馆，标志着北京近代教育的开始；1905 年清廷宣布废除科举制度，标志着北京古代教育的终结。清末北京教育最重要的事件，莫过于 1898 年戊戌变法期间，京师大学堂的成立。此外，第二次鸦片战争后，外国人在北京创建的新式学校，对于北京近代教育的发展也起到推进和示范作用。

西方人关于北京近现代教育的照片，为研究北京这一时期的教育史，提供了具体而有价值的资料。这里选取的西文图书中的 19 张图像，主要涉及北京教育的新旧两方面。古代教育方面，主要是关于北京贡院（当时称顺天贡院）的照片，北京贡院既是明清全国会试的考场，也是当时顺天府（北京）乡试的考场。1905 年清廷废除科举的命令规定，自 1906 年起，所有乡试、会试一律停止，因此，北京贡院自 1906 年起也就完成了其历史使命，逐渐被废弃。这里选取的相关照片，就是已经废弃的北京贡院。新式教育方面，所选的照片主要涉及当时中国的最高学府京师大学堂，以及教会创办的西式学校。从照片中我们可以了解到，教会办的新式学校，从上课内容到体育活动、学校建筑，基本都是照搬西式的，在当时起到开风气之先的作用。

外交部分的图像主要反映晚清以来西方强行叩开中国大门后在北京设立的公使馆舍，以及第二次鸦片战争后清政府成立的"总理各国事务衙门"。另有与晚清外交相关的英法联军入侵及庚子事变等，在本书其他章节已有揭示，不再赘述。

EXAMINATION HALL, PEKIN, CHINA

7-1-1

顺天贡院

（1900）

EDUCATION
AND DIPLOMACY

出　　处：*China, the Orient and the Yellow Man*

（《中国：东方国度与黄种民族》）

作　　者：Henry Davenport Northrop

（［美］亨利·达文波特·诺斯洛普，

1836—1909）

出版时间：1900 年

出 版 者：George W. Bertron (Washington D.C.)

编者说明：顺天贡院，是明清两代各地举人到北京参加会试的考场，同时也是顺天府（北京）举办乡试的考场。贡院有几十排矮房子，分隔成一万余间考棚，称为"号舍"。顺天贡院地址在东单以东建国门内，其附近街道至今仍保留贡院东街、贡院西街、贡院头条、贡院二条等名称。1905年，清政府宣布自1906年起废除科举，贡院也就被废弃。照片左上角的楼阁为明远楼，楼前的树木为元代古槐，树形如卧龙，因相传与读书人的文运密切相关，被称为"文昌槐"。

教育和外交

/

教育

THE WATCH TOWER IN EXAMINATION GROUNDS

7-1-2

顺天贡院明远楼

（1901）

**EDUCATION
AND DIPLOMACY**

出　　处：*The Lore of Cathay*

（《花甲记忆》）

作　　者：W. A. P. Martin

（ [美] 丁韪良，1827—1916 ）

出版时间：1901 年

出 版 者 ：Oliphant, Anderson & Ferrier

(Edinburgh; London)

编者说明：明远楼意即登高远望之楼，为各地贡院通用之名，主要作用是监督考场。照片中撑伞站立者为原书作者丁韪良（W. A. P. Martin），曾任同文馆总教习和京师大学堂西文总教习。

教育和外交

/

教育

FURNACE FOR BURNING PAPER IN EXAMINATION GROUNDS

7-1-3

编者说明：原图说明称此为贡院内的烧纸炉，或为焚香炉。树下站立者为原书作者丁韪良。

顺天贡院焚香炉

（1901）

EDUCATION
AND DIPLOMACY

出　　处：*The Lore of Cathay*

　　　　　（《花甲记忆》）

作　　者：W. A. P. Martin

　　　　　（ [美] 丁韪良，1827—1916 ）

出版时间：1901 年

出 版 者 ：Oliphant, Anderson & Ferrier

　　　　　(Edinburgh; London)

教育和外交

/

教育

ROW OF CELLS IN EXAMINATION GROUNDS

7-1-4

编者说明：号舍非常低矮，入口处仅一人高。

内站立者为原书作者丁韪良。

顺天贡院号舍

（1901）

EDUCATION
AND DIPLOMACY

出　　处：*The Lore of Cathay*

　　　　　（《花甲记忆》）

作　　者：W. A. P. Martin

　　　　　（[美] 丁韪良，1827—1916 ）

出版时间：1901 年

出 版 者：Oliphant, Anderson & Ferrier

　　　　　(Edinburgh; London)

教育和外交

/

教育

EXAMINATION HALLS, PEKING

7-1-5

编者说明：从照片可见号舍都有编号，旁边倒扣的水缸，为考试时供水之用。

顺天贡院号舍建筑群

（1909）

EDUCATION
AND DIPLOMACY

出　　处：*Letters from China*
　　　　　（《中国来信》）

作　　者：Sarah Pike Conger
　　　　　（[美] 莎拉·康格，1843—1932）

出版时间：1909 年

出 版 者：Hodder and Stoughton（London）

教育和外交

/

教育

Entrée du temple de Confucius. — Gravure tirée du voyage en Chine de M. Thomson.

7-1-6

孔庙大成门

（1876）

EDUCATION
AND DIPLOMACY

出　　处：*Le Tour du Monde, Nouveau Journal des Voyages*

　　　　　（《周游世界之新航海日志》）

作　　者：Édouard Charton

　　　　　（[法] 爱德华·沙尔东，1807—1890）

出版时间：1876 年

出 版 者：Hachette (Paris)

编者说明：北京孔庙为中国元、明、清三朝祭祀孔子的场所，与南京夫子庙、吉林孔庙和曲阜文庙并称为中国四大文庙，是仅次于曲阜的全国第二大孔庙。北京孔庙始建于元大德六年（1302），大德十年（1306）建成，明永乐九年（1411）重建。图片描绘了清末孔庙大成门。门前有600余年树龄的古柏一株，名"除奸柏"。绘画笔触非常细腻，应为根据照片绘制。

Portal of Confucian Temple, Peking.

7-1-7

编者说明：本图与上图非常近似，绘画线条略粗。

孔庙大成门

（1883）

EDUCATION
AND DIPLOMACY

出　　处：*The Middle Kingdom*

　　　　（《中国总论》）

作　　者：S. Wells Williams

　　　　（[美] 卫三畏，1812—1884）

出版时间：1883 年

出 版 者：W. H. Allen & Co.（London）

教育和外交

/

教育

OVEN FOR BURNING PAPER, IN CONFUCIAN TEMPLE, PEKING.

7-1-8

孔庙燎炉

（1895）

EDUCATION
AND DIPLOMACY

出　　处：*The Real Chinaman*

　　　　　（《真正的中国佬》，又名《华游志略》）

作　　者：Chester Holcomben

　　　　　（[美]何天爵，1844—1912）

出版时间：1895 年

出 版 者 ：Hodder and Stoughton（London）

PIH-YUNG KUNG, OR 'CLASSIC HALL,' PEKING.

7-1-9

国子监辟雍入口

（1883）

EDUCATION
AND DIPLOMACY

出　　处：*The Middle Kingdom*

　　　　　（《中国总论》）

作　　者：S. Wells Williams

　　　　　（[美] 卫三畏，1812—1884）

出版时间：1883 年

出 版 者：W. H. Allen & Co.（London）

编者说明：北京国子监始建于元朝至元二十四年（1287），是中国元、明、清三代国家管理教育的最高行政机关和国家设立的最高学府。辟雍则是国子监的核心建筑。现国子监辟雍建于清乾隆四十九年(1784)，按照周代的制度建造，坐北向南，平面呈正方形，四角是攒尖重檐顶，四周以回廊和水池环绕，池上架有石桥，通向辟雍的四门，构成周代"辟雍泮水"之旧制。

HALL OF THE CLASSICS, P'I-YUNG KUNG.

国子监辟雍

（1909）

EDUCATION
AND DIPLOMACY

出　　处：*The New China: A Traveller's Impressions*

（《晚清游记》）

作　　者：Henri Borel

（[荷]亨利·博雷尔，1869—1933）

出版时间：1912 年

出 版 者：Dodd Mead and Co. (New York)

摄 影 者：Henri Borel

拍摄时间：1909 年

编者说明：现北京国子监辟雍始建于清乾隆年间，是皇帝讲学的殿堂。大殿为两重屋檐，上覆黄色琉璃瓦，大殿正面屋檐下，高挂着乾隆皇帝书写的"辟雍"匾额。照片中"辟雍"二字依稀可见。

ENTRANCE TO THE IMPERIAL UNIVERSITY OF PEKING

Among the notable buildings that were destroyed by the Boxers was the Imperial University of Peking. To the noble work performed within its walls can be attributed much of the rapid rise of the " progressive " or " New China " party, with whom the Emperor seemed to be so thoroughly in accord until his power was subordinated to that of the Empress.

7-1-11

京师大学堂正门

（1901）

编者说明：京师大学堂最初的校舍为地安门内马神庙和嘉公主旧第。原图说明称此为京师大学堂大门。

EDUCATION
AND DIPLOMACY

出　　处：*Beleaguered in Peking*

　　　　　（《北京被围记》）

作　　者：Robert Coltman

　　　　　（[美] 满乐道，1862—1931）

出版时间：1901 年

出 版 者：F. A. Davis Company, Publishers

　　　　　(Philadelphia)

育和外交

育

NORTH CHINA COLLEGE, T'UNG CHOU

7-1-12

通州潞河书院

（1901）

EDUCATION
AND DIPLOMACY

出　　处：*China in Convulsion*

　　　　　（《动乱中的中国》）

作　　者：Arthur H. Smith

　　　　　（ [美] 明恩溥，1845—1932 ）

出版时间：1901 年

出 版 者：Fleming H. Revell Company (New York)

编者说明：通州潞河书院，清同治六年（1867）由美国公理会传教士戴德创立，光绪十九年（1893）分为潞河书院和戈登纪念神学院。光绪二十六年被毁。光绪二十八年由美国华北公理会、长老会和英国伦敦会共同投资，升格为大学与中斋两部，改称协和书院。1912年改称华北协和大学。1917年大学部迁北京城内，后与汇文大学合并，1919年称燕京大学。

PEKING UNIVERSITY

7-1-13

汇文大学堂德本斋

（1906）

EDUCATION
AND DIPLOMACY

出　　处：*China and Her People*

　　　　　（《大清国及其子民》）

作　　者：Charles Denby

　　　　　（［美］田贝，1830—1904）

出版时间：1906 年

出 版 者：L. C. Page & Company (Boston)

编者说明：汇文大学的前身是清同治十年（1871）美以美会在北京崇文门所立教堂附设的蒙学馆。光绪十年（1884）改名怀理书院，设有博学、备学、成美、蒙学四馆。光绪十四年成立大学，更名为汇文书院。光绪三十年再更名为北京汇文大学堂。民国建立后改为汇文大学校。大学部于1918年与华北协和大学合并，1919年改称燕京大学。其大学预科及中学二部改名汇文学校。汇文大学的英文，曾用Peking University和Peking Methodist University，燕京大学初期英文名曾沿用Peking University。德本斋为学生宿舍，美国人德本捐资兴建。后毁于火灾。1902年在原址重建，此应为刚重建的德本斋。

PEKING UNIVERSITY.

7-1-14

汇文大学堂

（1914）

EDUCATION
AND DIPLOMACY

出　　处：*China's Dayspring after Thirty Years*

（《三十年后中国之觉醒》）

作　　者：Frederick Brown

（[英] 宝复礼，b. 1860）

出版时间：1914 年

出 版 者 ：Murray and Evenden Ltd. (London)

编者说明：照片中右侧建筑为学生宿舍德本斋。左侧为安德堂，为纪念校长李安德博士而取此名。安德堂共4层，内设理化实验室、图书室、博物室、自修室等。安德堂后面的建筑为德厚斋，美国人德厚捐资兴建，为学生宿舍，有房间70余间，除宿舍外，校长室设在西首。

FOOTBALL IN THE UNIVERSITY GROUNDS.

7-1-15

汇文大学堂学生踢足球

（1914）

编者说明： 作为教会学校，汇文大学堂不仅在教学内容上引进西学，在体育方面也有引入。德本斋前的操场上，拖着辫子的学生在踢足球，传统与现代交汇在一起，颇具意味。

EDUCATION
AND DIPLOMACY

出　　处：*China's Dayspring after Thirty Years*

　　　　　（《三十年后中国之觉醒》）

作　　者：Frederick Brown

　　　　　（[英] 宝复礼，b. 1860）

出版时间：1914 年

出 版 者：Murray and Evenden Ltd. (London)

TRIGONOMETRY CLASS, PEKING METHODIST UNIVERSITY.

7-1-16

汇文大学堂学生上三角学课

（1914）

编者说明：从照片看，教师为西方女士，而且从授课内容到教室陈设，都是西式的。

EDUCATION
AND DIPLOMACY

出　　处：*China's Dayspring after Thirty Years*

　　　　　（《三十年后中国之觉醒》）

作　　者：Frederick Brown

　　　　　（[英] 宝复礼，b. 1860）

出版时间：1914 年

出 版 者 ：Murray and Evenden Ltd. (London)

教育和外交

/

教育

CHRISTIAN STUDENTS.

7-1-17

汇文大学堂基督徒学生在上课

（1914）

编者说明：教师为中国人，长辫子学生背影与西式座椅也是比较有意味的对比。

EDUCATION
AND DIPLOMACY

出　　处：*China's Dayspring after Thirty Years*

　　　　（《三十年后中国之觉醒》）

作　　者：Frederick Brown

　　　　（[英] 宝复礼，b. 1860）

出版时间：1914 年

出 版 者 ：Murray and Evenden Ltd. (London)

教育和外交

/

教育

STUDENT VOLUNTEERS FROM THE METHODIST UNIVERSITY, PEKING.

7-1-18

汇文大学堂学生志愿者

（1914）

编者说明：志愿者是从西方引入的公益组织形式，汇文大学堂作为教会学校，应属于较早开风气者。

EDUCATION
AND DIPLOMACY

出　　处：*China's Dayspring after Thirty Years*

（《三十年后中国之觉醒》）

作　　者：Frederick Brown

（[英] 宝复礼，b. 1860）

出版时间：1914 年

出 版 者：Murray and Evenden Ltd. (London)

7-1-19

编者说明：具体哪所学校的学生不详。从照片看，有两位学生明显刚剪掉辫子不久。照片拍摄时间应在1912年初前后。

学生田径队

（1912）

EDUCATION

AND DIPLOMACY

出　　处：*The Young China Hunters*

　　　　（《年轻的中国寻访者》）

作　　者：Isaac Taylor Headland

　　　　（[美] 何德兰，1859—1942）

出版时间：1912 年

出 版 者：The Central Committee on the United

　　　　Study of Missions (West Medford Mass)

教育和外交

/

教育

Die Straße der Gesandtschaften in Peking.

7-2-1

东交民巷使馆街

（1900）

EDUCATION
AND DIPLOMACY

出　　处：*China und Japan*

　　　　（《中国和日本通览》）

作　　者：Ernst von Hesse-Wartegg

　　　　（[美] 海司，1851—1918）

出版时间：1900 年

出 版 者：J. J. Weber (Leipzig)

编者说明：东交民巷位于正阳门东侧，明代在这里建四夷馆和会同馆，接待来朝外国人。原名"江米巷"，音转为"交民巷"。1860年英法联军入侵北京，次年英法两国在东交民巷设立公使馆，随后俄、美、荷、比、德、意、奥、日等国在此设立公使馆。1901年《辛丑条约》将此地划为"使馆界"。

教育和外交
/
外交

Legation Street, Peking

7-2-2

编者说明：从图片看，所反映的应为东交民巷早期情景。

东交民巷使馆街

（1901）

EDUCATION
AND DIPLOMACY

出　　处：*The Story of China*

　　　　　（《中国故事》）

作　　者：R. Van Bergen

　　　　　（［美］伯根）

出版时间：1902 年

出 版 者：American Book Company (New York)

绘 制 者：J. C. Hemment

　　　　　（荷曼特）

教育和外交
/
外交

LEGATION STREET, PEKING

7-2-3

编者说明：从照片看，应为庚子事变之后修葺一新的使馆街。

东交民巷使馆街

（1906）

EDUCATION
AND DIPLOMACY

出　　处：*China and Her People*

　　　　　（《大清国及其子民》）

作　　者：Charles Denby

　　　　　（[美]田贝，1830—1904）

出版时间：1906 年

出 版 者：L. C. Page & Company (Boston)

Strasse zwischen Legations-Viertel und Stadtmauer.

7-2-4

编者说明：据原图说明，此为使馆区与城墙之间的街道。

公使馆区街景

（1902）

EDUCATION
AND DIPLOMACY

出　　处：*Kämpfe in China*

　　　　（《1900—1901 年奥匈帝国在中国的战争》）

作　　者：Theodor Ritter von Winterhalder

　　　　（[奥] 特奥多尔·里特·冯·温特哈尔德，

　　　　1861—1941 ）

出版时间：1902 年

出 版 者 ：A. Hartleben' s Verlag（Wien; Budapest）

GENERAL VIEW OF THE LEGATIONS, PEKING

7-2-5

公使馆区全景

（1906）

EDUCATION
AND DIPLOMACY

出　　处：*China and Her People*

　　　　　（《大清国及其子民》）

作　　者：Charles Denby

　　　　　（[美] 田贝，1830—1904）

出版时间：1906 年

出 版 者：L. C. Page & Company (Boston)

教育和外交

外交

Peking — Legation street

编者说明：从照片看，应拍摄于1900年重建
之后。

公使馆街

（1909）

EDUCATION
AND DIPLOMACY

出　　处：*Guide to Peking and Neighborhood*

（《北京及周边地理指南》）

作　　者：Hans Bahlke, General Merchat

（德胜洋行）

出版时间：1909 年

出 版 者：Tageblatt Für Nord-China, G.m.b.H

(Tientsin)

教育和外交

外交

Peking — Entrance of the Legation quarters

7-2-7

公使馆区入口处

（1909）

EDUCATION
AND DIPLOMACY

出　　处：*Guide to Peking and Neighborhood*

（《北京及周边地理指南》）

作　　者：Hans Bahlke, General Merchat

（德胜洋行）

出版时间：1909 年

出 版 者：Tageblatt Für Nord-China, G.m.b.H

(Tientsin)

教育和外交

外交

THE FOREIGN LEGATIONS.

7-2-8

公使馆区

（1909）

编者说明：根据1901年《辛丑条约》，划定东交民巷为专用使馆区。照片中的使馆区仍在东交民巷，部分建筑可能是庚子事变后整修或新建。

EDUCATION
AND DIPLOMACY

出　　处：*The New China: A Traveller's Impressions*
　　　　　（《晚清游记》）

作　　者：Henri Borel
　　　　　（[荷] 亨利·博雷尔，1869—1933）

出版时间：1912 年

出 版 者：Dodd Mead and Co. (New York)

摄 影 者：Henri Borel

拍摄时间：1909 年

教育和外交

外交

1. Seesoldaten-Detachement S. M. S. „Deutschland" im Hofe der deutschen Gesandtschaft zu Peking. Mai 1898.

7-2-9

德国海军特遣队在德国公使馆内合影（1898）

编者说明：照片拍摄于1898年5月。1898年3月，德国强迫清政府签订《胶澳租界条约》，规定将胶州湾租借给德国。照片中的德国特遣队来华，或与此事有关。

EDUCATION
AND DIPLOMACY

出　　处：*China in Convulsion*

　　　　（《动乱中的中国》）

作　　者：Arthur H. Smith

　　　　（[美]明恩溥，1845—1932）

出版时间：1901 年

出 版 者：Fleming H. Revell Company (New York)

教育和外交

外交

GERMAN LEGATION

7-2-10

德国公使馆大门

（1901）

EDUCATION
AND DIPLOMACY

出　　处：*China in Convulsion*

　　　　　（《动乱中的中国》）

作　　者：Arthur H. Smith

　　　　　（[美] 明恩溥，1845—1932）

出版时间：1901 年

出 版 者：Fleming H. Revell Company (New York)

编者说明：德国公使馆设立于同治元年（1862），位于东交民巷路南，洪昌胡同（今台基厂大街南段）北口西侧，在法国公使馆对面。

教育和外交

外交

M. Hartung.

In the Gardens of the German Legation;
the Monument in Memory of Baron Ketteler.

7-2-11

德国公使馆花园里克林德纪念碑

（1924）

EDUCATION
AND DIPLOMACY

出　　处：*Guide to Peking and its Environs*

（《京师地志指南》）

作　　者：Emil Sigmund Fischer

（[奥] 斐士，1865—1945）

出版时间：1924 年

出 版 者：Tientsin Press (Tientsin)

编者说明：克林德男爵（Baron Ketteler，1853—1900），德国人，陆军出身，1898年任德国驻华公使。1900年6月20日在东单牌楼与清军发生冲突，被击毙。1901年清廷被迫在出事地点建立克林德牌坊，第一次世界大战结束后，德国战败，牌坊被拆运至中山公园重新组装，另镌刻"公理战胜"四字。此为德国公使馆内的克林德纪念碑。

THE PRISONERS' GRAVES IN THE RUSSIAN CEMETERY, PEKING.

编者说明：清末北京城东安定门外曾有俄国墓地，此图中墓地是否即该处，待考。

俄国人墓园的囚犯坟墓

（1865）

EDUCATION
AND DIPLOMACY

出　　处：*Peking and the Pekingese, During the First*
　　　　　Year of the British Embassy at Peking

　　　　　（《北京和北京人：在北京英国公使馆
　　　　　的第一年》）

作　　者：D. F. Rennie
　　　　　（[英] 芮尼， d. 1868）

出版时间：1865 年

出 版 者：John Murray (London)

Russian Minister and Staff of Legation and their families

7-2-13

编者说明：此合影可能拍摄于庚子事变使馆被围期间。

俄国公使、公使馆官员和家人合影

（1900）

EDUCATION
AND DIPLOMACY

出　　处：*Beleaguered in Peking*

（《北京被围记》）

作　　者：Robert Coltman

（[美] 满乐道，1862—1931）

出版时间：1901 年

出 版 者：F. A. Davis Company, Publishers

(Philadelphia)

Russian Legation: The Portal and the Russian Minister's Palace.

7-2-14

俄国公使馆大门

（1924）

EDUCATION

AND DIPLOMACY

出　　处：*Guide to Peking and its Environs*

（《京师地志指南》）

作　　者：Emil Sigmund Fischer

（［奥］斐士，1865—1945）

出版时间：1924 年

出 版 者：Tientsin Press (Tientsin)

编者说明：应为庚子事变后新建馆舍，具有现代气派。据原图说明，大门后为俄国公使官邸。

教育和外交

/

外交

Rue de la Légation de France, à Pékin. — Dessin de Taylor, d'après une photographie du docteur Morache.

7-2-15

法国公使馆街

（1876）

编者说明：第二次鸦片战争后，法国租借位于东交民巷路北、台基厂南口西的纯公府作为公使馆；1861年，法国公使布尔布隆进驻纯公府。插图根据法国医生莫拉克拍摄的照片绘制，表现的是法国公使馆所在街道。

EDUCATION
AND DIPLOMACY

出　　处： *Le Tour du Monde, Nouveau Journal des Voyages*

（《周游世界之新航海日志》）

作　　者：Édouard Charton

（［法］爱德华·沙尔东，1807—1890）

出版时间：1876 年

出 版 者：Hachette (Paris)

绘 图 者：Taylor

（［法］泰勒）

教育和外交

/

外交

Porte d'entrée de la légation de France, à Pékin. — Dessin de Taylor, d'après une photographie du docteur Morache.

7-2-16

法国公使馆大门

（1876）

编者说明：此图也是根据法国医生莫拉克拍摄的照片绘制，从门口两座石狮子可以想见使馆的规模不算小。

EDUCATION
AND DIPLOMACY

出　　处：*Le Tour du Monde, Nouveau Journal des Voyages*

（《周游世界之新航海日志》）

作　　者：Édouard Charton

（［法］爱德华·沙尔东，1807—1890）

出版时间：1876 年

出 版 者：Hachette (Paris)

绘 图 者：Taylor

（［法］泰勒）

教育和外交
/
外交

FRENCH LEGATION

7-2-17

法国公使馆大门

（1900）

编者说明：此照片可能拍摄于庚子事变前后，门前没有两座石狮子，大门样式也与前图不一样，应为法国公使馆的后门。

EDUCATION
AND DIPLOMACY

出　　处：*China in Convulsion*

　　　　　（《动乱中的中国》）

作　　者：Arthur H. Smith

　　　　　（[美] 明恩溥，1845—1932）

出版时间：1901 年

出 版 者：Fleming H. Revell Company (New York)

教育和外交

/

外交

Chapelle de la légation de France, à Pékin. — Dessin de H. Clerget, d'après une photographie du docteur Morache.

7-2-18

法国公使馆内教堂

（1876）

编者说明：法国人租借纯公府后，对其进行了修葺和扩建，此西式教堂应即新建之建筑。此图也是根据法国医生莫拉克拍摄的照片绘制。

EDUCATION
AND DIPLOMACY

出　　处：*Le Tour du Monde, Nouveau Journal des Voyages*

　　　　　（《周游世界之新航海日志》）

作　　者：Édouard Charton

　　　　　（［法］爱德华·沙尔东，1807—1890）

出版时间：1876 年

出 版 者：Hachette (Paris)

绘 图 者：H. Clerget

　　　　　（［法］H. 克莱热）

Kiosque dans le jardin de la légation de France, à Pékin. — Dessin de Taylor,
d'après une photographie du docteur Morache.

7-2-19

法国公使馆内亭子

（1876）

编者说明：法国公使馆内的中式亭阁，应为原纯公府建筑。所据仍为法国医生莫拉克拍摄的照片。

EDUCATION
AND DIPLOMACY

出　　处：*Le Tour du Monde, Nouveau Journal des Voyages*

（《周游世界之新航海日志》）

作　　者：Édouard Charton

（[法]爱德华·沙尔东，1807—1890）

出版时间：1876 年

出 版 者：Hachette (Paris)

绘 图 者：Taylor

（[法]泰勒）

教育和外交
/
外交

Porte de la cour d'honneur de la légation de France. — Dessin de H. Catenacci, d'après une photographie du docteur Morache.

7-2-20

法国公使馆主庭院大门

（1876）

编者说明：此图所据仍为法国医生莫拉克所摄
照片，大门精致气派，应为原纯公府建筑。

EDUCATION
AND DIPLOMACY

出　　处： *Le Tour du Monde, Nouveau Journal des*
　　　　　Voyages

　　　　　（《周游世界之新航海日志》）

作　　者：Édouard Charton

　　　　　（ [法] 爱德华·沙尔东，1807—1890）

出版时间：1876 年

出 版 者 ：Hachette (Paris)

绘 图 者 ：H. Catenacci

　　　　　（ [意] H. 卡特纳奇，1816—1884）

Bâtiment Est dans la cour de la légation de France, à Pékin. — Dessin de H. Clerget, d'après une photographie du docteur Morache.

7-2-21

法国公使馆庭院建筑

（1876）

编者说明：此图所据仍为法国医生莫拉克所摄照片。从图片看，门窗已改换，屋顶烟囱也为后来所加。

EDUCATION
AND DIPLOMACY

出　　处：*Le Tour du Monde, Nouveau Journal des*

　　　　　Voyages

　　　　　（《周游世界之新航海日志》）

作　　者：Édouard Charton

　　　　　（ [法] 爱德华·沙尔东，1807—1890 ）

出版时间：1876 年

出 版 者 ：Hachette (Paris)

绘 图 者 ：H. Clerget

　　　　　（ [法] H. 克莱热 ）

Camera Craft.

The Chancellerie of the French Legation.
A former Chapel on which and on the wall next to it the bullet
holes "lest we forget of 1900" are still seen!

法国公使馆办公处

（1924）

EDUCATION
AND DIPLOMACY

出　　处：*Guide to Peking and its Environs*

（《京师地志指南》）

作　　者：Emil Sigmund Fischer

（[奥] 斐士，1865—1945）

出版时间：1924 年

出 版 者：Tientsin Press (Tientsin)

编者说明：法国公使馆办公处。原为小教堂，这座建筑和旁边建筑的墙上，庚子事变留下的弹孔仍然清晰可见。

教育和外交

外交

DUTCH EMBASSY IN PEKING.

7-2-23

荷兰公使馆

（1909）

EDUCATION
AND DIPLOMACY

出　　处：*The New China: A Traveller's Impressions*

　　　　（《晚清游记》）

作　　者：Henri Borel

　　　　（[荷]亨利·博雷尔，1869—1933）

出版时间：1912 年

出 版 者：Dodd Mead and Co. (New York)

摄 影 者：Henri Borel

拍摄时间：1909 年

Camera Craft.

The Residence of the Royal Dutch Minister Plenipotentiary.

7-2-24

荷兰公使官邸

（1924）

EDUCATION

AND DIPLOMACY

出　　处：*Guide to Peking and its Environs*

　　　　　（《京师地志指南》）

作　　者：Emil Sigmund Fischer

　　　　　（[奥] 斐士，1865—1945）

出版时间：1924 年

出 版 者：Tientsin Press (Tientsin)

编者说明：此图与上图主要建筑相同，为荷兰驻华全权公使官邸。

AMERICAN BOARD MISSION, PEKING

7-2-25

美国公理会北京驻地

（1901）

EDUCATION
AND DIPLOMACY

出　　处：*China in Convulsion*

　　　　　（《动乱中的中国》）

作　　者：Arthur H. Smith

　　　　　（[美] 明恩溥，1845—1932）

出版时间：1901 年

出 版 者 ：Fleming H. Revell Company (New York)

编者说明：美国公理会到北京传教始于第二次鸦片战争之后。1862年美国公使馆秘书卫三畏买下鼓楼东仓门口的一处房产，后转给公理会的柏亨利，建立了教堂。照片所拍摄的地方应不是最初美国公理会在北京驻地。

American Legation

7-2-26

美国公使馆

（1902）

**EDUCATION
AND DIPLOMACY**

出　　处：*The Story of China*

　　　　（《中国故事》）

作　　者：R. Van Bergen

　　　　（ [美] 伯根 ）

出版时间：1902 年

出 版 者 ：American Book Company (New York)

编者说明：美国驻华公使馆设立于同治元年（1862），第二次鸦片战争之后。地点在东交民巷路南，御河西。1901年9月之后，又新占东交民巷西口路南的会同馆、庶常馆等房舍。

教育和外交

外交

EDWIN H. CONGER, UNITED STATES MINISTER TO PEKING

7-2-27

美国公使康格与中外官员等合影

（1898）

编者说明：此照片或为康格于1898年就任美国驻华公使时所拍摄。图片原出自*Harper's Weekly*。

EDUCATION
AND DIPLOMACY

出　　处：*The Crisis in China*

　　　　（《中国危机》）

作　　者：George B. Smyth

　　　　（[美]施美志，1854—1911）

出版时间：1900 年

出 版 者：Harper & Brothers Publishers

　　　　（New York; London）

教育和外交

外交

| Mr. F. D. Cheshire | Mr. H. G. Squiers | Mr. E. H. Conger | Mr. W. E. Bainbridge |
| Interpreter | First Secretary | Minister | Second Secretary |

The United States Legation Staff

7-2-28

美国公使康格与公使馆工作人员合影（1901）

EDUCATION
AND DIPLOMACY

出　　处：*Beleaguered in Peking*

　　　　（《北京被围记》）

作　　者：Robert Coltman

　　　　（[美] 满乐道，1862—1931）

出版时间：1901 年

出 版 者 ：F. A. Davis Company, Publishers

　　　　（Philadelphia）

MR. CONGER AND HIS LEGATION STAFF, JANUARY, 1905

Mr. Fletcher, Second Secretary; Mr. Williams, Secretary Interpreter; Mr. Coolidge, Secretary; Mr. Conger, Minister; Mr. Haskins, Assistant Secretary Interpreter; Capt. Brewster, Military *Attaché*.

7-2-29

美国公使康格与公使馆工作人员合影（1905）

编者说明：据原图说明，照片拍摄于1905年1月。自左至右：二秘费莱切、翻译威廉斯、秘书库里奇、公使康格、翻译助理哈斯金、卫队长布赖斯特。

EDUCATION
AND DIPLOMACY

出　　处：*Letters from China*

　　　　（《中国来信》）

作　　者：Sarah Pike Conger

　　　　（[美]莎拉·康格，1843—1932）

出版时间：1909 年

出 版 者：Hodder and Stoughton（London）

拍摄时间：1905 年

MR. CONGER AT WORK

7-2-30

编者说明：从家具到内部装饰全部是西式。

美国公使康格在工作

（1909）

EDUCATION
AND DIPLOMACY

出　　处：*Letters from China*

　　　　（《中国来信》）

作　　者：Sarah Pike Conger

　　　　（[美] 莎拉·康格，1843—1932）

出版时间：1909 年

出 版 者：Hodder and Stoughton（London）

教育和外交

/

外交

OUR LEGATION DRAWING-ROOM

7-2-31

美国公使馆会客厅

（1909）

EDUCATION
AND DIPLOMACY

出　　处：*Letters from China*

　　　　　（《中国来信》）

作　　者：Sarah Pike Conger

　　　　　（[美] 莎拉·康格，1843—1932）

出版时间：1909 年

出 版 者：Hodder and Stoughton（London）

SECTION OF AMERICAN LEGATION GUARD

7-2-32

编者说明：两层西式建筑，或为庚子事变后新建。

美国公使馆卫队驻地

（1906）

EDUCATION
AND DIPLOMACY

出　　处：*China and Her People*

（《大清国及其子民》）

作　　者：Charles Denby

（[美] 田贝，1830—1904）

出版时间：1906 年

出 版 者：L. C. Page & Company (Boston)

教育和外交
/
外交

OFFICERS' QUARTERS, AMERICAN LEGATION GUARD, PEKING

7-2-33

编者说明：此建筑应建于庚子事变之后，楼前有网球场地。

美国公使馆卫队官员宿舍

（1906）

EDUCATION
AND DIPLOMACY

出　　处：*China and Her People*

　　　　　（《大清国及其子民》）

作　　者：Charles Denby

　　　　　（[美]田贝，1830—1904）

出版时间：1906 年

出 版 者：L. C. Page & Company (Boston)

The United States Minister's residence in Peking.

7-2-34

美国公使官邸

（1924）

编者说明：应为庚子事变后新建，建筑与周边都是西式风格，空间较早期更为宽阔。

EDUCATION
AND DIPLOMACY

出　　处： *Guide to Peking and its Environs*

　　　　　（《京师地志指南》）

作　　者： Emil Sigmund Fischer

　　　　　（［奥］斐士，1865—1945）

出版时间：1924 年

出 版 者： Tientsin Press (Tientsin)

教育和外交
/
外交

AT THE AMERICAN LEGATION, PEKING

7-2-35

美国公使馆庭院

（1900年前后）

EDUCATION
AND DIPLOMACY

出　　处：*With the Empress Dowager of China*

　　　　　（《慈禧写照记》）

作　　者：Katharine A. Carl

　　　　　（[美]柯姑娘，1858—1938）

出版时间：1926 年

出 版 者：Société Française de Librairie et d'édition

　　　　　(Tientsin)

摄 影 者：Katharine A. Carl

教育和外交
/
外交

The Japanese Legation, Entrance Gate.

7-2-36

日本公使馆大门

（1924）

编者说明：此为庚子事变后新建的西式大门，建于1909年，设计者为日本近代著名建筑师真水英夫，基本仿罗马凯旋门而略有创新。

EDUCATION
AND DIPLOMACY

出　　处：*Guide to Peking and its Environs*

　　　　（《京师地志指南》）

作　　者：Emil Sigmund Fischer

　　　　（[奥] 斐士，1865—1945）

出版时间：1924 年

出 版 者：Tientsin Press (Tientsin)

教育和外交

/

外交

Di Giura.

Italian Chapel in the Legation Compound.

7-2-37

意大利公使馆内的小教堂

（1924）

编者说明：庚子事变后，东交民巷使馆区重建，有圣弥厄尔教堂和东正教教堂两个主要教堂。此教堂在意大利公使馆内，也应为当时新建，规模较小，应为专供公使馆使用的教堂。

EDUCATION
AND DIPLOMACY

出　　处：*Guide to Peking and its Environs*

（《京师地志指南》）

作　　者：Emil Sigmund Fischer

（[奥]斐士，1865—1945）

出版时间：1924 年

出 版 者：Tientsin Press (Tientsin)

摄 影 者：Di Grura

（[意]格鲁拉）

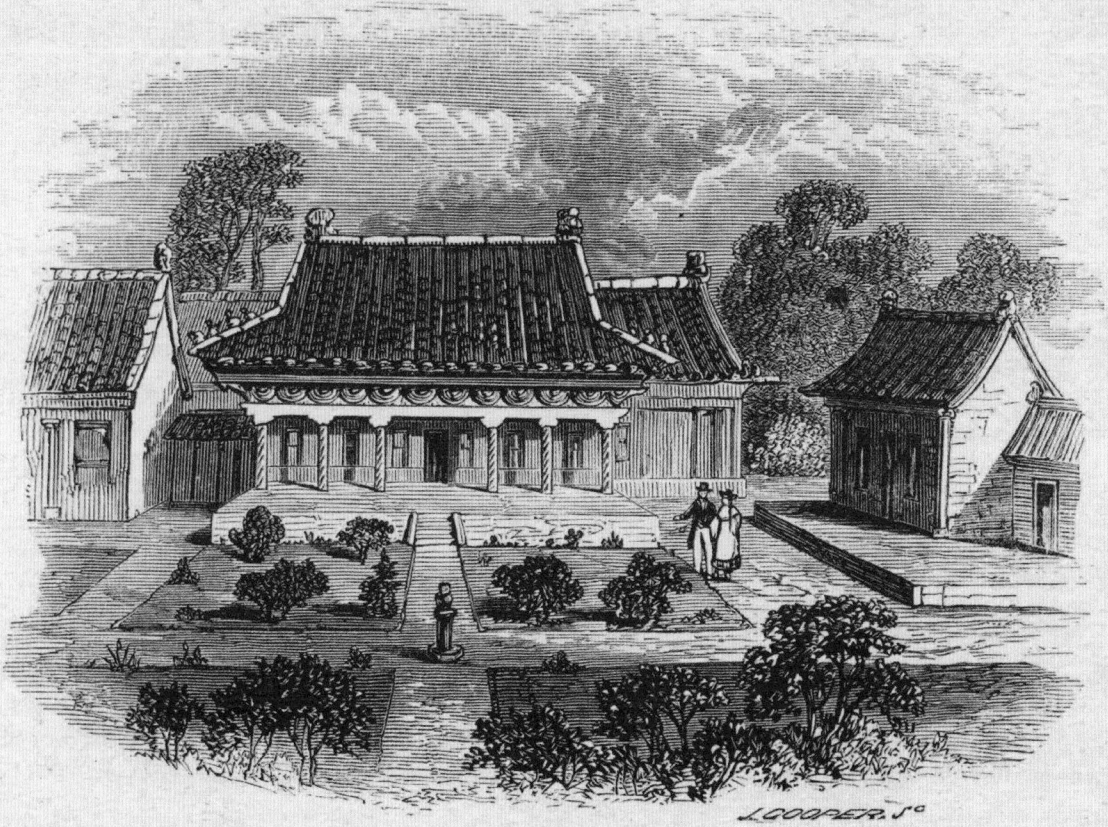

THE NORTHERN AND EASTERN SIDE OF LEGATION COURT AT THE LEANG-
KOONG-FOO, AS SEEN IN EARLY SPRING.

7-2-38

英国公使馆东北部

（1865）

编者说明：第二次鸦片战争后，根据《天津条约》，英国公使馆于咸丰十一年（1861）在北京开馆，租借修葺梁公府为馆舍，年租1000两。梁公府原主人为淳郡王裔孙奕梁。

EDUCATION
AND DIPLOMACY

出　　处：*Peking and the Pekingese, During the First Year of the British Embassy at Peking*

（《北京和北京人：在北京英国公使馆的第一年》）

作　　者：D. F. Rennie

（[英] 芮尼，d. 1868）

出版时间：1865 年

出 版 者：John Murray (London)

教育和外交

外交

STREET WHEREIN IS THE ENTRANCE TO THE BRITISH LEGATION.

7-2-39

编者说明：英国公使馆与美国公使馆、俄国公使馆位于御河西侧。

英国公使馆及御河

（1898）

EDUCATION
AND DIPLOMACY

出　　处：*Through Unknown Tibet*

　　　　（《穿越未知的西藏》）

作　　者：M. S. Wellby

　　　　（[英] 韦尔比，1866—1900）

出版时间：1898 年

出 版 者：T. Fisher Unwin (London)

教育和外交

外交

Strasse in Peking mit der englischen Gesandtschaft.

英国公使馆及御河

（1902）

编者说明：原书为明恩溥《中国人的性格》的德文译本。英国公使馆位于东交民巷路北，御河西侧。图中有水的沟渠即淤积的御河。

EDUCATION
AND DIPLOMACY

出　　处：*Chinesische Charakterzuge*

　　　　　（《中国人的性格》）

作　　者：Arthur Henderson Smith

　　　　　（［美］明恩溥，　1845—1932）

出版时间：1902 年

出 版 者：A. Stubers Verlag (C. Kabitzsch)

　　　　　(Würzburg)

教育和外交

外交

GROUNDS OF THE BRITISH LEGATION, PEKIN

7-2-41

英国公使馆庭院

（1900年前后）

编者说明：庭院中的亭阁应为梁公府旧有建筑，照片中可见两名卫兵，可能拍摄于庚子事变前后。

EDUCATION
AND DIPLOMACY

出　　处：*The Land of the Boxers*

　　　　　（《义和团与八国联军》）

作　　者：Gordon Casserly

　　　　　（[英] 高登·卡瑟利，1869—1947）

出版时间：1903 年

出 版 者 ：Longmans, Green, and Co.

　　　　　(London; New York; Bombay)

THE PAVILION ENTRANCE TO THE BRITISH LEGATION, WHERE ALL THE FOREIGN MINISTERS WITH
THEIR FAMILIES, TOOK REFUGE.

7-2-42

编者说明：英国公使馆内宫殿式大门。据原图说明，庚子事变时各国公使及家属在此避难。

英国公使馆内一道大门

（1900）

EDUCATION
AND DIPLOMACY

出　　处：*The Siege in Peking*

　　　　（《北京围困》）

作　　者：W. A. P. Martin

　　　　（[美] 丁韪良，1827—1916）

出版时间：1900 年

出 版 者：Fleming H. Revell Company (New York)

拍摄时间：1900 年

教育和外交

外交

The British Legation.
The palatial Pai-Lo before the Minister's Residence.

7-2-43

英国公使官邸前的宫殿式大门

（1909）

编者说明：原图说明称此建筑为牌楼，经与上
图建筑前的台阶和石礅比对，应为同一建筑，
此为局部图。

EDUCATION
AND DIPLOMACY

出　　处：*Guide to Peking and its Environs*

　　　　（《京师地志指南》）

作　　者：Emil Sigmund Fischer

　　　　（［奥］斐士，1865—1945）

出版时间：1924 年

出 版 者：Tientsin Press (Tientsin)

教育和外交

外交

AMERICANS DINING WITH PRINCE KUNG OF CHINA.

7-2-44

恭亲王宴请美国外交官员及夫人

（1898年后）

编者说明：站立者应为美国公使康格，其右侧坐者应为恭亲王奕訢。康格1898年任美国公使，奕訢同年去世，宴请时间应在1898年，绘图完成时间应稍后。

EDUCATION
AND DIPLOMACY

出　　处：*China, The Orient and the Yellow Man*
（《中国：东方国度与黄种民族》）

作　　者：Henry Davenport Northrop
（[美] 亨利·达文波特·诺斯洛普，
1836—1909）

出版时间：1900 年

出 版 者：George W. Bertron (Washington, D.C.)

绘制时间：1898 年后

教育和外交

外交

FROM A CHINESE PAINTING.

SIGNING OF THE TREATY OF PEKING BY LORD ELGIN AND PRINCE KUNG.

7-2-45

恭亲王与额尔金签署《中英北京条约》(1860)

EDUCATION
AND DIPLOMACY

出　　处：*China, The Orient and the Yellow Man*

（《中国：东方国度与黄种民族》）

作　　者：Henry Davenport Northrop

（[美]亨利·达文波特·诺斯洛普，

1836—1909）

出版时间：1900 年

出 版 者 ：George W. Bertron (Washington, D.C.)

编者说明：《中英北京条约》是第二次鸦片战争之后清政府与英国签署的不平等条约，条约签署于1860年10月24日，中方代表为恭亲王奕䜣，英方代表为额尔金伯爵。此图为描述当时场景的绘画。

THE TSUNG-LI YAMEN

7-2-46

总理衙门大门

（1911）

**EDUCATION
AND DIPLOMACY**

出　　处：*Behind the Scenes in Peking*

　　　　（《北京围困内幕》）

作　　者：Mary Hooker

　　　　（[美] 玛丽·胡克，1876—1918）

出版时间：1911 年

出 版 者：John Murray (London)

编者说明：总理衙门，为清咸丰十一年
（1861）设立的处理外交和洋务的中央机
构，全名"总理各国通商事务衙门"，由奕䜣
主持，地址在崇文门内东堂子胡同原铁钱局。
从图片可以看到大门内的"中外提福"牌坊。

教育和外交
/
外交

Le Tsong-li-yamène, vue de l'angle sud-ouest du pavillon de réception : Membres du Conseil des affaires étrangères. — Dessin de E. Ronjat, d'après une photographie de M. Thomson.

7-2-47

编者说明：根据汤普森照片绘制，从总理衙门迎宾亭往西南的视角。

总理衙门官员

（1876）

EDUCATION
AND DIPLOMACY

出　　处：*Le Tour du Monde, Nouveau Journal des Voyages*

（《周游世界之新航海日志》）

作　　者：Édouard Charton

（[法] 爱德华·沙尔东，1807—1890）

出版时间：1876 年

出 版 者：Hachette (Paris)

绘 图 者：E. Ronjat

（[法] E. 罗尼亚特，1822—1912）

教育和外交

/

外交

MANDARINS OF THE WAI-WU-PU, THE FOREIGN OFFICE.

7-2-48

晚清外务部官员

（1909）

EDUCATION
AND DIPLOMACY

出　　处：*The New China: A Traveller's Impressions*

　　　　　（《晚清游记》）

作　　者：Henri Borel

　　　　　（[荷]亨利·博雷尔，1869—1933）

出版时间：1912 年

出 版 者：Dodd Mead and Co. (New York)

摄 影 者：Henri Borel

拍摄时间：1909 年

编者说明：咸丰十一年（1861），清政府设置处理对外事务机构"总理各国通商事务衙门"，光绪二十七年（1901）改为外务部。照片中是着官服的外务部官员，准备接待前来参加慈禧太后葬礼的外国来宾。

教育和外交

/

外交

INTERIOR OF THE TSUNGLI YAMÊN, PEKING.

7-2-49

总理衙门客厅

（1899）

编者说明：墙上悬挂有"茶半香初"横幅，意为香之初燃格外香，茶饮至半味犹醇。古人常以花好、月圆、茶半、香初为人生惬意之时，清代铁保有"茶半香初之堂"。

EDUCATION
AND DIPLOMACY

出　　处：*China*

　　　　（《中国》）

作　　者：Robert K. Douglas

　　　　（[英] 道格拉斯，1838—1913）

出版时间：1899 年

出版者：T. Fisher Unwin (London)

教育和外交

/

外交

COURTYARD OF TSUNGLI YAMÊN AT PEKIN.

7-2-50

编者说明：图片中的建筑应为总理衙门办公
场所。

总理衙门办公场所

（1899）

EDUCATION
AND DIPLOMACY

出　　处：*China*

（《中国》）

作　　者：Robert K. Douglas

（[英] 道格拉斯，1838—1913）

出版时间：1899 年

出 版 者：T. Fisher Unwin (London)

教育和外交
/
外交

中外禔福

PÉKIN. — AU TSONG-LI-YAMEN.

7-2-51

总理衙门"中外提福"牌坊

（1887）

编者说明：此牌坊位于总理衙门大门内，总理衙门为改建原铁钱局建筑而成，此牌坊或为新建。

EDUCATION
AND DIPLOMACY

出　　处：*L'Extreme Orient*

　　　　（《远东》）

作　　者：Paul Bonnetain

　　　　（［法］保罗·博纳坦，1858—1899）

出版时间：1887 年

出 版 者：Maison Quantin (Paris)

教育和外交

外交

中外禔福

Das Tsungli-Yamen in Peking.

7-2-52

编者说明：此图应根据照片绘制，与上图比角度稍偏。

总理衙门"中外提福"牌坊

（1900）

EDUCATION
AND DIPLOMACY

出　　处：*China und Japan*

　　　　　（《中国和日本通览》）

作　　者：Ernst von Hesse-Wartegg

　　　　　（[美] 海司，1851—1918）

出版时间：1900 年

出 版 者：J. J. Weber (Leipzig)

教育和外交

/

外交

中外提福

THE TSUNG-LI YAMÊN, PEKING.

7-2-53

总理衙门"中外禔福"牌坊

（1901）

编者说明：此图较前面两图视角更宽，可以清楚看到左侧的大树和侧门，以及牌坊背后的建筑。

EDUCATION
AND DIPLOMACY

出　　处：*The Peoples and Politics of the Far East*

　　　　　（《远东的人民和政治》）

作　　者：Henry Norman

　　　　　（[英] 亨利·诺曼，1858—1939）

出版时间：1901 年

出 版 者：T. Fisher Unwin (London)

Sépultures des jésuites, à Pékin : Tombes du P. Ricci et du P. Schall. — Dessin de H. Catenacci,
d'après une photographie du docteur Morache.

7-2-54

利玛窦、汤若望墓地

（1876）

EDUCATION
AND DIPLOMACY

出　　处：*Le Tour du Monde, Nouveau Journal des Voyages*

（《周游世界之新航海日志》）

作　　者：Édouard Charton

（[法]爱德华·沙尔东，1807—1890）

出版时间：1876 年

出 版 者：Hachette (Paris)

绘 图 者：H. Catenacci

（[意]H.卡特纳奇，1816—1884）

编者说明：利玛窦于1610年在北京逝世，明万历皇帝赐葬，墓地位于北京阜成门外二里沟。1654年，清顺治帝赐汤若望墓地，位于利玛窦墓边。后由于杨光先的诬告，汤若望墓地被没收。康熙帝亲政后，为汤若望平反，汤若望墓地物归原主，汤若望被重新安葬，康熙帝亲自撰写祭文。此图亦为根据法国医生莫拉克的照片绘制，从图中可以看出，各种石雕以西式为主，也有中式墓碑。

CHINESE OFFICIALS MAKING THEIR NEW YEAR'S CALLS
JANUARY 1, 1905

7-2-55

1905年元旦中国官员到美国公使馆祝贺新年（1905）

EDUCATION
AND DIPLOMACY

出　　处：*Letters from China*

　　　　　（《中国来信》）

作　　者：Sarah Pike Conger

　　　　　（[美]莎拉·康格，1843—1932）

出版时间：1909 年

出 版 者：Hodder and Stoughton（London）

拍摄时间：1905 年

编者说明：照片应摄于美国公使馆内，第二张照片第一排左三为王文韶，1901年任外务部会办大臣，清末新政时充政务处大臣。

FOREIGN DIPLOMATS AND CHINESE OFFICIALS, 1905

From left to right: H. E., Sir Ernest Satow, British Minister; H. E., Cons-l Gallina, Italian Minister; H. E., Mr. Uchida, Japanese Minister; H. E., Mr. Conger, American Minister; H. H., Prince Pú Lun, Chinese Official; H. E., Baron von Mumm, German Minister; H. E., Na-tung, Chinese Official; H. E., Mr. Dubail, French Minister; Mr. Tsing, Chinese Official; H. E., Li Ching Mai, Chinese Official; H. E., Mr. De Gaiffien, Belgian Minister.

7-2-56

各国公使及中国官员

（1905）

EDUCATION
AND DIPLOMACY

出　　处：*Letters from China*

　　　　　（《中国来信》）

作　　者：Sarah Pike Conger

　　　　　（［美］莎拉·康格，1843—1932）

出版时间：1909 年

出 版 者：Hodder and Stoughton（London）

拍摄时间：1905 年

编者说明：据原图说明，从左至右为英国公使萨道义爵士（Sir Ernest Mason Satow）、意大利公使嘎厘纳伯爵（Count Gallina Giovanni）、日本公使内田康哉（Yasuya Uchida）、美国公使康格（Edwin H. Conger）、溥伦、德国公使穆默（Philip Alfons Mumm von Schwarzenstein）、那桐、法国公使吕班（Constantin Dubail）、庆先生（可能是庆常）、李经迈（李鸿章次子）、比利时公使盖菲恩（De Gaiffien）。

COAL HILL, CHINESE SERVING GERMAN OFFICERS

7-2-57

景山下中国人为德国军官服务

（1901）

EDUCATION
AND DIPLOMACY

出　　处：*China in Convulsion*

　　　　（《动乱中的中国》）

作　　者：Arthur H. Smith

　　　　（ [美] 明恩溥，1845—1932）

出版时间：1901 年

出 版 者：Fleming H. Revell Company (New York)

教育和外交

/

外交

Forbidden City

Imperial City

Eastern Tartar City

Altar Five Elements
Peace Monument
Central Park

Rockefeller
U. M.
Hospital

T'ien An Men

Tai Miao
Temple

Nan Chi Tin

Han un Clinic Post

Hotel de
Pekin

Peking
Hankow
Administrat

Hotels Telegraph

Pavilion

Market

Canal

Bridge

Canal

Glacis

Glacis

West Chang An Chie

Tung Chang An chie

East Chang An chie

Road T' ih

Ta Li Yuan

NORTH

GLACIS

GLACIS

Chie

Main road to Forbidden City

Fire Department

BRITISH GUARD

ITALIAN

LEGATION

AUSTRIAN LEGATION

Customs

RUE HART
Customs Head
Quarters

EAST-GLACIS

Polo-Ground

Men Ta Chie

GLACIS

Rue Marco Polo

Chinese
Head Police
Administration

Shen Fan Fuin

BRITISH
LEGATION

Inspector
General
of Customs

Peking
Club

FRENCH
BARRACKS

Ministry
Justice

Wine & Tobacco
Administration

WEST

Chinese
Eastern
Railway

JAPANESE
LEGATION

FRENCH
LEGATION

German
Hospital

General
Post Office

RUSSIAN
LEGATION

Corp. Banceria
Sino-Italiana
Police Station
& Office
Adm. Methodist
Leg. Qu Hospital

Old Board
Punishment

Regine.
Italian
Bank

French
Hospital

Japanese Guard

Yoko-
hama
Bank

Span
Legat

Japan

Post
Office

Residence
Co Director
Adm. Post

Former
German
Bank

West Chiao Min Chiang

American Guard

Legation

Russo
Asiatic
Bank

Banque
Indo-
Chine

Hotel
Wagon
-Lits

Indus-
trial
Bank

Hongkong
Bank

E-Wo
Jardin

BELGIAN
LEGATION

Barracks

Ching Cheng Bank

Theatre Club

Ohung Hwa Men

AMERICAN
LEGATION

DUTCH
LEGATION

Commission

Inter I
Bank

U. S.
Atta
chia
San
Kwan Miao

GERMAN
LEGATION

WALL

GLACIS

Chien-Men

TAR TAR. WALL

STREET

Street

Hata
Men
Gate

Peking-Hankow R. R.

Peking-Mukden Railway

Water Gate

Connecting lines Tientsin-Pukow, Outer-Mural and Tungchow R. R.

Terminus

Plan for Guide to Peking by Fei Shi. 費士

TIENTSIN PRESS, Ltd. 天津印字館

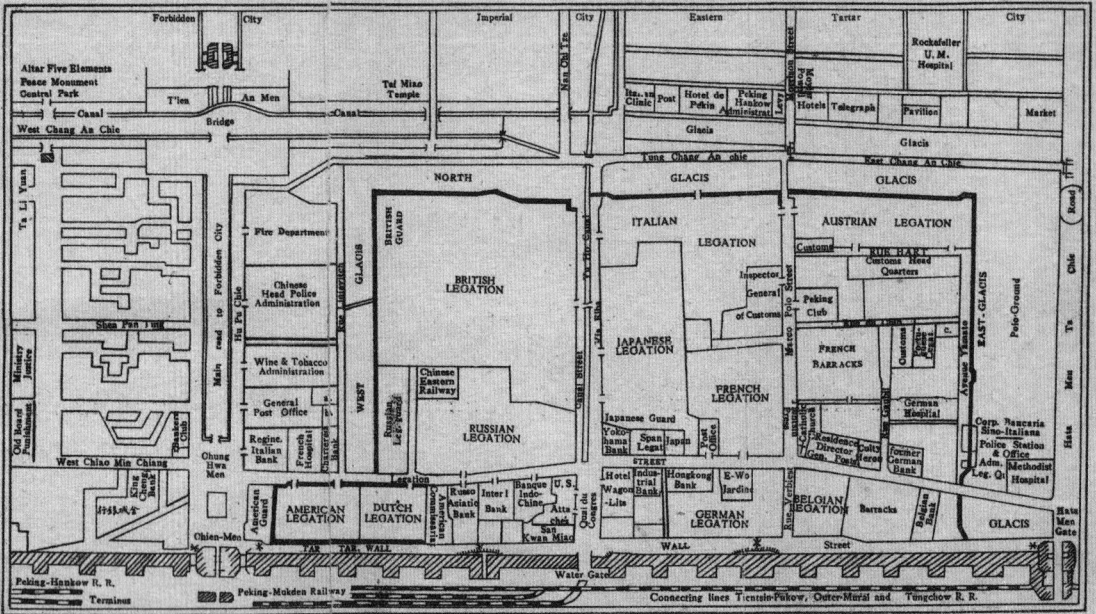

*Incline up to Legation Corso of South Tartar City Wall
(a) Residence Co-Director Salt Gabelle
(b) Hui Ch'ang Appartments
(c) Electric Plant

7-2-58

公使馆区及周边环境图

（1924）

EDUCATION
AND DIPLOMACY

出　　处：*Guide to Peking and its Environs*

（《京师地志指南》）

作　　者：Emil Sigmund Fischer

（[奥] 斐士，1865—1945）

出版时间：1924 年

出 版 者：Tientsin Press (Tientsin)

编者说明：本图为原书作者斐士所绘，从地图可以了解各公使馆位置和占地大小。其中英国公使馆占地最大，这应该也是庚子事变时使馆区外国妇女儿童在此避难的原因。

教育和外交

外交

08

庚子
事变

INCIDENT
IN 1900

1900 年春，义和团由山东转入直隶。4 月，义和团在北京城内西裱褙胡同的于谦祠设立第一个坛口，迅速在北京蔓延开。到 6 月底，北京城内的义和团坛口已经发展到 1000 多个，团民达 10 万以上。

6 月初，在清廷的默许下，大批义和团进入北京城与城内义和团会合。由于义和团拳民遭到外国人枪杀，于是采取报复行动。6 月 12 日，义和团焚毁东华门外教堂，为义和团焚烧教堂的开端。此后义和团焚烧了包括南堂在内的一些教堂，以及前门大街等处外国人、信教中国人开设的店铺。6 月 20 日，德国公使克林德被击毙，使馆驻军寻衅枪杀中国人，导致义和团开始围攻使馆。本来曾主张镇压义和团的慈禧太后也在当天决定利用义和团围攻使馆，同时令荣禄率武卫中军变"实力保护"为包围使馆。21 日，慈禧太后向列国宣战。

6 月 16 日傍晚，义和团开始围攻西什库教堂。20 日，清军加入，主要为端王载漪的虎神营官兵。使馆区和西什库教堂是当时义和团和清军围攻外国人和教民的主要地点。由于清政府并不真心攻打，以至于久攻不下。

早在 6 月初，已有各国士兵 400 余人从天津被派赴北京负责保护外国人的安全。6 月 17 日，八国联军攻陷大沽炮台。20 日向天津进发。7 月 13 日，攻进天津城。8 月 4 日，八国联军集结两万余人向北京进发，12 日攻陷通州，14 日攻陷北京，解使馆区和西什库教堂之围。八国联军攻占北京之后，屠杀义和团团民，大肆掳掠，8 月 28 日还在紫禁城举行阅兵仪式，金碧辉煌、威仪万千的紫禁城成了八国联军跃马扬威的阅兵场，令人唏嘘感慨。1901 年 9 月 7 日，清廷被迫与列国签订屈辱的《辛丑条约》。

这里选取的近 160 幅图片，均来自相关西文图书，对于原书中一些相关的细节也做了摘译介绍，这些内容不代表编者的观点，仅供参考。本部分图片较多，为便于阅读，大致分为围攻使馆区和西什库教堂、八国联军进军和攻占北京、八国联军占领北京之后三部分。

IN THE LEGATION DEFENCES. CAPTAIN POOLE TO THE EXTREME
RIGHT OF PHOTOGRAPH

8-1-1

使馆区的防御情形

（1900）

INCIDENT
IN 1900

出　　处：*China and the Allies*

　　　　　（《中国与八国联军》）

作　　者：A. Henry Savage Landor

　　　　　（[英]阿诺尔德·亨利·萨维奇·兰多尔，

　　　　　1865—1924）

出版时间：1901 年

出 版 者：William Heinemann (London)

摄 影 者：A. Henry Savage Landor

拍摄时间：1900 年

编者说明：原图说明指出右边的军官是普尔上校。普尔上校在使馆被围期间负责指挥保卫，手下有314名海军士兵和85个志愿者。

PROPPING UP THE BARRICADES. BOXERS ON OUTSIDE.

Photo by Mr. Killie.

8-1-2

使馆区外国人用木棍支撑的防御工事（1900）

INCIDENT
IN 1900

编者说明：使馆被围期间，外国人因陋就简的防御工事加固措施。据原图说明，外面就是围攻的义和团。

出　　处：*China's Dayspring after Thirty Years*

（《三十年后中国之觉醒》）

作　　者：Frederick Brown

（[英] 宝复礼，b. 1860）

出版时间：1914 年

出 版 者 ：Murray and Evenden Ltd. (London)

摄 影 者 ：Mr. Killie

（[美] 凯莱）

拍摄时间：1900 年

FORTIFIED BRIDGE ACROSS THE MOAT NEAR LEGATION STREET

8-1-3

使馆街附近变成堡垒的桥

（1900）

编者说明：此桥所跨河流应是使馆街旁边的御河。从照片看，桥两侧也修起了围墙，且有瞭望哨岗之类的小房子。

INCIDENT
IN 1900

出　　处：*China in Convulsion*

　　　　　（《动乱中的中国》）

作　　者：Arthur H. Smith

　　　　　（[美] 明恩溥，1845—1932）

出版时间：1901 年

出 版 者：Fleming H. Revell Company (New York)

FRONT FACE OF THE DEFENCES OF THE LEGATIONS

Gate of the British Legation on the right, wall across the nullah connecting it with the Japanese Legation
Wall of Tartar city in the background

8-1-4

使馆区正面防御情况

（1900）

INCIDENT
IN 1900

出　　处：*The Land of the Boxers*

（《义和团与八国联军》）

作　　者：Gordon Casserly

（ [英] 高登·卡瑟利，1869—1947 ）

出版时间：1903 年

出 版 者：Longmans, Green, and Co.

(London; New York; Bombay)

拍摄时间：1900 年

编者说明：照片中右上角为英国公使馆大门。图中可见河道内修有防御墙，原图说明称此墙将御河东西两侧的英国公使馆与日本公使馆连接，远处的背景是北京城墙。

BARRICADE ACROSS THE CANAL TO THE FU

8-1-5

使馆区御河上连接使馆和肃王府的
工事（1900）

编者说明：此图与上图基本相同。当时河道里
的工事连接英、日使馆和肃王府等处，便于防
御。肃王府位于英国公使馆东侧。

INCIDENT
IN 1900

出　　处：*Behind the Scenes in Peking*

（《北京围困内幕》）

作　　者：Mary Hooker

（[美]玛丽·胡克，1876—1918）

出版时间：1911 年

出 版 者：John Murray (London)

摄 影 者：M. S. Woodward

（[美]伍德沃）

拍摄时间：1900 年

A LAKE OF BURNT SUGAR

8-1-6

使馆区储存的糖化成了小湖

（1900）

编者说明：1900年7月2日，被围的使馆区一间房屋着火，几千磅白糖熔化，成了小湖。

INCIDENT
IN 1900

出　　处：*China and the Allies*

　　　　　（《中国与八国联军》）

作　　者：A. Henry Savage Landor

　　　　　（[英] 阿诺尔德·亨利·萨维奇·兰多尔，

　　　　　1865—1924）

出版时间：1901 年

出 版 者：William Heinemann (London)

摄 影 者：A. Henry Savage Landor

拍摄时间：1900 年

LEGATION STREET

8-1-7

使馆街的断垣残壁

（1900）

编者说明：照片中右侧可见瓦砾废墟、断垣残壁，路左边则堆放着修整用的砖块。右侧石狮子处，应为法国公使馆。

INCIDENT
IN 1900

出　　处：*China in Convulsion*

　　　　　（《动乱中的中国》）

作　　者：Arthur H. Smith

　　　　　（[美]明恩溥，1845—1932）

出版时间：1901 年

出 版 者：Fleming H. Revell Company (New York)

庚子事变

/

围攻使馆区

和

西什库教堂

COMMENT BOXEURS ET RÉGULIERS ONT ARRANGÉ LA RUE DES LÉGATIONS

北大图书馆藏西文珍本中的老北京图像

OLD PEKING IMAGES FROM THE WESTERN RARE BOOKS IN PEKING UNIVERSITY LIBRARY.

8-1-8

使馆街废墟

（1900）

INCIDENT
IN 1900

编者说明：断垣残壁的使馆街，近处是义和团
和外国士兵。

出　　处：*Les Boxeurs*

　　　　　（《义和团》）

作　　者：Le Baron D'Anthouard

　　　　　（［法］安东瓦尔男爵，b. 1861）

出版时间：1902 年

出 版 者：Palon-Nourrit (Paris)

拍摄时间：1900 年

AH SAVAGE LANDOR

LEGATION STREET AS IT WAS AT THE END OF THE SIEGE

8-1-9

使馆街的废墟状况

（1900）

INCIDENT
IN 1900

出　　处：*China and the Allies*

　　　　（《中国与八国联军》）

作　　者：A. Henry Savage Landor

　　　　（ [英] 阿诺尔德·亨利·萨维奇·兰多尔，

　　　　1865—1924 ）

出版时间：1901 年

出 版 者：William Heinemann (London)

摄 影 者：A. Henry Savage Landor

拍摄时间：1900 年

A.H. SAVAGE LANDOR.

WITHIN THE LEGATION DEFENCES

8-1-10

使馆区内建筑被毁情况

（1900）

编者说明：此图为俯拍防御工事内的使馆区，建筑被毁严重。

INCIDENT
IN 1900

出　　处：*China and the Allies*

　　　　（《中国与八国联军》）

作　　者：A. Henry Savage Landor

　　　　（ [英] 阿诺尔德·亨利·萨维奇·兰多尔，

　　　　1865—1924 ）

出版时间：1901 年

出 版 者：William Heinemann (London)

摄 影 者：A. Henry Savage Landor

拍摄时间：1900 年

庚子事变
/
国攻使馆区
和
西什库教堂

LEGATION STREET, PEKING, AFTER THE SIEGE

8-1-11

一片废墟的使馆街

（1900）

INCIDENT
IN 1900

出　　处：*China and Her People*

　　　　　（《大清国及其子民》）

作　　者：Charles Denby

　　　　　（［美］田贝，1830—1904）

出版时间：1906 年

出 版 者 ：L. C. Page & Company (Boston)

拍摄时间：1900 年

庚子事变

围攻使馆区

和

西什库教堂

1389

VICINITY OF LEGATION STREET, PEKING

8-1-12

编者说明：从照片看，基本没有完整的建筑，一片残垣断壁。

初步清理的使馆区

（1900）

INCIDENT
IN 1900

出　　处：*China in Convulsion*

　　　　（《动乱中的中国》）

作　　者：Arthur H. Smith

　　　　（ [美] 明恩溥，1845—1932 ）

出版时间：1901 年

出 版 者：Fleming H. Revell Company (New York)

THE REMAINS OF AUSTRIAN LEGATION AND CUSTOMS BUILDINGS

8-1-13

奥地利公使馆和海关废墟

（1900）

编者说明：奥地利公使馆原为荣公府，位于台基厂北口路东。1900年义和团攻打使馆和教堂时，奥地利公使馆因与其他使馆相距较远，首先被攻打，后被焚毁。

INCIDENT
IN 1900

出　　处：*China and the Allies*

　　　　　（《中国与八国联军》）

作　　者：A. Henry Savage Landor

　　　　　（[英]阿诺尔德·亨利·萨维奇·兰多尔，

　　　　　1865—1924）

出版时间：1901 年

出 版 者：William Heinemann (London)

摄 影 者：A. Henry Savage Landor

拍摄时间：1900 年

8-1-14

连接德国公使馆和北京内城墙的战壕（1900）

编者说明：德国公使馆位于台基厂南口，南侧为北京内墙，使馆区被围期间，城墙也是主要防御工事；所以修建战壕与使馆区连接，便于防守和调动兵力。

INCIDENT
IN 1900

出　　处：*China and the Allies*

（《中国与八国联军》）

作　　者：A. Henry Savage Landor

（[英] 阿诺尔德·亨利·萨维奇·兰多尔，

1865—1924）

出版时间：1901 年

出 版 者：William Heinemann (London)

摄 影 者：A. Henry Savage Landor

拍摄时间：1900 年

A. H. SAVAGE LANDOR

8-1-15

德国人和美国人在北京城墙马道上修筑的工事（1900）

编者说明：美国和德国公使馆都位于东交民巷南侧，美国公使馆在西，德国公使馆在东，两个公使馆南侧为北京内城城墙，这是使馆区被围期间两国公使馆在城墙上修筑的防御工事。

INCIDENT
IN 1900

出　　处：*China and the Allies*

　　　　　（《中国与八国联军》）

作　　者：A. Henry Savage Landor

　　　　　（[英] 阿诺尔德·亨利·萨维奇·兰多尔，

　　　　　1865—1924）

出版时间：1901 年

出 版 者 ：William Heinemann (London)

摄 影 者 ：A. Henry Savage Landor

拍摄时间：1900 年

GERMAN GUARDS AT EAST END OF SAME STREET

8-1-16

编者说明：德国公使馆位于使馆区东南，故照片里德国士兵把守的使馆区大门也应在东南。

德军士兵把守使馆街东头

（1900）

INCIDENT
IN 1900

出　　处：*The Passing of the Dragon*

　　　　　（《龙的消失》）

作　　者：J. C. Keyte

　　　　　（［英］基特，b. 1875）

出版时间：1913 年

出 版 者：The Carey Press (London)

拍摄时间：1900 年

RUSSIAN MARINE GUARD

8-1-17

俄国海军陆战队卫兵

（1900）

**INCIDENT
IN 1900**

出　　处：*Behind the Scenes in Peking*

　　　　（《北京围困内幕》）

作　　者：Mary Hooker

　　　　（ [美] 玛丽·胡克，1876—1918 ）

出版时间：1911 年

出 版 者：John Murray (London)

拍摄时间：1900 年

编者说明：从天津赶来参加保卫使馆区的俄军海军陆战队士兵。

To face page 30

READING THE SENTENCE OF DEATH TO THE BOXERS CAUGHT
IN THE RUSSIAN LEGATION

1402

8-1-18

宣判在俄国公使馆抓到的义和团士兵死刑（1900）

编者说明：据原书中记载，曾有一名义和团士兵试图在俄国使馆外侧建筑纵火，被哨兵发现后被拘捕。

INCIDENT IN 1900

出　　处：*Behind the Scenes in Peking*

　　　　（《北京围困内幕》）

作　　者：Mary Hooker

　　　　（［美］玛丽·胡克，1876—1918）

出版时间：1911 年

出 版 者：John Murray (London)

摄 影 者：M. S. Woodward

　　　　（［美］伍德沃）

拍摄时间：1900 年

THE GRAVEYARD IN THE RUSSIAN
LEGATION

8-1-19

俄国使馆内临时墓园

（1900）

INCIDENT
IN 1900

出　　处：*China and the Allies*

（《中国与八国联军》）

作　　者：A. Henry Savage Landor

（[英]阿诺尔德·亨利·萨维奇·兰多尔，

1865—1924）

出版时间：1901 年

出 版 者：William Heinemann (London)

摄 影 者：A. Henry Savage Landor

拍摄时间：1900 年

编者说明：此墓地应为临时埋葬使馆被围困期间的死者。原书中说，当时一些儿童因为没有牛奶或其他适合儿童的食物而夭折。另据《动乱中的中国》一书记载，一名被打死的美国海军陆战队士兵也埋在俄国公使馆内，原因是当时美国公使馆太容易遭受攻击。

庚子事变

/

围攻使馆区

和

西什库教堂

Cliché du Dr Matignon.

TRAVAUX DE LA TRANCHÉE BARTHOLIN
A LA LÉGATION DE FRANCE

8-1-20

法国公使馆内挖防御战壕

（1900）

编者说明：使馆区被围时，为加强防御，各使馆都挖战壕，修筑工事。

INCIDENT
IN 1900

出　　处：*Les Boxeurs*

　　　　（《义和团》）

作　　者：Le Baron D'Anthouard

　　　　（［法］安东瓦尔男爵，b. 1861）

出版时间：1902 年

出 版 者：Palon-Nourrit (Paris)

摄 影 者：Jean Jacques Matignon

　　　　（［法］马丁荣）

拍摄时间：1900 年

LES APPARTEMENTS DE M. PICHON

8-1-21

法国公使毕胜被毁的住宅

（1900）

编者说明：毕胜（Stephan Jean Marie Pichon, 1857—1933），中文名又作毕勋，1898年出任法国公使，庚子事变时被围使馆区，使馆区解围后回国。后曾三度出任法国外交部部长。

INCIDENT
IN 1900

出　　处：*Les Boxeurs*

（《义和团》）

作　　者：Le Baron D'Anthouard

（[法] 安东瓦尔男爵，b. 1861）

出版时间：1902 年

出 版 者：Palon-Nourrit (Paris)

摄 影 者：Jean Jacques Matignon

（[法] 马丁荣）

拍摄时间：1900 年

Cliché du Dᵉ Matignon.

LES RUINES DE LA LÉGATION

8-1-22

法国公使馆废墟

（1900）

**INCIDENT
IN 1900**

出　处：*Les Boxeurs*

（《义和团》）

作　者：Le Baron D'Anthouard

（［法］安东瓦尔男爵，b. 1861）

出版时间：1902 年

出 版 者：Palon-Nourrit (Paris)

摄 影 者：Jean Jacques Matignon

（［法］马丁荣）

拍摄时间：1900 年

编者说明：法国公使馆原为纯公府，位于东
交民巷东北角。从照片看，建筑已被战争全
部毁掉。

庚子事变

／

围攻使馆区

和

西什库教堂

To face page 192

THE RESULT OF THE SIEGE: FRENCH LEGATION RUINS

8-1-23

编者说明：与上图同为法国公使馆被毁状况。

法国公使馆废墟

（1900）

INCIDENT
IN 1900

出　　处：*Behind the Scenes in Peking*

　　　　（《北京围困内幕》）

作　　者：Mary Hooker

　　　　（［美］玛丽·胡克，1876—1918）

出版时间：1911 年

出 版 者：John Murray (London)

摄 影 者：M. S. Woodward

　　　　（［美］伍德沃）

拍摄时间：1900 年

AMERICAN LEGATION WITH BARRICADE

8-1-24

美国公使馆大门及门外修筑的防御工事（1900）

INCIDENT
IN 1900

出　　处：*China in Convulsion*

　　　　　（《动乱中的中国》）

作　　者：Arthur H. Smith

　　　　　（[美] 明恩溥，1845—1932）

出版时间：1901 年

出 版 者：Fleming H. Revell Company (New York)

编者说明：使馆区被围期间美国公使馆大门，右侧为临时修筑的防御工事，工事另一侧为俄国公使馆。

AMERICAN BARRICADE

8-1-25

美国人在北京内城墙上构筑的防御工事（1900）

编者说明：使馆区南侧城墙是主要的防御位置，因为城墙下就是美国公使馆，因此虽然兵力有限，美国公使馆仍派卫兵在城墙上守卫。

INCIDENT
IN 1900

出　　处：*China in Convulsion*

　　　　　（《动乱中的中国》）

作　　者：Arthur H. Smith

　　　　　（ [美] 明恩溥，1845—1932 ）

出版时间：1901 年

出 版 者：Fleming H. Revell Company (New York)

拍摄时间：1900 年

AMERICAN AND RUSSIAN MARINES AT WORK ON THE BARRICADE.
BARON VON RAHDEN ON THE RIGHT

1418

美国和俄国海军陆战队士兵在修筑
防御工事（1900）

INCIDENT
IN 1900

出　　处：*Behind the Scenes in Peking*

（《北京围困内幕》）

作　　者：Mary Hooker

（[美] 玛丽·胡克，1876—1918）

出版时间：1911 年

出 版 者：John Murray (London)

摄 影 者：M. S. Woodward

（[美] 伍德沃）

拍摄时间：1900 年

编者说明：从照片看，应该是在城墙上修筑工事，所用的砖块应为从城墙上拆下来的。

8-1-27

美国使馆对面的北京内城墙

（1900）

编者说明：据原书中记载，使馆被围期间，由于美国公使康格和头等参赞司快尔的坚持，此段城墙由美国卫兵把守。

INCIDENT
IN 1900

出　　处：*China in Convulsion*

　　　　　（《动乱中的中国》）

作　　者：Arthur H. Smith

　　　　　（[美] 明恩溥，1845—1932）

出版时间：1901 年

出 版 者：Fleming H. Revell Company (New York)

拍摄时间：1900 年

THE RAMP, LEADING TO THE AMERICAN POSITION ON THE CITY WALL

8-1-28

通往美国卫兵占据的北京内城墙的马道（1900）

INCIDENT
IN 1900

出　　处：*China in Convulsion*

（《动乱中的中国》）

作　　者：Arthur H. Smith

（[美] 明恩溥，1845—1932）

出版时间：1901 年

出 版 者：Fleming H. Revell Company (New York)

拍摄时间：1900 年

编者说明：据原书中记载，因为上下城墙的马道也很危险，所以要在一侧修筑防御工事，最好的原料就是城砖，照片中可以看到城墙上撬下城砖之后的大片裸露面。

ON THE RAMP

8-1-29

美国公使馆附近北京内城墙马道
上的美国卫兵和中国人（1900）

INCIDENT
IN 1900

出　　处：*China in Convulsion*

　　　　　（《动乱中的中国》）

作　　者：Arthur H. Smith

　　　　　（[美] 明恩溥，1845—1932）

出版时间：1901 年

出 版 者：Fleming H. Revell Company (New York)

拍摄时间：1900 年

子事变

攻使馆区

什库教堂

SANDBAG BARRICADE IN AMERICAN LEGATION

編者说明：从照片看，外墙的底部和墙上都有沙袋用于加固防御。

美国公使馆内的沙袋工事

（1900）

INCIDENT
IN 1900

出　　处：*Behind the Scenes in Peking*

　　　　　（《北京围困内幕》）

作　　者：Mary Hooker

　　　　　（[美] 玛丽·胡克，1876—1918）

出版时间：1911 年

出 版 者：John Murray (London)

摄 影 者：M. S. Woodward

　　　　　（[美] 伍德沃）

拍摄时间：1900 年

庚子事变
，
围攻使馆区
和
西什库教堂

THE STRUGGLE IN PEKING: AMERICAN GUARDS AT THE WEST END OF LEGATION STREET

8-1-31

美军士兵把守使馆街西头

（1900）

INCIDENT
IN 1900

出　　处：*The Passing of the Dragon*

　　　　　（《龙的消失》）

作　　者：J. C. Keyte

　　　　　（[英] 基特，b. 1875）

出版时间：1913 年

出 版 者：The Carey Press (London)

拍摄时间：1900 年

编者说明：美国公使馆位于使馆街西南角，故西侧大门由美国士兵把守。

庚子事变

围攻使馆区

西什库教堂

MR. GAMEWELL, WHO FORTIFIED THE LEGATIONS

8-1-32

负责使馆区防御工事设计的美国传教士贾腓力（1900）

INCIDENT
IN 1900

出　　处：*China and the Allies*

　　　　　（《中国与八国联军》）

作　　者：A. Henry Savage Landor

　　　　　（[英]阿诺尔德·亨利·萨维奇·兰多尔，

　　　　　1865—1924）

出版时间：1901 年

出 版 者：William Heinemann (London)

摄 影 者：A. Henry Savage Landor

拍摄时间：1900 年

编者说明：贾腓力（Francis Dunlap Gamewell，1857—1950），美国美以美会传教士，1881年来华，1889—1900年任北京汇文大学堂理化教授。后任美以美会在华教育干事、中华基督教教育会干事。庚子事变中负责使馆区防御工事设计。

庚子事变

围攻使馆区

和

西什库教堂

AMERICAN SENTRY TURNER, METHODIST COMPOUND

8-1-33

编者说明：原书中记载，特纳是一名美国海军
士兵，后头部中弹去世。

美国基督教差会美以美会大院的哨
兵特纳（1900）

INCIDENT
IN 1900

出　　处：*China in Convulsion*

　　　　（《动乱中的中国》）

作　　者：Arthur H. Smith

　　　　（［美］明恩溥，1845—1932）

出版时间：1901 年

出 版 者：Fleming H. Revell Company (New York)

CAPTAIN McCALLA, COMMANDING THE AMERICAN MARINES

1434

8-1-34

美国海军陆战队指挥官麦克卡拉上校（1900）

INCIDENT
IN 1900

出　　处：*Behind the Scenes in Peking*

　　　　　（《北京围困内幕》）

作　　者：Mary Hooker

　　　　　（［美］玛丽·胡克，1876—1918）

出版时间：1911 年

出 版 者：John Murray (London)

摄 影 者：M. S. Woodward

　　　　　（［美］伍德沃）

拍摄时间：1900 年

编者说明：据原书中记载，为了保护使馆和外国人，美、英、俄、法、日5国海军陆战队组成365人的分遣队从天津赶赴北京。6月1日，麦克卡拉率领50名美国海军陆战队士兵率先到达使馆区。

THE RESULT OF THE SIEGE: IN THE AMERICAN
MINISTER'S HOUSE

8-1-35

编者说明：从照片看，外墙的破坏很大，洞口将近两人高。

美国公使官邸被破坏状况

（1900）

INCIDENT
IN 1900

出　　处：*Behind the Scenes in Peking*

　　　　　（《北京围困内幕》）

作　　者：Mary Hooker

　　　　　（[美]玛丽·胡克，1876—1918）

出版时间：1911 年

出 版 者：John Murray (London)

摄 影 者：M. S. Woodward

　　　　　（[美]伍德沃）

拍摄时间：1900 年

庚子事变
/
围攻使馆区
和
西什库教堂

RUINS OF PRESBYTERIAN MISSION, PEKING

8-1-36

美国长老会在京传教团驻地废墟

（1900）

INCIDENT
IN 1900

出　　处：*China in Convulsion*

　　　　　（《动乱中的中国》）

作　　者：Arthur H. Smith

　　　　　（[美]明恩溥，1845—1932）

出版时间：1901年

出 版 者：Fleming H. Revell Company (New York)

拍摄时间：1900年

编者说明：1876年，美国长老会传教士惠志道（J. Wherry）在北京鼓楼西鸦儿胡同建立教堂，为美国长老会在北京传教之始。据记载，1900年6月13日，义和团进入内城，当天焚烧了11所教堂，其中就有鸦儿胡同长老会教堂，此图可能即为鸦儿胡同教堂废墟。

RUINS OF METHODIST MISSION, PEKING

8-1-37

北京美以美会传教团大院废墟

（1900）

INCIDENT
IN 1900

出　　处：*China in Convulsion*

　　　　（《动乱中的中国》）

作　　者：Arthur H. Smith

　　　　（[美]明恩溥，1845—1932）

出版时间：1901 年

出 版 者：Fleming H. Revell Company (New York)

拍摄时间：1900 年

编者说明：义和团进入北京后，外国人被围困在东交民巷、美以美会教堂和西什库天主教堂三处，不久，美以美会教堂被焚毁，里面的避难者被转到使馆区。原书中说，美以美会传教团大院的废墟在北京被毁的外国人建筑中具有代表性，基本被夷为平地，仅保留几段残垣，似乎为了标志当时建筑的位置而存在。

庚子事变

/

围攻使馆区

和

西什库教堂

THE ITALIAN GUN

8-1-38

编者说明：被围困于北京的外国人使用的意大利火炮。

意大利火炮

（1900）

INCIDENT
IN 1900

出　　处：*China and the Allies*

　　　　（《中国与八国联军》）

作　　者：A. Henry Savage Landor

　　　　（[英] 阿诺尔德·亨利·萨维奇·兰多尔，

　　　　1865—1924）

出版时间：1901 年

出 版 者：William Heinemann (London)

摄 影 者：A. Henry Savage Landor

拍摄时间：1900 年

BULLETIN BOARD, BRITISH LEGATION GROUNDS; CHAPEL OCCUPIED BY AMERICAN MISSIONARIES

8-1-39

英国公使馆公告牌

（1900）

INCIDENT
IN 1900

出　　处：*China in Convulsion*

　　　　　（《动乱中的中国》）

作　　者：Arthur H. Smith

　　　　　（［美］明恩溥，1845—1932）

出版时间：1901 年

出 版 者：Fleming H. Revell Company (New York)

拍摄时间：1900 年

编者说明：据原书中记载，当时的公告牌设在英国公使馆内的钟亭下，1900年7月9日，公告牌上发布的新闻说，派到城中的信使回来了，据他汇报，崇文门已经关闭好几天了，但崇文门和朝阳门主要大街上生意照旧。光绪帝和慈禧太后还在北京城，《京报》继续发行，听不到任何外国军队向北京进军的消息。画面中右侧的建筑为美国传教士借用的小教堂。

IN THE BRITISH LEGATION, SHOWING BELL TOWER WHERE NOTICES WERE
POSTED DURING THE SIEGE

8-1-40

英国公使馆钟亭

（1900）

编者说明：据原书中记载，此图的钟亭与上图公告处相同。两张图拍摄角度不同。

INCIDENT
IN 1900

出　　处：*China and the Allies*

（《中国与八国联军》）

作　　者：A. Henry Savage Landor

（[英] 阿诺尔德·亨利·萨维奇·兰多尔，

1865—1924）

出版时间：1901 年

出 版 者：William Heinemann (London)

摄 影 者：A. Henry Savage Landor

拍摄时间：1900 年

庚子事变
/
围攻使馆区
和
西什库教堂

PAVILION IN BRITISH LEGATION GROUNDS, OCCUPIED BY THE HOTEL DE PÊKIN

8-1-41

英国公使馆内被北京饭店临时占用的亭子（1900）

INCIDENT
IN 1900

出　　处：*China in Convulsion*

　　　　　（《动乱中的中国》）

作　　者：Arthur H. Smith

　　　　　（[美]明恩溥，1845—1932）

出版时间：1901 年

出 版 者：Fleming H. Revell Company (New York)

拍摄时间：1900 年

编者说明：由于义和团进入北京后采取排外行动，很多外国人和信教的中国人逃入使馆区，照片中北京饭店的人员应即类似情况。据原书中记载，庚子事变之前，英国使馆只有不到100人。使馆被围前后，这里的人数激增到1000多人，包括400多外国人，600多中国人。

庚子事变
/
围攻使馆区
和
西什库教堂

BRITISH LEGATION, HOUSE OF SECRETARY COCKBURN

8-1-42

由英国公使馆秘书戈颁住宅改建的工事（1900）

INCIDENT
IN 1900

出　　处：*China in Convulsion*
　　　　　（《动乱中的中国》）

作　　者：Arthur H. Smith
　　　　　（[美] 明恩溥，1845—1932）

出版时间：1901 年

出 版 者：Fleming H. Revell Company (New York)

拍摄时间：1900 年

编者说明：据原书中记载，为制作防御沙袋，困在使馆里的所有妇女行动起来，几乎所有的窗帘都被用上了。

庚子事变
/
围攻使馆区
和
西什库教堂

SECRETARY COCKBURN'S HOUSE, BOMB PROOF AND GUN PLATFORM, BRITISH LEGATION GROUNDS

8-1-43

英国公使馆秘书戈颁住宅、防空洞
和防御工事（1900）

INCIDENT
IN 1900

出　　处：*China in Convulsion*

　　　　　（《动乱中的中国》）

作　　者：Arthur H. Smith

　　　　　（ [美] 明恩溥，1845—1932）

出版时间：1901 年

出 版 者：Fleming H. Revell Company (New York)

拍摄时间：1900 年

编者说明：照片中建筑前有遮盖的部分是地下

防炸弹掩体，地上有木梯通往屋顶防守。

FORT COCKBURN.   NORDENFELDT 1886 MANNED BY J. THOMAS, R.N.,
AND SERGEANT MURPHY, R.M.L.

8-1-44

英国公使馆秘书戈颁住宅的堡垒

（1900）

编者说明：据原图说明，堡垒内装有诺登菲尔特（Nordenfeldt）机枪，由两名军人值守。

INCIDENT
IN 1900

出　　处：*China and the Allies*

（《中国与八国联军》）

作　　者：A. Henry Savage Landor

（[英] 阿诺尔德·亨利·萨维奇·兰多尔，

1865—1924 ）

出版时间：1901 年

出 版 者：William Heinemann (London)

摄 影 者：A. Henry Savage Landor

拍摄时间：1900 年

FORTIFIED WALL AND MINE

8-1-45

英国公使馆北邻翰林院内外国人
防御的堡垒和坑道（1900）

INCIDENT
IN 1900

出　　处：*China in Convulsion*

　　　　　（《动乱中的中国》）

作　　者：Arthur H. Smith

　　　　　（[美] 明恩溥，1845—1932）

出版时间：1901 年

出 版 者：Fleming H. Revell Company (New York)

拍摄时间：1900 年

庚子事变

围攻使馆区

马什库教堂

A BARRICADE AND COUNTERMINE IN THE BRITISH LEGATION

8-1-46

英国公使馆内木柱支撑的防御工事

（1900）

INCIDENT
IN 1900

出　　处：*China and the Allies*

　　　　　（《中国与八国联军》）

作　　者：A. Henry Savage Landor

　　　　　（[英] 阿诺尔德·亨利·萨维奇·兰多尔，

　　　　　1865—1924）

出版时间：1901 年

出 版 者：William Heinemann (London)

摄 影 者：A. Henry Savage Landor

拍摄时间：1900 年

BRITISH LEGATION GATE AND NORDENFELT GUN

8-1-47

英国公使馆大门口外工事和诺登菲尔特机枪（1900）

INCIDENT
IN 1900

出　　处：*China in Convulsion*

　　　　　（《动乱中的中国》）

作　　者：Arthur H. Smith

　　　　　（[美] 明恩溥，1845—1932 ）

出版时间：1901 年

出 版 者：Fleming H. Revell Company (New York)

拍摄时间：1900 年

编者说明：照片中可见被伐倒的树木，可能准备用于防御工事。照片中心偏右即诺登菲尔特机枪。

INTERIOR OF SHELL-PROOF SHELTER OUTSIDE MAIN
GATE OF BRITISH LEGATION

8-1-48

英国公使馆正门外防御工事内部

（1900）

INCIDENT
IN 1900

出　　处：*China and the Allies*

　　　　　（《中国与八国联军》）

作　　者：A. Henry Savage Landor

　　　　　（[英] 阿诺尔德·亨利·萨维奇·兰多尔，

　　　　　1865—1924）

出版时间：1901 年

出 版 者：William Heinemann (London)

摄 影 者：A. Henry Savage Landor

拍摄时间：1900 年

编者说明：原书中说，为了做防御沙袋，妇女们把丝巾、桌布、手绢等都用上了。几天内做了5万多个袋子。

庚子事变

围攻使馆区

口

西什库教堂

A COUNTERMINE AND BARRICADE IN THE BRITISH LEGATION ON THE
HANLIN SIDE

8-1-49

编者说明：据原书中记载，有的工事是使用木车、家具和沙袋构筑的。

英国公使馆靠近翰林院一边的防御工事（1900）

INCIDENT
IN 1900

出　　处：*China and the Allies*

（《中国与八国联军》）

作　　者：A. Henry Savage Landor

（[英]阿诺尔德·亨利·萨维奇·兰多尔，

1865—1924）

出版时间：1901 年

出 版 者：William Heinemann (London)

摄 影 者：A. Henry Savage Landor

拍摄时间：1900 年

SAND-BAG BARRICADE IN BRITISH LEGATION, PEKING.

8-1-50

英国公使馆内用沙袋构筑的防御工事（1900）

INCIDENT
IN 1900

出　　处：*China and the Powers*

　　　　　（《庚子事变与八国联军》）

作　　者：H. C. Thomson

　　　　　（［英］H. C. 汤姆森）

出版时间：1902 年

出 版 者：Longmans, Green, and Co. (London)

拍摄时间：1900 年

庚子事变
/
围攻使馆区
和
西什库教堂

GATEWAY TO BRITISH LEGATION, MOAT AND BARRICADE

8-1-51

英国公使馆大门外的堡垒和路障

（1900）

编者说明：原书中说美国美以美会传教士贾腓力（F. D. Gamewell）所学专业为工程学，这时候派上了用场，英国公使窦纳乐请其在使馆外围设计防御工事。

INCIDENT
IN 1900

出　　处：*China in Convulsion*

　　　　　（《动乱中的中国》）

作　　者：Arthur H. Smith

　　　　　（［美］明恩溥，1845—1932）

出版时间：1901 年

出 版 者：Fleming H. Revell Company (New York)

拍摄时间：1900 年

BRITISH LEGATION WALL

8-1-52

英国公使馆外墙

（1900）

INCIDENT
IN 1900

出　　处：*China in Convulsion*

　　　　（《动乱中的中国》）

作　　者：Arthur H. Smith

　　　　（[美] 明恩溥，1845—1932）

出版时间：1901 年

出 版 者：Fleming H. Revell Company (New York)

拍摄时间：1900 年

庚子事变

/

围攻使馆区

和

西什库教堂

THE "INTERNATIONAL" GUN "OUR BETSEY"

8-1-53

英国人拼凑起来的"国际"大炮

（1900）

INCIDENT
IN 1900

出　　处：*China in Convulsion*

　　　　　（《动乱中的中国》）

作　　者：Arthur H. Smith

　　　　　（[美] 明恩溥，1845—1932）

出版时间：1901 年

出 版 者：Fleming H. Revell Company (New York)

拍摄时间：1900 年

庚子事变

/

围攻使馆区

和

西什库教堂

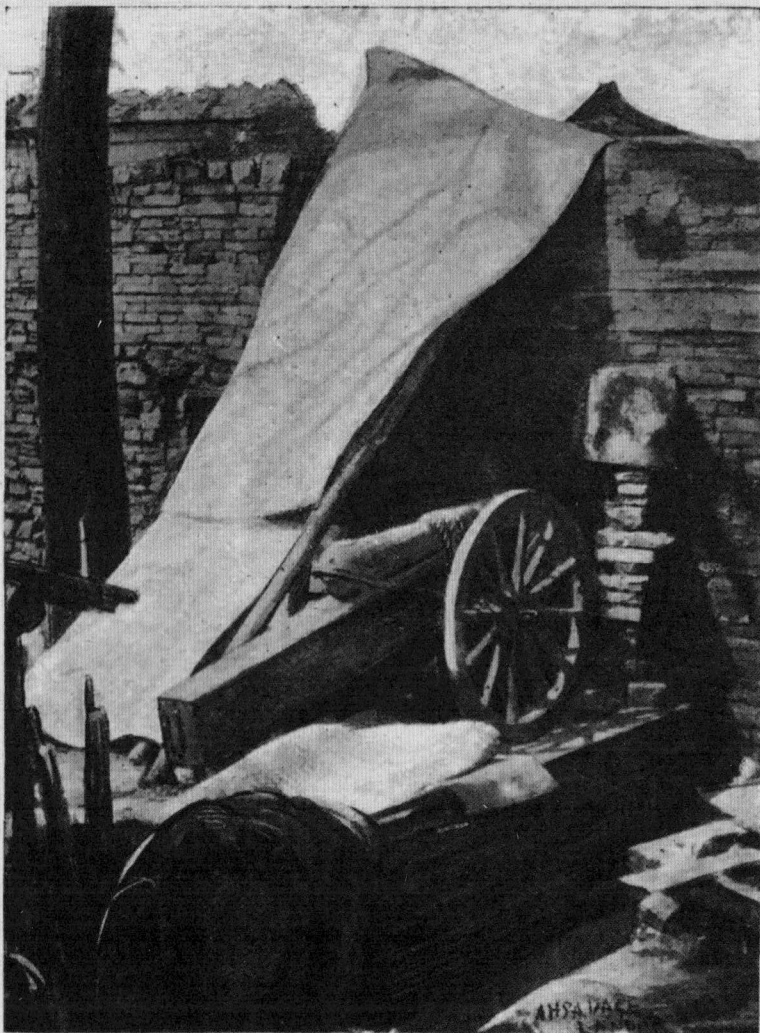

THE " OLD CROCK "

8-1-54

英国人拼凑的大炮

（1900）

编者说明：与上图为同一门大炮。据原书中记载，这门大炮被绳子捆在木桩上，进行了试射，威力超过所有人的想象，于是被正式派上用场。

INCIDENT
IN 1900

出　　处：*China and the Allies*

　　　　（《中国与八国联军》）

作　　者：A. Henry Savage Landor

　　　　（[英]阿诺尔德·亨利·萨维奇·兰多尔，

　　　　1865—1924）

出版时间：1901 年

出 版 者：William Heinemann (London)

摄 影 者：A. Henry Savage Landor

拍摄时间：1900 年

OLD CHINESE GUN IN BRITISH LEGATION, PEKING.

8-1-55

英国公使馆内的中式大炮

（1900）

INCIDENT

IN 1900

出　　处：*China and the Powers*

　　　　　（《庚子事变与八国联军》）

作　　者：H. C. Thomson

　　　　　（[英] H. C. 汤姆森）

出版时间：1902 年

出 版 者：Longmans, Green, and Co. (London)

拍摄时间：1900 年

编者说明：此炮与上面两图英国人拼凑的大炮

应为同一个，只是轮子和支架不同。

庚子事变

/

围攻使馆区

和

西什库教堂

LOADING THE "INTERNATIONAL"

8-1-56

英国公使馆内安装"国际"大炮

（1900）

INCIDENT
IN 1900

出　　处：*Behind the Scenes in Peking*

　　　　　（《北京围困内幕》）

作　　者：Mary Hooker

　　　　　（[美] 玛丽·胡克，1876—1918）

出版时间：1911 年

出 版 者：John Murray (London)

拍摄时间：1900 年

编者说明：此大炮即上面几张图中的大炮，照片中可见正在用绳索将大炮固定到木头支架上。其他书中说，这门中国大炮是在使馆区附近的铸造炉子的铺子里发现的。但原书作者说此门大炮是1860年英法联军的遗物。

BRITISH LEGATION GATE, FUEL SUPPLY COMMITTEE

8-1-57

使馆被围期间成立的燃料供给委员会成员在英国公使馆大门前合影

（1900）

编者说明：使馆被围期间，为了统筹规划，节省资源，使馆区成立了燃料供给委员会、食物供给委员会等组织。

INCIDENT
IN 1900

出　　处：*China in Convulsion*

　　　　　（《动乱中的中国》）

作　　者：Arthur H. Smith

　　　　　（［美］明恩溥，1845—1932）

出版时间：1901 年

出 版 者：Fleming H. Revell Company (New York)

拍摄时间：1900 年

MR. HEWLETT, A STUDENT
MESS VOLUNTEER

8-1-58

英国翻译学生志愿者许立德的战备装束（1900）

INCIDENT
IN 1900

出　　处：*China and the Allies*

　　　　（《中国与八国联军》）

作　　者：A. Henry Savage Landor

　　　　（[英]阿诺尔德·亨利·萨维奇·兰多尔，

　　　　1865—1924）

出版时间：1901 年

出 版 者：William Heinemann (London)

摄 影 者：A. Henry Savage Landor

拍摄时间：1900 年

编者说明：许立德（William Meyrick Hewlett, 1876—1944），1898年来华，为使馆翻译学生志愿者。1901年后，曾任英国驻厦门、宜昌、成都、汉口等地领事、总领事。1928—1933年任英国驻南京总领事。著有《北京使馆被围记》。

CEMETERY IN THE BRITISH LEGATION FORTHOSE FALLEN DURING
THE SIEGE

8-1-59

英国公使馆内临时安葬被围期间死
难者的墓地（1900）

INCIDENT
IN 1900

出　　处：*China and the Allies*

　　　　　（《中国与八国联军》）

作　　者：A. Henry Savage Landor

　　　　　（[英] 阿诺尔德·亨利·萨维奇·兰多尔，

　　　　　1865—1924 ）

出版时间：1901 年

出 版 者：William Heinemann (London)

摄 影 者：A. Henry Savage Landor

拍摄时间：1900 年

FATHER GIRON'S VOLUNTEERS FIRING THEIR LAST VOLLEY ON THE
BOXERS

8-1-60

北堂守卫者进行排射

（1900）

INCIDENT
IN 1900

出　　处：*China and the Allies*

　　　　（《中国与八国联军》）

作　　者：A. Henry Savage Landor

　　　　（[英] 阿诺尔德·亨利·萨维奇·兰多尔，

　　　　1865—1924）

出版时间：1901 年

出 版 者 ：William Heinemann (London)

摄 影 者 ：A. Henry Savage Landor

拍摄时间：1900 年

编者说明：1900年6月15日傍晚，由端郡王载漪所率领的一队义和团开始包围西什库教堂（即北堂）。虽然清军和义和团围攻人数众多，但由于清政府方面态度左右不定，以致久攻不下，北堂坚持到八国联军来营救。

BISHOP FAVIER IN THE PE-TANG

8-1-61

天主教北京教区主教樊国梁在北堂前（1900）

INCIDENT IN 1900

出　　处：*China and the Allies*

　　　　　（《中国与八国联军》）

作　　者：A. Henry Savage Landor

　　　　　（[英]阿诺尔德·亨利·萨维奇·兰多尔，

　　　　　1865—1924）

出版时间：1901 年

出 版 者：William Heinemann (London)

摄 影 者：A. Henry Savage Landor

拍摄时间：1900 年

编者说明：樊国梁（Alphonse Pierre Marie Favier，1837—1905），法国传教士，1862年来华，1887年任北京教区主教。庚子事变时，率天主教徒和43名士兵在北堂坚守两个月，直到被解围。著有《北京：历史和描述》。

庚子事变

攻使馆区

什库教堂

THE EFFECT OF A CHINESE MINE

8-1-62

北堂附近被地雷炸毁的房屋

（1900）

编者说明：原书中说，义和团在北堂附近埋设地雷，先后有三次地雷爆炸，最严重的一次造成80人死亡。

INCIDENT
IN 1900

出　　处：*China and the Allies*

　　　　（《中国与八国联军》）

作　　者：A. Henry Savage Landor

　　　　（[英]阿诺尔德·亨利·萨维奇·兰多尔，

　　　　1865—1924）

出版时间：1901 年

出 版 者：William Heinemann (London)

摄 影 者：A. Henry Savage Landor

拍摄时间：1900 年

THE SIX "FIGHTING PARSONS" AND
SERGEANT MURPHY AT FORT COCKBURN

8-1-63

使馆被围期间6名参战牧师与莫菲中士（1900）

INCIDENT
IN 1900

出　　处：*China in Convulsion*

　　　　　（《动乱中的中国》）

作　　者：Arthur H. Smith

　　　　　（[美]明恩溥，1845—1932）

出版时间：1901年

出 版 者：Fleming H. Revell Company (New York)

摄 影 者：Mr. Killie

　　　　　（[美]凯莱）

拍摄时间：1900年

编者说明：照片摄于英国公使馆秘书戈颁（Henry Cockburn）家的堡垒前。后面在工事上坐者为莫菲中士。

RUINS OF ROMAN CATHOLIC CATHEDRAL, PEKING

8-1-64

被烧毁的北京天主教大教堂

（1900）

编者说明：据原书记载，此天主教堂应为东堂或南堂。1900年6月13日，东堂被烧毁，一些传教士和教民当晚逃到南堂，次日，南堂又被烧毁。

INCIDENT
IN 1900

出　　处：*China in Convulsion*

　　　　（《动乱中的中国》）

作　　者：Arthur H. Smith

　　　　（ [美] 明恩溥，1845—1932）

出版时间：1901 年

出 版 者：Fleming H. Revell Company (New York)

拍摄时间：1900 年

8-1-65

北京内城墙上中方工事上的军官隐蔽处（1900）

INCIDENT
IN 1900

出　　处：*China and the Allies*

（《中国与八国联军》）

作　　者：A. Henry Savage Landor

（[英]阿诺尔德·亨利·萨维奇·兰多尔，

1865—1924）

出版时间：1901 年

出 版 者：William Heinemann (London)

摄 影 者：A. Henry Savage Landor

拍摄时间：1900 年

编者说明：城墙上的中方工事，应为围攻使馆时所修筑。

子事变

攻使馆区

什库教堂

Cliché du Dr Matignon.

INCENDIE DE TSIEN-MÈNE, LE 16 JUIN 1900.

8-1-66

前门箭楼在燃烧中

（1900）

INCIDENT
IN 1900

出　　处：*Les Boxeurs*

　　　　（《义和团》）

作　　者：Le Baron D'Anthouard

　　　　（ [法] 安东瓦尔男爵，b. 1861 ）

出版时间：1902 年

出 版 者：Palon-Nourrit (Paris)

摄 影 者：Jean Jacques Matignon

　　　　（ [法] 马丁荣 ）

拍摄时间：1900 年

CHINESE BARRICADE AT THE IMPERIAL CITY WALL

8-1-67

编者说明：应为义和团和清军围攻使馆区或教堂所修筑的工事。

北京皇城墙内的中方工事

（1900）

INCIDENT
IN 1900

出　　处：*China and the Allies*

（《中国与八国联军》）

作　　者：A. Henry Savage Landor

（[英] 阿诺尔德·亨利·萨维奇·兰多尔，

1865—1924）

出版时间：1901 年

出 版 者：William Heinemann (London)

摄 影 者：A. Henry Savage Landor

拍摄时间：1900 年

THE TARTAR WALL, SHOWING PROTECTING PARALLEL WALLS ON RAMP
BUILT BY THE CHINESE

8-1-68

北京内城马道上修筑的防御工事

（1900）

INCIDENT
IN 1900

出　　处：*China and the Allies*

　　　　　（《中国与八国联军》）

作　　者：A. Henry Savage Landor

　　　　　（[英]阿诺尔德·亨利·萨维奇·兰多尔，

　　　　　1865—1924）

出版时间：1901 年

出 版 者：William Heinemann (London)

摄 影 者：A. Henry Savage Landor

拍摄时间：1900 年

编者说明：马道上防御工事所用的砖头是从城墙上拆下来的，由被围在使馆区内的中国人垒建。

庚子事变

围攻使馆区

和

西什库教堂

CHINESE GUN PLATFORM FOR FIRING ON THE LEGATION

8-1-69

中方搭建的向使馆区射击的平台

（1900）

INCIDENT
IN 1900

出　　处：*China in Convulsion*

　　　　（《动乱中的中国》）

作　　者：Arthur H. Smith

　　　　（[美] 明恩溥，1845—1932）

出版时间：1901 年

出 版 者：Fleming H. Revell Company (New York)

拍摄时间：1900 年

编者说明：原书中介绍，此平台搭建于北京内城东南角，用不少于700根松木搭建而成，高25英尺，长40英尺，宽25英尺。由马道连接，把枪炮运上去。平台顶上盖有两英寸厚的木板，四周有3至16英寸的铁板防护。

庚子事变

/

围攻使馆区

和

西什库教堂

8-1-70

北京内城墙上义和团和清兵修筑的工事和战壕（1900）

INCIDENT
IN 1900

出　　处：*China and the Allies*

　　　　　（《中国与八国联军》）

作　　者：A. Henry Savage Landor

　　　　　（[英] 阿诺尔德·亨利·萨维奇·兰多尔，

　　　　　1865—1924 ）

出版时间：1901 年

出 版 者：William Heinemann (London)

摄 影 者：A. Henry Savage Landor

拍摄时间：1900 年

AHSAIALE LANDUR

8-1-71

编者说明：与上图类似的围攻工事，远处可见城门楼。

北京内城墙上义和团和清兵修筑的工事（1900）

INCIDENT
IN 1900

出　　处：*China and the Allies*

（《中国与八国联军》）

作　　者：A. Henry Savage Landor

（[英] 阿诺尔德·亨利·萨维奇·兰多尔，

1865—1924）

出版时间：1901 年

出 版 者：William Heinemann (London)

摄 影 者：A. Henry Savage Landor

拍摄时间：1900 年

OLD GUN AND "MAKE-FACE" GUNS ON THE WALL OF PEKIN.

8-1-72

编者说明：左侧地上4门大炮为老式，右侧大炮为外国人为防御临时拼凑组装而成。

北京城墙上的老式大炮和其他大炮

（1900）

INCIDENT
IN 1900

出　　处：*The War of the Civilisations*

　　　　（《文明的交锋》）

作　　者：George Lynch

　　　　（[英] 乔治·林奇，1868—1928）

出版时间：1901 年

出 版 者：Longmans, Green, and Co.

　　　　（London ; New York ; Bombay）

拍摄时间：1900 年

ALL THAT WAS LEFT BY BOXERS AT ENGINE WORKS, FENGTAI, JUNE, 1900.

8-1-73

义和团烧毁的马家堡火车站

（1900）

INCIDENT
IN 1900

出　　处：*China's Dayspring after Thirty Years*

　　　　　（《三十年后中国之觉醒》）

作　　者：Frederick Brown

　　　　　（[英] 宝复礼，b. 1860）

出版时间：1914 年

出 版 者 ：Murray and Evenden Ltd. (London)

拍摄时间：1900 年

编者说明：原图说明指出，此事发生于1900年6月。义和团曾于此前的5月底焚毁了丰台马家堡火车站。照片显示，建筑只剩下大门洞，上面的匾额可见"光绪二十三年"字样。

庚子事变
/
围攻使馆区
和
西什库教堂

BOXERS ENROLLING AT A MILITARY POST FOR THE
INSURRECTION IN CHINA.

8-1-74

编者说明：义和团进入北京后招募拳民，图中显示，报名者很踊跃。

义和团招募

（1900）

INCIDENT
IN 1900

出　　处：*China, The Orient and the Yellow Man*

（《中国：东方国度与黄种民族》）

作　　者：Henry Davenport Northrop

（[美] 亨利·达文波特·诺斯洛普，

1836—1909）

出版时间：1900 年

出 版 者：George W. Bertron (Washington, D.C.)

NATIVES READING AN ANTI-FOREIGN MANIFESTO AT PEKIN

THE ENGRAVING SHOWS A PLACARD POSTED BY THE "BOXERS" DEMANDING THE KILLING OF ALL FOREIGNERS

8-1-75

北京居民围观义和团反对外国人的告示（1900）

INCIDENT
IN 1900

出　　处：*China, The Orient and the Yellow Man*
（《中国：东方国度与黄种民族》）

作　　者：Henry Davenport Northrop
（[美]亨利·达文波特·诺斯洛普，
1836—1909）

出版时间：1900 年

出 版 者：George W. Bertron (Washington, D.C.)

打鬼燒書圖

諸侮邪咒自洋傳致天地滅祖宗燕前千刀難抵罪

物長妖書如費吳詩典賢賢仙佛九州四海切同化

« Les étrangers battus
et leurs Bibles brûlées. »

8-1-76

义和团运动时期宣传画——
《打鬼烧书图》（1900）

INCIDENT
IN 1900

出　　处：*Opinions Chinoises sur les Barbares d'Occident*

（《汉人如何评论大西洋》）

作　　者：Ferdinand Joseph Harfeld

（［法］哈尔法，b. 1878）

出版时间：1909 年

出 版 者：Plon-Nourrit & Cie (Paris)

编者说明：根据原图说明，所烧书为《圣经》。图中对联为"猪精邪叫自洋传，欺天地灭祖宗，万箭千刀难抵罪；狗屁妖书如粪臭，谤圣贤毁仙佛，九州四海切同化"。

« Le dosage des étrangers. »

8-1-77

编者说明：图中对联为"狗屁也称书，恨耶稣
臭名千古；猪精专吃淅，赏鬼徒美味一餐"。

义和团运动时期宣传画——
《齐团灌粪图》（1900）

INCIDENT
IN 1900

出　　处：*Opinions Chinoises sur les Barbares*
　　　　　d'Occident

　　　　　（《汉人如何评论大西洋》）

作　　者：Ferdinand Joseph Harfeld

　　　　　（[法] 哈尔法，b. 1878）

出版时间：1909 年

出 版 者 ：Plon-Nourrit & Cie (Paris)

子事变

攻使馆区

十库教堂

射豬斬羊圖

一刀斬羊頸問喜牲還想來麼

萬鎗射豬身者妖精再敢廾不

« Tuez le pourceau
et décapitez les chèvres »

8-1-78

义和团运动时期宣传画——
《射猪斩羊图》（1900）

INCIDENT
IN 1900

出　　处：*Opinions Chinoises sur les Barbares
d'Occident*

（《汉人如何评论大西洋》）

作　　者：Ferdinand Joseph Harfeld

（[法] 哈尔法，b. 1878 ）

出版时间：1909 年

出 版 者 ：Plon-Nourrit & Cie (Paris)

编者说明：图中对联为"万箭射猪身，看妖精再敢叫不；一刀斩羊头，问畜生还想来么"。

庚子事变

攻使馆区

什库教堂

鐵斧劈邪圖

聽何妖鐵角鐵爪鐵牙難當鐵斧

看這漢真義真忠真勇果助真仙

Un mandarin chevauchant un tigre, (c'est-à-dire aidé par l'armée) poursuit les pourceaux *kiao sz* (missionnaires) et les chèvres *yann jenn* (étrangers) qui fuient éperdus et mutilés. — Sur l'image originale, le fer de la hallebarde du mandarin est tout ensanglanté.

雷殛豬羊圖

羣醜遊魂收地獄兩時命盡四海妖除

一聲怒氣發天庭二月蟄驚三春運轉

LE DIEU DU TONNERRE FOUDROIE LES ÉTRANGERS ET LES CHRÉTIENS.

8-1-79

义和团运动时期宣传画——
《铁斧劈邪图》《雷殛猪羊图》（1900）

INCIDENT
IN 1900

出　　处：*Opinions Chinoises sur les Barbares*
　　　　　d'Occident

　　　　　（《汉人如何评论大西洋》）

作　　者：Ferdinand Joseph Harfeld

　　　　　（［法］哈尔法，b. 1878）

出版时间：1909 年

出 版 者：Plon-Nourrit & Cie (Paris)

编者说明：上图对联为"听何妖铁角铁爪铁牙难当铁斧；看这汉真义真忠真勇果助真仙"。下图对联为"一声怒气发天庭，二月蛰惊，三春运转；群丑游魂收地狱，两时命尽，四海妖除"。

« ICI SE VEND LA CHAIR DES CHÈVRES
ET DES POURCEAUX »
(marqués yang jenn, kiao thou
et kiao sz)
qui seront mis à mort et dépecés.

8-1-80

义和团运动时期宣传画——
《屠灭猪羊图》（1900）

INCIDENT
IN 1900

出　　处：*Opinions Chinoises sur les Barbares*

　　　　　d'Occident

　　　　　（《汉人如何评论大西洋》）

作　　者：Ferdinand Joseph Harfeld

　　　　　（［法］哈尔法，b. 1878）

出版时间：1909 年

出 版 者：Plon-Nourrit & Cie (Paris)

编者说明：图中对联为"宰天下以均平，陈
孺子慎毋忘此；恐市中不精洁，孔圣人岂肯
食他"。

庚子事变

围攻使馆区

门

西什库教堂

« SACRIFIONS AUX DIEUX
LES POURCEAUX ET LES CHÈVRES
(marqués *Jé Sou et Si*)
QUI VIENNENT
DES PAYS D'OCCIDENT. »

8-1-81

义和团运动时期宣传画——
《死杀猪羊图》（1900）

INCIDENT
IN 1900

出　　处：*Opinions Chinoises sur les Barbares*
　　　　　d'Occident

　　　　　（《汉人如何评论大西洋》）

作　　者：Ferdinand Joseph Harfeld

　　　　　（[法]哈尔法，b. 1878）

出版时间：1909 年

出 版 者：Plon-Nourrit & Cie (Paris)

编者说明：图中对联为"家祭慎毋忘，子传孙，孙又传孙，族族年年，总要杀畜生献祖；国恩期永报，人恨鬼，鬼还恨鬼，生生处处，都莫把刀斧饶他"。

SOLDATS DE TOUNG FOU SIANG.

(Texte page 260, alinéa 2.)

8-1-82

义和团运动时期宣传画——
《董福祥士兵》（1900）

INCIDENT
IN 1900

出　　处：*Opinions Chinoises sur les Barbares*
　　　　　　d'Occident

　　　　　（《汉人如何评论大西洋》）

作　　者：Ferdinand Joseph Harfeld

　　　　　（ [法] 哈尔法，b. 1878 ）

出版时间：1909 年

出 版 者：Plon-Nourrit & Cie (Paris)

编者说明：董福祥（1840—1908），清末将领，光绪二十三年（1897）调防北京，次年任新军武卫后军统领，为北洋军重要一支。光绪二十六年在廊坊等地抗击八国联军，后指挥军民围攻外国使馆，北京失陷后扈从慈禧太后西逃。后被八国联军指控为"元凶"而遭革职。光绪三十四年在宁夏金积堡病逝。图为义和团时期的董福祥士兵。

A BOXER POSTER

8-1-83

编者说明：图中8个外国人代表八国联军，龙应象征中国。

义和团运动时期宣传画——
《八国联军入侵》（1900）

INCIDENT
IN 1900

出　　处：*China in Convulsion*

　　　　　（《动乱中的中国》）

作　　者：Arthur H. Smith

　　　　　（[美]明恩溥，1845—1932）

出版时间：1901 年

出 版 者：Fleming H. Revell Company (New York)

庚子事变
/
围攻使馆区
和
西什库教堂

1533

"Strike toward Heaven, and its gates will be opened."

"Strike Earth, and its gates will give way."

8-1-84

外国人画笔下的义和团

（1900）

编者说明： 原图说明意为"劈向天，天门大开；砍向地，地门让路"。可能是义和团的口号。

INCIDENT
IN 1900

出　　处：*China and the Allies*

　　　　（《中国与八国联军》）

作　　者：A. Henry Savage Landor

　　　　（ [英] 阿诺尔德·亨利·萨维奇·兰多尔，

　　　　1865—1924 ）

出版时间：1901 年

出 版 者 ：William Heinemann (London)

绘 图 者 ：A. Henry Savage Landor

绘制时间：1900 年

TO THE FRONT.

8-2-1

八国联军准备投入战斗

（1900）

INCIDENT
IN 1900

出　　处：*China's Dayspring after Thirty Years*

　　　　（《三十年后中国之觉醒》）

作　　者：Frederick Brown

　　　　（[英] 宝复礼，b. 1860）

出版时间：1914 年

出 版 者：Murray and Evenden Ltd. (London)

编者说明：从图像看，有骑兵、步兵和炮兵，装备精良。

庚子事变
/
八国联军
进军和攻占北京

WATER GATE, PEKING, THROUGH WHICH ALLIES
ENTERED

8-2-2

八国联军进入北京城的水门

（1900）

INCIDENT
IN 1900

出　　处：*China in Convulsion*

（《动乱中的中国》）

作　　者：Arthur H. Smith

（[美]明恩溥，1845—1932）

出版时间：1901 年

出 版 者：Fleming H. Revell Company (New York)

拍摄时间：1900 年

编者说明：据记载，1900年8月14日下午，英军到达广渠门，因为清军被调到内城抵挡俄军、日军，英军顺利进入广渠门，一路直奔内城下御河的水城门，寻找窦纳乐公使在密信中告知的通往使馆区的捷径。英军砸开水城门的铁栅栏，在盖斯利将军的带领下涉过齐膝的污水，率先进入内城和使馆区。

8-2-3

编者说明：与上图的水门为同一水门，此为城墙内拍摄，上图为城墙外拍摄。

盖斯利将军率英军潜入北京内城的
水门（1900）

INCIDENT
IN 1900

出　　处：*China and the Powers*

　　　　　（《庚子事变与八国联军》）

作　　者：H. C. Thomson

　　　　　（［英］H. C. 汤姆森）

出版时间：1902 年

出版者：Longmans, Green, and Co. (London)

MR. MUNTHE

8-2-4

担任八国联军向导的挪威人曼德

（1900）

INCIDENT
IN 1900

出　　处：*China and the Allies*

　　　　　（《中国与八国联军》）

作　　者：A. Henry Savage Landor

　　　　　（[英]阿诺尔德·亨利·萨维奇·兰多尔，

　　　　　1865—1924）

出版时间：1901 年

出 版 者：William Heinemann (London)

摄 影 者：A. Henry Savage Landor

拍摄时间：1900 年

编者说明：曼德（Johan Wilhelm Norman Munthe），挪威人，1887年来华，任职于中国海关。1894年中日战争时参加中国军队。1896年协助袁世凯在小站练兵。1900年充任八国联军进犯北京向导，后任俄国军队参谋。1900—1908年任袁世凯侍卫长。1912—1916年任袁世凯顾问。后曾任北京华威银行副董事长。

SCALING THE WALL

8-2-5

八国联军攀登城门

（1900）

INCIDENT
IN 1900

出　　处：*China and the Allies*

　　　　（《中国与八国联军》）

作　　者：A. Henry Savage Landor

　　　　（[英] 阿诺尔德·亨利·萨维奇·兰多尔，

　　　　1865—1924 ）

出版时间：1901 年

出 版 者 ：William Heinemann (London)

摄 影 者 ：A. Henry Savage Landor

拍摄时间：1900 年

编者说明：据原书记载，竹梯是联军从天津带过来的，但由于城墙太高，两个梯子接起来还是不够，后来把梯子架在警卫门房上，几个日军士兵率先爬上城门。

CAPTURE OF PEKING.

8-2-6

八国联军攻占北京

（1900）

INCIDENT
IN 1900

出　　处：*China's Dayspring after Thirty Years*

（《三十年后中国之觉醒》）

作　　者：Frederick Brown

（［英］宝复礼，b. 1860）

出版时间：1914 年

出 版 者：Murray and Evenden Ltd. (London)

THE CABIN OF JUNK WITH SICK ON BOARD

8-2-7

船舱中生病的联军士兵

（1900）

INCIDENT
IN 1900

出　　处：*China and the Allies*

（《中国与八国联军》）

作　　者：A. Henry Savage Landor

（[英] 阿诺尔德·亨利·萨维奇·兰多尔，

1865—1924）

出版时间：1901 年

出 版 者：William Heinemann (London)

摄 影 者：A. Henry Savage Landor

拍摄时间：1900 年

编者说明：可能是八国联军从运河到北京的船上。

Geschütz-Zug. Im Hintergrund das von den Japanern bombardirte Tschichor-men.

8-2-8

朝阳门外的德军炮兵

（1900）

INCIDENT
IN 1900

出　　处：*Kämpfe in China*

　　　　（《1900—1901 年奥匈帝国在中国的战争》）

作　　者：Theodor Ritter von Winterhalder

　　　　（[奥] 特奥多尔·里特·冯·温特哈尔德，

　　　　1861—1941 ）

出版时间：1902 年

出 版 者：A. Hartleben's Verlag（Wien; Budapest）

拍摄时间：1900 年

编者说明：照片背景是日军炸毁的朝阳门箭楼。

Rast auf den Ruinen des Hatamen.

8-2-9

崇文门箭楼废墟前的德军士兵

（1900）

INCIDENT
IN 1900

出　　处：*Kämpfe in China*

　　　　　（《1900—1901 年奥匈帝国在中国的战争》）

作　　者：Theodor Ritter von Winterhalder

　　　　　（[奥] 特奥多尔·里特·冯·温特哈尔德，

　　　　　 1861—1941 ）

出版时间：1902 年

出 版 者：A. Hartleben's Verlag（Wien; Budapest）

拍摄时间：1900 年

子事变

国联军

军和攻占北京

RUSSIAN INFANTRY ON THE MARCH TO PEKIN

8-2-10

俄军步兵进军北京途中

（1900）

编者说明：从通州沿大运河北岸向北京进发的俄军步兵。

INCIDENT
IN 1900

出　　处：*China and the Allies*

　　　　（《中国与八国联军》）

作　　者：A. Henry Savage Landor

　　　　（[英] 阿诺尔德·亨利·萨维奇·兰多尔，

　　　　1865—1924 ）

出版时间：1901 年

出 版 者 ：William Heinemann (London)

摄 影 者 ：A. Henry Savage Landor

拍摄时间：1900 年

POSITION ON THE WALL CAPTURED BY RUSSIANS

8-2-11

俄军在攻占的城墙上

（1900）

INCIDENT
IN 1900

出　　处：*China and the Allies*

　　　　　（《中国与八国联军》）

作　　者：A. Henry Savage Landor

　　　　　（[英]阿诺尔德·亨利·萨维奇·兰多尔，

　　　　　1865—1924）

出版时间：1901 年

出 版 者 ：William Heinemann (London)

摄 影 者 ：A. Henry Savage Landor

拍摄时间：1900 年

编者说明：据原书记载，1900年8月13日晚上，一支俄军来到东便门城下，发射20多发炮弹，打开城墙缺口，一名俄国将军和挪威向导曼德成为率先攻入北京城者。图上地点大致为东便门城墙上。

REILLY'S BATTERY IN ACTION

美军炮兵部队

（1900）

INCIDENT
IN 1900

出　　处：*China and the Allies*

　　　　　（《中国与八国联军》）

作　　者：A. Henry Savage Landor

　　　　　（[英]阿诺尔德·亨利·萨维奇·兰多尔，

　　　　　1865—1924）

出版时间：1901 年

出 版 者：William Heinemann (London)

摄 影 者：A. Henry Savage Landor

拍摄时间：1900 年

U.S. 14TH INFANTRY SCALING THE WALL OF PEKING, AUGUST 14, 1900.

8-2-13

美军攀登城墙

（1900）

INCIDENT
IN 1900

出　　处：*China's Dayspring after Thirty Years*

（《三十年后中国之觉醒》）

作　　者：Frederick Brown

（[英]宝复礼，b. 1860）

出版时间：1914 年

出 版 者：Murray and Evenden Ltd. (London)

编者说明：据原图说明，1900年8月14日，美军第14步兵团攀登城墙。

JAPANESE ENTERING THE WALLED TOWN OF TUNG-CHOW

8-2-14

日军进入通州城

（1900）

INCIDENT
IN 1900

出　　处：*China and the Allies*

（《中国与八国联军》）

作　　者：A. Henry Savage Landor

（[英] 阿诺尔德·亨利·萨维奇·兰多尔，

1865—1924）

出版时间：1901 年

出 版 者：William Heinemann (London)

摄 影 者：A. Henry Savage Landor

拍摄时间：1900 年

编者说明：据原书记载，当联军其他部队在张家湾休整时，1900年8月11日，日军先头部队继续前进，下午逼近通州，炮轰通州城。清军和义和团引河水护城，日军紧急抢修过河通道，然后在午夜对通州发起进攻。守城的中国军队使用的是中国旧式火枪，没有多大威力。8月12日凌晨3点半，日军攻到城门前，炸开城门。4点半，联军主要部队从南门进入通州城，一部分侧翼部队从西南门进入。

JAPANESE ON THE TUNGCHOW-PEKIN ROAD.

8-2-15

日军行进在通州到北京的路上

（1900）

编者说明：照片中可见，日军征用了毛驴、骡马来运载辎重。

INCIDENT
IN 1900

出　　处：*The War of the Civilisations*

（《文明的交锋》）

作　　者：George Lynch

（[英] 乔治·林奇，b. 1868—1928）

出版时间：1901 年

出 版 者：Longmans, Green, and Co.

(London ; New York ; Bombay)

拍摄时间：1900 年

THE SOUTH GATE SCALED BY THE JAPANESE

8-2-16

被日军攀登攻破的城门

（1900）

编者说明：北京南边的城门。当时日军主要负责攻打朝阳门和东直门。此或是日军协助美军攻取的城门。

INCIDENT
IN 1900

出　　处：*China and the Allies*

　　　　（《中国与八国联军》）

作　　者：A. Henry Savage Landor

　　　　（[英] 阿诺尔德·亨利·萨维奇·兰多尔，

　　　　1865—1924）

出版时间：1901 年

出 版 者：William Heinemann (London)

摄 影 者：A. Henry Savage Landor

拍摄时间：1900 年

庚子事变

/

八国联军

进军和攻占北京

JAPANESE ENTERING PEKIN BY THE EAST GATE

8-2-17

日军攻入东直门

（1900）

INCIDENT
IN 1900

出　　处：*China and the Allies*

　　　　（《中国与八国联军》）

作　　者：A. Henry Savage Landor

　　　　（[英]阿诺尔德·亨利·萨维奇·兰多尔，

　　　　1865—1924）

出版时间：1901 年

出 版 者：William Heinemann (London)

摄 影 者：A. Henry Savage Landor

拍摄时间：1900 年

编者说明：当时日军主要攻打朝阳门和东直门，久攻不下，曾集中50多门大炮轰击。朝阳门最后被日军用炸药炸开，东直门也被日军攻破。原图说明中的"East-Gate"应即东直门。

[*Page 97.*

BRITISH NAVAL GUNS ON MARCH TO PEKING.

8-2-18

编者说明：据原图说明，此大炮应是从海军军舰上拆下来的。

英军大炮车队行进北京途中

（1900）

INCIDENT
IN 1900

出　　处：*China and the Powers*

　　　　　（《庚子事变与八国联军》）

作　　者：H. C. Thomson

　　　　　（[英] H. C. 汤姆森）

出版时间：1902 年

出 版 者：Longmans, Green, and Co. (London)

拍摄时间：1900 年

庚子事变

/

八国联军
进军和攻占北京

RELIEF AT LAST.   BRITISH FIRST IN.

8-2-19

英军率先攻入使馆区解救被困者

（1900）

INCIDENT
IN 1900

出　　处：*China's Dayspring after Thirty Years*

（《三十年后中国之觉醒》）

作　　者：Frederick Brown

（[英] 宝复礼，b. 1860）

出版时间：1914 年

出 版 者：Murray and Evenden Ltd. (London)

编者说明：1900年8月14日下午2时，英军攻入广渠门，沿城墙下面的水城门进入内城到达使馆区，解使馆区之围。

庚子事变
/
八国联军
进军和攻占北京

BRITISH LEGATION GUARD AFTER THE SIEGE, WITH SIR CLAUDE MACDONALD IN CENTRE.

Photo by Mr. Killie.

8-2-20

编者说明：据原图说明，中间为英国公使窦纳乐爵士。

英国公使馆卫兵在使馆解围后合影

（1900）

INCIDENT
IN 1900

出　　处：*China's Dayspring after Thirty Years*

　　　　　（《三十年后中国之觉醒》）

作　　者：Frederick Brown

　　　　　（[英] 宝复礼，b. 1860 ）

出版时间：1914 年

出 版 者：Murray and Evenden Ltd. (London)

摄 影 者：Mr. Killie

　　　　　（[美] 凯莱 ）

拍摄时间：1900 年

WALL OF TARTAR CITY PIERCED BY BRITISH TROOPS

8-2-21

被英军炸开洞口的北京内城墙

（1900）

编者说明：照片中可见骑马持旗的印度雇佣军。洞口附近停放着等活的人力车，显然洞口已经充当"城门"之用。

INCIDENT
IN 1900

出　　处：*China in Convulsion*

　　　　　（《动乱中的中国》）

作　　者：Arthur H. Smith

　　　　　（［美］明恩溥，1845—1932）

出版时间：1901 年

出 版 者：Fleming H. Revell Company (New York)

拍摄时间：1900 年

MATIGNON   MAYERS
Médecin-major de l'armée. Aspirant de la *Zenta*.

KOLLAR   DE WINTERHALDER   DE BOYNEBOURG   DARCY
L^t de vaisseau C^t le détach^t Aspirant de la C^t le détach^t
de la *Zenta*.   autrichien.   *Zenta*.   français.

LES OFFICIERS SURVIVANTS AU MOMENT DE LA DÉLIVRANCE

Cliché du Dr Matignon.   1578

8-2-22

使馆区解围后部分幸存外国官员合
影（1900）

编者说明：后排左为法国驻华使馆医师马丁荣
（Jean Jacques Matignon），亦是本图片的拍
摄者。

INCIDENT
IN 1900

出　　处：*Les Boxeurs*

　　　　（《义和团》）

作　　者：Le Baron D'Anthouard

　　　　（［法］安东瓦尔男爵，b. 1861）

出版时间：1902 年

出 版 者：Palon-Nourrit (Paris)

摄 影 者：Jean Jacques Matignon

　　　　（［法］马丁荣）

拍摄时间：1900 年

Cliché de M. d'Anthouard.

DÉLIVRANCE DU PÉI-TANG
Combat sur les toits.

8-2-23

编者说明：原图说明第二行意为"屋顶上的战斗"，照片上可见屋顶上有很多外国士兵。

北堂解围

（1900）

INCIDENT
IN 1900

出　　处：*Les Boxeurs*

　　　　　（《义和团》）

作　　者：Le Baron D'Anthouard

　　　　　（[法]安东瓦尔男爵，b. 1861）

出版时间：1902 年

出 版 者：Palon-Nourrit (Paris)

摄 影 者：Le Baron D'Anthouard

拍摄时间：1900 年

Cliché du Dr Matignon.

LA FAÇADE DU PÉI-TANG
LE JOUR DE LA DÉLIVRANCE

8-2-24

解围当天的北堂正面

（1900）

INCIDENT
IN 1900

出　　处：*Les Boxeurs*

　　　　（《义和团》）

作　　者：Le Baron D'Anthouard

　　　　（［法］安东瓦尔男爵，b. 1861）

出版时间：1902 年

出 版 者：Palon-Nourrit (Paris)

摄 影 者：Jean Jacques Matignon

　　　　（［法］马丁荣）

拍摄时间：1900 年

编者说明：1900年6月，北堂被围，主教樊国梁率43名法国、意大利海军陆战队士兵以及躲避其中的外国和中国传教士进行抵抗，坚守两月，直至8月16日被解围。

PE-TANG CATHEDRAL, SHOWING IMPERIAL KIOSK, A COUNTERMINE, A CAPTURED GUN AND FLAGS

8-2-25

编者说明：照片中可见御碑亭、防御坑道、缴获的大炮和旗帜。

解围后的北堂

（1900）

INCIDENT
IN 1900

出　　处：*China and the Allies*

　　　　（《中国与八国联军》）

作　　者：A. Henry Savage Landor

　　　　（ [英] 阿诺尔德·亨利·萨维奇·兰多尔，

　　　　1865—1924 ）

出版时间：1901 年

出 版 者：William Heinemann (London)

摄 影 者：A. Henry Savage Landor

拍摄时间：1900 年

TOWER IN CENTRE OF TUNG-CHOW.

8-2-26

编者说明：从照片看，街道两边的房屋已成为瓦砾废墟，为当时战争所毁坏。

战后的通州钟鼓楼

（1900）

INCIDENT
IN 1900

出　　处：*China and the Powers*

　　　　（《庚子事变与八国联军》）

作　　者：H. C. Thomson

　　　　（[英] H. C. 汤姆森）

出版时间：1902 年

出 版 者：Longmans, Green, and Co. (London)

拍摄时间：1900 年

庚子事变

八国联军

进军和攻占北京

CORNER TOWER ON WALL OF PEKING, SHOWING EFFECT OF SHELLS, AUGUST 14, 1900.

编者说明：1900年8月14日，八国联军攻打此城门时留下累累弹痕。

弹痕累累的北京内城东南角楼

（1900）

INCIDENT
IN 1900

出　　处：*China's Dayspring after Thirty Years*

（《三十年后中国之觉醒》）

作　　者：Frederick Brown

（[英] 宝复礼，b. 1860）

出版时间：1914 年

出 版 者：Murray and Evenden Ltd. (London)

拍摄时间：1900 年

THE BIG TOWER OR WALL ENTRANCE OF TARTAR CITY

8-2-28

被毁的北京内城城门楼

（1901）

编者说明：原图说明未指出是哪座城门，参考其他材料，似应为当时被日军用炮击毁的朝阳门。

INCIDENT
IN 1900

出　　处：*The Last Days of Peking*

　　　　　（《北京末日》）

作　　者：Pierre Loti

　　　　　（ [法] 皮埃尔·洛蒂，1850—1923）

出版时间：1902 年

出 版 者：Little, Brown, and Company (Boston)

摄 影 者：F. C. Hemment

　　　　　（赫曼特）

拍摄时间：1901 年

RUINS OF CHIEN MÊN GATE

8-2-29

编者说明：前门是北京内城南垣的正门。从图片看，火灾造成的破坏很严重。

被毁的前门城楼

（1900）

INCIDENT
IN 1900

出　　处：*China in Convulsion*

　　　　（《动乱中的中国》）

作　　者：Arthur H. Smith

　　　　（[美] 明恩溥，1845—1932）

出版时间：1901 年

出 版 者：Fleming H. Revell Company (New York)

拍摄时间：1900 年

THE CH'IEN OUTER GATE BURNT

8-2-30

被烧毁的前门箭楼

（1900）

INCIDENT
IN 1900

出　　处：*China and the Allies*

　　　　（《中国与八国联军》）

作　　者：A. Henry Savage Landor

　　　　（[英] 阿诺尔德·亨利·萨维奇·兰多尔，

　　　　1865—1924 ）

出版时间：1901 年

出 版 者：William Heinemann (London)

摄 影 者：A. Henry Savage Landor

拍摄时间：1900 年

编者说明：上图被焚毁的是前门城楼，此为前门箭楼。前门箭楼位于城楼之南，其规制为京师各城门箭楼之首。

庚子事变
/
八国联军
进军和攻占北京

THE CHIEN MEN, ONE OF THE GATES OF THE TARTAR CITY, PEKING.

8-2-31

被烧毁的前门箭楼

（1900）

INCIDENT
IN 1900

出　　处：*China and the Powers*

（《庚子事变与八国联军》）

作　　者：H. C. Thomson

（[英] H. C. 汤姆森）

出版时间：1902 年

出 版 者：Longmans, Green, and Co. (London)

拍摄时间：1900 年

庚子事变

/

八国联军

进军和攻占北京

CHINESE CONTRIVANCE FOR THROWING ROCKETS, THREE OF WHICH CAN
BE SEEN ON THE GROUND. A CAPTURED BOXER FLAG

8-2-32

编者说明：图片中义和团的火箭和旗帜应该是从八国联军缴获的。

义和团使用过的火箭发射装置和旗帜（1900）

INCIDENT
IN 1900

出　　处：*China and the Allies*

　　　　　（《中国与八国联军》）

作　　者：A. Henry Savage Landor

　　　　　（[英] 阿诺尔德·亨利·萨维奇·兰多尔，

　　　　　1865—1924 ）

出版时间：1901 年

出 版 者：William Heinemann (London)

摄 影 者：A. Henry Savage Landor

拍摄时间：1900 年

庚子事变
/
八国联军
进军和攻占北京

FIELD-MARSHAL COUNT VON WALDERSEE REVIEWING THE ALLIED TROOPS IN PEKIN

8-3-1

八国联军总司令瓦德西在北京阅兵

（1900）

编者说明：1900年8月28日，八国联军在紫禁城举行了盛大的阅兵仪式，部队从天安门进入，从神武门出来。原图说明未指出瓦德西具体检阅地点，应为此次紫禁城阅兵。

INCIDENT
IN 1900

出　　处：*The Land of the Boxers*

　　　　　（《义和团与八国联军》）

作　　者：Gordon Casserly

　　　　　（[英] 高登·卡瑟利，1869—1947）

出版时间：1903 年

出 版 者：Longmans, Green, and Co.

　　　　　(London; New York; Bombay)

拍摄时间：1900 年

GUNS OF THE ALLIES TRAINED ON THE CHEN-HOANG-TIEN PALACE IN
THE IMPERIAL CITY

8-3-2

编者说明：原图说明将寿皇殿拼作"Chen-Hoang-Tien"，似有误。

八国联军架在景山寿皇殿外的大炮

（1900）

INCIDENT
IN 1900

出　　处：*China and the Allies*

（《中国与八国联军》）

作　　者：A. Henry Savage Landor

（[英] 阿诺尔德·亨利·萨维奇·兰多尔，

1865—1924）

出版时间：1901 年

出 版 者：William Heinemann (London)

摄 影 者：A. Henry Savage Landor

拍摄时间：1900 年

庚子事变

八国联军

占领北京之后

STREET SCENE, PEKING, BOXER TYPES

8-3-3

八国联军攻占北京之后的街景

·（1900）

编者说明：原图说明称，照片中的中国人，是典型的义和团形象。

INCIDENT
IN 1900

出　　处：*China in Convulsion*

　　　　　（《动乱中的中国》）

作　　者：Arthur H. Smith

　　　　　（[美] 明恩溥，1845—1932）

出版时间：1901 年

出 版 者：Fleming H. Revell Company (New York)

拍摄时间：1900 年

H. Savage Landor

THE DIPLOMATIC BODY

8-3-4

参加紫禁城阅兵仪式的各国公使

（1900）

INCIDENT
IN 1900

出　　处：*China in Convulsion*

　　　　　（《动乱中的中国》）

作　　者：Arthur H. Smith

　　　　　（[美] 明恩溥，1845—1932）

出版时间：1901 年

出 版 者：Fleming H. Revell Company (New York)

拍摄时间：1900 年

庚子事变

/

八国联军
占领北京之后

CHINESE OFFICIALS WAITING AT THE ENTRANCE TO ESCORT ALLIED
TROOPS

8-3-5

紫禁城门前等候引导八国联军的清朝官员（1900）

编者说明：照片中台阶前和台阶上都长了不少野草，折射出时局的动荡和紫禁城内的混乱。

INCIDENT
IN 1900

出　　处：*China in Convulsion*

（《动乱中的中国》）

作　　者：Arthur H. Smith

（[美]明恩溥，1845—1932）

出版时间：1901 年

出 版 者：Fleming H. Revell Company (New York)

拍摄时间：1900 年

庚子事变
/
八国联军
占领北京之后

GERMAN MARINES AND OFFICERS IN THE PARADE

8-3-6

德国海军陆战队官兵在紫禁城阅兵式上（1900）

INCIDENT
IN 1900

出　　处：*China and the Allies*

　　　　　（《中国与八国联军》）

作　　者：A. Henry Savage Landor

　　　　　（[英]阿诺尔德·亨利·萨维奇·兰多尔，

　　　　　1865—1924）

出版时间：1901 年

出 版 者：William Heinemann (London)

摄 影 者：A. Henry Savage Landor

拍摄时间：1900 年

POSITION ON THE PEKIN WALL CAPTURED BY RUSSIANS

8-3-7

编者说明：背后的城楼基本完好，但也有战火痕迹，具体位置待考。

俄军驻扎在北京城墙上的军营

（1900）

INCIDENT
IN 1900

出　　处：*China and the Allies*

（《中国与八国联军》）

作　　者：A. Henry Savage Landor

（[英] 阿诺尔德·亨利·萨维奇·兰多尔，

1865—1924 ）

出版时间：1901 年

出 版 者：William Heinemann (London)

摄 影 者：A. Henry Savage Landor

拍摄时间：1900 年

ME-CHAN OR COAL HILL SHOWING RUSSIAN CAMP

8-3-8

景山附近的俄军军营

（1900）

INCIDENT
IN 1900

出　　处：*China and the Allies*

　　　　　（《中国与八国联军》）

作　　者：A. Henry Savage Landor

　　　　　（[英] 阿诺尔德·亨利·萨维奇·兰多尔，

　　　　　1865—1924 ）

出版时间：1901 年

出 版 者：William Heinemann (London)

摄 影 者：A. Henry Savage Landor

拍摄时间：1900 年

编者说明：结合上图，当时俄军在北京的军营不止一处，图片中远处可见帐篷，前面一排人力车。

THE RUSSIAN MINISTER AND SECRETARY TALKING
TO GENERAL LINIEVITCH

8-3-9

编者说明：八国联军攻入北京后，俄领事馆方面正与俄国援军沟通。

俄国公使馆公使、秘书与俄军指挥官李尼维奇（1900）

INCIDENT
IN 1900

出　　处：*China and the Allies*

　　　　（《中国与八国联军》）

作　　者：A. Henry Savage Landor

　　　　（[英]阿诺尔德·亨利·萨维奇·兰多尔，

　　　　1865—1924）

出版时间：1901 年

出 版 者：William Heinemann (London)

摄 影 者：A. Henry Savage Landor

拍摄时间：1900 年

RUSSIAN MARINES

8-3-10

编者说明：阅兵式上，俄国军队走在最前面，背后建筑应为午门。

俄国海军陆战队官兵参加紫禁城阅兵仪式（1900）

INCIDENT
IN 1900

出　　处：*China and the Allies*

（《中国与八国联军》）

作　　者：A. Henry Savage Landor

（[英]阿诺尔德·亨利·萨维奇·兰多尔，

1865—1924）

出版时间：1901 年

出 版 者：William Heinemann (London)

摄 影 者：A. Henry Savage Landor

拍摄时间：1900 年

THE RUSSIANS MARCHING THROUGH THE FORBIDDEN CITY

8-3-11

编者说明：俄军走在最前列，应该是从神武门出来。

俄国军队在紫禁城阅兵式中

（1900）

INCIDENT
IN 1900

出　　处：*China and the Allies*

　　　　　（《中国与八国联军》）

作　　者：A. Henry Savage Landor

　　　　　（[英]阿诺尔德·亨利·萨维奇·兰多尔，

　　　　　1865—1924）

出版时间：1901 年

出 版 者：William Heinemann (London)

摄 影 者：A. Henry Savage Landor

拍摄时间：1900 年

子事变

国联军

领北京之后

RUSSIAN INFANTRY MARCHING PAST THE GENERAL

8-3-12

编者说明：与上图同为俄军，此为步兵，也是出神武门。

俄军步兵在紫禁城阅兵式中

（1900）

INCIDENT
IN 1900

出　　处：*China and the Allies*

　　　　（《中国与八国联军》）

作　　者：A. Henry Savage Landor

　　　　（ [英] 阿诺尔德·亨利·萨维奇·兰多尔，

　　　　1865—1924 ）

出版时间：1901 年

出 版 者：William Heinemann (London)

摄 影 者：A. Henry Savage Landor

拍摄时间：1900 年

RUSSIAN AND JAPANESE GENERALS IN THE FORBIDDEN CITY
(Sir Claude and Lady McDonald to the right of picture)

8-3-13

编者说明：此图应为1900年8月28日紫禁城阅兵当天拍摄。当时各国士兵从神武门出城，各国公使和将军们留下参观宫内各处。

俄国和日本将军们在紫禁城

（1900）

INCIDENT
IN 1900

出　　处：*The Land of the Boxers*

（《义和团与八国联军》）

作　　者：Gordon Casserly

（[英]高登·卡瑟利，1869—1947）

出版时间：1903年

出 版 者：Longmans, Green, and Co.

（London; New York; Bombay）

庚子事变

八国联军

占领北京之后

625

Les aides de camp du général Frey, installés, en 1900, dans le "Temple des Parents décédés" à l'est de la "Cité Rouge"

8-3-14

法军总司令弗雷将军在太庙的办公处（1900）

INCIDENT
IN 1900

出　　处：*La Vie Secrète de la Cour de Chine*

　　　　　（《慈禧太后传》）

作　　者：Albert Maybon

　　　　　（[法] 阿尔贝·迈邦，1878—1940）

出版时间：1910 年

出 版 者：F. Juven (Paris)

拍摄时间：1900 年

编者说明：八国联军攻入北京后，直接将司令部设在紫禁城。照片中可见供桌上有某位清代祖先像。

FRENCH GENERAL AND STAFF

8-3-15

法国将军和军官们在紫禁城阅兵式

上（1900）

INCIDENT
IN 1900

出　　处：*China and the Allies*

（《中国与八国联军》）

作　　者：A. Henry Savage Landor

（[英]阿诺尔德·亨利·萨维奇·兰多尔，

1865—1924）

出版时间：1901 年

出 版 者：William Heinemann (London)

摄 影 者：A. Henry Savage Landor

拍摄时间：1900 年

编者说明：法国司令官为弗雷，拍摄位置在神武门。

庚子事变
/
八国联军
占领北京之后

NON-COMMISSIONED OFFICERS AND MEN OF FRENCH
ARTILLERY AND MARINES

8-3-16

编外人员和法国炮兵、海军陆战队士兵（1901）

INCIDENT
IN 1900

出　　处：*The Last Days of Peking*

　　　　（《北京末日》）

作　　者：Pierre Loti

　　　　（[法] 皮埃尔·洛蒂，1850—1923）

出版时间：1902 年

出 版 者：Little, Brown, and Company (Boston)

摄 影 者：F. C. Hemment

　　　　（赫曼特）

拍摄时间：1901 年

庚子事变
/
八国联军
占领北京之后

Cliché du Dr Matignon.

ARRIVÉE D'UN CONVOI FRANÇAIS AU PARC IMPÉRIAL
DE PÉKIN

8-3-17

编者说明：法国军人赶着中国马车，可能是采购物资归来。

御花园内的法军车队

（1900）

INCIDENT
IN 1900

出　　处：*Les Boxeurs*

　　　　（《义和团》）[•]

作　　者：Le Baron D'Anthouard

　　　　（［法］安东瓦尔男爵，b. 1861）

出版时间：1902 年

出　版　者：Palon-Nourrit (Paris)

摄　影　者 ：Jean Jacques Matignon

　　　　（［法］马丁荣）

拍摄时间：1900 年

庚子事变

八国联军

占领北京之后

CAPTAIN REILLY'S FUNERAL

8-3-18

美军上尉赖利的葬礼

（1900）

编者说明：赖利（Reilly）是当时美军炮兵上尉，在攻打前门的时候被击中下巴身亡。

INCIDENT
IN 1900

出　　处：*China and the Allies*

　　　　（《中国与八国联军》）

作　　者：A. Henry Savage Landor

　　　　（[英] 阿诺尔德·亨利·萨维奇·兰多尔，

　　　　1865—1924）

出版时间：1901 年

出 版 者：William Heinemann (London)

摄 影 者：A. Henry Savage Landor

拍摄时间：1900 年

AMERICAN SOLDIERS TRYING TO FORCE OPEN ONE OF THE GATES OF
THE IMPERIAL CITY

8-3-19

美军士兵试图强行撞开皇城城门

（1900）

编者说明：原书中说，当时美军试图用两门大炮轰开皇城的第二道城门，结果城门的坚固程度远超他们的想象，数次大炮轰击之后，城门岿然不动。

INCIDENT

IN 1900

出　　处：*China and the Allies*

（《中国与八国联军》）

作　　者：A. Henry Savage Landor

（ [英] 阿诺尔德·亨利·萨维奇·兰多尔，

1865—1924 ）

出版时间：1901 年

出 版 者：William Heinemann (London)

摄 影 者：A. Henry Savage Landor

拍摄时间：1900 年

FIRST COURTYARD IN THE SOUTH IMPERIAL CITY CAPTURED BY
AMERICANS

8-3-20

美军占据的天安门外六部广场

（1900）

编者说明：照片中可见，由于无人管理，广场上长满了野草。

INCIDENT
IN 1900

出　　处：*China and the Allies*

　　　　　（《中国与八国联军》）

作　　者：A. Henry Savage Landor

　　　　　（[英]阿诺尔德·亨利·萨维奇·兰多尔，

　　　　　1865—1924）

出版时间：1901 年

出 版 者：William Heinemann (London)

摄 影 者：A. Henry Savage Landor

拍摄时间：1900 年

庚子事变

/

八国联军

占领北京之后

COURTYARD IN THE IMPERIAL CITY CAPTURED BY AMERICANS

8-3-21

美军占据的午门外广场

（1900）

INCIDENT
IN 1900

出　　处：*China and the Allies*

　　　　　（《中国与八国联军》）

作　　者：A. Henry Savage Landor

　　　　　（[英] 阿诺尔德·亨利·萨维奇·兰多尔，

　　　　　1865—1924）

出版时间：1901 年

出 版 者：William Heinemann (London)

摄 影 者：A. Henry Savage Landor

拍摄时间：1900 年

庚子事变

/

八国联军

占领北京之后

ENTRANCE, TEMPLE OF AGRICULTURE,
AMERICAN HEADQUARTERS

8-3-22

美军大本营先农坛大门

（1900）

INCIDENT
IN 1900

出　　处：*China in Convulsion*

　　　　　（《动乱中的中国》）

作　　者：Arthur H. Smith

　　　　　（[美] 明恩溥，1845—1932）

出版时间：1901 年

出 版 者：Fleming H. Revell Company (New York)

拍摄时间：1900 年

编者说明：原书中记载，先农坛的主要大殿，一个作为临时医院，另一个作为补给站。一个偏殿作为阅览室，其他用作病房。原来存放的农具被扔到外面，有的小农具被美军当作燃料烧了。指挥官占用的大殿墙上被掏了洞，装上了玻璃窗户。

TEMPLE OF AGRICULTURE, PEKING
AMERICAN HEADQUARTERS

8-3-23

编者说明：美军占据先农坛直到中华民国成立。

先农坛内的美军士兵

（1900）

INCIDENT
IN 1900

出　　处：*China in Convulsion*

　　　　　（《动乱中的中国》）

作　　者：Arthur H. Smith

　　　　　（[美] 明恩溥，1845—1932）

出版时间：1901 年

出 版 者：Fleming H. Revell Company (New York)

拍摄时间：1900 年

MAJOR QUINTON (SITTING ON THE EMPEROR'S CHAIR) AND CAPT. MARTIN 1646

8-3-24

编者说明：当时昆顿少校率美军第14步兵团参战。旁边站立者是马丁上尉。

美军少校昆顿坐在皇帝龙椅上

（1900）

INCIDENT
IN 1900

出　　处：*China and the Allies*

　　　　（《中国与八国联军》）

作　　者：A. Henry Savage Landor

　　　　（ [英] 阿诺尔德·亨利·萨维奇·兰多尔，

　　　　1865—1924）

出版时间：1901 年

出 版 者：William Heinemann (London)

摄 影 者：A. Henry Savage Landor

拍摄时间：1900 年

子事变

国联军

领北京之后

GENERAL CHAFFEE AND STAFF MARCHING THROUGH THE FORBIDDEN CITY

8-3-25

编者说明：拍摄位置同样在神武门。

美军查飞将军和军官在紫禁城阅兵
式上（1900）

INCIDENT
IN 1900

出　　处：*China and the Allies*

（《中国与八国联军》）

作　　者：A. Henry Savage Landor

（[英] 阿诺尔德·亨利·萨维奇·兰多尔，

1865—1924）

出版时间：1901 年

出 版 者：William Heinemann (London)

摄 影 者：A. Henry Savage Landor

拍摄时间：1900 年

子事变

国联军
领北京之后

AMERICANS MARCHING THROUGH THE FORBIDDEN CITY

8-3-26

美军官兵在紫禁城阅兵式上

（1900）

INCIDENT
IN 1900

出　　处：*China and the Allies*

　　　　（《中国与八国联军》）

作　　者：A. Henry Savage Landor

　　　　（[英] 阿诺尔德·亨利·萨维奇·兰多尔，

　　　　1865—1924）

出版时间：1901 年

出 版 者：William Heinemann (London)

摄 影 者：A. Henry Savage Landor

拍摄时间：1900 年

JAPANESE MARCHING THROUGH THE FORBIDDEN CITY

8-3-27

编者说明：位置同样在神武门外。当天的阅兵，日军紧随俄军之后。

日军在紫禁城阅兵式中

（1900）

INCIDENT
IN 1900

出　　处：*China and the Allies*

　　　　　（《中国与八国联军》）

作　　者：A. Henry Savage Landor

　　　　　（[英] 阿诺尔德·亨利·萨维奇·兰多尔，

　　　　　1865—1924）

出版时间：1901 年

出 版 者：William Heinemann (London)

摄 影 者：A. Henry Savage Landor

拍摄时间：1900 年

子事变

国联军

领北京之后

A. H. Savage Landor

ITALIAN MARINES AND THEIR OFFICERS

8-3-28

编者说明：拍摄位置同样在神武门外。

意大利海军陆战队官兵在紫禁城阅兵式上（1900）

INCIDENT
IN 1900

出　　处：*China and the Allies*

（《中国与八国联军》）

作　　者：A. Henry Savage Landor

（[英] 阿诺尔德·亨利·萨维奇·兰多尔，

1865—1924）

出版时间：1901 年

出 版 者：William Heinemann (London)

摄 影 者：A. Henry Savage Landor

拍摄时间：1900 年

子事变

国联军
领北京之后

TEMPLE OF HEAVEN,
BRITISH HEADQUARTERS

8-3-29

被临时充作英军指挥部的天坛祈年殿（1900）

INCIDENT
IN 1900

出　　处：*China in Convulsion*

　　　　　（《动乱中的中国》）

作　　者：Arthur H. Smith

　　　　　（[美] 明恩溥，1845—1932）

出版时间：1901 年

出 版 者：Fleming H. Revell Company (New York)

拍摄时间：1900 年

编者说明：1900年8月14日下午，英军顺利攻入广渠门后，派出一支队伍攻占天坛，并将天坛用作军营。

BRITISH AND JAPANESE ENTERING THE IMPERIAL PALACE.

8-3-30

英军和日军进入紫禁城参加阅兵

（1900）

编者说明：从照片看，应是从天安门进入，当天的阅兵从天安门进，从神武门出。上图为英军，主要是印度雇佣兵，下图为日军。

INCIDENT
IN 1900

出　　处：*The War of the Civilisations*

　　　　　（《文明的交锋》）

作　　者：George Lynch

　　　　　（[英] 乔治·林奇，1868—1928）

出版时间：1901 年

出 版 者：Longmans, Green, and Co.

　　　　　(London ; New York ; Bombay)

拍摄时间：1900 年

WELSH FUSILIERS AND INDIAN TROOPS.   SIKHS PLAYING BAGPIPES

8-3-31

英军参加紫禁城阅兵

（1900）

编者说明：原图说明称此为威尔士燧发枪团士兵与印度雇佣军。锡克人演奏风笛。拍摄的依然是自神武门出来时的情形。

INCIDENT
IN 1900

出　　处：*China and the Allies*

（《中国与八国联军》）

作　　者：A. Henry Savage Landor

（[英]阿诺尔德·亨利·萨维奇·兰多尔，

1865—1924）

出版时间：1901 年

出 版 者：William Heinemann (London)

摄 影 者：A. Henry Savage Landor

拍摄时间：1900 年

庚子事变

/

八国联军

占领北京之后

PATHANS GOING THROUGH THE FORBIDDEN CITY

8-3-32

英军印度帕坦人雇佣军在紫禁城阅兵式上（1900）

INCIDENT
IN 1900

出　　处：*China and the Allies*

（《中国与八国联军》）

作　　者：A. Henry Savage Landor

（[英]阿诺尔德·亨利·萨维奇·兰多尔，

1865—1924）

出版时间：1901 年

出 版 者：William Heinemann (London)

摄 影 者：A. Henry Savage Landor

拍摄时间：1900 年

编者说明：拍摄的也是自神武门出来时的情形。

GENERAL GASELEE AND STAFF MARCHING THROUGH THE FORBIDDEN CITY

8-3-33

英军司令官盖斯利和军官们在紫禁城阅兵式上（1900）

INCIDENT
IN 1900

编者说明：同样是阅兵队伍出神武门时的情形。

出　　处：*China and the Allies*

（《中国与八国联军》）

作　　者：A. Henry Savage Landor

（[英]阿诺尔德·亨利·萨维奇·兰多尔，

1865—1924）

出版时间：1901 年

出 版 者：William Heinemann (London)

摄 影 者：A. Henry Savage Landor

拍摄时间：1900 年

SIKHS A-LOOTING.

8-3-34

英国锡克雇佣军的打劫队伍

（1900）

INCIDENT
IN 1900

出　　处：*The War of the Civilisations*

（《文明的交锋》）

作　　者：George Lynch

（［英］乔治·林奇，1868—1928）

出版时间：1901 年

出 版 者：Longmans, Green, and Co.

（London ; New York ; Bombay）

拍摄时间：1900 年

编者说明：照片中可见锡克雇佣军拿着劫掠的东西。原书中说，各国军队中法军抢劫比较厉害，法军占领区看到的中国人都在法军士兵的指挥下车拉肩扛。原书作者曾看到一个军士带着5个苦力抬着一个装满珍贵漂亮工艺品的景泰蓝大花瓶。一些士兵在废墟中搜罗劫余物品。英军和美军占领区比法军和俄军占领区好，但要比日本占领区差好多。这张图片对书名颇具反讽意味。

RUINS OF ANCESTRAL TEMPLE OF PRINCE TUAN

8-3-35

被毁的端王府宗祠

（1900）

INCIDENT
IN 1900

出　　处：*China in Convulsion*

（《动乱中的中国》）

作　　者：Arthur H. Smith

（ [美] 明恩溥，1845—1932）

出版时间：1901 年

出 版 者：Fleming H. Revell Company (New York)

拍摄时间：1900 年

编者说明：端郡王载漪（1856—1922），清嘉庆帝第三子惇亲王绵恺孙。光绪十五年（1889）加郡王衔。光绪十九年任御前大臣。次年封端郡王，同年兼满洲虎神营全营翼长。光绪二十六年慈禧太后曾立其子溥儁为大阿哥，准备废黜光绪帝。义和团运动时，在端王府设有拳坛，利用义和团排外，力主围攻外国使馆。八国联军攻占北京，随慈禧太后西逃，不久因"肇祸"被撤职。光绪二十七年清政府与联军议和，被指为"首祸"，发配新疆。端王府位于今北京育幼胡同西，育幼胡同原名端王府夹道。八国联军攻占北京后，端王府被联军烧毁，照片即当时废墟的一部分。

夷子事变

八国联军
占领北京之后

THE EXPLOSION OF A POWDER MAGAZINE AS PHOTOGRAPHED FROM
COAL HILL

8-3-36

大火引爆了景山附近的弹药库

（1900）

编者说明：照片是原书作者从景山上拍摄的，据原书作者描述，当时景山上作者所在位置西北几百码的地方，突然发生爆炸，白色烟柱和碎片腾空而起，大约有300英尺高。

INCIDENT
IN 1900

出　　处：*China and the Allies*

　　　　（《中国与八国联军》）

作　　者：A. Henry Savage Landor

　　　　（[英] 阿诺尔德·亨利·萨维奇·兰多尔，

　　　　1865—1924 ）

出版时间：1901 年

出 版 者：William Heinemann (London)

摄 影 者：A. Henry Savage Landor

拍摄时间：1900 年

庚子事变
/
八国联军
占领北京之后

TARTAR WALL, LOCATION OF ASTRONOMICAL OBSERVATORY

8-3-37

北京内城墙上被洗劫一空的观象台

（1900）

INCIDENT
IN 1900

出　　处：*China in Convulsion*

　　　　　（《动乱中的中国》）

作　　者：Arthur H. Smith

　　　　　（[美] 明恩溥，1845—1932）

出版时间：1901 年

出 版 者：Fleming H. Revell Company (New York)

拍摄时间：1900 年

编者说明：观象台在今建国门附近，八国联军攻占北京后，法德两国军队将天文仪器瓜分，分别运到各自的公使馆，德军甚至将几大件仪器运回国。后来在中国政府的坚决要求下，两国才把古天文仪器归还。

庚子事变

/

八国联军

占领北京之后

CIRCULAR THRONE HALL IN THE GROUNDS OF THE LAKE PALACE LOOTED BY
ALLIED TROOPS IN 1900.

8-3-38

被八国联军劫掠的北海团城

（1900）

INCIDENT
IN 1900

出　　处：*China Under the Empress Dowager*

　　　　　（《慈禧太后统治下的中国》）

作　　者：J.O.P. Bland & E. Backhouse

　　　　　（[英] 濮兰德，1863—1945；

　　　　　　[英] 巴克斯，1873—1944）

出版时间：1910 年

出 版 者：William Heinemann (London)

摄 影 者：Betines

　　　　　（[德] 利亚公司）

拍摄时间：1900 年

编者说明：当时北海团城上的衍祥门被击毁，承光殿白玉佛身上装饰的珠宝等珍贵物品被掠走，白玉佛左臂留下刀砍痕迹。

THE EASTERN ENTRANCE TO THE LAKE PALACE, AFTER THE FLIGHT OF THE COURT IN 1900.

8-3-39

慈禧太后光绪帝西逃之后的北海东门

（1900）

INCIDENT
IN 1900

出　　处：*Annals & Memoirs of the Court of Peking*

　　　　　（《清室外记》）

作　　者：E. Backhouse and J. O. P. Bland

　　　　　（ [英] 巴克斯，1873—1944，

　　　　　　[英] 濮兰德，1863—1945 ）

出版时间：1914 年

出 版 者：Houghton Mifflin (Boeton)

拍摄时间：1900 年

子事变

国联军
领北京之后

CHINESE PRISONER BEING TAKEN OUT TO BE
SHOT BY JAPANESE SOLDIERS

8-3-40

编者说明：将被枪决者可能是义和团团民或清军士兵。

日军士兵押解中国俘虏执行枪决

（1900）

INCIDENT
IN 1900

出　　处：*China and the Allies*

（《中国与八国联军》）

作　　者：A. Henry Savage Landor

（[英] 阿诺尔德·亨利·萨维奇·兰多尔，

1865—1924）

出版时间：1901 年

出 版 者：William Heinemann (London)

摄 影 者：A. Henry Savage Landor

拍摄时间：1900 年

Execution durch Japaner.

8-3-41

编者说明：远处可见城墙和城楼，处决的地点在城外，掩埋的土坑已经挖好。

日军处死囚犯

（1900）

INCIDENT
IN 1900

出　　处：*Kämpfe in China*

　　　　（《1900—1901 年奥匈帝国在中国的战争》）

作　　者：Theodor Ritter von Winterhalder

　　　　（[奥] 特奥多尔·里特·冯·温特哈尔德，

　　　　1861—1941 ）

出版时间：1902 年

出 版 者：A. Hartleben's Verlag（Wien; Budapest）

拍摄时间：1900 年

BOXER PRISONERS.

Photo, Underwood (Copyright), by permission.

8-3-42

被俘的义和团拳民

（1900）

INCIDENT
IN 1900

出　　处：*China's Dayspring after Thirty Years*

　　　　　（《三十年后中国之觉醒》）

作　　者：Frederick Brown

　　　　　（[英] 宝复礼，b. 1860）

出版时间：1914 年

出 版 者 ：Murray and Evenden Ltd. (London)

编者说明：这些义和团拳民是被美军第6骑兵队俘虏的。据说义和团拳民在快被抓到时会脱下显眼的服装，换上苦力的衣服，照片中赤裸上身的拳民，也许还没来得及换上苦力的衣服。

SAD-FACED CHINESE OFFICIAL

8-3-43

中国官员的悲苦表情

（1900）

INCIDENT
IN 1900

出　　处：*China and the Allies*

（《中国与八国联军》）

作　　者：A. Henry Savage Landor

（[英] 阿诺尔德·亨利·萨维奇·兰多尔，

1865—1924 ）

出版时间：1901 年

出 版 者：William Heinemann (London)

摄 影 者：A. Henry Savage Landor

拍摄时间：1900 年

庚子事变

八国联军

占领北京之后

685

09

京城
即景

SCENERY

OF THE CAPITAL

京城可谓一步一景，移步换景。本章收录 7 类图像，分
别为：塔、牌楼牌坊、街道和商铺、银行、教堂、民俗器物、
京剧人物形象等。

20世纪以前，在西方人眼中，宝塔是中国标志性建筑之一。

著名丹麦作家安徒生在他1839年所写的《天国花园》中，塑造了一位名叫东风的少年，他告诉妈妈说："我刚从中国来——我在宝塔周围跳了一阵舞，把所有的钟都弄得叮当叮当地响起来！"展现在这里的北京宝塔图像便是中国宝塔的缩影。数量虽不多，但形态各异，弥足珍贵，如北京城区现存最古老的地上辽代建筑——天宁寺塔，全国现存最高的金刚宝座塔——西山碧云寺金刚宝座塔，明代通州八景之一、三千里运河岸第一座塔——通州燃灯塔等，均为东方建筑精华，值得我们研究和守护。

PÉKIN. — Pagode au Palais d'été.

9-1-1

八里庄慈寿寺塔及附近建筑

（1887）

编者说明：八里庄慈寿寺塔位于西郊八里庄慈寿寺内。原名永安万寿塔。该塔建于明万历四年（1576）。塔为八角十三檐砖石砌筑密檐式实心塔，高50多米。

SCENERY
OF THE CAPITAL

出　　处：*L'Extreme Orient*

　　　　（《远东》）

作　　者：Paul Bonnetain

　　　　（[法]保罗·博纳坦，1858—1899）

出版时间：1887年

出 版 者：Maison Quantin (Paris)

PAGODA NEAR PEKING

In and around Peking are to be seen many specimens of noble architecture; among which is this beautiful Pagoda, built hundreds of years ago. Such buildings are not erected now, and in some instances they are found standing almost solitary and alone, miles from any great city.

9-1-2

八里庄慈寿寺塔

（1887年前）

编者说明：据原图说明，塔已略有倾斜。此图与上一图几近相同，似是上一图之照片原版，拍摄时间似应在1887年前。

SCENERY
OF THE CAPITAL

出　　处：*Beleaguered in Peking*

（《北京被围记》）

作　　者：Robert Coltman

（[美] 满乐道，1862—1931）

出版时间：1901 年

出 版 者：F. A. Davis Company, Publishers

(Philadelphia)

Peking. Palichuang. Prov. Chihli

Pagoda in the village of Palichuang   Pagode du village de Palitchouang

Pagode im Dorf Palichuang

Pagoda del pueblo de Palichuán   Pagoda nel villaggio di Palichuang

9-1-3

编者说明：与上图对比，可见八里庄慈寿寺塔
临近建筑已不存。

八里庄慈寿寺塔远景

（1906—1909）

SCENERY
OF THE CAPITAL

出　　处：*Picturesque China*

　　　　　（《中国建筑艺术和景观》）

作　　者：Ernst Boerschmann

　　　　　（ [德] 恩斯特·柏施曼，1873—1949 ）

出版时间：1923 年

出 版 者：T. Fisher Unwin Ltd. (London)

摄 影 者：Ernst Boerschmann

拍摄时间：1906—1909 年

京城即景

塔

THE YELLOW TEMPLE, PEKING.

9-1-4

东黄寺

（1880）

SCENERY
OF THE CAPITAL

出　　处：*Among the Mongols*

（《在蒙古人中》）

作　　者：James Gilmour

（[英] 葛雅各，1843—1891）

出版时间：1880 年

出 版 者：Religious Tract Society (London)

编者说明：图为北京东黄寺大殿。黄寺位于北京安定门外，因有东、西两个黄寺，所以也叫双黄寺。东黄寺又名普净禅林，建于清顺治八年（1651）。

MONUMENT, OR TOPE, OF A LAMA: HWANG SZ', PEKING.

9-1-5

西黄寺清净化域金刚宝座塔侧面远景（1876）

SCENERY
OF THE CAPITAL

出　　处：*The Middle Kingdom*
　　　　　（《中国总论》）

作　　者：S. Wells Williams
　　　　　（[美] 卫三畏，1812—1884）

出版时间：1883 年

出 版 者：W. H. Allen & Co.（London）

编者说明：清净化域金刚宝座塔，位于安定门外西北西黄寺内，乾隆四十七年（1782）建，是为班禅六世建立的衣冠冢。清净化域金刚宝座塔建在3米高的石座上，共有5座塔，正中一塔高15米，为藏传佛教式，四周有4个经幢式密檐小塔。

Monument de marbre, au nord de Pékin.

9-1-6

西黄寺清净化域金刚宝座塔正面近景（1887）

SCENERY
OF THE CAPITAL

出　　处：*L'Extreme Orient*

　　　　（《远东》）

作　　者：Paul Bonnetain

　　　　（[法] 保罗·博纳坦，1858—1899）

出版时间：1887 年

出 版 者：Maison Quantin (Paris)

BUDDHIST TEMPLE, PEKING

9-1-7

西黄寺清净化域金刚宝座塔

（1901）

SCENERY
OF THE CAPITAL

出　　处：*China in Convulsion*

　　　　　（《动乱中的中国》）

作　　者：Arthur H. Smith

　　　　　（[美] 明恩溥，1845—1932）

出版时间：1901 年

出 版 者：Fleming H. Revell Company (New York)

编者说明：留辫游人为照片做了形象的注解，从游人的服装和树上枝叶的情况看来，应在春季或初秋时节。

Dagoba at the Yellow Temple, Peking.

9-1-8

西黄寺清净化域金刚宝座塔石雕

（1908）

编者说明：西黄寺清净化域金刚宝座塔之藏传佛教式中央主塔，可见塔身浮雕。原图说明文字中"Dagoba"应为"Pagoda"之误。

SCENERY
OF THE CAPITAL

出　　处：*A Wandering Student in the Far East*

（《远东游记》）

作　　者：Lawrence John Lumley Dundas, 2nd

Marquess of Zetland

（[英] 邓达斯，1871—1961）

出版时间：1908 年

出 版 者：William Blackwood (Edinburgh; London)

Peking — Marble Pagode in the Yellow Temple

9-1-9

西黄寺清净化域金刚宝座塔正面远景（1909）

SCENERY
OF THE CAPITAL

出　　处：*Guide to Peking and Neighborhood*

（《北京及周边地理指南》）

作　　者：Hans Bahlke, General Merchat

（德胜洋行）

出版时间：1909 年

出 版 者：Tageblatt Für Nord-China, G.m.b.H

(Tientsin)

STÛPA IN THE YELLOW TEMPLE: HUANG SSŬ.

9-1-10

编者说明：西黄寺清净化域金刚宝座塔的侧面，拍摄时间应是初春。

西黄寺清净化域金刚宝座塔侧面近景（1909）

SCENERY
OF THE CAPITAL

出　　处：*The New China: A Traveller's Impressions*

　　　　（《晚清游记》）

作　　者：Henri Borel

　　　　（[荷] 亨利·博雷尔，1869—1933）

出版时间：1912 年

出 版 者：Dodd Mead and Co.(New York)

摄 影 者：Henri Borel

拍摄时间：1909 年

城即景

Peking. Tien ning sze. Prov. Chihli

Pagoda in the Monastery of Celestial Peace   Pékin. Pagode du Couvent de la Paix Céleste

Pagode im Kloster des himmlischen Friedens

Pagoda en el Monasterio de la Paz Celeste   Pagoda nel Convento della Pace Celeste

9-1-11

天宁寺塔

（1906—1909）

SCENERY
OF THE CAPITAL

出　　处：*Picturesque China*

　　　　　（《中国建筑艺术和景观》）

作　　者：Ernst Boerschmann

　　　　　（ [德] 恩斯特·柏施曼，1873—1949 ）

出版时间：1923 年

出版者：T. Fisher Unwin Ltd. (London)

摄影者：Ernst Boerschmann

拍摄时间： 1906—1909 年

编者说明：天宁寺塔位于广安门外，高57.8米，八角十三层，为典型的辽金密檐式塔，造型优美，是古代建筑设计的一个杰作。

成即景

TUNG-CHOW PAGODA.

9-1-12

通州燃灯塔

（1902）

SCENERY
OF THE CAPITAL

出　　处：*China and the Powers*

　　　　（《庚子事变与八国联军》）

作　　者：H. C. Thomson

　　　　（[英] H. C. 汤姆森）

出版时间：1902 年

出 版 者：Longmans, Green, and Co. (London)

编者说明：燃灯塔为明代通州八景之一，位于京杭大运河北端西畔。燃灯塔为八角十三层砖木结构密檐式塔，始建于北周，后经历数次重建和修缮。1987年重修塔顶。塔全高约56米，乃北京地区最高之塔，也是三千里运河岸第一座塔。

城即景

WU-T'A SSŬ TEMPLE, DUPLICATE OF THE TEMPLE MAHABODHI IN BUDDHA-GAYA.

9-1-13

五塔寺金刚宝座塔

（1909）

编者说明：五塔寺又名真觉寺，位于西直门外白石桥以东长河北岸，始建于明永乐年间。真觉寺有塔5座，塔建于高台之上，五塔代表五方佛主，故真觉寺俗称五塔寺。

SCENERY
OF THE CAPITAL

出　　处：*The New China: A Traveller's Impressions*

　　　　　（《晚清游记》）

作　　者：Henri Borel

　　　　　（[荷] 亨利·博雷尔，1869—1933）

出版时间：1912 年

出 版 者：Dodd Mead and Co.(New York)

摄 影 者：Henri Borel

拍摄时间：1909 年

城即景

The Marble Pagoda

La Pagoda de Mármol

Die Marmorpagode im Kloster der blaugrünen Wolken

La Pagode de Marbre

La Pagoda del Marmi

Peking. Si shan. Pi yün sze. Prov. Chihli

9-1-14

西山碧云寺金刚宝座塔远景

（1906—1909）

SCENERY
OF THE CAPITAL

出　　处：*Picturesque China*

　　　　　（《中国建筑艺术和景观》）

作　　者：Ernst Boerschmann

　　　　　（ [德] 恩斯特·柏施曼，1873—1949 ）

出版时间：1923 年

出版者：T. Fisher Unwin Ltd. (London)

摄影者：Ernst Boerschmann

拍摄时间：1906—1909 年

编者说明：西山碧云寺金刚宝座塔建于清乾隆十三年（1748），由一方形塔座和五座方形密檐式塔及两座覆钵式塔组成。据说是仿西直门外五塔寺的金刚宝座塔修建。高约34.7米，为国内现存最高的金刚宝座塔。塔身布满了大小佛像、天王、龙凤狮象和云纹等浮雕。图为西山环抱中的宝塔。

Peking. Si shan. Pi yün sze. Prov. Chihli

Uppermost platform of the Marble Pagoda   Plate-forme supérieure de la Pagode de Marbre

Oberste Plattform der Marmorpagode

Última plataforma de la Pagoda de Mármol   Plattaforma superiore della Pagoda dei Marmi

9-1-15

西山碧云寺金刚宝座塔和塔上的
浮雕（1906—1909）

SCENERY
OF THE CAPITAL

出　　处：*Picturesque China*

　　　　　（《中国建筑艺术和景观》）

作　　者：Ernst Boerschmann

　　　　　（[德] 恩斯特·柏施曼，1873—1949）

出版时间：1923 年

出 版 者：T. Fisher Unwin Ltd. (London)

摄 影 者：Ernst Boerschmann

拍摄时间：1906—1909 年

编者说明：此图右边可见中间密檐大宝塔及小塔根部浮雕，最左边是一覆钵式塔的下部佛雕，为千手观音像，中部可见方形金刚宝座塔的根部及浮雕，右下可见护栏及上面的雕刻。

在一张照片之中，容纳了丰富的内容和细节，是为精品。

PAGODA AT YUAN-MING-YUAN, NEAR PEKING

9-1-16

清漪园多宝琉璃塔

（1860）

SCENERY
OF THE CAPITAL

出　　处：*China*

　　　　　（《中国》）

作　　者：Robert K. Douglas

　　　　　（[英] 道格拉斯，1838—1913）

出版时间：1899 年

出 版 者：T. Fisher Unwin (London)

摄 影 者：Felice Beato

　　　　　（费利斯·比托，1832—1909）

拍摄时间：1860 年

编者说明：原图说明中标明此为圆明园的塔，但圆明园的法慧寺多宝琉璃塔顶部是三重檐圆攒尖顶，非图上八角攒尖顶。照片上应为清漪园万寿山后山坡上的多宝琉璃塔。原书作者道格拉斯为英国公使馆领事，汉学家，1858年来华，1865年回国后任职博物馆和高校，从事汉籍的整理及中文教学等工作。

城即景

Ouane-cheou-chane (côté nord) (voy. p. 222). — Dessin de Taylor, d'après une aquarelle de l'auteur.

9-1-17

清漪园多宝琉璃塔

（1876）

编者说明：清漪园万寿山后山坡上的多宝琉璃塔，为七级八角形塔，高约16米，塔身用五色琉璃镶砌。

SCENERY
OF THE CAPITAL

出　　处：*Le Tour du Monde, Nouveau Journal des Voyages*

（《周游世界之新航海日志》）

作　　者：Édouard Charton

（［法］爱德华·沙尔东，1807—1890）

出版时间：1876 年

出 版 者：Hachette (Pairs)

绘 图 者：Taylor

（［法］泰勒）

ON THE ROAD FROM PEKING TO THE SUMMER PALACE

9-1-18

编者说明：图片是在万寿山后山多宝琉璃塔旁由南向北拍摄的，可见颐和园北宫门。

颐和园多宝琉璃塔

（1905）

SCENERY
OF THE CAPITAL

出　　处：*With the Empress Dowager of China*

　　　　　（《慈禧写照记》）

作　　者：Katharine A. Carl

　　　　　（[美] 柯姑娘，1858—1938）

出版时间：1905 年

出 版 者：The Century Co. (New York)

PÉKIN. — Environs du Palais d'été.

9-1-19

玉泉山玉峰塔及华藏海石塔远眺

（1887）

编者说明：玉泉山及玉峰塔，近处可见湖中的残荷、青草，远处山上可见蜿蜒的山路，山顶的寺院也依稀可见。

SCENERY
OF THE CAPITAL

出　　处：*L'Extreme Orient*

（《远东》）

作　　者：Paul Bonnetain

（[法]保罗·博纳坦，1858—1899）

出版时间：1887 年

出 版 者：Maison Quantin (Paris)

京城即景

/

塔

Abb. 155.   Marmorpagode im Sommerpalast bei Peking.

9-1-20

玉泉山华藏海石塔和玉峰塔

（1909）

SCENERY
OF THE CAPITAL

出　　处：*Rund um Asien*

　　　　　（《环亚游记》）

作　　者：Philipp Bockenheimer

　　　　　（[德] 菲利普·博肯海默，1875—1933）

出版时间：1909 年

出 版 者：Verlag von Klinkhardt & Biermann

　　　　　(Leipzig)

编者说明：两塔均建于乾隆年间。近处一座是玉泉山南山坡的华藏海石塔，八角七层，塔身全部用汉白玉石雕砌。远处一座是玉泉山顶的玉峰塔。据说此塔是仿江苏镇江金山的江天寺慈寿塔而建，八角七层，高30多米。

京城即景
/
塔

Pagode near Summer Palace

9-1-21

玉泉山华藏海石塔和玉峰塔及游人

（1909）

编者说明：民国前夕拍摄的玉泉山华藏海石塔和玉峰塔，可见华藏海石塔塔身浮雕。两位游人似为西方女性。

SCENERY
OF THE CAPITAL

出　　处：*Guide to Peking and Neighborhood*

　　　　　（《北京及周边地理指南》）

作　　者：Hans Bahlke, General Merchat

　　　　　（德胜洋行）

出版时间：1909 年

出 版 者：Tageblatt Für Nord-China, G.m.b.H

　　　　　(Tientsin)

Pagode near Peking

9-1-22

玉泉山玉峰塔

（1909）

SCENERY
OF THE CAPITAL

出　　处：*Guide to Peking and Neighborhood*

　　　　（《北京及周边地理指南》）

作　　者：Hans Bahlke, General Merchat

　　　　（德胜洋行）

出版时间：1909 年

出 版 者：Tageblatt Für Nord-China, G.m.b.H

　　　　(Tientsin)

Plate 208. Yü Ch'üan Shan. Pagodas in the abandoned park; the one in front is
covered with glazed tiles whose bright colors stand out against the deep verdure.

9-1-23

玉泉山玉峰塔和圣缘寺琉璃塔

（1921—1923）

SCENERY
OF THE CAPITAL

出　　处：*Gardens of China*

　　　　（《中国园林》）

作　　者：Osvald Sirén

　　　　（[瑞典] 喜龙仁，1879—1966）

出版时间：1949 年

出 版 者：The Ronald Press Company (New York)

摄 影 者：Osvald Sirén

拍摄时间：1921—1923 年

编者说明：照片上前面（右侧）为玉泉山圣缘寺琉璃塔，后面（左侧）为玉泉山玉峰塔。喜龙仁在说明文字中标注，拍摄时玉泉山已成废园。废墟旁的松树茂盛遒劲，玉峰塔和圣缘寺琉璃塔古朴秀美依旧。

京城即景

著

牌坊，亦称牌楼。本节对于牌坊和牌楼的称呼不做区别。

中国牌坊的历史，据说最早可追溯到春秋战国时期。最初，牌坊的功能是类似乡村街道中"门"的通行作用，据考是从古代指路的华表演变而来。逐渐地，由于环境变迁，又作为地方性的标志性建筑而存在。本节的牌坊主要为题名坊，是作为建筑景观前的标志性建筑。在北京的牌坊图像中，著名景观如明十三陵、雍和宫、颐和园等的题名坊十分壮观。清代不少地方牌坊文化的兴盛，还带动了牌坊制作工艺的发展，展现在此的不少古牌坊造型之雄伟，构造之精巧，雕刻之工丽，使人叹为观止。另有一座特殊的牌坊历经变迁，即清廷为德国克林德公使（Baron von Ketteler）在其被义和团所杀地点修建了一座品级上乘的石牌坊，诉说着近现代中外关系错综复杂的历史。

Marble Bridge in the Imperial Palace, at the Time of the Occupation by the Allies in 1900.

9-2-1

北海金鳌玉蝀桥牌坊

（1900）

编者说明：金鳌玉蝀桥两端原有明朝建的牌坊，图为桥西端牌坊，匾额为"金鳌"。桥东牌坊的匾额为"玉蝀"。据原图说明，这是1900年联军占领时期的石桥。

SCENERY
OF THE CAPITAL

出　　处：*Annals & Memoirs of the Court of Peking*

（《清室外记》）

作　　者：E. Backhouse and J. O. P. Bland

（［英］巴克斯，1873—1944；

［英］濮兰德，1863—1945）

出版时间：1914 年

出 版 者：Houghton Mifflin (Boston)

拍摄时间：1900 年

城即景

楼

坊

From a Photograph by Signor Beato.   Published by Smith Elder & C.º 65 Cornhill, London. 1861   Day & Son, Lith.ʳˢ to the Queen.

GRAND ENTRANCE OF THE WINTER PALACE, PEKIN.

9-2-2

大高玄殿牌楼及木阁

（1861）

SCENERY
OF THE CAPITAL

出　　处：*Narrative of the North China Campaign of*

　　　　　1860

　　　　　（《1860 年华北战役纪要》）

作　　者：Robert Swinhoe

　　　　　（[英] 郇和，1836—1877）

出版时间：1861 年

出 版 者：Smith, Elder and Co. (London)

编者说明：大高玄殿位于景山西侧，北海的东侧，原来属于皇城，是明清皇家道观，始建于明嘉靖二十一年（1542）。图为大高玄殿的东牌楼和旁边的木阁。可见木阁结构类似故宫角楼，非常精美。

THE IMPERIAL WINTER PALACE AT PEKING.

9-2-3

大高玄殿牌楼及木阁

（1867）

SCENERY
OF THE CAPITAL

出　　处：*Social Life of the Chinese*

　　　　　（《中国人的社会生活》）

作　　者：Rev. Justus Doolittle

　　　　　（ [美] 卢公明，1824—1880 ）

出版时间：1867 年

出 版 者：Harper & Brothers Publishers (New York)

编者说明：该图与上图大致相同，应为大高玄殿牌楼及木阁草图。

民天俗教

Arc de triomphe et temples près de Pékin.

1744

9-2-4

大高玄殿牌楼

（1887）

编者说明：大高玄殿西牌楼，可见牌楼正面（西面）匾额为"弘佑天民"。背面（东面）匾额为"太极仙林"。

SCENERY
OF THE CAPITAL

出　　处：*L'Extreme Orient*

（《远东》）

作　　者：Paul Bonnetain

（[法] 保罗·博纳坦，1858—1899）

出版时间：1887 年

出 版 者：Maison Quantin (Paris)

PORCELAIN PAILOW BEFORE THE HALL OF CLASSICS.

9-2-5

国子监琉璃牌楼

（1900）

SCENERY
OF THE CAPITAL

出　　处：*China, the Long-Lived Empire*

　　　　　（《中国，悠久帝国》）

作　　者：Eliza Ruhamah Scidmore

　　　　　（［美］西德莫尔，1856—1928）

出版时间：1900 年

出 版 者：The Century Co. (New York)

编者说明：北京国子监位于安定门内，与孔庙相邻，是元、明、清三代国家设立的最高学府和教育行政管理机构，又称"太学""国学"，建于元至大元年（1308）。图为国子监前琉璃牌楼。

ARCH IN THE TEMPLE OF CONFUCIUS

9-2-6

国子监琉璃牌楼

（1906）

编者说明：国子监琉璃牌楼建于清乾隆五十年（1785）。牌楼南面匾额为"圜桥教泽"，北面匾额为"学海节观"。

SCENERY
OF THE CAPITAL

出　　处：*China and Her People*

　　　　　（《大清国及其子民》）

作　　者：Charles Denby

　　　　　（[美]田贝，1830—1904）

出版时间：1906 年

出 版 者：L. C. Page & Company (Boston)

城即景

楼

坊

9-2-7

国子监琉璃牌楼

（1908）

SCENERY
OF THE CAPITAL

出　　处：*China: Its Marvel and Mystery*

（《中华奇观》）

作　　者：T. Hodgson Liddell

（[英] 李通和，1860—1925）

出版时间：1910 年

出 版 者：John Lane Company (New York)

绘 图 者：T. Hodgson Liddell

绘制时间：1908 年

成即景

娄

方

Peking. Si shan. Tsíng i yüan. Prov. Chihli
Coloured glazed gate in the Western Hills near Peking   Porte vernissée en couleurs variées, dans les Montagnes d'Ouest près de Pékin
Buntglasiertes Tor in den Westbergen bei Peking
Puerta vidrida en colores en las Montañas al Oeste de Pekín   Porta policroma smaltata nelle Montagne Occidentali presso Pechino

9-2-8

香山昭庙琉璃牌坊

（1906—1909）

SCENERY
OF THE CAPITAL

出　　处：*Picturesque China*

　　　　　（《中国建筑艺术和景观》）

作　　者：Ernst Boerschmann

　　　　　（[德] 恩斯特·柏施曼，1873—1949）

出版时间：1923 年

出 版 者：T. Fisher Unwin Ltd. (London)

摄 影 者：Ernst Boerschmann

拍摄时间：1906—1909 年

编者说明：香山昭庙建于乾隆四十五年（1780），是为西藏六世班禅进京向乾隆帝祝寿而建。牌楼上方刻有满藏汉蒙4种文字的题额，东面题额为"法源演庆"，西面题额为"慧照腾辉"。

城即景

楼

坊

STONE GATEWAY IN THE TEMPLE OF HEAVEN

9-2-9

天坛棂星门

（1900）

编者说明：天坛圜丘外面有两重墙墙，四面各有棂星门，都是六柱三门，共有24座棂星门，称为"云门玉立"。该照片摄于庚子事变期间，可见双重棂星门以及周边丛生的杂草。

SCENERY
OF THE CAPITAL

出　　处：*China and the Allies*

（《中国与八国联军》）

作　　者：A. Henry Savage Landor

（[英]阿诺尔德·亨利·萨维奇·兰多尔，

1865—1924）

出版时间：1901 年

出 版 者：William Heinemann (London)

摄 影 者：A. Henry Savage Landor

拍摄时间：1900 年

京城即景

牌楼

牌坊

Ehrenpforte in Wan-schu-schan.

9-2-10

颐和园云辉玉宇牌楼

（1900）

SCENERY
OF THE CAPITAL

出　　处：*China und Japan*

　　　　　（《中国和日本通览》）

作　　者：Ernst von Hesse-Wartegg

　　　　　（[美] 海司，1851—1918）

出版时间：1900 年

出 版 者：J. J. Weber (Leipzig)

编者说明：万寿山前四柱三门七楼大牌楼，位于昆明湖北岸，是万寿山景区的起点。牌楼顶覆黄色琉璃瓦，并有金龙和玺彩画，富丽堂皇。照片上为牌楼北侧，匾额题有"云辉玉宇"，南侧题有"星拱瑶枢"。 牌楼始建于乾隆年间，曾毁于1860年英法联军的大火，光绪年间慈禧太后修建颐和园时复建。

PAILOU IN GROUNDS OF SUMMER PALACE—ON THE SHORE OF THE LAKE

9-2-11

编者说明：万寿山前云辉玉宇牌楼，匾额上"云辉玉宇"四字绘制得惟妙惟肖。

颐和园云辉玉宇牌楼

（1903）

SCENERY
OF THE CAPITAL

出　　处：*With the Empress Dowager of China*

　　　　（《慈禧写照记》）

作　　者：Katharine A. Carl

　　　　（[美] 柯姑娘，1858—1938）

出版时间：1905 年

出 版 者：The Century Co. (New York)

绘 图 者：Katharine A. Carl

绘制时间：1903 年

京城即景
/
牌楼
牌坊

9-2-12

颐和园云辉玉宇牌楼

（1908）

SCENERY
OF THE CAPITAL

出　　处：*China: Its Marvel and Mystery*

　　　　（《中华奇观》）

作　　者：T. Hodgson Liddell

　　　　（[英] 李通和，1860—1925 ）

出版时间：1910 年

出 版 者：John Lane Company (New York)

绘 图 者：T. Hodgson Liddell

绘制时间：1908 年

编者说明：颐和园云辉玉宇牌楼西北侧彩绘。透过牌楼门可见十七孔桥和南湖岛的涵虚堂。

京城即景

/

牌楼

牌坊

GATEWAY OF LAMA TEMPLE

9-2-13

雍和宫牌楼

（1901）

SCENERY
OF THE CAPITAL

出　　处：*The Lore of Cathay*

　　　　（《花甲记忆》）

作　　者：W. A. P. Martin

　　　　（[美] 丁韪良，1827—1916）

出版时间：1901 年

出 版 者：Oliphant, Anderson & Ferrier

　　　　（Edinburgh; London）

编者说明：雍和宫正门"寰海尊亲"牌楼，北面题额为"群生仁寿"，均为乾隆帝所题。建于乾隆九年（1744），三间九楼，通高约10米，面阔约12米，庑殿顶，黄琉璃瓦，各条屋脊上有仙人、走兽、吻兽等。此牌楼是中国宫庙建筑里面等级规制最高的一个牌楼。图上可见10余位游览的留辫清人。

Ming Tombs

9-2-14

明十三陵陵门石牌坊

（1909）

SCENERY
OF THE CAPITAL

编者说明：明十三陵石牌坊，为陵区南入口。牌坊高14米，宽约28米，五间十一楼，彩绘，是全国现存最大的六柱无字石牌坊。其上巨大的汉白玉石构件和精美的石雕工艺堪称一绝。

出　　处：*Guide to Peking and Neighborhood*

（《北京及周边地理指南》）

作　　者：Hans Bahlke, General Merchat

（德胜洋行）

出版时间：1909 年

出 版 者：Tageblatt Für Nord-China, G.m.b.H

(Tientsin)

京城即景

牌楼

牌坊

MONUMENT OF BARON KETTELER

9-2-15

克林德牌坊

（1906）

SCENERY
OF THE CAPITAL

出　　处：*China and Her People*

（《大清国及其子民》）

作　　者：Charles Denby

（[美] 田贝，1830—1904 ）

出版时间：1906 年

出 版 者：L. C. Page & Company (Boston)

编者说明：克林德（Baron Kettler，1853—1900），1899年任德国驻华公使，1900年在去总理衙门"抗议"途经东单牌楼时被杀死。清政府为此被迫在其被枪杀处建立牌坊。1919年克林德牌坊被移至北京中央公园（今中山公园）内，改名"公理战胜坊"，新中国成立后更名为"保卫和平坊"。

京城即景

/

牌楼

牌坊

[To face Chap. IV

STREET SCENE—PEKING.

1768

9-2-16

街道牌楼

（1900）

SCENERY
OF THE CAPITAL

出　　处：*China in Decay, The Story of a*
　　　　　Disappearing Empire
　　　　　（《衰退中的中国》）

作　　者：Alexis S. Krausse
　　　　　（[英] 克劳斯，1859—1904）

出版时间：1900 年

出 版 者：Chapman & Hall, Ltd. (London)

编者说明：在老北京的街道上，曾竖立着不少牌楼，目前虽然所剩无几，但仍有地名可寻。最典型的街道牌楼有：东四牌楼和西四牌楼；东单牌楼和西单牌楼；东、西长安街牌楼；前门五牌楼；等等。图片为清末的北京牌楼，样式似东四或西四牌楼。原书作者克劳斯为英国来华新闻记者。

京城即景
/
牌楼
牌坊

Façade de pagode à Pékin.

9-2-17

编者说明：北京一家香店门面的牌楼，木雕精美，既是建筑，也是商家广告。

商铺店面牌楼

（1887）

SCENERY
OF THE CAPITAL

出　　处：*L'Extreme Orient*

　　　　　（《远东》）

作　　者：Paul Bonnetain

　　　　　（[法] 保罗·博纳坦，1858—1899）

出版时间：1887 年

出 版 者：Maison Quantin (Paris)

街道直接反映了当地的风土人情，在关于中国的西文图书中，此类图片比较常见。由于街道两边的商铺往往成为图像的聚焦，所以本节将街道和商铺合在一起体现。北京的街道颇具时代气息和地方特色，不仅能够反映时代的变迁，而且京味儿浓郁，传承北方文化的传统。前门大街是西文文献中北京乃至中国街道中出图出镜最多的街道，从中可以了解昔日京城的繁华和喧腾。前门大街接地气的平民生活气息，与本书其他章节中皇宫御苑的肃穆氛围形成了强烈对照。

总体而言，北京的商业街道多较宽阔，商铺多为传统的店铺，现代化的店铺在图像中体现不多。但清末民初时，京城的主要街道行人和车马已分流，安装了路灯，方便汽车等交通工具的行驶，这些都透露出走向现代的气息。

Grande rue Hata-mène-ta-kié. — Dessin de H. Clerget, d'après une photographie du docteur Morache.

9-3-1

哈德门大街

（1876）

SCENERY
OF THE CAPITAL

出　　处：*Le Tour du Monde, Nouveau Journal des Voyages*

（《周游世界之新航海日志》）

作　　者：Édouard Charton

（[法]爱德华·沙尔东，1807—1890）

出版时间：1876 年

出 版 者：Hachette (Paris)

绘 图 者：H. Clerget

（[法] H. 克莱热）

编者说明：崇文门俗称哈德门。哈德门大街，明代称崇文门大街，清代称崇文门外大街。图像上的街道未经整修，两旁的房屋杂乱无章。据原图说明，图像是克莱热根据莫拉克医生的照片绘制的。

Hatamen-Boulevard, jetzt Ketteler-Strasse in Peking.

9-3-2

哈德门大街

（1900年前后）

SCENERY
OF THE CAPITAL

出　　处：*Kämpfe in China*

　　　　（《1900—1901 年奥匈帝国在中国的战争》）

作　　者：Theodor Ritter von Winterhalder

　　　　（[奥] 特奥多尔·里特·冯·温特哈尔德，

　　　　1861—1941 ）

出版时间：1902 年

出 版 者：A. Hartleben's Verlag（Wien; Budapest ）

拍摄时间：1900 年前后

城即景

道

铺

Peking — Hata-men Street

9-3-3

哈德门大街

（1909）

SCENERY

OF THE CAPITAL

出　　处：*Guide to Peking and Neighborhood*

（《北京及周边地理指南》）

作　　者：Hans Bahlke, General Merchat

（德胜洋行）

出版时间：1909 年

出 版 者：Tageblatt Für Nord-China, G.m.b.H

(Tientsin)

编者说明：清末哈德门大街，已成繁华的商业街。道路宽阔，路面已重新铺设，分有车道和人行道，街边建筑较为齐整，可见新建楼房。

京城即景，街道和商铺

LOO-MAN-TZE STREET, PEKING.

1780

9-3-4

骡马市大街

（1905）

SCENERY

OF THE CAPITAL

出　　处：*John Chinaman at Home*

　　　　　（《中国人行为方式和事物概述》）

作　　者：E. J. Hardy

　　　　　（[英] 哈迪，1849—1920 ）

出版时间：1905 年

出 版 者：T. Fisher Unwin (London)

编者说明：骡马市大街，清代繁华的商业街道之一。骡马市之名当与最初的骡马牲畜交易有关。

京城即景

街道

店铺

STREET SCENE IN PEKIN, CHINA.

9-3-5

前门大街远景

（1900）

SCENERY
OF THE CAPITAL

出　　处：*China, The Orient and the Yellow Man*

　　　　　（《中国：东方国度与黄种民族》）

作　　者：Henry Davenport Northrop

　　　　　（［美］亨利·达文波特·诺斯洛普，

　　　　　1836—1909）

出版时间：1900 年

出 版 者 ：George W. Bertron (Washington, D.C.)

编者说明：前门大街，即正阳门大街，明、清两代为皇帝赴天坛祭天、先农坛演耕必经之路，也是京城主要的商业街。图中可见高大的五牌楼，正阳桥上供租用的带篷驴车、马车等。

城即景

道

铺

Peking.

9-3-6

前门大街近景

（1901）

SCENERY
OF THE CAPITAL

出　　处：*China und die Chinesen*

　　　　（《中国和中国人》）

作　　者：Bruno Navarra

　　　　（[德] 布鲁诺·纳瓦拉，1850—1911）

出版时间：1901 年

出 版 者：M. Nössler (Bremen)

编者说明：热闹的前门大街，来往的车马人流，不少搭凉棚的摊位，正阳桥中间被各种摊点占据。

城即景

道

铺

A STREET IN THE CHINESE CITY, PEKIN

9-3-7

前门大街

（1903）

SCENERY

OF THE CAPITAL

编者说明：清末的前门大街，应是在牌楼南面向北拍摄。原书作者卡瑟利为爱尔兰人，英国军官，随八国联军入侵中国。

出　　处：*The Land of the Boxers*

　　　　　（《义和团与八国联军》）

作　　者：Gordon Casserly

　　　　　（[英] 高登·卡瑟利，1869—1947 ）

出版时间：1903 年

出 版 者：Longmans, Green, and Co.

　　　　　(London; New York; Bombay)

京城即景

街道

和

商铺

Abb. 146. Die Chien=men San=tau Brücke in Peking.

9-3-8

编者说明：在前门箭楼上往南所摄前门大街样貌及京城繁华景象。

前门大街全景

（1909）

SCENERY
OF THE CAPITAL

出　　处：*Rund um Asien*

　　　　　（《环亚游记》）

作　　者：Philipp Bockenheimer

　　　　　（ [德] 菲利普·博肯海默，1875—1933 ）

出版时间：1909 年

出 版 者：Verlag von Klinkhardt & Biermann

　　　　　（Leipzig）

京城即景

／

街道

和

商铺

THE CH'IEN MÊN STREET.

9-3-9

前门大街

（1909）

SCENERY
OF THE CAPITAL

出　　处：*The New China: A Traveller's Impressions*

（《晚清游记》）

作　　者：Henri Borel

（[荷]亨利·博雷尔，1869—1933）

出版时间：1912 年

出 版 者：Dodd Mead and Co.(New York)

摄 影 者：Henri Borel

拍摄时间：1909 年

Ch'ien Men
View from the outer tower over the new bridge and the main street of the outer city

9-3-10

编者说明：民国时期的前门大街，可见正阳桥已重新修建，楼房也鳞次栉比。

前门大街

（1921—1923）

SCENERY
OF THE CAPITAL

出　　处：*Walls and Gates of Peking*

　　　　（《北京的城墙和城门》）

作　　者：Osvald Sirén

　　　　（[瑞典] 喜龙仁，1879—1966）

出版时间：1924 年

出 版 者：John Lane The Bodley Head Limited

　　　　（London）

摄 影 者：Osvald Sirén

拍摄时间：1921—1923 年

京城即景

/

街道

和

商铺

LE PONT LOU-KEOU-K'IAO

Pulisanghin de Marco-Polo.

9-3-11

卢沟桥

（1879）

SCENERY
OF THE CAPITAL

出　　处：*Recherches archéologiques et historiques sur Pékin et ses environs*

（《北京及周边地区的考古历史研究》）

作　　者：Èmilij Vasil'evič Bretšnejder

（［俄］贝勒，1833—1901）

出版时间：1879 年

出 版 者：Kegan Paul, Trench, Trubner & Co., Ltd.

(London)

编者说明：卢沟桥位于北京西南永定河上，是现存最古老的石造联拱桥。1937年7月7日，日本帝国主义在此发动全面侵华战争，史称"卢沟桥事变"（亦称"七七事变"）。中国抗日军队在卢沟桥打响了全面抗战的第一枪。原书作者贝勒1866—1883年任俄国驻华公使馆医师。

Drawn by T. Allom. Engraved by F. F. Walker.

Show-room of a Lantern Merchant, at Peking.

Marchand de lanternes à Pékin. Musterzimmer eines Laternenhändlers.

9-3-12

灯笼店

（1843）

SCENERY
OF THE CAPITAL

出　　处：*China, in a Series of Views, Displaying the Scenery, Architecture, and Social Habits, of that Ancient Empire*

（《中国：那个古代帝国的风景、建筑和社会习俗》）

作　　者：Thomas Allom

（[英] 托马斯·阿勒姆，1804—1872）

　G. N. Wright

（[英] 赖特，1790—1877）

出版时间：1843 年

出 版 者：Fisher, Son, & Co. (London)

绘 图 者：Thomas Allom

编者说明：灯笼是中国历史悠久的日用品和艺术制作。图中清代北京的灯笼店品种丰富，形制多样。灯笼上都有图绘，左边立地式的灯柱上有双蛇盘旋，吊挂着的有元宵节的龙灯、鲤鱼灯。一老者正在灯罩上绘制画样。

Cat Merchants and Tea Dealers at Tong-Chow.

(The Port of Peking.)

Marchands des chats et marchands du thé à Tong-chow.

Katzenhändler und Theehändler zu Tong-Chow.

(Le Port de Peking.)

(Hafen von Peking.)

FISHER, SON & CO. LONDON & PARIS.

1798

9-3-13

通州街上的卖猫者和卖茶者

（1843）

编者说明：卖猫人背着猫笼，似正和有意买者兜售；左侧有一卖茶人，正手捧茶杯请人品茶；右侧可见通州燃灯塔。

SCENERY
OF THE CAPITAL

出　　处：*China, in a Series of Views, Displaying the Scenery, Architecture, and Social Habits, of that Ancient Empire*

（《中国：那个古代帝国的风景、建筑和社会习俗》）

作　　者：Thomas Allom

（[英] 托马斯·阿勒姆，1804—1872）

G. N. Wright

（[英] 赖特，1790—1877）

出版时间：1843 年

出 版 者：Fisher, Son, & Co. (London)

绘 图 者：Thomas Allom

STREET PANORAMA, PEKING

9-3-14

街头拉洋片

（1883）

SCENERY
OF THE CAPITAL

出　　处：*The Middle Kingdom*

　　　　　（《中国总论》）

作　　者：S. Wells Williams

　　　　　（[美] 卫三畏，1812—1884）

出版时间：1883 年

出 版 者：W. H. Allen & Co.（London）

编者说明：照片上留辫清人正在围观拉洋片。操作人兼表演者在四面安装镜头的木箱里装备数张图片，箱内有灯光照明，表演时在箱外拉动拉绳，使图片卷动。观者通过镜头可见画面的故事。表演者常备有旁白或说唱，以解释画面故事。

京城即景
/
街道
和
商铺

PÉKIN. — Marchand de thé.

9-3-15

商铺门脸

（1887）

SCENERY
OF THE CAPITAL

出　　处：*L'Extreme Orient*

　　　　（《远东》）

作　　者：Paul Bonnetain

　　　　（[法] 保罗·博纳坦，1858—1899）

出版时间：1887 年

出 版 者：Maison Quantin (Paris)

编者说明：图像突出了商铺门脸上的精美木雕。门口临时搭起的货架和独轮车上的货物大约是促销打折的商品。

A Street in Peking.

9-3-16

胡同里的商铺和民居

（1901）

SCENERY
OF THE CAPITAL

出　　处：*The Peoples and Politics of the Far East*

（《远东的人民和政治》）

作　　者：Henry Norman

（［英］亨利·诺尔曼，1858—1939）

出版时间：1901 年

出 版 者：T. Fisher Unwin (London)

编者说明：从铺子外挂的幌子和门上的牌匾来看，胡同两侧的房屋主要供商业之用。左侧窗下悬挂什物的应为民居。

CHINESE CATAFALQUE.

9-3-17

街上见到的灵轿

（1895）

SCENERY
OF THE CAPITAL

出　　处：*The Real Chinaman*

（《真正的中国佬》，又名《华游志略》）

作　　者：Chester Holcomben

（［美］何天爵，1844—1912）

出版时间：1895 年

出 版 者 ：Hodder and Stoughton（London）

编者说明：图为清末北京街道上运送灵柩的轿乘。

城即景

道

铺

Die Straße der Gesandtschaften in Peking.

9-3-18

公使馆区街道

（1900）

SCENERY
OF THE CAPITAL

出　　处：*China und Japan*

（《中国和日本通览》）

作　　者：Ernst von Hesse-Wartegg

（[美] 海司，1851—1918）

出版时间：1900 年

出 版 者：J. J. Weber (Leipzig)

编者说明：东交民巷公使馆区的街道。第二次鸦片战争以后，西方国家争相在东江米巷一带开设公使馆，形成了比较集中的公使馆区，东江米巷逐步取其谐音成为东交民巷。

城即景

道

辅

Straße in Peking.

9-3-19

街道上的闸杆

（1900）

SCENERY
OF THE CAPITAL

出　　处：*China und Japan*

　　　　　（《中国和日本通览》）

作　　者：Ernst von Hesse-Wartegg

　　　　　（[美] 海司，1851—1918）

出版时间：1900 年

出 版 者：J. J. Weber (Leipzig)

编者说明：清末北京商业街道，街道宽阔，左侧依稀可认出"布店"字样，街上行人多为劳力，长辫短衫者为多，有戴草帽和赤膊者，应是夏季。照片上可见街道上设有闸杆，以方便交通管理。

FEATHER-DUSTERS FOR SALE — ENTRANCE-GATE OF LUNG-FU-SSU.

9-3-20

编者说明：隆福寺前一个鸡毛掸帚专卖摊点，备有各种式样的掸子。

隆福寺前卖鸡毛掸者

（1900）

SCENERY
OF THE CAPITAL

出　　处：*China, the Long-Lived Empire*

　　　　　（《中国，悠久帝国》）

作　　者：Eliza Ruhamah Scidmore

　　　　　（[美] 西德莫尔，1856—1928）

出版时间：1900 年

出 版 者：The Century Co. (New York)

城即景

道

铺

TRAINED BIRDS.

9-3-21

驯鸟人

（1900）

SCENERY
OF THE CAPITAL

出　　处：*China, the Long-Lived Empire*

（《中国，悠久帝国》）

作　　者：Eliza Ruhamah Scidmore

（[美] 西德莫尔，1856—1928）

出版时间：1900 年

出 版 者：The Century Co. (New York)

编者说明：京城街头传统图景——提笼架鸟的老者。

Y. M. C. A. HEADQUARTERS, PEKING

9-3-22

街道上的基督教男青年会

（1901）

SCENERY
OF THE CAPITAL

出　　处：*China in Convulsion*

　　　　（《动乱中的中国》）

作　　者：Arthur H. Smith

　　　　（[美]明恩溥，1845—1932）

出版时间：1901 年

出 版 者：Fleming H. Revell Company (New York)

编者说明：位于北京商业街道的基督教男青年会，中式建筑，西式标牌。门前牌楼的横幅上写着基督教男青年会阅览室和咖啡屋（Reading, Writing and Coffee Rooms, YMCA），牌楼上还挑出一个横幅，上书：Young Men's Christian Association（基督教男青年会）。

A Street in Peking

9-3-23

商业街的牌楼

（1902）

SCENERY
OF THE CAPITAL

出　　处：*The Story of China*

　　　　　（《中国故事》）

作　　者：R. Van Bergen

　　　　　（［美］伯根）

出版时间：1902 年

出 版 者：American Book Company (New York)

编者说明：商业街上店铺林立，牌幌多样，店铺门前多有牌楼，或简或繁，牌楼上有旗杆便于挂幌。

STREET IN PEKING

9-3-24

编者说明：招牌林立的大栅栏以及观看摄影者的行人和路边闲人。

大栅栏

（1906）

SCENERY
OF THE CAPITAL

出　　处：*China and Her People*

　　　　（《大清国及其子民》）

作　　者：Charles Denby

　　　　（[美] 田贝，1830—1904）

出版时间：1906 年

出 版 者 ：L. C. Page & Company (Boston)

京城即景

街道

和

商铺

清末，在中国设立营业网点的外国银行已逾40家。这些外国银行不仅和中国金融现代化有着密切的关系，其多姿多彩的银行建筑，也给京城增添了丰富的世界文化色彩，从本节揭示的著名外国银行建筑图像，便可窥见一斑。

Peking — Deutsch-Asiatische Bank

9-4-1

德华银行

（1909）

SCENERY
OF THE CAPITAL

出　　处：*Guide to Peking and Neighborhood*

（《北京及周边地理指南》）

作　　者：Hans Bahlke, General Merchat

（德胜洋行）

出版时间：1909 年

出 版 者：Tageblatt Für Nord-China, G.m.b.H

(Tientsin)

编者说明：德华银行（Deutsch-Asiatische Bank）1889年成立于上海，1905年在北京设立了办事处，并于1910年升级为分行。1907年，德华银行在东交民巷东段路北的新址落成。德华银行采用了巴洛克风格，结合了德国文艺复兴时期的建筑风格。该建筑"文革"中遭毁坏，后于1992年拆除（旧址现为东交民巷派出所）。

京城即景

/

银行

Peking — Hongkong-Shanghai-Bank

9-4-2

汇丰银行北京分行

（1909）

SCENERY
OF THE CAPITAL

出　　处：*Guide to Peking and Neighborhood*

（《北京及周边地理指南》）

作　　者：Hans Bahlke, General Merchat

（德胜洋行）

出版时间：1909 年

出 版 者：Tageblatt Für Nord-China, G.m.b.H

(Tientsin)

编者说明：汇丰银行北京分行于1889年开设。1902年在东交民巷建成文艺复兴风格的楼房。1955年停业，20世纪80年代因拓宽马路被拆除。

京城即景

银行

Camera Craft.

Landmarks on Legation Street.
Spanish Legation to the left; the Hongkong Bank Tower to the right

9-4-3

汇丰银行和西班牙公使馆大门

（1909）

编者说明：照片右边为20世纪初使馆街的汇丰银行，左边为西班牙公使馆大门。

SCENERY
OF THE CAPITAL

出　　处：*Guide to Peking and its Environs*

（《京师地志指南》）

作　　者：Emil Sigmund Fischer

（[奥] 斐士，1865—1945）

出版时间：1924 年

出 版 者：Tientsin Press (Tientsin)

京城即景

银行

Peking — Russo-Chinese Bank

9-4-4

华俄道胜银行

（1909）

SCENERY
OF THE CAPITAL

出　　处：*Guide to Peking and its Environs*

　　　　　（《京师地志指南》）

作　　者：Emil Sigmund Fischer

　　　　　（［奥］斐士，1865—1945）

出版时间：1924 年

出 版 者：Tientsin Press (Tientsin)

编者说明：华俄道胜银行是近代中国第一家，也是唯一一家由清政府官方与外资合办的银行，1886年由俄、法与清廷合股组成，总行设在彼得堡，十月革命后改设在巴黎。享有在华发放贷款、发行货币、税收、经营、筑路、开矿等特权。最早的分行于1896年在上海成立。后在北京使馆街设立营业点。该建筑在中华人民共和国成立后曾用作冶金部办公场所，后于1958—1960年间被拆除。

京城即景

银行

清代，西方的基督教（包括天主教、东正教和新教等）在中国有了很大发展。鸦片战争以后，西方传教士在本国军政力量的保护下，进一步由通商口岸进入内地。其中新教得到了较大的传播。但就教堂建筑来论，在北京，天主教堂最为辉煌，留下的图像也较丰富。

元大都时期，来自欧洲的罗马天主教教士于1294年在北京修建了第一所天主教堂。明万历三十三年（1605）利玛窦获准在宣武门内兴建天主教堂，这就是民间俗称的南堂。顺治十二年（1655）在王府井修建东堂，康熙四十二年（1703）在西安门蚕池口修建了北堂，雍正元年（1723）在西直门修建了西堂。天主教四大堂有三堂在清代修建。北京的四大堂是西方建筑丰富性的展示，北堂和西堂为哥特式，东堂为罗马穹顶式，南堂为巴洛克式。西方教堂建筑在北京建筑史上也占有一个特殊的地位。

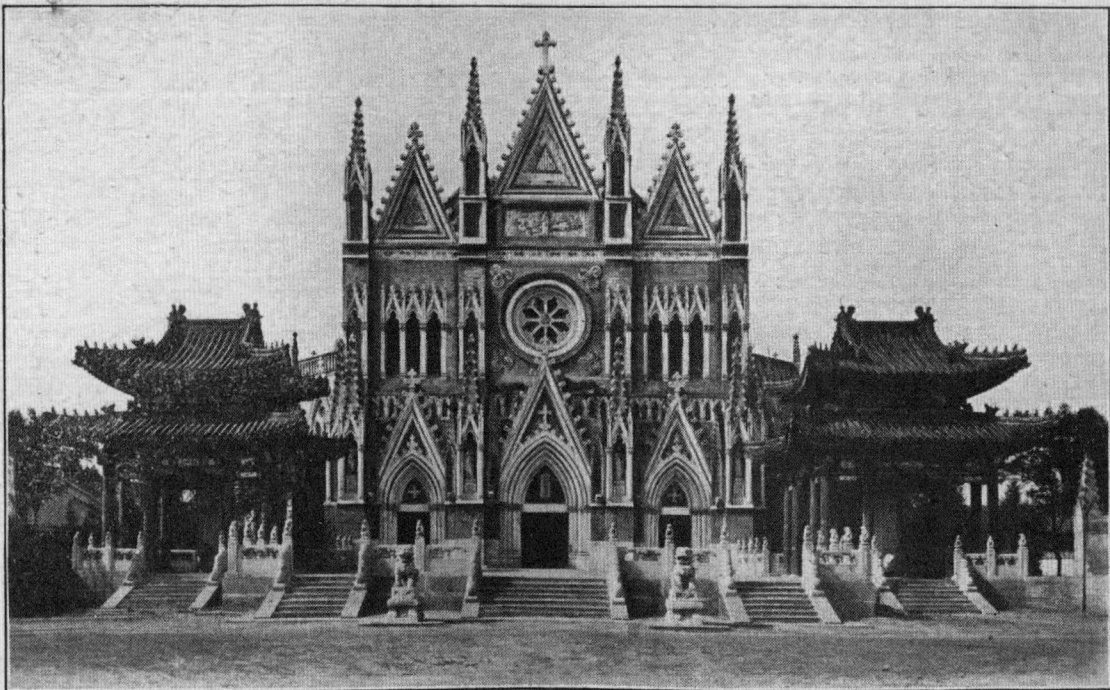

PEI TANG: THE FRENCH CATHEDRAL HELD BY ROMAN
CATHOLICS UNTIL RELIEVED BY THE JAPANESE.

1834

9-5-1

北堂

（1900年前）

SCENERY
OF THE CAPITAL

出　　处：*The Siege in Peking*

　　　　　（《北京围困》）

作　　者：W. A. P. Martin

　　　　　（[美] 丁韪良，1827—1916）

出版时间：1900 年

出 版 者：Fleming H. Revell Company (New York)

编者说明：北堂即北京天主教西什库教堂，是北京最大的教堂，为典型的哥特式建筑。位于西安门内的西什库教堂，坐北朝南，本名救世主堂。最初的北堂由法国传教士于康熙四十二年（1703）建成，因其地位于中海西畔的蚕池口，所以俗称蚕池口堂，落成时康熙帝还亲笔撰书"万有真原"匾额赐赠。光绪年间扩修西苑，光绪十四年（1888）在西什库重建了哥特式建筑的北堂，建成后即作为天主教在北京的总堂。北堂在庚子事变中曾遭损毁，图为损毁前的北堂正面照片。

城即景

堂

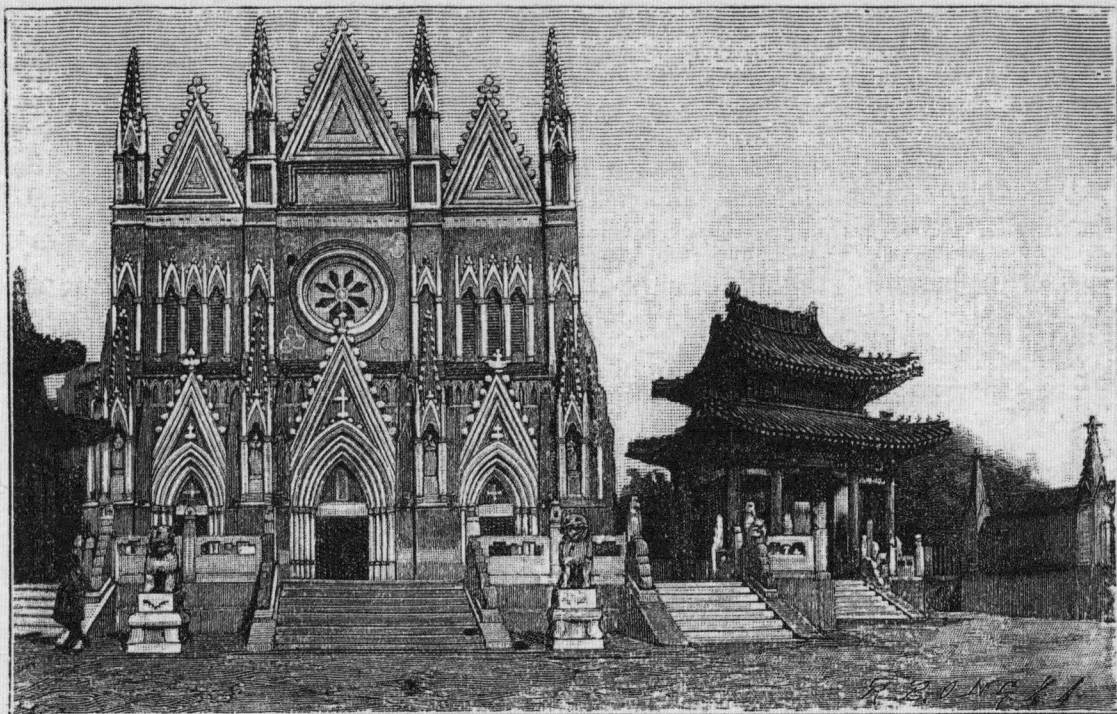

Peit'ang (Bischöfl. Kathedrale) in Peking.

9-5-2

北堂图景
（1900年前）

SCENERY
OF THE CAPITAL

出　　处：*Neue Bündel: Unkraut, Knospen und Blüten*

　　　　　aus dem blumigne Reiche der Mitt

　　　　　（《中华苗蔓花：华夏纵览》）

作　　者：Rudolph Pieper

　　　　　（ [德] 卢国祥，1860—1909）

出版时间：1908 年

出 版 者：Druck und Verlag der Katholischen

　　　　　　Mission (Jentschoufu)

绘制时间：1900 年前

城即景

堂

Façade der Peitang-Kathedrale (während der Ausbesserung).

9-5-3

北堂

（1901）

SCENERY
OF THE CAPITAL

出　　处：*Kämpfe in China*

（《1900—1901 年奥匈帝国在中国的战争》）

作　　者：Theodor Ritter von Winterhalder

（［奥］特奥多尔·里特·冯·温特哈尔德，

1861—1941）

出版时间：1902 年

出 版 者：A. Hartleben's Verlag（Wien; Budapest）

拍摄时间：1901 年

编者说明：1900年庚子事变中北堂损毁，1901年开始修补并竣工。图为正在修建的北堂。

城即景

堂

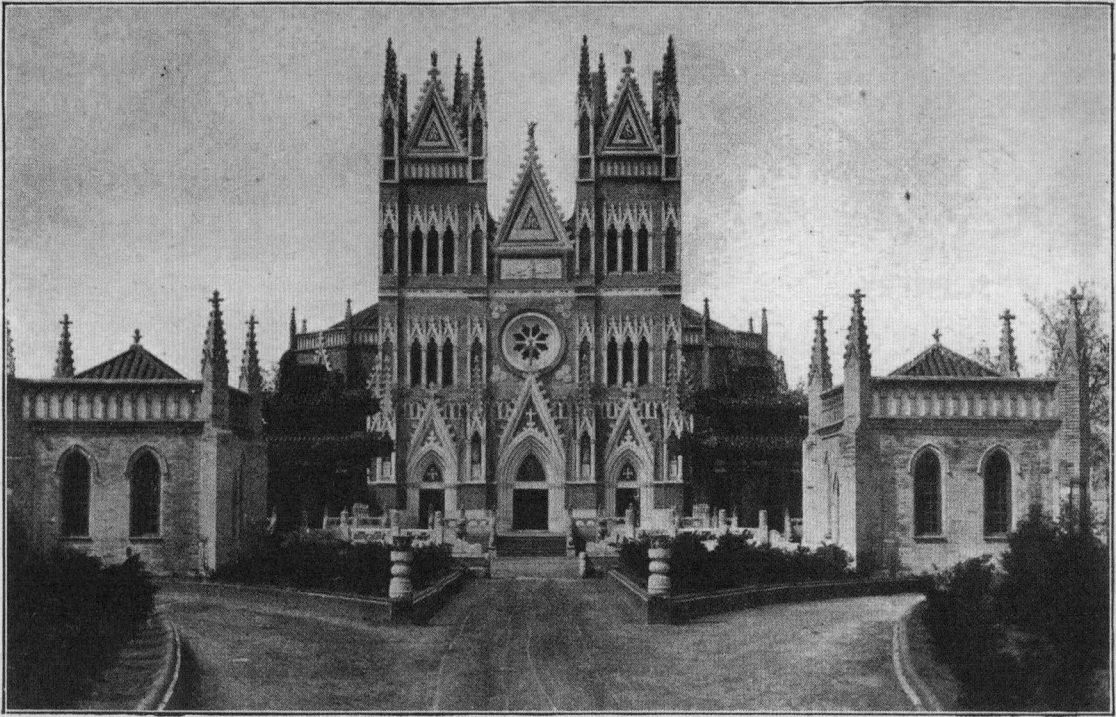

THE PEITANG

1840

编者说明：图为庚子事变后修建竣工的北堂，不仅整修一新，且又加高了一层。

北堂

（1906）

SCENERY
OF THE CAPITAL

出　　处：*China and Her People*

　　　　（《大清国及其子民》）

作　　者：Charles Denby

　　　　（[美] 田贝，1830—1904）

出版时间：1906 年

出 版 者：L. C. Page & Company (Boston)

京城即景

攵堂

THE TOUNG-TANG.

1842

9-5-5

东堂

（1930）

SCENERY
OF THE CAPITAL

出　　处：*The Four Churches of Peking*

　　　　　（《北京四教堂史》）

作　　者：W. Devine

　　　　　（［法］迪瓦恩）

出版时间：1930 年

出 版 者 ：Burns, Oates & Washbourne Ltd. (London)

编者说明：东堂位于王府井大街，又称王府井天主堂，是北京四大天主教堂之一，始建于顺治十二年（1655），由利类思和安文思两位神甫创建。嘉庆十二年（1807）失火焚毁，光绪十年（1884）重建罗马式大堂，庚子事变中又被烧毁。1904年，用"庚子赔款"重建，即照片上的样貌。

Katholische Kirche in Peking.

9-5-6

南堂

（1900年前）

SCENERY
OF THE CAPITAL

出　　处：*China und die Chinesen*

（《中国和中国人》）

作　者：Bruno Navarra

（[德]布鲁诺·纳瓦拉，1850—1911）

出版时间：1901 年

出 版 者：M. Nössler (Bremen)

编者说明：图为光绪二十六年（1900）以前的南堂。南堂位于北京市宣武门内，明万历年间由意大利传教士利玛窦创建，是我国现存历史最久的天主堂。清顺治七年（1650），德国传教士汤若望在旧址上重建。其后100多年中，该堂经历了清朝时期的两次地震和乾隆四十年（1775）的火灾，损毁严重。直到咸丰十年（1860）第二次鸦片战争后，才重新开放。1900年庚子事变中，南堂又一次被焚毁。现存建筑为清朝光绪三十年（1904）修建的。

THE SI-TANG.

1846

9-5-7

西堂

（1930）

SCENERY
OF THE CAPITAL

出　　处：*The Four Churches of Peking*

（《北京四教堂史》）

作　　者：W. Devine

（[法] 迪瓦恩）

出版时间：1930 年

出 版 者：Burns, Oates & Washbourne Ltd. (London)

编者说明：西直门内的天主教西堂，始建于清雍正元年（1723），是北京四大堂中建成最晚的。 嘉庆十六年（1811）教堂被毁。同治六年（1867）重建。1900年庚子事变中又被焚毁，1912年又重建。 图为重建后的西堂。

城即景

堂

Chapelle épiscopale de Pékin. — Dessin de H. Catenacci, d'après une photographie de M. Thomson.

9-5-8

北京教堂内景

（1876）

SCENERY
OF THE CAPITAL

出　　处：*Le Tour du Monde, Nouveau Journal des*

　　　　　Voyages

　　　　　（《周游世界之新航海日志》）

作　　者：Édouard Charton

　　　　　（［法］爱德华·沙尔东，1807—1890）

出版时间：1876 年

出 版 者：Hachette (Paris)

绘 图 者：H. Catenacci

　　　　　（［意］H. 卡特纳奇，1816—1884）

编者说明：北京一处天主教堂内景，似北堂样貌。此图像是意大利画家卡特纳奇根据汤姆森拍摄的照片绘制的。

城即景

堂

METHODIST CHURCH, PEKING

9-5-9

亚斯立教堂

（1906）

SCENERY
OF THE CAPITAL

出　　处：*China and Her People*

　　　　（《大清国及其子民》）

作　　者：Charles Denby

　　　　（[美] 田贝，1830—1904）

出版时间：1906 年

出 版 者：L. C. Page & Company (Boston)

编者说明：亚斯立教堂是北京最大的基督教教堂，位于崇文门内后沟胡同，始建于1870年，是美国卫理公会(美以美会)在北京建立的第一所礼拜堂。当时名为亚斯立堂，以纪念美以美会第一位赴南美洲传教的亚斯立（Asbury）主教。1880 年卫理公会在原址重建教堂，1882 年新堂落成。该堂于 1900 年夏在义和团运动中被焚毁，于1904年春重建。图为重建后的教堂样貌。

京城即景 / 教堂

TENG SHIH K'OU CHURCH, AMERICAN BOARD MISSION.

9-5-10

灯市口教堂

（1917—1920）

SCENERY
OF THE CAPITAL

出　　处：*Peking：A Social Survey*

　　　　　（《北京：社会调查》）

作　　者：Sidney D. Gamble

　　　　　（[美] 甘博，1890—1968)

出版时间：1921 年

出 版 者：George H. Doran Company (New York)

摄 影 者：Sidney D. Gamble

拍摄时间：1917—1920 年

编者说明：1873年，美国基督教公理会在灯市口油房胡同（灯市口北巷）建立教堂，为公理会的华北总部。1900年，教堂被义和团焚毁。1902年，在灯市口大街中段重建，1904年灯市口公理会新教堂竣工。

京城即景

/

教堂

本节所选图像，主要来自《燕京岁时记》卜德英译本（*Annual Customs and Festivals in Peking*）。《燕京岁时记》是一部记叙清代北京风俗的杂记。清光绪三十二年（1906）刊印，该书按照一年四季的时间顺序，记叙清代北京时令节庆的风俗、时景、物产、技艺等，凡146条。该书作者富察敦崇（1855—1926），满族，字礼臣，号铁狮道人，著述颇丰，《燕京岁时记》是其知名著述之一。《燕京岁时记》原书并无图像，为异域读者理解计，卜德英译本中插入多幅图像。插图主要来源有二：一是借用了清麟庆《鸿雪因缘图记》中汪春泉等画家的绘画，二是请民国时期的插图画家傅叔达绘制素描。

《燕京岁时记》被翻译成英文和日文在西方流传，除原本内容精到的原因外，译本书中的插图对于异域读者的接受和理解也有不少帮助。

THE 'EIGHT TREASURES'

9-6-1

八宝荷包

（1936）

编者说明：《燕京岁时记》英译本中为八宝荷包所配插图。英译者在书中特别说明，这八宝为：法轮、法螺、法伞、白盖、莲花、宝瓶、金鱼、盘长。

SCENERY
OF THE CAPITAL

出　　处：*Annual Customs and Festivals in Peking*

（《燕京岁时记》）

作　　者：富察敦崇（1855—1926）

译　　者：Derk Bodde

（［美］卜德，1909—2003）

出版时间：1936 年

出 版 者：Henri Vetch (Peiping)

绘 图 者：傅叔达

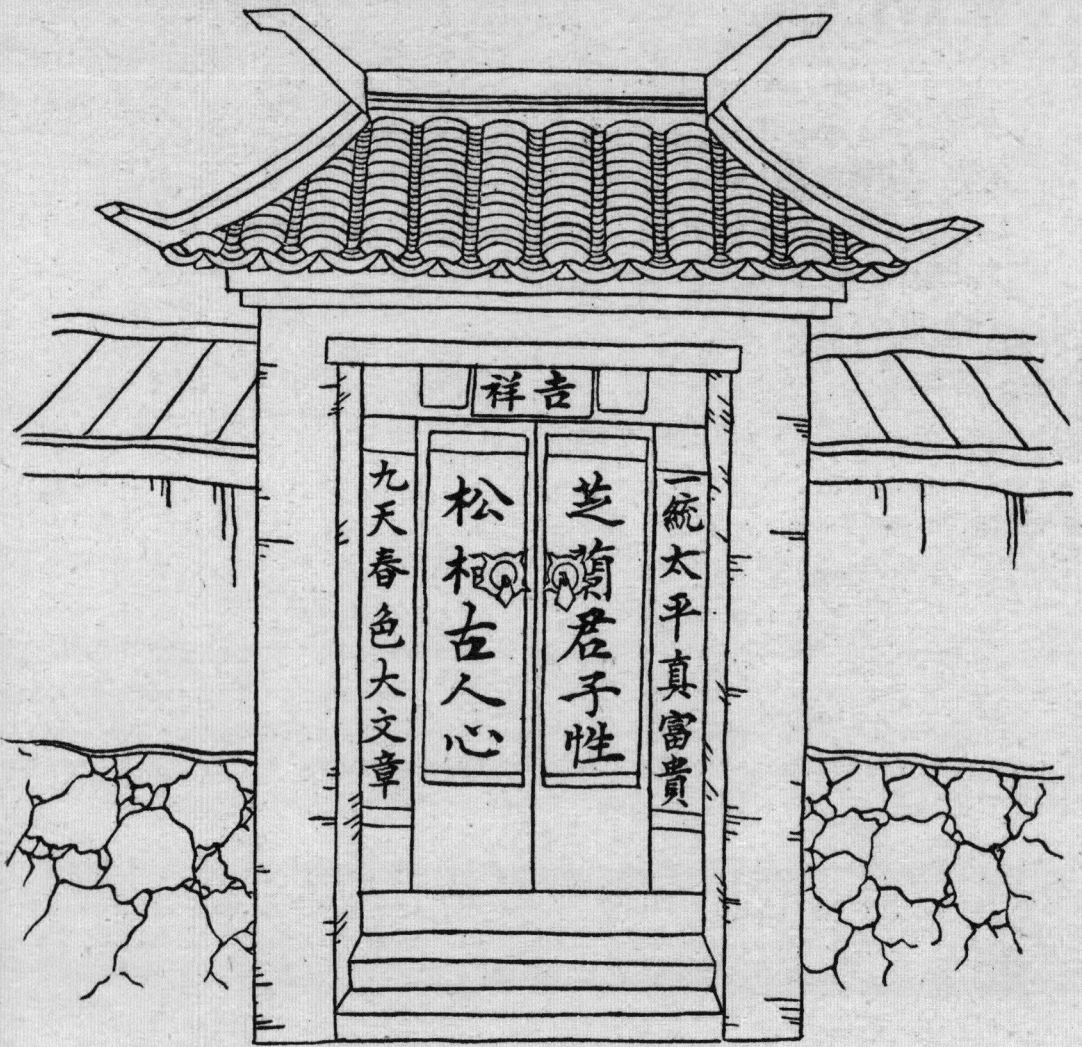

'SPRING COUPLETS' ON A GATE

1858

9-6-2

春联

（1936）

编者说明：《燕京岁时记》英译本中为"春联"一节附的插图，可见两扇大门和门框上均有春联。

SCENERY
OF THE CAPITAL

出　　处：*Annual Customs and Festivals in Peking*

　　　　　（《燕京岁时记》）

作　　者：富察敦崇（1855—1926）

译　　者：Derk Bodde

　　　　　（[美]卜德，1909—2003）

出版时间：1936 年

出 版 者 ：Henri Vetch (Peiping)

绘 图 者 ：傅叔达

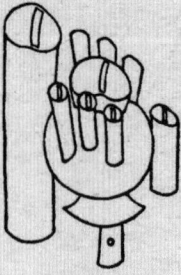
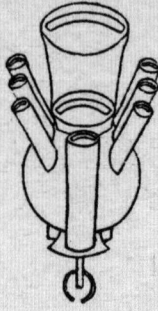

a   a¹   b

PIGEON WHISTLES

(a, a¹) *Shao-tzŭ* (side and front view). (b) *Hu-lu*. The drawings are one-half actual size. The whistles are made of bamboo and weigh 10 grams. They are attached above the tail of the bird by the metal ring.

9-6-3

鸽哨

（1936）

SCENERY
OF THE CAPITAL

出　　处：*Annual Customs and Festivals in Peking*

　　　　　（《燕京岁时记》）

作　　者：富察敦崇（1855—1926）

译　　者：Derk Bodde

　　　　　（［美］卜德，1909—2003）

出版时间：1936 年

出　版　者：Henri Vetch (Peiping)

绘　图　者：傅叔达

编者说明：鸽哨一般由竹子制成，以铁环绑在鸽子的尾部。按照其造型分为联筒类、星排类、星眼类、葫芦类。图中a 和a¹分别为星眼类鸽哨的侧面和正面。此类鸽哨是扁圆形哨与管状哨相结合的鸽哨。把扁圆形哨置于中央，在它的前后左右安插管形直哨，依哨数多少，命名为"七星""九星""十一眼""十三眼"，直至"三十五眼"。图中b为葫芦类，是以圆形为主体的鸽哨。它或呈球状或扁状，圆形旁辅以苇管或竹管做的小哨，根据大小，可分为"大葫芦""中葫芦""小葫芦"。

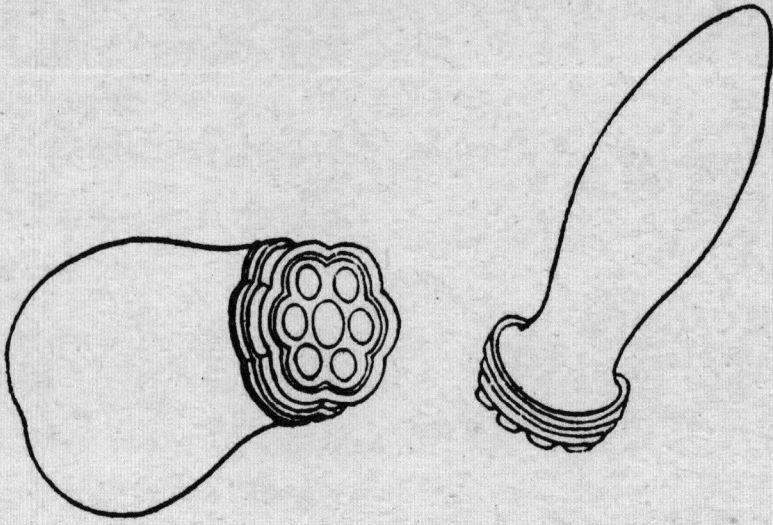

GOURD CRICKET CAGES

9-6-4

蝈蝈笼子

（1936）

编者说明：卜德为《燕京岁时记》"蛐蛐儿、聒聒儿、油葫芦"一节所配图。一个葫芦做的蝈蝈儿笼子，刻有螺丝口，并有7个小孔供蝈蝈儿进出，工艺精致。

SCENERY
OF THE CAPITAL

出　　处：*Annual Customs and Festivals in Peking*

　　　　　（《燕京岁时记》）

作　　者：富察敦崇（1855—1926）

译　　者：Derk Bodde

　　　　　（[美]卜德，1909—2003）

出版时间：1936 年

出 版 者：Henri Vetch (Peiping)

绘 图 者：傅叔达

THE GATE GOD, YÜ LEI OR HU CHING-TE

THE GATE GOD, SHEN T'U OR CH'IN CH'UNG

1864

9-6-5

门神

（1936）

SCENERY
OF THE CAPITAL

出　　处：*Annual Customs and Festivals in Peking*

　　　　（《燕京岁时记》）

作　　者：富察敦崇（1855—1926）

译　　者：Derk Bodde

　　　　（［美］卜德，1909—2003）

出版时间：1936 年

出 版 者：Henri Vetch (Peiping)

编者说明：《燕京岁时记》中扉页的插图。原图说明中注明是门神郁垒和神荼，抑或是胡敬德和秦琼。中古以前，中国门神基本如《山海经》中所记载，为神荼、郁垒。唐代以后，门神的含义、形式和内容随着历史的延续发生了一系列的变化。胡敬德和秦琼即是新增门神中的一对。

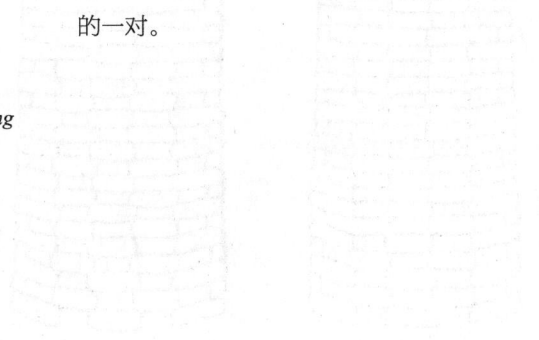

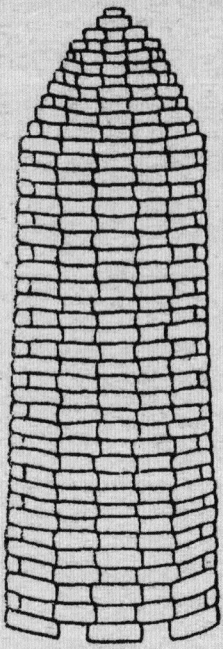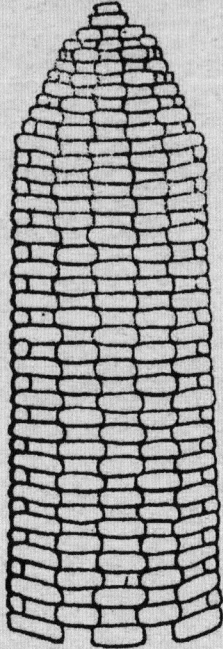

Mɪ Kᴜɴɢ Cᴀɴᴅʏ Oꜰꜰᴇʀɪɴɢs

9-6-6

蜜供

（1936）

SCENERY
OF THE CAPITAL

出　　处：*Annual Customs and Festivals in Peking*

　　　　　（《燕京岁时记》）

作　　者：富察敦崇（1855—1926）

译　　者：Derk Bodde

　　　　　（[美] 卜德，1909—2003）

出版时间：1936 年

出 版 者：Henri Vetch (Peiping)

绘 图 者：傅叔达

编者说明：卜德为《燕京岁时记》所配图。蜜供为老北京过大年时敬神、佛、祖先的供品之一，因它是蘸了蜜糖的一种糕点，故称"蜜供"。蜜供亦称"蜜供尖"，即码得似小塔式的祭祀专用的面食品。

T'U-ER YEH, THE RABBIT

Dressed up as a general with attendants.

RABBIT IMAGES

9-6-7

兔儿爷

（1936）

SCENERY
OF THE CAPITAL

出　　处：*Annual Customs and Festivals in Peking*

（《燕京岁时记》）

作　　者：富察敦崇（1855—1926）

译　　者：Derk Bodde

（[美]卜德，1909—2003）

出版时间：1936 年

出 版 者：Henri Vetch (Peiping)

绘 图 者：傅叔达

编者说明：《燕京岁时记》英译本插图，解释中秋节的工艺品——兔儿爷。原书中写道："每届中秋，市人之巧者用黄土抟成蟾兔之像以出售，谓之兔儿爷。有衣冠而张盖者，有甲胄而带纛旗者，有骑虎者，有默坐者。大者三尺，小者尺余。其余匠艺工人无美不备，盖亦谑而虐矣。"

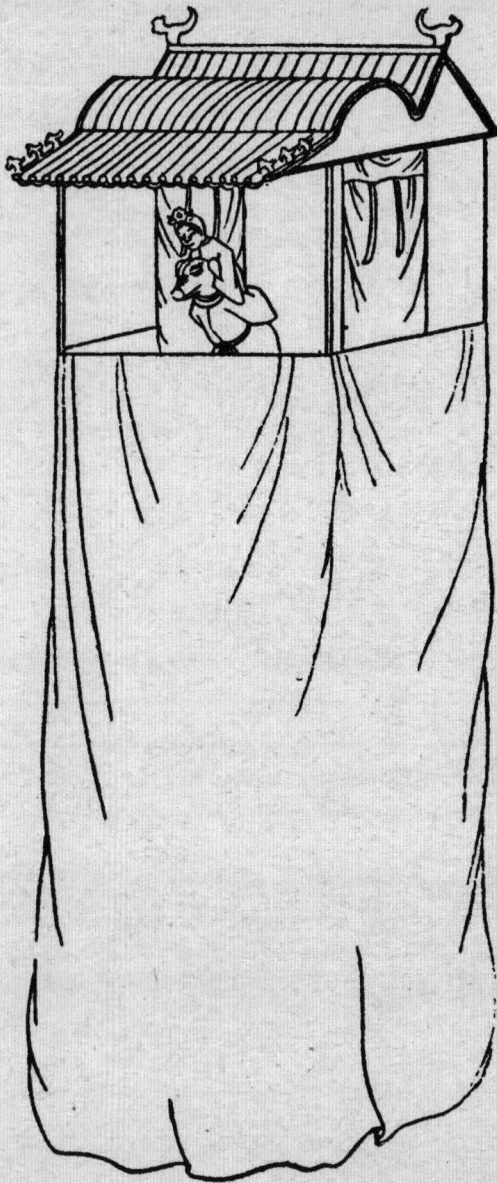

PUPPET SHOW

9-6-8

木偶戏

（1936）

SCENERY
OF THE CAPITAL

出　　处：*Annual Customs and Festivals in Peking*

　　　　　（《燕京岁时记》）

作　　者：富察敦崇（1855—1926）

译　　者：Derk Bodde

　　　　　（［美］卜德，1909—2003）

出版时间：1936 年

出 版 者：Henri Vetch (Peiping)

绘 图 者：傅叔达

编者说明：《燕京岁时记》英译本中"耍耗子、耍猴儿、耍苟利子、跑旱船"一节的插图。图为"耍苟利子"，即木偶戏。原书中有："苟利子即傀儡子，乃一人在布帷之中，头顶小台，演唱打虎跑马诸杂剧。"

'BOAT THAT RUNS ON LAND'

9-6-9

跑旱船

（1936）

SCENERY
OF THE CAPITAL

出　　处：*Annual Customs and Festivals in Peking*

（《燕京岁时记》）

作　　者：富察敦崇（1855—1926）

译　　者：Derk Bodde

（[美] 卜德，1909—2003）

出版时间：1936 年

出 版 者：Henri Vetch (Peiping)

绘 图 者：傅叔达

编者说明：《燕京岁时记》英译本中为"耍耗子、耍猴儿、耍苟利子、跑旱船"一节的插图。图为"跑旱船"，原书中写道："跑旱船者，乃村童扮成女子，手驾布船，口唱俚歌，意在学游湖而采莲者，抑何不自愧也！"为了说明是旱船，绘图者特描画了一女子，跷起腿，可见穿着鞋子的"三寸金莲"。

城即景

俗

物

73

THE FIVE POISONOUS CREATURES

9-6-10

五毒图

（1936）

编者说明：《燕京岁时记》英译本中为"端阳"一节所配的五毒图。自左向右为：蜈蚣、蝎子、蛇、壁虎、蟾蜍。

SCENERY
OF THE CAPITAL

出　　处：*Annual Customs and Festivals in Peking*

　　　　　（《燕京岁时记》）

作　　者：富察敦崇（1855—1926）

译　　者：Derk Bodde

　　　　　（[美] 卜德，1909—2003）

出版时间：1936 年

出 版 者：Henri Vetch (Peiping)

绘 图 者：傅叔达

PACING-HORSE LANTERN

9-6-11

走马灯

（1936）

SCENERY
OF THE CAPITAL

出　　处：*Annual Customs and Festivals in Peking*

　　　　（《燕京岁时记》）

作　　者：富察敦崇（1855—1926）

译　　者：Derk Bodde

　　　　（[美]卜德，1909—2003）

出版时间：1936 年

出 版 者：Henri Vetch (Peiping)

绘 图 者：傅叔达

编者说明：《燕京岁时记》英译本中为"走马灯"一节所配图。原书中写道："走马灯者，剪纸为轮，以烛嘘之，则车驰马骤，团团不休。烛灭则顿止矣。其物虽微，颇能具成败与兴衰之理，上下千古，二十四史无非一走马灯也。"

城即景

俗

物

本节共选取7幅图像。首幅为19世纪后期铜版画，其他6幅彩色绘画是末代帝师庄士敦关于中国戏剧专书中的插图，该书版权页上说明是英国画家文策尔（C.F.Winzer，1866—1940）根据原作临摹而成。本节图像按照书中出现次序排序。

Tragédiens pékinois. — Dessin de E. Ronjat, d'après des photographies de M. Thomson.

9-7-1

京剧表演中的人物形象

（1876）

SCENERY
OF THE CAPITAL

出　　处：*Pékin et le nord de la Chine*

　　　　　（《北京与中国北方》）

作　　者：Gabriel Deveria

　　　　　（ [法] 德韦里亚，1844—1899）

出版时间：1876 年

出 版 者：Hachette (Paris)

编者说明：图为正在戏台上表演京剧的6位演员，右一为戴凤冠旦角，右三为刀马旦，左一、左二及右二为生角，左三似为娃娃生。原书作者为法国驻华外交官、汉学家，1860年来华，1880年回国，1889年任巴黎现代东方语学校教授。

1.—CHAO YÜN (趙雲) OR CHAO TZŬ-LUNG (趙子龍), a famous general of the period of the "Three Kingdoms" (Third century A.D.).

9-7-2

京剧人物赵云形象

（1921）

SCENERY
OF THE CAPITAL

出　　处：*Chinese Drama*

　　　　（《中国戏剧》）

作　　者：R. F. Johnston

　　　　（[英] 庄士敦，1874—1938 ）

出版时间：1921 年

出 版 者 ：Kelly and Walsh (Shanghai etc.)

京城即景
/
京剧
人物形象

2.—Wu Sung (武松), a character in the dramatized novel *Shui Hu Chuan* (水滸傳). Period, Sung dynasty (960–1279).

编者说明：京剧中武松的短打武生形象。

9-7-3

京剧人物武松形象

（1921）

SCENERY
OF THE CAPITAL

出　　处：*Chinese Drama*

　　　　（《中国戏剧》）

作　　者：R. F. Johnston

　　　　（[英] 庄士敦，1874—1938）

出版时间：1921 年

出 版 者：Kelly and Walsh (Shanghai etc.)

京城即景

/

京剧

人物形象

3.—Maid Servant (侍婢).

9-7-4

编者说明：京剧中扮演侍女的花旦形象。

京剧中的侍婢形象

（1921）

SCENERY
OF THE CAPITAL

出　　处：*Chinese Drama*

（《中国戏剧》）

作　　者：R. F. Johnston

（[英] 庄士敦，1874—1938）

出版时间：1921 年

出 版 者：Kelly and Walsh (Shanghai etc.)

4.—FEMALE CHARACTER IN MING COSTUME (明裝婦女)

9-7-5

编者说明：着明代服装的旦角形象。

京剧中着明代服装的妇女形象

（1921）

SCENERY
OF THE CAPITAL

出　　处：*Chinese Drama*

　　　　　（《中国戏剧》）

作　　者：R. F. Johnston

　　　　　（[英] 庄士敦，1874—1938）

出版时间：1921 年

出 版 者：Kelly and Walsh (Shanghai etc.)

5.—FEMALE CHARACTER IN MANCHU COSTUME (滿州婦女).

9-7-6

京剧中着满族服装的妇女形象

（1921）

SCENERY
OF THE CAPITAL

出　　处：*Chinese Drama*

　　　　　（《中国戏剧》）

作　　者：R. F. Johnston

　　　　　（[英] 庄士敦，1874—1938）

出版时间：1921 年

出 版 者：Kelly and Walsh (Shanghai etc.)

6.—Prime Minister in Ming Costume (明時宰相).

9-7-7

京剧中明代宰相形象

（1921）

SCENERY
OF THE CAPITAL

出　　处：*Chinese Drama*

　　　　　（《中国戏剧》）

作　　者：R. F. Johnston

　　　　　（［英］庄士敦，1874—1938）

出版时间：1921 年

出 版 者：Kelly and Walsh (Shanghai etc.)

10

交通
及
运输工具

TRANSPORTATION
AND MEANS OF TRANSPORT

清代交通和运输工具品类不少，新旧并存。较为原始的，有以动物主要是骆驼、马和驴直接载人拉货的，也有利用人力和机械原理简易配合的人力车、独轮车、轿子及轿车，还有船。西风东渐后，清代出现了新的交通工具，主要是机械船、火车和汽车。

相比之下，在清代图像记录中体现最多的是轿车。轿车非当今所指的小汽车，而是一种由马、骡驮车，车上装有木制车厢的一种交通工具。光绪末年、宣统年间，二品以下的官员多弃轿子改用轿车，富贵人家家用及平民租用的轿车逐渐流行，成为使用最多的交通工具。

北京属于内陆城市，水上交通不算发达。北京大规模水路运输大致始于隋朝开凿的大运河，当时其北端即为北京。元、明、清三代，北京大运河主要承担了运送皇粮的使命，大运河上船来船往的景象也很常见。清代嘉庆之后，北京大运河时而断航，时而疏浚，到光绪二十七年（1901）再度断航。

虽然由于自然等因素，北京水资源一直呈减少的趋势，但是直到清代，当时的地下水资源还算丰富，有不少河流湖泊，可以用作水上交通。清代在京西修建了畅春园、圆明园、颐和园等皇家园林，皇帝后妃到圆明园、颐和园等地避暑时，一般都是从西直门乘坐龙舟。除了皇家的水上龙舟，北京的河流湖泊也有民间的船只，用于小型运输、出行和打鱼。

本节收集到的直接注明属于北京的船只图片不多，主要涉及圆明园、颐和园等园林的皇家船只，看上去都造型华丽。仅有4张是反映民间生活的小船、运河上的客运大船和城门外的大货船。

A.Freschi sculpsit

PALACE of YUEN-MING-YUEN.

Pub.d 15, May 1812, by T.T.Stockdale, 41 Pall Mall

10-1-1

圆明园湖中的大小船只

（1812）

**TRANSPORTATION
AND MEANS OF TRANSPORT**

出　　处：*China: its costume, arts, manufactures*

（《中国服饰和艺术》）

作　　者：M. Breton

（[英] 布列东，1777—1852）

出版时间：1812 年

出 版 者：J. J. Stockdale (London)

编者说明：图中最大的船升起了风帆，船上有护卫和撑伞服侍者，应为皇家御用船。附近还有未升帆的大船、带篷的小船，以及更小的小船。

ANCHORAGE at TONG-CHOW.

10-1-2

通州运河中的船只

（1817）

编者说明：通州运河船只停泊港，多是带帆的大船，显示出繁忙兴盛的景象。

TRANSPORTATION AND MEANS OF TRANSPORT

出　　处：*Journal of the proceedings of the late embassy to China*

（《阿美士德使团出使中国日志》）

作　　者：Sir. Henry Ellis

（[英]亨利·埃利斯爵士，1777—1869）

出版时间：1817 年

出 版 者：John Murray (London)

Drawn by T. Allom.   Engraved by E. Brandard.

Western Gate, Peking.

Porte de l'ouest à Pékin.   Westliches Thor zu Peking.
1902

10-1-3

北京西城门外的船只

（1843）

TRANSPORTATION
AND MEANS OF TRANSPORT

出　　处：*China, in a Series of Views, Displaying the*
　　　　　Scenery, Architecture, and Social Habits,
　　　　　of that Ancient Empire
　　　　　（《中国：那个古代帝国的风景、建筑和
　　　　　社会习俗》）

作　　者：Thomas Allom
　　　　　（［英］托马斯·阿勒姆，1804—1872）
　　　　　 G. N. Wright
　　　　　（［英］赖特，1790—1977）

出版时间：1843 年

出 版 者：Fisher, Son, & Co. (London)

编者说明：绘图者托马斯·阿勒姆是19世纪中叶英国维多利亚风格的建筑师和画家。他没有到过中国，他的绘画不少是根据英国马戛尔尼使团的随行画家维廉·亚历山大（William Alexander，1767—1816）在中国的素描改造而成。这幅图就是从亚历山大的素描中选取一部分，将细节放大，再精绘而成。尽管阿勒姆的不少中国绘画都有些失真，但它反映了当时西方人对中国认识的程度。百多年以来，他的中国绘画在西方广为流传，他也被誉为"中国风景画家"。城外拱桥下有几艘船，主要是大货船，也有带篷的小船。城外还可见抬轿者和推独轮车做小生意者。

SHIAO-I-CHIAO, BRIDGE NEAR YUEN-MING-YUEN LAKE.

10-1-4

颐和园绣漪桥边的小木船

（1865）

TRANSPORTATION
AND MEANS OF TRANSPORT

出　　处：*Peking and the Pekingese, During the First Year of the British Embassy at Peking*

（《北京和北京人：在北京英国公使馆的第一年》）

作　　者：D. F. Rennie

（[英]芮尼，d. 1868）

出版时间：1865 年

出 版 者：John Murray (London)

编者说明：原书作者1860年随英法联军进北京。1861年，英国在北京设立公使馆，原书作者任使馆医师。1861年10月20日，原书作者和另外两人骑马自西直门出发，沿着去往碧云寺的路线行进，途中经过Yuen-Ming-Yuen Lake（实为昆明湖）及绣漪桥。此图中小木船上的人似在打捞水上漂浮物，故此船或为维护颐和园一带水系清洁之用。而昆明湖附近的这个单孔石拱桥，应该就是绣漪桥。

MARBLE BRIDGE IN THE GROUNDS OF THE LAKE PALACE.

1906

10-1-5

金鳌玉蝀桥边的小船

（1910）

编者说明：此桥一端的建筑群为团城，从照片看，船比较小，可以穿桥拱而过，船上临时搭有遮阳篷，从中海驶向北海，应为宫中船只。

TRANSPORTATION

AND MEANS OF TRANSPORT

出　　处：*China Under the Empress Dowager*

（《慈禧太后统治下的中国》）

作　　者：J.O.P. Bland & E. Backhouse

（ [英] 濮兰德，1863—1945；

[英] 巴克斯，1873—1944 ）

出版时间：1910 年

出版者：William Heinemann (London)

交通及运输

工具

╱

船

SUMMER PALACE FROM THE LAKE

10-1-6

颐和园昆明湖边的大船

（1901）

编者说明：此船带有屋顶式船篷，与今天颐和园内豪华摆渡大船类似，当时应为园内摆渡、游览之用，乘船者的身份等级应比较高。

TRANSPORTATION
AND MEANS OF TRANSPORT

出　　处：*China in Convulsion*

　　　　　（《动乱中的中国》）

作　　者：Arthur H. Smith

　　　　　（[美]明恩溥，1845—1932）

出版时间：1901 年

出 版 者：Fleming H. Revell Company (New York)

THE LAKE AND SOUTHERN VIEW OF SUMMER PALACE

10-1-7

颐和园昆明湖中的带篷大船

（1901）

**TRANSPORTATION
AND MEANS OF TRANSPORT**

出　　处：*The Last Days of Peking*

　　　　（《北京末日》）

作　　者：Pierre Loti

　　　　（[法] 皮埃尔·洛蒂，1850—1923）

出版时间：1902 年

出 版 者：Little, Brown, and Company (Boston)

摄 影 者：F. C. Hemment

　　　　（赫曼特）

拍摄时间：1901 年

编者说明：照片中的两艘船规模不算太小，带有船篷，但相对上图屋顶式船篷，规格比较低。

10-2

独轮车及其他
木轮车运输工具

清末民初单轮手推车使用很广泛，常见于西文书的
插图和照片中，全国各地都有，北京称为小车，也
叫独轮车。

据考证，单轮手推车至少在汉代已经出现。清末北
京仍然普遍使用，既可以用来载货，也可用来载
人，或者作为运输贩卖一体的工具，在当时北京的
城内和乡村都能经常看到。据说清末民初从通州往
北京崇文门运送烧酒基本都是靠这种独轮车。这一
时期的北京，独轮车还被用来运水，主要是由于当
时城市供水不是很方便，于是有推独轮车卖水的行
当。这种独轮车一直到新中国成立后都是农村运输
的重要工具，只是木轮换成了轮胎。

本节选取的图片，除了独轮车外，还包括用于运输
大型货物的大木轮车，用于运水等的木轮马车。

A. Cardon direxit

Pub.ᵈ 25 April 1812 by I.I. Stockdale 41 Pall Mall

WATER CART OF THE PALACE.

10-2-1

皇宫运水木轮车

（1812）

编者说明：皇宫专门运水用的木轮马车，车厢四周封闭，水桶整齐紧密排放，不会倾倒。

TRANSPORTATION
AND MEANS OF TRANSPORT

出　　处：*China: its costume, arts, manufactures*

（《中国服饰和艺术》）

作　　者：M. Breton

（［英］布列东，1777—1852）

出版时间：1812 年

出 版 者：J. J. Stockdale (London)

PORTEFAIX ET MARCHANDS AMBULANTS.

Gravure chinoise.

10-2-2

挑担和推独轮车的小贩

（1865）

TRANSPORTATION
AND MEANS OF TRANSPORT

出　　处：*Mémoires sur la Chine*

（《中国记忆》）

作　　者：Pierre Henri Stanislas D'Escayrac de

Lauture

（ [法] 埃斯凯拉克·洛图尔 , 1826—1868 ）

出版时间：1865 年

出 版 者：Librairie du Magasin Pittoresque (Paris)

编者说明：图中有一人肩挑和两人肩抬的小贩，也有推独轮车卖小商品、水果和其他食品的小贩。独轮车在当时是比较方便省力的贩卖运输工具。

交通及运输
工具
/
独轮车及
其他木轮车
运输工具

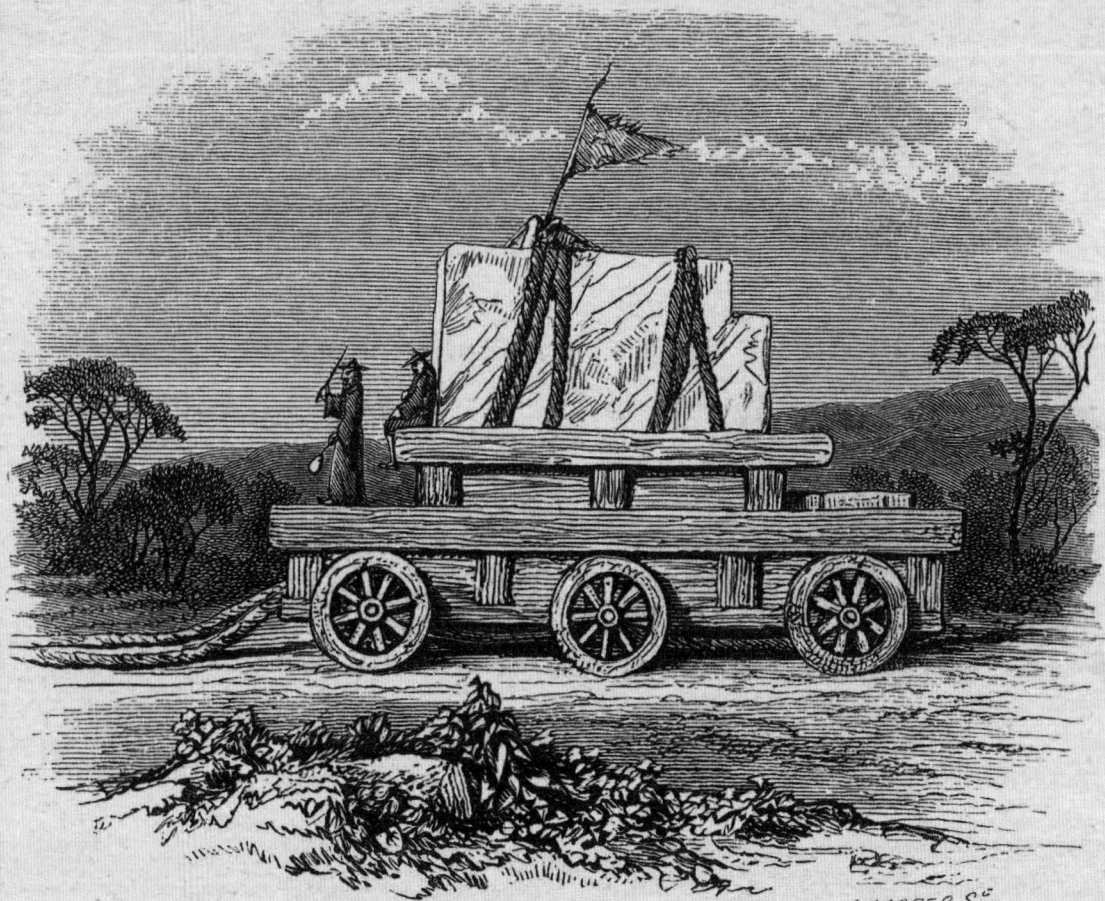

MARBLE BLOCK FOR THE EMPEROR'S TOMB.

10-2-3

运送大理石的大型木轮车

（1865）

编者说明：木轮车一般用来运输大型货物。该木轮车上装的是建造皇帝陵寝用的大理石。运送这样沉重的物品，需要专门制作的木轮车。

TRANSPORTATION
AND MEANS OF TRANSPORT

出　　处：*Peking and the Pekingese, During the First*
Year of the British Embassy at Peking

（《北京和北京人：在北京英国公使馆的
第一年》）

作　　者：D. F. Rennie

（［英］芮尼，d. 1868）

出版时间：1865 年

出 版 者：John Murray (London)

交通及运输
工具
/
独轮车及
其他木轮车
运输工具

Intérieur d'un bastion. — Dessin de Taylor, d'après une photographie du docteur Morache.

10-2-4

北京瓮城内的独轮车

（1876）

编者说明：据原图说明，此图系根据法国医生莫拉克的照片绘制而成。画面道路中间可以看到一个人推着独轮车，远处可以看到一辆轿车刚进城门。

TRANSPORTATION
AND MEANS OF TRANSPORT

出　　处：*Le Tour du Monde, Nouveau Journal des Voyages*

（《周游世界之新航海日志》）

作　　者：Édouard Charton

（ [法] 爱德华·沙尔东，1807—1890 ）

出版时间：1876 年

出 版 者：Hachette (Paris)

绘 图 者：Taylor

（ [法] 泰勒 ）

交通及运输

工具

/

独轮车及

其他木轮车

运输工具

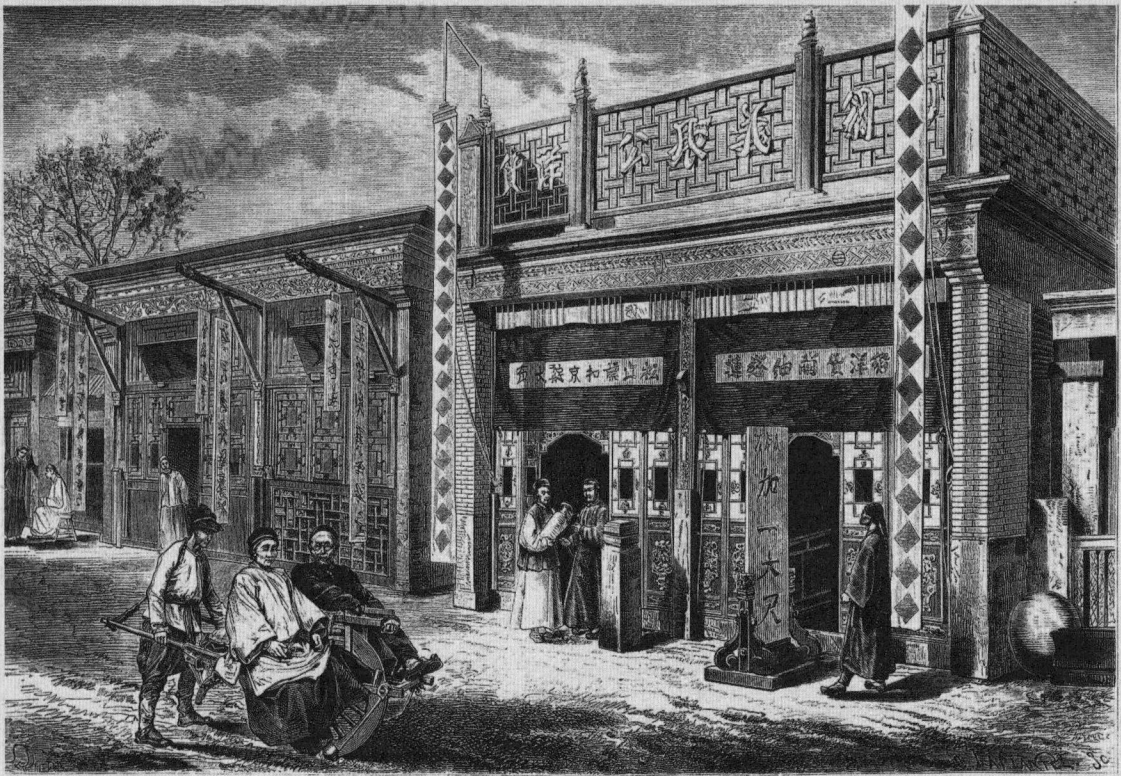

Brouette chinoise (Voy. p. 367). — Dessin de P. Sellier, d'après des photographies de M. Thomson.

10-2-5

乘坐独轮车出行的北京人

（1876）

编者说明：北京街道上，一对老年夫妇乘坐独轮车出行。此木版画由法国画家塞耶根据汤姆森的照片绘制。因不懂中文，插图上很多中文有误。

TRANSPORTATION
AND MEANS OF TRANSPORT

出　　处：*Le Tour du Monde, Nouveau Journal des Voyages*

（《周游世界之新航海日志》）

作　　者：Édouard Charton

（[法]爱德华·沙尔东，1807—1890）

出版时间：1876 年

出 版 者：Hachette (Paris)

绘 图 者：P.Sillier

（[法]P.塞耶）

10-2-6

带帆的独轮车

（1884）

编者说明：原书作者在华北一带看到的带帆的独轮车。16世纪以来，来华西人在著述中多次提及这种交通工具。推车者可根据风向调整"车帆"的方向以省力。

TRANSPORTATION
AND MEANS OF TRANSPORT

出　　处：*Old Highways in China*

　　　　　（《中国古老驿路》）

作　　者：Isabelle Williamson

　　　　　（［英］韦廉臣夫人）

出版时间：1884 年

出 版 者：The Religious Tract Society (London)

交通及运输
工具

独轮车及
其他木轮车
运输工具

PÉKIN. — Marchand de thé.

10-2-7

编者说明：此图中的独轮车似是卖茶水的。

北京茶叶店前的独轮车

（1887）

TRANSPORTATION
AND MEANS OF TRANSPORT

出　　处：*L'Extreme Orient*

　　　　（《远东》）

作　　者：Paul Bonnetain

　　　　（[法] 保罗·博纳坦，1858—1899）

出版时间：1887 年

出 版 者 ：Maison Quantin (Paris)

交通及运输
工具
/
独轮车及
其他木轮车
运输工具

UN WHEEL-BARROW

10-2-8

载了8位女客和1位幼儿的独轮车

（1900）

编者说明：载了9位乘客的独轮车。虽然图片较旧，但是8位女性乘客的衣着看起来仍很光鲜。推车小伙一脸窘迫，车子实在太重了。

TRANSPORTATION
AND MEANS OF TRANSPORT

出　　处：*Au Pays des Pagodes*

（《在宝塔的土地上》）

作　　者：A. Raquez

（[法]拉奎兹，1865—1907）

出 版 者：La Presse Orientale (Shanghai)

出版时间：1900 年

AMERICAN BOARD MISSION, PEKING

10-2-9

编者说明：独轮车上装有货物，不知是贩卖，还是代为运送。

美国公理会北京驻地附近的独轮车

（1901）

TRANSPORTATION
AND MEANS OF TRANSPORT

出　　处：*China in Convulsion*

（《动乱中的中国》）

作　　者：Arthur H. Smith

（[美] 明恩溥，1845—1932）

出版时间：1901 年

出 版 者：Fleming H. Revell Company (New York)

10-2-10

北京鼓楼前推独轮车的小商贩

（1910）

编者说明：北京鼓楼前的日常生活场景，可见独轮车在当时很常见。独轮车上装一块木板，摆放要卖的物品，成本低，也方便推行，非常适合走街串巷的小商贩。

TRANSPORTATION
AND MEANS OF TRANSPORT

出　　处：*China: Its Marvel and Mystery*

　　　　　（《中华奇观》）

作　　者：T. Hodgson Liddell

　　　　　（[英] 李通和，1860—1925）

出版时间：1910 年

出 版 者：John Lane Company (New York)

P'AI-LOU IN THE TARTAR CITY.

10-2-11

北京东岳庙东西牌楼处的独轮车

（1909）

编者说明：北京朝阳门外东岳庙东西木牌楼，第一道牌楼上书"蓬莱胜境"，牌楼下有一人推独轮车运货，似乎很重。

TRANSPORTATION
AND MEANS OF TRANSPORT

出　　处：*The New China: A Traveller's Impressions*

　　　　（《晚清游记》）

作　　者：Henri Borel

　　　　（[荷]亨利·博雷尔，1869—1933）

出版时间：1912 年

出 版 者：Dodd, Mead and Co.(New York)

摄 影 者：Henri Borel

拍摄时间：1909 年

通及运输

具

轮车及

也木轮车

输工具

Hsi Pien Men
The old locust tree in the gateyard

10-2-12

西便门瓮城内的木轮车

（1921—1923）

编者说明：瓮城内的木轮马车，也是当时比较常见的运输工具。

TRANSPORTATION
AND MEANS OF TRANSPORT

出　　处：*Walls and Gates of Peking*

（《北京的城墙和城门》）

作　　者：Osvald Sirén

（[瑞典] 喜龙仁，1879—1966）

出版时间：1924 年

出 版 者：John Lane The Bodley Head Limited

(London)

摄 影 者：Osvald Sirén

拍摄时间：1921—1923 年

通及运输
具

轮车及
他木轮车
输工具

Yung Ting Men
The traffic on the bridge over the moat

10-2-13

编者说明：永定门外护城河的桥上，三辆木轮马车排队经过。

永定门护城河桥上木轮车队

（1921—1923）

TRANSPORTATION
AND MEANS OF TRANSPORT

出　　处：*Walls and Gates of Peking*

　　　　　（《北京的城墙和城门》）

作　　者：Osvald Sirén

　　　　　（[瑞典] 喜龙仁，1879—1966）

出版时间：1924 年

出 版 者：John Lane The Bodley Head Limited

　　　　　(London)

摄 影 者：Osvald Sirén

拍摄时间：1921—1923 年

通及运输

具

轮车及

他木轮车

输工具

Yung Ting Men
The inner tower from the gateyard

10-2-14

永定门瓮城内的木轮马车

（1921—1923）

TRANSPORTATION
AND MEANS OF TRANSPORT

出　　处：*Walls and Gates of Peking*

（《北京的城墙和城门》）

作　　者：Osvald Sirén

（[瑞典]喜龙仁，1879—1966）

出版时间：1924 年

出 版 者：John Lane The Bodley Head Limited

(London)

摄 影 者：Osvald Sirén

拍摄时间：1921—1923 年

清末，火车由西方引入，起初并不顺利。清末民初李岳瑞在《春冰室野乘》卷下《铁路输入中国之始》中记载："同治四年七月，英人杜兰德，以小铁路一条，长可里许，敷于京师永宁门外平地，以小汽车驶其上，迅疾如飞。京师人诧所未闻，骇为妖物，举国若狂，几致大变。旋经步军统领衙门饬令拆卸，群疑始息。此事更在淞沪行车以前，为铁路输入吾国之权舆。"同治四年为1865年，一般认为是火车在中国出现的最早时间。1866年英国怡和洋行未经中国政府允许在上海修建了一段铁路，同样遭到拆除，清政府付出的代价是出资购回。洋务派的代表李鸿章为了推动铁路在中国的发展，决定获取慈禧太后的支持，为此他建议在皇城内修建一段窄轨铁路，最后修建了一条1500余米的小铁路，从中海西岸的紫光阁起，经中南海北门福华门、北海西南门阳泽门，沿北海西岸北行，最后到达镜清斋（即后来的静心斋），通称"西苑铁路"。有意思的是，铁路建成后，李鸿章从天津运来从法国进口的6节车厢和一个机车头，由于担心蒸汽机车的轰鸣声破坏皇城的风水，火车改为由太监人力拉行。日俄战争之后，京奉铁路贯通，从正阳门东车站开始，出东便门，西南至丰台，转东南至杨村渡北运河到达天津，再经山海关到达沈阳。1896年天津到卢沟桥的津卢铁路开通。1897年，津卢铁路自丰台延伸到永定门外的马家堡，北京才真正有了现代意义的铁路和火车，马家堡成为北京最早的火车总站。庚子事变后，正阳门东西两侧的车站成为取代马家堡的火车总站。在北京地区，北宁铁路的支线有由东便门到通州的京通铁路，及自永定门到南苑北门大红门的南苑轻便铁路。

由于马家堡火车站远在南郊，为方便北京人乘坐火车，英国人又修了一条从永定门到马家堡的有轨电车。1898年卢汉铁路卢沟桥至保定段完工，庚子事变，义和团焚毁了马家堡火车站，拆毁了永定门到马家堡的有轨电车。八国联军攻进北京后，把抢来的财宝文物堆积在天坛，为了方便运出这些不义之财，把铁路从马家堡延伸到天坛，并在天坛建了"天坛火车站"。1901年11月28日，慈禧太后和光绪皇帝从西安回到北京。当年逃出的时候坐的是马车，回来时坐的是火车，在马家堡火车站下车，换乘大轿，从永定门回到北京城。庚子事变后，卢保铁路从永定门延伸到正阳门，卢汉铁路全线通车，更名为京汉铁路，始发站为正阳门。1908年筑成京张铁路的京门支路，从西直门到门头沟，主要用于运输煤炭和建筑材料。1919年建成北京环城铁路。

本节收录的反映清末民初北京铁路运输的图像，主要包括火车站、城墙外铁轨和火车，为数不多，却弥足珍贵。

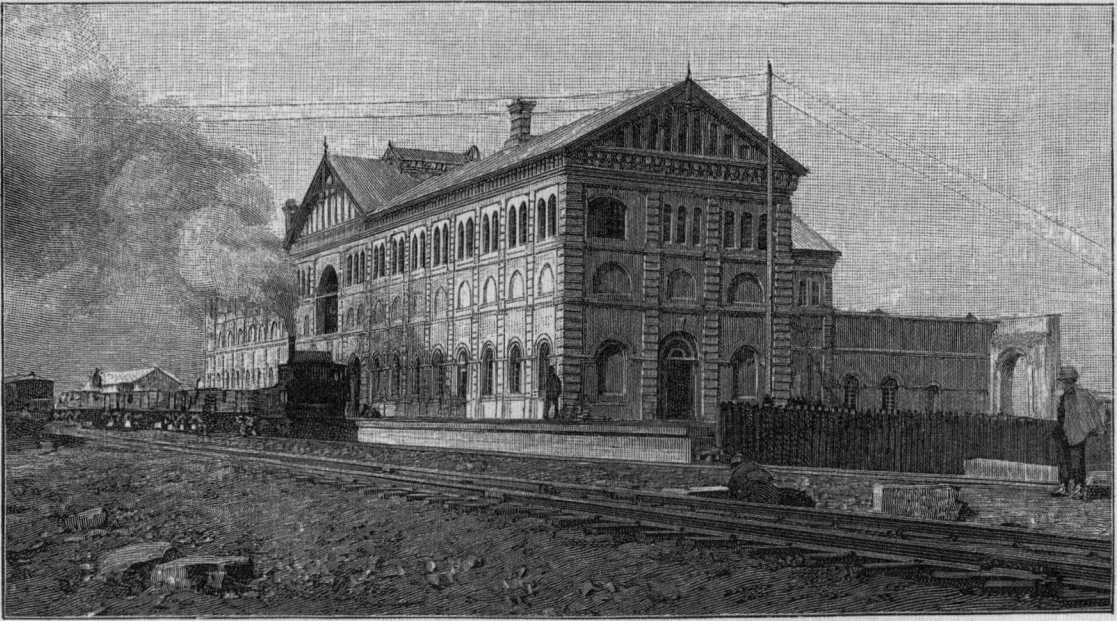

Endstation der Bahn Taku-Peking.

10-3-1

大沽到北京铁路上的火车

（1900）

TRANSPORTATION
AND MEANS OF TRANSPORT

出　　处：*China und Japan*

　　　　（《中国和日本通览》）

作　　者：Ernst von Hesse-Wartegg

　　　　（[美] 海司，1851—1918）

出版时间：1900 年

出 版 者：J. J. Weber (Leipzig)

编者说明：原图说明意为"大沽到北京铁路终点站"，此站应为当年永定门外的马家堡火车站，是北京最早的火车总站。插图中的火车为货运车，应为木版画，非常细腻逼真。

通及运输

具

车

RAILWAY STATION, PEKING

10-3-2

北京某火车站

（1900）

编者说明：此火车站具体为北京哪个火车站不详。此照片摄于1900年庚子事变期间，当时马家堡火车站已经被义和团焚毁，故此火车站当为其他小站。照片中的火车为客运车。

TRANSPORTATION
AND MEANS OF TRANSPORT

出　　处：*China in Convulsion*

　　　　（《动乱中的中国》）

作　　者：Arthur H. Smith

　　　　（[美] 明恩溥，1845—1932）

出版时间：1901 年

出 版 者：Fleming H. Revell Company (New York)

拍摄时间：1900 年

Endstation der Bahnlinie Tientsin-Peking.

10-3-3

永定门火车站

（1901）

TRANSPORTATION
AND MEANS OF TRANSPORT

出　　处：*China und die Chinesen*

　　　　　（《中国和中国人》）

作　　者：Bruno Navarra

　　　　　（［德］布鲁诺·纳瓦拉，1850—1911）

出版时间：1901 年

出 版 者：M. Nössler (Bremen)

编者说明：原图说明意为"天津到北京铁路终点站"，实为永定门火车站。火车站为中国传统式建筑，照片右侧可以看到坐在站台沿上等火车的小脚妇女们和一位老先生，后面则是一些着清朝官服的人。

交通及运输

工具

/

火车

WHERE GREY KEEPS AND BATTLEMENTS TOWERED

10-3-4

北京正阳门火车站附近的铁路和火车（1907）

TRANSPORTATION
AND MEANS OF TRANSPORT

编者说明：从照片看，此处城墙外的铁轨已经到了尽头，左侧站立的人群可能是在等火车。此图与下图部分建筑相同，应为正阳门火车站附近。

出　　处：*Signs and Portents in the Far East*

　　　　（《远东的信号和征兆》）

作　　者：Everard Cotes

　　　　（[英] 科特斯，1862—1944）

出版时间：1907 年

出 版 者：Methuen & Co. (London)

摄 影 者：山本赞七郎（Sanshichiro Yamamoto）

交通及运输

工具

/

火车

Peking — Chien men

1952

10-3-5

正阳门东车站货场

（1909）

TRANSPORTATION
AND MEANS OF TRANSPORT

出　　处：*Guide to Peking and Neighborhood*

　　　　　（《北京及周边地理指南》）

作　　者：Hans Bahlke, General Merchat

　　　　　（德胜洋行）

出版时间：1909 年

出 版 者：Tageblatt Für Nord-China, G.m.b.H

　　　　　(Tientsin)

编者说明：正阳门（前门）火车站，全名为"京奉铁路正阳门东车站"，1906年落成。图为货运站的情景，近处各种规格的木料正在装卸，远处可见城墙城楼与铁轨。

交通及运输

工具

/

火车

EXPRESS TRAIN NEAR PEKING'S ANCIENT RAMPARTS.

10-3-6

北京城墙外的快速火车

（1909）

编者说明：原图说明意为"北京古老城墙附近的快速火车"，古老的城墙与浓烟滚滚、呼啸而过的火车，形成传统与现代的反差对比。

TRANSPORTATION
AND MEANS OF TRANSPORT

出　　处：*The New China: A Traveller's Impressions*

（《晚清游记》）

作　　者：Henri Borel

（[荷]亨利·博雷尔，1869—1933）

出版时间：1912 年

出 版 者：Dodd Mead and Co.(New York)

摄 影 者：Henri Borel

拍摄时间：1909 年

交通及运输

工具

火车

RAILWAYS AND TELEGRAPH LINES ACROSS PEKING'S OLD WALLS.

10-3-7

编者说明：原图说明意为"穿越北京古老城墙的铁路和电报线路"。

北京城墙外的铁路

（1909）

TRANSPORTATION
AND MEANS OF TRANSPORT

出　　处：*The New China: A Traveller's Impressions*

　　　　　（《晚清游记》）

作　　者：Henri Borel

　　　　　（[荷] 亨利·博雷尔，1869—1933）

出版时间：1912 年

出 版 者：Dodd Mead and Co.(New York)

摄 影 者：Henri Borel

拍摄时间：1909 年

交通及运输
工具

火车

轿车是一种由马、骡驮车，车上装有木制车厢的交通工具，车顶一般为穹形。因为乘坐者从前面上车，一般轿车都备有一尺多高的脚凳。乘坐轿车比骑马舒适，比乘坐轿子迅捷，可以说综合了两者的优点。

清雍正年间轿车开始在北京流行，曾一度成为官员的代步工具，属于当时交通工具中规格比较高的。据载，1900年庚子事变，八国联军攻进北京，慈禧太后和光绪帝等仓皇出逃，乘坐的就是轿车。清末王公大臣中最早乘坐轿车的是摄政王载沣，绿色轿顶，两匹马拉，比较奢华。此后，外务大臣和度支大臣也竞相效仿，到了光绪末年、宣统年间，二品以下的官员多数都改用了轿车。

由于最初多是王公贵族、达官贵人乘坐轿车，因此乘坐轿车成了身份地位的象征，以至于当时有外国巡捕看守东交民巷外国使馆区，一般中国车辆不准进入，但轿车可以通行。当时有一首《竹枝词》这样写道："东交民巷势嶙峋，未许寻常客问津。独有马车深不挡，华人到此像洋人。"

对于普通老百姓来说，除了富有人家养车自用，在车站、城门等交通密集区域，还出现了专供租用的轿车，俗称"跑海儿车"。

此外，还有一种类似的交通工具——骡驮轿，就是在前后两头骡子之间加上一顶轿子，具有骡子的快捷和轿子的舒适。由于骡子身材高大，耐久性也好，骡驮轿适合长途旅行，主要用于郊区和京城之间的往返，据说可以达到日行80里。

西文书中一般称轿车为Peking Cart，在我们收集到的西文图书里反映老北京交通工具的照片、插图中，与轿车有关的图片最多，可以作为当时北京轿车流行的一个佐证。

PEKING CAB WITH A SUN-SCREEN OVER DRIVER AND HORSE.

10-4-1

装有凉篷的北京轿车

（1865）

**TRANSPORTATION
AND MEANS OF TRANSPORT**

出　　处：*Peking and the Pekingese, During the First
Year of the British Embassy at Peking*

（《北京和北京人：在北京英国公使馆的
第一年》）

作　　者：D. F. Rennie

（[英] 芮尼，　d. 1868）

出版时间：1865 年

出 版 者 ：John Murray (London)

编者说明：这辆轿车的不同之处是车前装有凉
篷，为人畜遮阴纳凉，应是当时北京夏天常见
的景象，但对西方人来说有些稀奇。

VOITURES DIVERSES.

Gravure chinoise.

編者说明：图片中4种轿车形态，不同之处主要体现在车厢上，在乘坐人的等级、性别方面有所区别。

轿车的各种形态

（1865）

TRANSPORTATION
AND MEANS OF TRANSPORT

出　　处：*Mémoires sur la Chine*

　　　　（《中国记忆》）

作　　者：Pierre Henri Stanislas D'Escayrac de

　　　　Lauture

　　　　（ [法] 埃斯凯拉克·洛图尔 , 1826—1868 ）

出版时间：1865 年

出 版 者：Librairie du Magasin Pittoresque (Paris)

Porte Tciène-mène, à Pékin. — Dessin de Taylor, d'après une photographie du docteur Morache.

10-4-3

北京前门瓮城内的轿车

（1876）

TRANSPORTATION
AND MEANS OF TRANSPORT

出　　处：*Le Tour du Monde, Nouveau Journal des*

　　　　　Voyages

　　　　　（《周游世界之新航海日志》）

作　　者：Édouard Charton

　　　　　（[法] 爱德华·沙尔东，1807—1890）

出版时间：1876 年

出 版 者：Hachette (Paris)

绘 图 者：Taylor

　　　　　（[法] 泰勒）

编者说明：对于普通老百姓来说，除了富有人家养车自用，在车站、城门等交通密集区域，还出现了专供租用的轿车，俗称"跑海儿车"。此版画由画家泰勒根据法国医生莫拉克拍摄的照片绘制，图中可以看到左下角有5辆轿车，表明城门口是轿车租用的主要场所。

THE AN-TING GATE, WALL OF PEKING.

10-4-4

前门瓮城内等活儿的轿车

（1883）

TRANSPORTATION
AND MEANS OF TRANSPORT

出　　处：*The Middle Kingdom*

　　　　（《中国总论》）

作　　者：S. Wells Williams

　　　　（［美］卫三畏，1812—1884）

出版时间：1883 年

出 版 者：W. H. Allen & Co.（London）

编者说明：这张版画应是根据照片制作，画面左下角有几辆轿车在瓮城内等待接活儿，说明当时轿车在北京已经成为一种比较常见的租用交通工具。此图与上图建筑相同，原图说明称此为"An-Ting Gate"，应有误。

通及运输

具

车

UNE GRANDE RUE DE PÉKIN.

10-4-5

轿车行驶在北京一条大街上

（1887）

TRANSPORTATION
AND MEANS OF TRANSPORT

出　　处：*L'Extreme Orient*

　　　　（《远东》）

作　　者：Paul Bonnetain

　　　　（[法] 保罗·博纳坦，1858—1899）

出版时间：1887 年

出 版 者：Maison Quantin (Paris)

通及运输

具

车

[To face p. 338.

MY MULE-LITTER.

10-4-6

张家口到北京山路上行进的骡驮轿

（1892）

TRANSPORTATION
AND MEANS OF TRANSPORT

出　　处：*From the Arctic Ocean to the Yellow Sea*

（《从北冰洋到黄海》）

作　　者：Julius Mendes Price

（[英] 尤利乌斯·门德斯·普赖斯，

1857—1924 ）

出版时间：1892 年

出 版 者 ：Sampson Low, Marston & Company

(London)

编者说明：骡驮轿，就是在前后两头骡子之间加上一顶轿子，具有骡子的快捷和轿子的舒适。图为原书作者乘坐骡驮轿从张家口到北京的路上。原书作者说，这段路程如果不介意长途骑行，可以乘坐骡驮轿，对于一般欧洲人来说，这不仅是一种新的交通工具，而且由于它自身的奇特性，在经历了单调的骆驼车的颠簸之后，让人感到持续的兴奋。

CHINESE MULE LITTER.

10-4-7

编者说明：此图未说明所属地，但书中大部分照片都是关于北京的，故大致确定此图与北京有关。

骡驮轿

（1895）

TRANSPORTATION
AND MEANS OF TRANSPORT

出　　处：*The Real Chinaman*

　　　　（《真正的中国佬》，又名《华游志略》）

作　　者：Chester Holcomben

　　　　（[美] 何天爵，1844—1912）

出版时间：1895 年

出 版 者：Hodder and Stoughton（London）

FRONT OF OFFICIAL RESIDENCE.

10-4-8

官员府第前的轿车

（1895）

**TRANSPORTATION
AND MEANS OF TRANSPORT**

出　　处：*The Real Chinaman*

　　　　　（《真正的中国佬》，又名《华游志略》）

作　　者：Chester Holcomben

　　　　　（[美] 何天爵，1844—1912）

出版时间：1895 年

出 版 者：Hodder and Stoughton（London）

通及运输

具

车

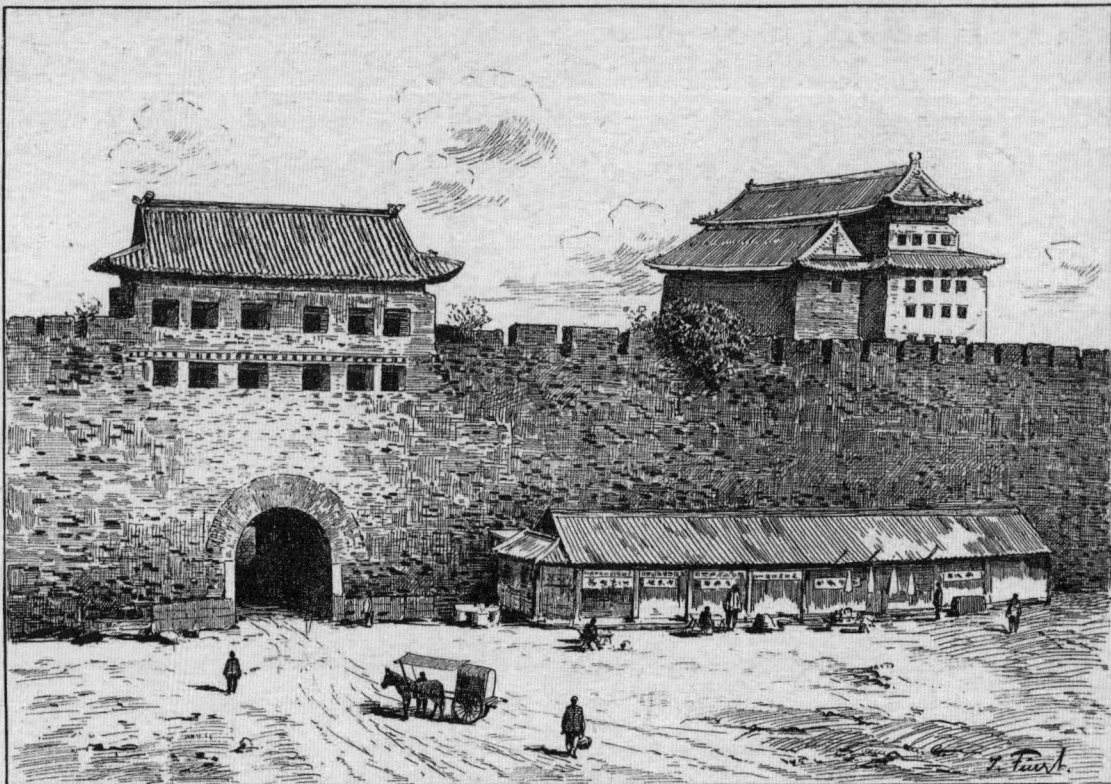

Aeußere Mauer und Thor von Peking

10-4-9

编者说明：画面中的轿车装有凉篷，应为夏季。

北京城门外的轿车

（1898？）

TRANSPORTATION
AND MEANS OF TRANSPORT

出　　处：*Kiautschou*

　　　　（《胶州》）

作　　者：Georg Franzius

　　　　（[德] 格奥尔格·弗兰齐乌斯，

　　　　1842—1914）

出版时间：1898 年？

出 版 者 ：Schall & Grund (Berlin)

通及运输

具

车

A PEKING CART.

10-4-10

北京轿车图

（1900）

TRANSPORTATION
AND MEANS OF TRANSPORT

出　　处：*China, the Long-Lived Empire*

　　　　（《中国，悠久帝国》）

作　　者：Eliza Ruhamah Scidmore

　　　　（[美] 西德莫尔，1856—1928）

出版时间：1900 年

出 版 者：The Century Co. (New York)

编者说明：此图基本上可算是标准的北京马车图，图中可见车辕左下端挂有上轿车用的脚凳。

交通及运输

工具

轿车

HOTEL AT CHANG-CHIA-WAN, PEKIN, CHINA

10-4-11

编者说明：小旅店院内有两匹马，一辆轿车，应该都是当时主要的交通工具。

北京郊区张家湾旅店院内的轿车

（1900）

TRANSPORTATION
AND MEANS OF TRANSPORT

出　　处：*China, The Orient and the Yellow Man*

　　　　（《中国：东方国度与黄种民族》）

作　　者：Henry Davenport Northrop

　　　　（[美]亨利·达文波特·诺斯洛普，

　　　　1836—1909）

出版时间：1900 年

出 版 者：George W. Bertron (Washington, D.C.)

交通及运输
工具
/
轿车

STREET SCENE IN PEKIN, CHINA.

10-4-12

北京前门大街上的轿车

（1900）

编者说明：图片反映的是北京前门大街，可以看到两边马路上停靠着很多轿车，一派繁华景象。

TRANSPORTATION
AND MEANS OF TRANSPORT

出　　处：*China, The Orient and the Yellow Man*

　　　　　（《中国：东方国度与黄种民族》）

作　　者：Henry Davenport Northrop

　　　　　（［美］亨利·达文波特·诺斯洛普，

　　　　　1836—1909）

出版时间：1900 年

出 版 者：George W. Bertron (Washington, D.C.)

交通及运输
工具
/
轿车

Reproduced from *Harper's Weekly*

10-4-13

编者说明：照片中的街道应为前门大街，大街
两边都有停靠和行进的轿车，加上中间搭有凉
棚的摊位，来往的人流，热闹非凡。

北京前门大街上的轿车

（1900）

TRANSPORTATION
AND MEANS OF TRANSPORT

出　　处：*The Crisis in China*

　　　　（《中国危机》）

作　　者：George B. Smyth

　　　　（[美] 施美志，1854—1911 ）

出版时间：1900 年

出 版 者：Harper & Brothers Publishers

　　　　（New York; London)

交通及运输
工具
/
轿车

Peking.

10-4-14

北京前门大街上的轿车

（1901）

编者说明：繁华的前门大街上人来人往，车水马龙，街道右侧有不少等活儿的轿车。与上一照片拍摄角度相似。

TRANSPORTATION
AND MEANS OF TRANSPORT

出　　处：*China und die Chinesen*

　　　　（《中国和中国人》）

作　　者：Bruno Navarra

　　　　（［德］布鲁诺·纳瓦拉，1850—1911）

出版时间：1901 年

出 版 者：M. Nössler (Bremen)

交通及运输

工具

轿车

A STREET IN THE CHINESE CITY, PEKIN

10-4-15

编者说明：照片中可见，街道上的人除了步行，主要是乘坐轿车。

北京前门大街上的轿车

（1903）

TRANSPORTATION
AND MEANS OF TRANSPORT

出　　处：*The Land of the Boxers*

　　　　　（《义和团与八国联军》）

作　　者：Gordon Casserly

　　　　　（[英]高登·卡瑟利，1869—1947）

出版时间：1903 年

出 版 者：Longmans, Green, and Co.

　　　　　(London; New York; Bombay)

交通及运输

工具

轿车

Abb. 146. Die Chien=men San=tau Brücke in Peking.

10-4-16

北京前门大街上的轿车

（1909）

编者说明：照片中大街右侧有不少轿车，或行或止。在前门大街的几张照片中，都可以看到很多轿车，表明在这条繁华的街道上，轿车是当年最流行的交通工具。

TRANSPORTATION
AND MEANS OF TRANSPORT

出　　处：*Rund um Asien*

　　　　（《环亚游记》）

作　　者：Philipp Bockenheimer

　　　　（[德] 菲利普·博肯海默，1875—1933）

出版时间：1909 年

出 版 者：Verlag von Klinkhardt & Biermann

　　　　（Leipzig）

交通及运输

工具

/

轿车

THE CH'IEN MÊN STREET.

10-4-17

北京前门大街上的轿车

（1909）

编者说明：照片中前门大街左侧有几辆行进的轿车，画面右下角有两辆在等活儿的轿车。多数轿车都装有凉棚。

**TRANSPORTATION
AND MEANS OF TRANSPORT**

出　　处：*The New China: A Traveller's Impressions*

　　　　　（《晚清游记》）

作　　者：Henri Borel

　　　　　（[荷] 亨利·博雷尔，1869—1933）

出版时间：1912 年

出 版 者：Dodd Mead and Co.(New York)

摄 影 者：Henri Borel

拍摄时间：1909 年

交通及运输

工具

/

轿车

PAILOW AT THE WEST END OF LEGATION STREET.

10-4-18

东交民巷西口"敷文"牌楼下的轿车（1900）

TRANSPORTATION
AND MEANS OF TRANSPORT

出　处：*China, the Long-Lived Empire*
　　　　（《中国，悠久帝国》）

作　者：Eliza Ruhamah Scidmore
　　　　（[美] 西德莫尔，1856—1928）

出版时间：1900 年

出 版 者：The Century Co. (New York)

编者说明：图片中一辆轿车正经过"敷文"牌楼，远处还可以看到一辆轿车驶来。此图可作为"东交民巷势嶙峋，未许寻常客问津。独有马车深不挡，华人到此像洋人"这首《竹枝词》的"图说"。

MINISTER CONGER'S CART, AND LADIES OF THE LEGATION

10-4-19

美国公使康格的轿车

（1900）

TRANSPORTATION
AND MEANS OF TRANSPORT

出　　处：*The Crisis in China*

（《中国危机》）

作　　者：George B. Smyth

（ [美] 施美志，1854—1911 ）

出版时间：1900 年

出 版 者：Harper & Brothers Publishers

(New York; London)

GATEWAY INTO THE FORBIDDEN CITY

10-4-20

天安门前的轿车

（1900）

编者说明：照片大致拍摄于八国联军攻占北京时期，远处的人群似为联军军队。轿车位于画面中间，比较醒目。

TRANSPORTATION
AND MEANS OF TRANSPORT

出　　处：*China in Convulsion*

　　　　　（《动乱中的中国》）

作　　者：Arthur H. Smith

　　　　　（ [美] 明恩溥，1845—1932 ）

出版时间：1901 年

出 版 者：Fleming H. Revell Company (New York)

拍摄时间：1900 年

A PEKIN CART AND ITS WAYS

10-4-21

北京轿车和印度雇佣兵

（1900）

编者说明：照片拍摄于1900年庚子事变时期，照片中的士兵为印度雇佣军，这辆轿车似为他们所劫用。

TRANSPORTATION
AND MEANS OF TRANSPORT

出　　处：*China and the Allies*

　　　　　（《中国与八国联军》）

作　　者：A. Henry Savage Landor

　　　　　（[英] 阿诺尔德·亨利·萨维奇·兰多尔，

　　　　　1865—1924）

出版时间：1901 年

出 版 者 ：William Heinemann (London)

摄 影 者 ：A. Henry Savage Landor

拍摄时间：1900 年

通及运输

具

车

ONE OF THE AUTHOR'S PEKIN CARTS WITH THREE MULE TEAM

编者说明：与一般轿车不同的是，此轿车由3头骡子牵引，也许是用于长途旅行。

3头骡子牵引的轿车

（1900）

TRANSPORTATION
AND MEANS OF TRANSPORT

出　　处：*China and the Allies*

　　　　　（《中国与八国联军》）

作　　者：A. Henry Savage Landor

　　　　　（[英] 阿诺尔德·亨利·萨维奇·兰多尔，

　　　　　1865—1924 ）

出版时间：1901 年

出 版 者：William Heinemann (London)

摄 影 者：A. Henry Savage Landor

拍摄时间：1900 年

10-4-23

北京城门瓮城内轿车

（1901）

TRANSPORTATION
AND MEANS OF TRANSPORT

出　　处：*China und die Chinesen*

（《中国和中国人》）

作　　者：Bruno Navarra

（[德] 布鲁诺·纳瓦拉，1850—1911）

出版时间：1901 年

出　版　者：M. Nössler (Bremen)

A Private Cart, Peking.

10-4-24

北京私家轿车

（1901）

编者说明：原图说明中说此为私人轿车，可能
为外国人长期租用。照片中的外国妇女为我们
演示了如何上轿车，也就是踩踏凳上车。

TRANSPORTATION
AND MEANS OF TRANSPORT

出　　处：*The Peoples and Politics of the Far East*

　　　　　（《远东的人民和政治》）

作　　者：Henry Norman

　　　　　（[英] 亨利·诺曼，1858—1939）

出版时间：1901 年

出 版 者：T. Fisher Unwin (London)

CHIEN MÊN GATE, PEKING

10-4-25

前门外的人流和轿车

（1901）

编者说明：照片拍摄于八国联军攻占北京期间，从图中可以看到轿车和行人进城门，背景为被毁的前门城楼。

**TRANSPORTATION
AND MEANS OF TRANSPORT**

出　　处：*China in Convulsion*

　　　　　（《动乱中的中国》）

作　　者：Arthur H. Smith

　　　　　（ [美] 明恩溥，1845—1932 ）

出版时间：1901 年

出 版 者：Fleming H. Revell Company (New York)

CHINESE LITTER

A typical method of Chinese conveyance. The litter is supported by poles to the backs of two animals, one in front, the other behind; in it the traveler can make himself comfortable. Beyond are the massive tombs of the Ming Dynasty, the famous arches of which are shown elsewhere.

10-4-26

十三陵附近的骡轿

（1901）

编者说明： 原书作者说，这是一种典型的中国交通出行方式，轿子通过轿杆架在前后两头牲口身上，坐在这种轿子内出行比较舒服。

TRANSPORTATION
AND MEANS OF TRANSPORT

出　　处：*Beleaguered in Peking*

　　　　　（《北京被围记》）

作　　者：Robert Coltman

　　　　　（[美] 满乐道，1862—1931）

出版时间：1901 年

出 版 者 ：F. A. Davis Company, Publishers

　　　　　(Philadelphia)

A Pekin Cart.

2012

编者说明：由两头骡子牵引的轿车。

北京轿车

（1902）

TRANSPORTATION
AND MEANS OF TRANSPORT

出　　处：*Chinesische Charakterzuge*

（《中国人的性格》）

作　　者：Arthur Henderson Smith

（[美]明恩溥，1845—1932）

出版时间：1902 年

出 版 者：A. Stubers Verlag (C. Kabitzsch)

（Würzburg）

交通及运输

工具

轿车

A Street in Peking

10-4-28

编者说明：照片中心可以看到两辆相反方向行驶的轿车，街道上满是很深的车辙痕。

北京大栅栏街道上的轿车

（1902）

TRANSPORTATION
AND MEANS OF TRANSPORT

出　　处：*The Story of China*

　　　　（《中国故事》）

作　　者：R. Van Bergen

　　　　（[美]伯根）

出版时间：1902 年

出 版 者：American Book Company (New York)

Ehrenbogen — Peilô — in der Nähe der österreichisch-ungarischen Gesandtschaft.

10-4-29

编者说明：此处牌楼成为出租轿车的一个站点，牌坊下停了不少等活儿的轿车。

东长安街牌楼下的轿车

（1902）

TRANSPORTATION
AND MEANS OF TRANSPORT

出　　处：*Kämpfe in China*

（《1900—1901 年奥匈帝国在中国的战争》）

作　　者：Theodor Ritter von Winterhalder

（[奥]特奥多尔·里特·冯·温特哈尔德，

1861—1941）

出版时间：1902 年

出 版 者 ：A. Hartleben's Verlag（Wien; Budapest）

交通及运输

工具

轿车

Das mittlere Südthor — Tschien-men — der Mauer der Tartarenstadt.

10-4-30

编者说明：照片中除了步行，主要交通工具是轿车，另有一辆人力车。

前门城楼附近的轿车

（1902）

TRANSPORTATION
AND MEANS OF TRANSPORT

出　处：*Kämpfe in China*

（《1900—1901 年奥匈帝国在中国的战争》）

作　者：Theodor Ritter von Winterhalder

（[奥] 特奥多尔·里特·冯·温特哈尔德，

1861—1941）

出版时间：1902 年

出 版 者：A. Hartleben's Verlag（Wien; Budapest）

交通及运输

工具

轿车

THE PEKING CART—THE CAB OF THE NORTH

10-4-31

乘坐轿车出门的女性

（1904）

**TRANSPORTATION
AND MEANS OF TRANSPORT**

出　　处：*Manchu and Muscovite*

　　　　　（《满人与俄国人》）

作　　者：Bertram Lenox Simpson

　　　　　（[英] 辛普森，1877—1930）

出版时间：1904 年

出版者：Macmillan (London)

编者说明：照片中可见轿厢中有两位女性，应
为乘坐轿车出门。原图说明称此种轿车为北方
的出租车。

APPROACH TO THE IMPERIAL PALACE IN THE FORBIDDEN CITY, PEKING
(From a photograph by the Rev. C. A. Killie)

10-4-32

天安门金水桥前的轿车

（1904）

TRANSPORTATION
AND MEANS OF TRANSPORT

出　　处：*New Forces in Old China*

　　　　（《旧中国新势力》）

作　　者：Arthur Judson Brown

　　　　（[美]布朗，1856—1963）

出版时间：1904 年

出 版 者：Fleming H. Revell Company (New York)

摄 影 者：C. A. Killie

　　　　（[美]凯莱）

交通及运输

工具

/

轿车

COAL HILL

10-4-33

景山附近大街上的轿车

（1911）

编者说明：照片中一辆轿车行驶在景山附近积雪尚未完全融化的大街上，道路泥泞，车辙很深。

TRANSPORTATION
AND MEANS OF TRANSPORT

出　　处：*Behind the Scenes in Peking*

（《北京围困内幕》）

作　　者：Mary Hooker

（［美］玛丽·胡克，1876—1918）

出版时间：1911 年

出 版 者：John Murray (London)

交通及运输
工具
∨
轿车

TILTED CART WITH MULE.

10-4-34

装有凉篷的轿车

（1909）

编者说明：根据原图说明，此轿车由骡子驮载。照片中的轿车为拍摄主体，因此可以看到轿车的很多细节，如轿厢一侧窗户打开，可以通风遮阳。

TRANSPORTATION
AND MEANS OF TRANSPORT

出　　处：*The New China: A Traveller's Impressions*

（《晚清游记》）

作　　者：Henri Borel

（[荷] 亨利·博雷尔，1869—1933 ）

出版时间：1912 年

出 版 者：Dodd Mead and Co.(New York)

摄 影 者：Henri Borel

拍摄时间：1909 年

交通及运输

工具

／

轿车

MARBLE BRIDGE IN THE IMPERIAL PALACE, AT THE TIME OF THE OCCUPATION BY THE ALLIES IN 1900.   2028

10-4-35

经过北海附近金鳌牌坊的轿车

（1900）

编者说明：照片拍摄于八国联军攻占北京时期，照片中驾驶轿车者身穿官服，此轿车或为宫廷所有。

TRANSPORTATION
AND MEANS OF TRANSPORT

出　　处：*Annals & Memoirs of the Court of Peking*

（《清室外记》）

作　　者：E. Backhouse and J. O. P. Bland

（[英] 巴克斯，1873—1944；

[英] 濮兰德，1863—1945）

出版时间：1914 年

出 版 者：Houghton Mifflin (Boston)

拍摄时间：1900 年

Prov. Chihli

Northern Chinese travelling-carts on the Plain of Peking

Chariots de voyage du Nord de la Chine dans la plaine de Pékin

Nordchinesische Reisekarren in der Pekinger Ebene

Carros de viaje chinos en la llanura de Pekín

Carri di viaggio cinesi nella pianura di Pechino

2030

10-4-36

北京郊区平原上的轿车

（1906—1909）

编者说明：照片中为一个轿车队，牵引的骡子
有一头的，也有两头的。另有骑马跟随者。

TRANSPORTATION
AND MEANS OF TRANSPORT

出　　处：*Picturesque China*

　　　　（《中国建筑艺术和景观》）

作　　者：Ernst Boerschmann

　　　　（[德] 恩斯特·柏施曼，1873—1949 ）

出版时间：1923 年

出 版 者：T. Fisher Unwin Ltd. (London)

摄 影 者：Ernst Boerschmann

拍摄时间：1906—1909 年

Prov. Chihli

Travelling-carts on the Plain of Peking

Reisekarren in der Pekinger Ebene

Chariots de voyage dans la plaine de Pékin

Carros de viaje en la llanura de Pekín

Carri de viaggio nella pianura di Pechino

10-4-37

编者说明：照片中两辆轿车队过河中，牵引骡马数量不同。

过河的轿车

（1906—1909）

TRANSPORTATION
AND MEANS OF TRANSPORT

出　　处：*Picturesque China*

　　　　　（《中国建筑艺术和景观》）

作　　者：Ernst Boerschmann

　　　　　（[德] 恩斯特·柏施曼，1873—1949 ）

出版时间：1923 年

出 版 者 ：T. Fisher Unwin Ltd. (London)

摄 影 者 ：Ernst Boerschmann

拍摄时间：1906—1909 年

Tso An Men
The gateyard and inner gate

10-4-38

左安门瓮城里的轿车

（1921—1923）

TRANSPORTATION
AND MEANS OF TRANSPORT

出　　处：*Walls and Gates of Peking*

　　　　　（《北京的城墙和城门》）

作　　者：Osvald Sirén

　　　　　（[瑞典]喜龙仁，1879—1966）

出版时间：1924 年

出 版 者：John Lane The Bodley Head Limited

　　　　　(London)

摄 影 者：Osvald Sirén

拍摄时间：1921—1923 年

轿子在汉代已经出现，清末仍继续使用。

轿子有官轿和民轿之分。官轿主要是身份地位的象征，根据等级的不同，一般在轿子颜色、装饰、轿夫的数量等方面都有严格的规定。如清代规定，皇帝、太后、皇后的轿子用明黄色，妃嫔用暗黄色；汉官三品以上者，在京时用轿夫4人，出京8人等。

在民间，人力车出现之前，轿子曾被作为重要的代步工具。人力车出现之后，轿子主要用于婚嫁。

本节收集的图片，既有皇帝、官员乘坐的轿子，也有抬帝后灵柩的轿子。

A. Cardon direxit

SEDAN CHAIR OF THE PRIME MINISTER.

Pub.ᵈ 25 April 1812 by I.I. Stockdale 41 Pall Mall

2038

10-5-1

清代高官乘轿出行

（1812）

编者说明：根据规定，三品以上汉族官员，在京时用4人抬轿。

TRANSPORTATION
AND MEANS OF TRANSPORT

出　　处：*China: its costume, arts, manufactures*

　　　　（《中国服饰和艺术》）

作　　者：M. Breton

　　　　（[英] 布列东，1777—1852）

出版时间：1812 年

出 版 者：J. J. Stockdale (London)

10-5-2

皇帝乘轿出行

（1853）

编者说明：此图皇帝乘坐的轿子比较简单，抬轿者只有4人，且无轿厢，但有两人举华盖等仪仗随行。

TRANSPORTATION
AND MEANS OF TRANSPORT

出　　处：*China Pictorial, Descriptive, and Historical*

　　　　　（《中国图录史》）

作　　者：Julia Corner

　　　　　（[英] 茱莉亚·科纳，1798—1875）

出版时间：1853 年

出 版 者 ：Henry G. Bohn (London)

CHAISE A PORTEURS IMPÉRIALE. — GRAVURE CHINOISE.

10-5-3

皇帝乘坐的轿子

（1865）

编者说明：此图取自中国绘画，为皇帝乘坐的
轿子，四周有龙的图案，前后各8人抬轿，且
有随行一人。

TRANSPORTATION
AND MEANS OF TRANSPORT

出　　处：*Mémoires sur la Chine*

　　　　　（《中国记忆》）

作　　者：Pierre Henri Stanislas D'Escayrac de Lauture

　　　　　（［法］埃斯凯拉克·洛图尔，1826—1868）

出版时间：1865 年

出 版 者 ：Librairie du Magasin Pittoresque (Paris)

Palanquin de haut fonctionnaire. — Dessin de A. Marie, d'après une photographie du docteur Morache.

10-5-4

高官乘轿出行图

（1876）

TRANSPORTATION
AND MEANS OF TRANSPORT

出　　处：*Le Tour du Monde, Nouveau Journal des*

Voyages

（《周游世界之新航海日志》）

作　　者：Édouard Charton

（[法]爱德华·沙尔东，1807—1890）

出版时间：1876 年

出 版 者：Hachette (Paris)

Palanquin funèbre pour le transport du cercueil de la dernière impératrice.

10-5-5

编者说明：该图为抬帝王显贵的轿子，从画面看，此轿至少要16人抬。

用于抬帝王显贵灵柩的轿子

（1887）

TRANSPORTATION
AND MEANS OF TRANSPORT

出　　处：*L'Extreme Orient*

　　　　（《远东》）

作　　者：Paul Bonnetain

　　　　（[法] 保罗·博纳坦，1858—1899）

出版时间：1887 年

出 版 者：Maison Quantin (Paris)

THE RETURN FROM THE WILDERNESS. THE SEDAN CHAIR OF HIS MAJESTY KUANG HSÜ.
PEKING, JANUARY 7, 1902.

10-5-6

1902年回京队伍中光绪帝乘坐的轿子（1902）

TRANSPORTATION
AND MEANS OF TRANSPORT

编者说明：1900年庚子事变，八国联军攻占北京，慈禧太后和光绪帝仓皇逃至西安，1902年1月7日，慈禧太后和光绪帝返回北京，光绪帝的轿子在队伍前面，乘坐的是8人抬轿子。旁边有骑马官员随行。

出　　处：*Annals & Memoirs of the Court of Peking*

（《清室外记》）

作　　者：E. Backhouse and J. O. P. Bland

（[英] 巴克斯，1873—1944；

[英] 濮兰德，1863—1945）

出版时间：1914 年

出 版 者：Houghton Mifflin (Boston)

拍摄时间：1902 年

THE RETURN FROM THE WILDERNESS. THE PRINCESS IMPERIAL'S SEDAN.

10-5-7

1902年回京队伍中公主乘坐的
轿子（1902）

**TRANSPORTATION
AND MEANS OF TRANSPORT**

编者说明：1902年1月7日，慈禧太后和光绪帝返回北京，照片为回京队伍的一部分，公主乘坐的是4人抬轿子。

出　　处：*Annals & Memoirs of the Court of Peking*

　　　　　（《清室外记》）

作　　者：E. Backhouse and J. O. P. Bland

　　　　　（［英］巴克斯，1873—1944；

　　　　　　［英］濮兰德，1863—1945）

出版时间：1914 年

出 版 者 ：Houghton Mifflin (Boston)

拍摄时间：1902 年

10-5-8

婚轿

（1793年后）

TRANSPORTATION
AND MEANS OF TRANSPORT

编者说明：这是英国马戛尔尼使团1793年在北京城外见到的结婚送亲队伍。新娘的婚轿是一乘四抬花轿，精致秀美，顶部呈四方四角出檐的宝塔顶形，轿前有两位男童扛着灯笼，后面有四位女童捧着精巧的物品，似富贵人家的嫁娶排面。

出　　处：*China, in a Series of Views, Displaying the Scenery, Architecture, and Social Habits, of that Ancient Empire vol. II*

（《中国：那个古代帝国的风景、建筑和社会习俗》）

作　　者：Thomas Allom

（[英]托马斯·阿勒姆，1804—1872）

G. N. Wright

（[英]赖特，1790—1877）

出版时间：1843 年

出 版 者：Fisher, Son, & Co. (London)

绘制时间：1793 年后

CATAFALQUE COVERED WITH RED BROCADED SATIN.

2054

10-5-9

慈禧太后出殡队伍中的灵柩

（1909）

TRANSPORTATION
AND MEANS OF TRANSPORT

出　　处：*Manchu Customs and Superstitions*

　　　　　（《满族风俗与迷信》）

作　　者：L. C. Bogan

　　　　　（[美] 伯根）

出版时间：1923 年

出 版 者：John C. Ferguson (Peking)

拍摄时间：1909 年

交通及运输

工具

/

轿子

STARTING FOR THE PALACE TO SEE HER MAJESTY'S PORTRAIT

10-5-10

美国公使康格夫人乘坐的前往皇宫的轿子（1903）

TRANSPORTATION
AND MEANS OF TRANSPORT

编者说明：从原图说明看，此次出行是为了到宫里看慈禧太后的画像，画像应为美国画家柯姑娘所画。图中的轿子比较小巧，4人抬，有骑马卫士随行。

出　　处：*Letters from China*

　　　　　（《中国来信》）

作　　者：Sarah Pike Conger

　　　　　（ [美] 莎拉·康格，1843—1932 ）

出版时间：1909 年

出 版 者：Hodder and Stoughton（London）

拍摄时间：1903 年

Chinese Mandarin on his travels about to step out of Sedan chair.

Note his despatch box, the fur coats of his retainers all according to rule, his own necklace and embroidered breastplate, also the breastplates and turbans of attendant soldiers.

10-5-11

刚下轿的高官

（1910）

编者说明：乘坐的应为4人抬轿子，扈从有4人穿着裘皮上衣，官员旁有撑伞盖随从。

TRANSPORTATION
AND MEANS OF TRANSPORT

出　　处：*Gleanings from Fifty Years in China*

（《中国五十年见闻录》）

作　　者：Archibald John Little

（ [英] 立德，1838—1908 ）

出版时间：1910 年

出 版 者：Sampson Low, Marston & Co., Ltd

（London）

摄 影 者：Archibald John Little

交通及运输

工具

/

轿子

骆驼性情温顺，耐力好，负重强，所以常被用来长途运输。据记载，金代北京地区已使用大批的骆驼。元代修建大都过程中和建成后为解决大都日常所需，大量使用骆驼运输。明、清两代，骆驼主要用于运输西山的煤炭，有一首《清代北京竹枝词》咏道："煤鬼颜如灶底锅，西山往来运煤多。细绳穿鼻铃悬颈，缓步拦街怕骆驼。"

骆驼除了运输之外，也用于骑行，《清稗类钞》载："京朝官多有策驼而入署者，后易骆驼为马，最后易马为车。"

清时除了官方在固定地方养骆驼之外，也有很多民间养骆驼跑运输的"驼户"，主要集中在京西的石景山、门头沟一带，和南部的良乡、大红门一带。运送货物的驼队主要集中在西直门、阜成门、西便门、广安门及永定门等北京靠西、靠南侧的城门外。

清末民初的老照片中，常见驼队行进或休息于城墙之外。值得一提的是，光绪帝殡葬队伍中也使用骆驼队。

除了骆驼，马匹也是清末民初常见的运输工具，只是使用比骆驼少很多，本节也选取部分照片揭示。

Autel du temple du Ciel (voy. p. 246). — Dessin de H. Catenacci, d'après une photographie de M. Thomson.

10-6-1

北京天坛外的骆驼

（1876）

编者说明：画面远处是天坛圜丘，近处是墙外的3匹骆驼，牵骆驼的可能是等活儿的"驼户"。

TRANSPORTATION
AND MEANS OF TRANSPORT

出　　处：*Le Tour du Monde, Nouveau Journal des Voyages*

（《周游世界之新航海日志》）

作　　者：Édouard Charton

（[法] 爱德华·沙尔东，1807—1890）

出版时间：1876 年

出 版 者：Hachette (Paris)

绘 图 者：H. Catenacci

（[意] H. 卡特纳奇，1816—1884）

PÉKIN. — CHEN-MEN. PORTE PRINCIPALE.

10-6-2

北京前门瓮城内的驼队

（1887）

TRANSPORTATION
AND MEANS OF TRANSPORT

出　　处：*L'Extreme Orient*

　　　　（《远东》）

作　　者：Paul Bonnetain

　　　　（[法]保罗·博纳坦，1858—1899）

出版时间：1887 年

出 版 者 ：Maison Quantin (Paris)

编者说明：画面中右下角有不少骆驼，另半侧则以轿车为主，看上去应为人员货物的集散地。

[*To face p.* 348.

THE GREAT WALL OF CHINA AT THE ENTRANCE TO NANKAOU PASS.

10-6-3

北京南口长城下的驼队

（1892）

TRANSPORTATION
AND MEANS OF TRANSPORT

出　　处：*From the Arctic Ocean to the Yellow Sea*

（《从北冰洋到黄海》）

作　　者：Julius Mendes Price

（[英] 尤利乌斯·门德斯·普赖斯，

1857—1924 ）

出版时间：1892 年

出 版 者：Sampson Low, Marston & Company

(London)

Das nördliche Stadtthor in Peking.

10-6-4

北京前门瓮城内的骆驼

（1900）

编者说明：原图说明为"北京北城门"，实为正阳门。版画根据照片绘制，画中除了3匹驮货骆驼外，还可见马、轿车等交通工具。

TRANSPORTATION
AND MEANS OF TRANSPORT

出　　处：*China und Japan*

　　　　　（《中国和日本通览》）

作　　者：Ernst von Hesse-Wartegg

　　　　　（[美]海司，1851—1918）

出版时间：1900 年

出 版 者：J. J. Weber (Leipzig)

通及运输

具

驼

帮

A CARAVAN OUTSIDE THE WALLS OF PEKING.

10-6-5

北京城墙外休息的驼队

（1900）

TRANSPORTATION
AND MEANS OF TRANSPORT

出　　处：*China, the Long-Lived Empire*

　　　　　（《中国，悠久帝国》）

作　　者：Eliza Ruhamah Scidmore

　　　　　（[美]西德莫尔，1856—1928）

出版时间：1900 年

出 版 者：The Century Co. (New York)

Eine mongolische Kameel-Karawane in Peking.

10-6-6

进入城内的驼队

（1901）

TRANSPORTATION
AND MEANS OF TRANSPORT

出　　处：*China und die Chinesen*

（《中国和中国人》）

作　　者：Bruno Navarra

（[德] 布鲁诺·纳瓦拉，1850—1911 ）

出版时间：1901 年

出 版 者：M. Nössler (Bremen)

Trade Caravan Resting Outside the City Wall

10-6-7

北京城外休息的驼队

（1902）

TRANSPORTATION
AND MEANS OF TRANSPORT

出　　处：*The Story of China*

　　　　　（《中国故事》）

作　　者：R. Van Bergen

　　　　　（[美]伯根）

出版时间：1902 年

出 版 者：American Book Company (New York)

通及运输
具

驼
帮

UNE RUE DE PÉKING

10-6-8

北京街道上的马帮

（1903）

TRANSPORTATION
AND MEANS OF TRANSPORT

出　　处：*Le Tour D'Asie*

（《环游亚洲》）

作　　者：Marcel Monnier

（[法]马塞尔·莫尼耶，1853—1918）

出版时间：1903 年

出 版 者：Librairie Plon (Paris)

CARAVAN ENTERING PEKING

编者说明：北京城墙外正要进城的驼队。

城墙下的驼队

（1906）

TRANSPORTATION
AND MEANS OF TRANSPORT

出　　处：*China and Her People*

　　　　（《大清国及其子民》）

作　　者：Charles Denby

　　　　（[美]田贝，1830—1904）

出版时间：1906 年

出 版 者：L. C. Page & Company (Boston)

交通及运输

工具

骆驼

马帮

IN THE CHINESE VILLAGE OF NANKOW

10-6-10

经过南口村街道的马帮

（1907）

编者说明：南口当时是从张家口到北京的必经之地，从张家口运送货物的马帮驼队经常经过这里。

TRANSPORTATION
AND MEANS OF TRANSPORT

出　　处：*Peking to Paris*

　　　　　（《从北京到巴黎》）

作　　者：Luigi Barzini

　　　　　（[意] 路吉·巴兹尼，1874—1947）

出版时间：1907 年

出 版 者：E. Grant Richards (London)

THE MONGOLIAN CAMELS CARRYING THE TENTS FOR THE FUNERAL PROCESSION.

10-6-11

慈禧太后出殡队伍中驮帐篷的
骆驼队（1909）

编者说明：清政府曾在玉河桥、东直门外和通县张家湾等地官养骆驼。照片中赶骆驼的人统一着装，似为官养骆驼。原图说明称蒙古骆驼驮着葬礼用的帐篷。

TRANSPORTATION
AND MEANS OF TRANSPORT

出　　处：*The New China: A Traveller's Impressions*

　　　　　（《晚清游记》）

作　　者：Henri Borel

　　　　　（[荷] 亨利·博雷尔，1869—1933）

出版时间：1912 年

出 版 者：Dodd Mead and Co.(New York)

摄 影 者：Henri Borel

拍摄时间：1909 年

交通及运输

工具

骆驼

马帮

To face p. 89,

CARAVAN OF CAMELS.

10-6-12

编者说明：驼队正经过北京城墙的一座角楼。

北京城外的驼队

（1909）

TRANSPORTATION
AND MEANS OF TRANSPORT

出　　处：*The New China: A Traveller's Impressions*

（《晚清游记》）

作　　者：Henri Borel

（［荷］亨利·博雷尔，1869—1933）

出版时间：1912 年

出 版 者：Dodd Mead and Co.(New York)

摄 影 者：Henri Borel

拍摄时间：1909 年

CH'IEN MEN GATE

2086

10-6-13

经过前门瓮城内的驼队

（1911）

TRANSPORTATION
AND MEANS OF TRANSPORT

出　　处：*Behind the Scenes in Peking*

　　　　　（《北京围困内幕》）

作　　者：Mary Hooker

　　　　　（[美] 玛丽·胡克，1876—1918）

出版时间：1911 年

出 版 者：John Murray (London)

CARAVAN OUTSIDE THE TARTAR WALL

10-6-14

北京内城墙外的驼队

（1912）

编者说明：行进在北京内城墙外的驼队，绵延
不绝，规模不小。

TRANSPORTATION
AND MEANS OF TRANSPORT

出　　处：*A Wayfarer in China*

　　　　　（《中国旅行》）

作　　者：Elizabeth Kendall

　　　　　（［澳］肯德尔，1873—1940）

出版时间：1912 年

出 版 者 ：Houghton Mifflin Company

　　　　　(Boston; New York)

Yu An Men
A camel caravan in winter time

2090

10-6-15

冬日里经过右安门的驼队

（1921—1923）

TRANSPORTATION
AND MEANS OF TRANSPORT

出　　处：*Walls and Gates of Peking*

（《北京的城墙和城门》）

作　　者：Osvald Sirén

（[瑞典] 喜龙仁，1879—1966）

出版时间：1924 年

出 版 者：John Lane The Bodley Head Limited

(London)

摄 影 者：Osvald Sirén

拍摄时间：1921—1923 年

Hsi Pien Men
Camel caravan passing through the outer gate

2092

10-6-16

正在经过西便门箭楼门洞的驼队

（1921—1923）

TRANSPORTATION
AND MEANS OF TRANSPORT

出　　处：*Walls and Gates of Peking*

（《北京的城墙和城门》）

作　　者：Osvald Sirén

（[瑞典] 喜龙仁，1879—1966）

出版时间：1924 年

出 版 者：John Lane The Bodley Head Limited

(London)

摄 影 者：Osvald Sirén

拍摄时间：1921—1923 年

Camels outside Hsi Pien Men

10-6-17

西便门外的骆驼

（1921—1923）

编者说明：两头骆驼一站一卧在西便门城墙外。西便门位于北京内外城的接合部，是为方便居民出入京城而修建的，当时骆驼也可由此门出入。

TRANSPORTATION
AND MEANS OF TRANSPORT

出　　处：*Walls and Gates of Peking*

（《北京的城墙和城门》）

作　　者：Osvald Sirén

（［瑞典］喜龙仁，1879—1966）

出版时间：1924 年

出 版 者：John Lane The Bodley Head Limited

(London)

摄 影 者：Osvald Sirén

拍摄时间：1921—1923 年

交通及运输

工具

骆驼

马帮

Resting camels at the north wall

10-6-18

内城北墙外休息的驼队

（1921—1923）

TRANSPORTATION
AND MEANS OF TRANSPORT

出　　处：*Walls and Gates of Peking*

　　　　　（《北京的城墙和城门》）

作　　者：Osvald Sirén

　　　　　（[瑞典] 喜龙仁，1879—1966）

出版时间：1924 年

出 版 者：John Lane The Bodley Head Limited

　　　　　(London)

摄 影 者：Osvald Sirén

拍摄时间：1921—1923 年

交通及运输

工具

骆驼

驼帮

骑马骑驴，是较早的出行方式，清末民初在北京仍很常见。大致骑驴者多为妇女，骑马者为官员或普通人。

本节收集的有关图像，既有一般百姓骑行图，也有慈禧太后、光绪帝自西安回京的仪仗护卫马队。

APPROACH TO MING EMPERORS' TOMBS, PEKING.

By Mr. Stratford Dugdale.

10-7-1

编者说明：明十三陵甬道上，骑马、牵马清朝官员各两人，图片左侧为石骆驼。

明十三陵甬道上的骑马者

（1899）

TRANSPORTATION
AND MEANS OF TRANSPORT

出　　处：*Intimate China*

　　　　（《熟悉的中国》）

作　　者：Mrs. Archibald Little

　　　　（[英] 立德夫人，1845—1926）

出版时间：1899 年

出 版 者：Hutchinson & Co. (London)

摄 影 者：Stratford Dugdale

　　　　（[英] 达格代尔）

交通及运输

工具

/

骑马

骑驴

Tartarenstadt von Peking

10-7-2

北京街道上的牵驴者

（1898？）

TRANSPORTATION
AND MEANS OF TRANSPORT

出　　处：*Kiautschou*

　　　　（《胶州》）

作　　者：Georg Franzius

　　　　（[德] 格奥尔格·弗兰齐乌斯，

　　　　1842—1914 ）

出版时间：1898 年?

出 版 者：Schall & Grund (Berlin)

交通及运输

工具

骑马

骑驴

[To face Chap. IV

STREET SCENE—PEKING.

10-7-3

编者说明：牌坊前右侧可见一骑驴者，牌坊内可见两辆轿车。

北京牌坊前的骑驴者

（1900）

TRANSPORTATION
AND MEANS OF TRANSPORT

出　　处：*China in Decay, The Story of a*
　　　　Disappearing Empire
　　　　（《衰退中的中国》）

作　　者：Alexis S. Krausse
　　　　（[英]克劳斯，1859—1904）

出版时间：1900 年

出 版 者：Chapman & Hall, Ltd. (London)

交通及运输

工具

╱

骑马

骑驴

Hatamen-Boulevard, jetzt Ketteler-Strasse in Peking.

10-7-4

北京崇文门内大街上的骑行者

（1902）

TRANSPORTATION
AND MEANS OF TRANSPORT

出　　处：*Kämpfe in China*

　　　　　（《1900—1901 年奥匈帝国在中国的战争》）

作　　者：Theodor Ritter von Winterhalder

　　　　　（[奥] 特奥多尔·里特·冯·温特哈尔德，

　　　　　　1861—1941 ）

出版时间：1902 年

出 版 者 ：A. Hartleben's Verlag（Wien; Budapest）

编者说明：崇文门内大街，又称哈德门大街，因庚子事变时德国公使克林德（Clemens Freiherr von Ketteler）被杀，被迫改称克林德大街。时值雨季，泥泞的大街，除了骑马和乘坐轿车，步行已很难通过。图片中远处是骑行者，近处是轿车。

交通及运输

工具

骑马

骑驴

THE RETURN FROM THE WILDERNESS. INSIGNIA BEARERS FOLLOWING THE REARGUARD.
PEKING, JANUARY 7, 1902.

10-7-5

1902年回京队伍中的骑马官员

（1902）

编者说明：与出逃形成鲜明对比的是，回京队伍前呼后拥，浩浩荡荡。照片中有步行仪仗队，有骑马的官员，乘坐轿子的公主，路边还停放了不少轿车。

TRANSPORTATION
AND MEANS OF TRANSPORT

出　　处：*Annals & Memoirs of the Court of Peking*

　　　　（《清室外记》）

作　　者：E. Backhouse and J. O. P. Bland

　　　　（ [英] 巴克斯，1873—1944；

　　　　　 [英] 濮兰德，1863—1945 ）

出版时间：1914 年

出 版 者：Houghton Mifflin (Boston)

拍摄时间：1902 年

CROWD IN THE CHINESE CITY, PEKING.

10-7-6

编者说明：街道上人群拥挤，似在围观，外面一骑马者，看似富家子弟，引人注目。

北京街道上的骑马者

（1912）

TRANSPORTATION
AND MEANS OF TRANSPORT

出　　处：*Recent Events and Present Policies in China*

（《中国最近的事变和当前的政策》）

作　　者：J.O.P. Bland

（[英] 濮兰德，1863—1945）

出版时间：1912 年

出 版 者：William Heinemann (London)

摄 影 者：Le Munyon

（穆永）

Tung Pien Men
The outer gate

10-7-7

东便门箭楼城门里的牵驴者

（1921—1923）

编者说明：东便门位于北京城墙东南端角楼旁边，城楼仅一层，面宽三开间，与西便门同样是为方便居民出入城而建。

TRANSPORTATION
AND MEANS OF TRANSPORT

出　　处：*Walls and Gates of Peking*

（《北京的城墙和城门》）

作　　者：Osvald Sirén

（[瑞典] 喜龙仁，1879—1966）

出版时间：1924 年

出 版 者：John Lane The Bodley Head Limited

(London)

摄 影 者：Osvald Sirén

拍摄时间：1921—1923 年

Yü An Men
The weeping willows outside the gate

10-7-8

右安门外的牵驴人

（1921—1923）

TRANSPORTATION
AND MEANS OF TRANSPORT

出　　处：*Walls and Gates of Peking*

　　　　　（《北京的城墙和城门》）

作　　者：Osvald Sirén

　　　　　（［瑞典］喜龙仁，1879—1966）

出版时间：1924 年

出 版 者：John Lane The Bodley Head Limited

　　　　　(London)

摄 影 者：Osvald Sirén

拍摄时间：1921—1923 年

Resting donkeys and oxen outside Tung Pien Men

10-7-9

在东便门外休息的驴和牛

（1921—1923）

TRANSPORTATION
AND MEANS OF TRANSPORT

出　　处：*Walls and Gates of Peking*

　　　　　（《北京的城墙和城门》）

作　　者：Osvald Sirén

　　　　　（[瑞典] 喜龙仁，1879—1966）

出版时间：1924 年

出 版 者 ：John Lane The Bodley Head Limited

　　　　　(London)

摄 影 者 ：Osvald Sirén

拍摄时间：1921—1923 年

通及运输

具

马

驴

Hsi Pien Men
The shadowy street outside the gate

2118

10-7-10

西便门外道旁的人力车和毛驴

（1921—1923）

TRANSPORTATION
AND MEANS OF TRANSPORT

出　　处：*Walls and Gates of Peking*

　　　　（《北京的城墙和城门》）

作　　者：Osvald Sirén

　　　　（[瑞典] 喜龙仁，1879—1966）

出版时间：1924 年

出 版 者：John Lane The Bodley Head Limited

　　　　（London）

摄 影 者：Osvald Sirén

拍摄时间：1921—1923 年

编者说明：夏日中午，西便门外街边树荫下休息的马夫、毛驴和人力车夫。

人力车，英文为Jinrickisha或Jinricksha，北方称为洋车、胶皮，南方称为黄包车。最初由在日本的美国传教士发明。

人力车最早传入中国大约在1874年，由一位来华贸易的日本商人进献给慈禧太后。慈禧太后在光绪初年出宫时曾乘坐过这辆人力车。同年，一位法国人从日本引进300辆人力车到上海，开办洋车行。当时的人力车轮子为木制，外包铁皮。清末的人力车主要在宫廷流行，据说有的太监曾乘坐人力车往来于紫禁城和颐和园之间。民国时期，人力车成为一种普遍流行的交通工具。1915年，袁世凯曾在中南海成立一支人力车车队，雇有20名车夫，供袁家自用或接送高官。

CHINESE JINRICKSHA.

10-8-1

乘坐人力车的外国士兵

（1895）

编者说明：从照片看，人力车车轮仍包着铁皮，还未使用胶皮轮胎。

TRANSPORTATION
AND MEANS OF TRANSPORT

出　　处：*The Real Chinaman*

　　　　（《真正的中国佬》，又名《华游志略》）

作　　者：Chester Holcomben

　　　　（［美］何天爵，1844—1912）

出版时间：1895 年

出 版 者：Hodder and Stoughton（London）

A JINRIKSHA.

10-8-2

乘坐人力车的富人

（1899）

编者说明：照片中戴墨镜的人端坐车中，身边有端鸟笼的仆人侍候，俨然出自富贵人家。说明清末北京人力车还不太普及，主要是富人享用。

TRANSPORTATION
AND MEANS OF TRANSPORT

出　　处：*China*

　　　　（《中国故事集》）

作　　者：Robert K. Douglas

　　　　（［英］道格拉斯，1838—1913）

出版时间：1899 年

出 版 者 ：T. Fisher Unwin (London)

La porte de l'*Orient fleuri*, pendant une audience impériale

10-8-3

编者说明：从照片可见成排等候使用的人力车，右侧则是人力车、轿车混杂。

北京紫禁城大清门外的人力车

（1910）

TRANSPORTATION
AND MEANS OF TRANSPORT

出　　处：*La Vie Secrète de la Cour de Chine*

　　　　（《慈禧太后传》）

作　　者：Albert Maybon

　　　　（[法]阿尔贝·迈邦，1878—1940）

出版时间：1910 年

出 版 者：F. Juven (Paris)

1885年德国人研制出世界上第一辆三轮汽车，并于1886年获得汽车发明专利，这一天被大多数人称为现代汽车诞生日。晚清时外国人赠送李鸿章一辆汽车，后转送慈禧太后，据说因为司机在前面开车被认为大不敬，所以一直闲置。清末的汽车图像较少，本节提供的是1907年北京—巴黎汽车拉力赛中的若干图片。

THE ITALA AND ITS CHAUFFEUR

(Taken in the courtyard of the Italian Legation in Pekin)

10-9-1

停在北京意大利公使馆的汽车

（1907）

TRANSPORTATION
AND MEANS OF TRANSPORT

出　　处：*Peking to Paris*

　　　　（《从北京到巴黎》）

作　　者：Luigi Barzini

　　　　（［意］路吉·巴兹尼，1874—1947）

出版时间：1907 年

出 版 者：E. Grant Richards (London)

摄 影 者：Luigi Barzini

拍摄时间：1907 年

编者说明：1907年1月31日，法国的《晨报》刊出一则广告，邀请优秀的车手和探险家们参加"北京—巴黎汽车拉力赛"，起点是清朝的首都北京，经西伯利亚横穿欧亚大陆，最后到达终点法国巴黎。最后共有来自荷兰、法国和意大利5支车队参赛。意大利车队的赛车是一辆40马力的意大利伊塔拉，由博盖塞亲王（Prince Scipio Borghese）驾驶，他的机械师埃托尔（Ettore Guizzardi）和记者巴兹尼（Luigu Barzini）随行。最后意大利队获胜。原书作者巴兹尼为意大利新闻记者，记载了全程的见闻。

OUR CHINESE ADMIRERS

10-9-2

编者说明：汽车在清末非常少见，因此围观者众多。

北京人饶有兴致地围观洋汽车

（1907）

TRANSPORTATION
AND MEANS OF TRANSPORT

出　　处：*Peking to Paris*

　　　　（《从北京到巴黎》）

作　　者：Luigi Barzini

　　　　（ [意] 路吉·巴兹尼，1874—1947）

出版时间：1907 年

出 版 者：E. Grant Richards (London)

摄 影 者：Luigi Barzini

拍摄时间：1907 年

交通及运输

工具

气车

A HALT

10-9-3

编者说明：意大利车队在郊区休息，旁边可能是当地的小酒店。

意大利赛车队在郊外停车休息

（1907）

TRANSPORTATION
AND MEANS OF TRANSPORT

出　　处：*Peking to Paris*

　　　　　（《从北京到巴黎》）

作　　者：Luigi Barzini

　　　　　（ [意] 路吉·巴兹尼，1874—1947 ）

出版时间：1907 年

出 版 者 ：E. Grant Richards (London)

摄 影 者 ：Luigi Barzini

拍摄时间：1907 年

通及运输

具

车

CROSSING A CHINESE VILLAGE

10-9-4

行进中的意大利赛车队

（1907）

TRANSPORTATION
AND MEANS OF TRANSPORT

出　　处：*Peking to Paris*

　　　　　（《从北京到巴黎》）

作　　者：Luigi Barzini

　　　　　（[意] 路吉·巴兹尼，1874—1947）

出版时间：1907 年

出 版 者：E. Grant Richards (London)

摄 影 者：Luigi Barzini

拍摄时间：1907 年

通及运输

具

车

THE ITALA CROSSING A CHINESE BRIDGE

10-9-5

意大利赛车经过北京附近的石桥

（1907）

TRANSPORTATION
AND MEANS OF TRANSPORT

出　　处：*Peking to Paris*

　　　　（《从北京到巴黎》）

作　　者：Luigi Barzini

　　　　（[意]路吉·巴兹尼，1874—1947）

出版时间：1907 年

出 版 者：E. Grant Richards (London)

摄 影 者：Luigi Barzini

拍摄时间：1907 年

通及运输

具

车

AT THE GATES OF CHA-TAW

10-9-6

人力推拉意大利赛车通过淹水的城门（1907）

TRANSPORTATION
AND MEANS OF TRANSPORT

出　　处：*Peking to Paris*

（《从北京到巴黎》）

作　　者：Luigi Barzini

（[意]路吉·巴兹尼，1874—1947）

出版时间：1907 年

出 版 者：E. Grant Richards (London)

摄 影 者：Luigi Barzini

拍摄时间：1907 年

通及运输

具

车

图书在版编目（CIP）数据

北大馆藏西文珍本中的老北京图像 / 张红扬，邹新明编 . —— 北京：北京出版社，2025.3（2025.9重印）

ISBN 978-7-200-17217-1

Ⅰ.①北… Ⅱ.①张…②邹… Ⅲ.①北京－概况－图集 Ⅳ.① K921-64

中国版本图书馆 CIP 数据核字（2022）第 105481 号

选题策划：高立志　魏晋茹
责任编辑：王忠波　魏晋茹　孔伊南
特约编辑：陶知微
责任印制：燕雨萌
责任营销：猫　娘
装帧设计：林海波

北大馆藏西文珍本中的老北京图像
BEIDA GUANCANG XIWEN ZHENBEN ZHONG DE LAOBEIJING TUXIANG
张红扬　邹新明　编

出　　版　北京出版集团
　　　　　北京出版社
地　　址　北京北三环中路 6 号
邮　　编　100120
网　　址　www.bph.com.cn
总 发 行　北京伦洋图书出版有限公司
印　　刷　天津联城印刷有限公司
开　　本　787 毫米 ×1092 毫米　1/16
印　　张　136.75
字　　数　400 千字
图　　幅　1060
版　　次　2025 年 3 月第 1 版
印　　次　2025 年 9 月第 2 次印刷
书　　号　ISBN 978-7-200-17217-1
定　　价　980.00 元

如有印装质量问题，由本社负责调换
质量监督电话　010-58572393